Les Anciens Canadiens

Philippe Aubert de Gaspé

Les Anciens Canadiens

Introduction de Maurice Lemire

Texte intégral conforme à l'édition de 1864

BQ

BIBLIOTHÈQUE QUÉBÉCOISE

Bibliothèque québécoise inc. est une société d'édition administrée conjointement par la Corporation des éditions Fides, les Éditions Hurtubise HMH ltée et Leméac éditeur.

Direction littéraire

Aurélien Boivin

Direction de la production

Jean-Yves Collette

DÉPÔT LÉGAL : QUATRIÈME TRIMESTRE 1988
BIBLIOTHÈQUE NATIONALE DU QUÉBEC

© La Corporation des éditions Fides, 1988

ISBN : 2-89406-005-X

Introduction

À en croire l'abbé Henri-Raymond Casgrain[1], Philippe Aubert de Gaspé aurait composé *les Anciens Canadiens* pour répondre à l'appel des *Soirées canadiennes*: «Hâtons-nous de recueillir nos belles légendes avant que le peuple ne les ait oubliées». Luc Lacourcière[2] a bien montré ce qu'il fallait penser du rôle que Casgrain s'approprie dans la genèse de cette œuvre. Bien que de Gaspé n'ait pas eu à attendre de mot d'ordre pour se mettre à écrire, il n'en participait pas moins au mouvement de récupération de la mémoire collective qui s'amorçait alors. Il témoigne de sa reconnaissance à François-Xavier Garneau qui a rendu aux Canadiens la fierté de leur histoire et, s'il répond à un appel quelconque, c'est plus à celui de Garneau qu'à celui de Casgrain. C'est, en bonne partie, pour illustrer les beautés de l'histoire du Canada qu'il prend lui aussi la plume.

Mais notre historien improvisé n'a rien de commun avec un Garneau ou avec un Ferland, en ce sens qu'il ne se fonde pas sur des documents pour rétablir les faits passés, mais uniquement sur sa mémoire personnelle. Il prétend avoir un droit spécial de parole du fait de son âge et de sa condition sociale. Né en 1786, il a connu la génération qui a vécu la guerre de la Conquête; apparenté aux principales familles du pays, il a pu, grâce à sa mémoire prodigieuse, recueillir des témoignages tout à fait exceptionnels sur la fin de l'ancien régime et les débuts du nouveau. Il prétend qu'à ce titre sa contribution peut être précieuse.

De Gaspé désire livrer des souvenirs entièrement personnels sans souci de contrôler leur exactitude historique par la confrontation avec d'autres témoignages ou d'autres documents. S'il osait se limiter à son inspiration première, il livrerait ses souvenirs comme ils se présentent sous sa plume, sans quelque forme d'art préméditée, comme il le fera dans ses mémoires, quelques années après la publication des *Anciens Canadiens*. Pour excuser l'absence d'ordre qui préside alors à son récit, il évoque l'exemple de Fanchette, qui, ne sachant jamais où ranger ses affaires, envoyait toujours tout dans le coin. Au moment de mettre en chantier son premier roman, Gaspé n'ose pas se présenter devant ses pairs sans obéir aux règles du roman. Il a beau crâner qu'il s'en affranchit, il ne se croit pas moins obligé de relier tous ses souvenirs par une intrigue qui leur donne une certaine congruance, pour employer un mot de Paul Ricœur[3]. C'est ainsi que le *mythos* (l'intrigue) confère une nouvelle signifiance à la *mimèsis*.

Ce que désire d'abord représenter de Gaspé, c'est un passé national, mais d'un point de vue bien particulier, c'est-à-dire tel que vécu par sa famille, mais aussi par lui. L'objet général de son roman concerne d'abord la conquête de la Nouvelle-France par l'Angleterre, ses répercussions sur la noblesse canadienne et, par ricochet, sur l'auteur lui-même. Trois strates narratives se superposent: la défaite de la Nouvelle-France et, par voie de conséquence, la déchéance de la noblesse canadienne et celle en particulier du narrateur. Ces trois niveaux de *praxis* ne coïncident pas dans le temps, temps historique de la conquête, temps postérieur du rejet de la noblesse canadienne à la fois par le peuple et par le gouvernement anglais, et temps personnel de la déchéance de Gaspé comme shérif de Québec. Tout en parlant de son pays, Gaspé ne peut faire autrement que de parler de lui-même, ce qui engendrerait une discordance dans son récit s'il n'avait recours à un *mythos*, c'est-à-dire à une intrigue pour l'arrangement des faits.

Certains ont vu dans l'intrigue la partie la plus faible des *Anciens Canadiens*. Ils invoquent le manque d'unité du roman qui, faut-il l'avouer, se laisse facilement découper en contes et en anecdotes. Un conteur comme Aubert de Gaspé n'aurait pas besoin d'une intrigue pour faire valoir sa plume. Personnellement, je suis tenté d'affirmer que la supériorité des *Anciens Canadiens* sur les *Mémoires* vient précisément de l'intrigue. Le besoin d'harmoniser entre eux des actions et des événements souvent discordants force le romancier à les disposer dans un ordre qui nous interroge encore aujourd'hui. Il réconcilie par là l'ordre du désir avec celui de la réalité.

Entre *les Anciens Canadiens* et les *Mémoires*, il y a une distance considérable qu'il importe d'évaluer. Dans l'un, on ne retrouve qu'une séquence d'événements qui se succèdent souvent sans autre ordre que chronologique. Dans l'autre, les événements sont organisés en une totalité intelligible telle qu'on peut toujours savoir quel est le thème de l'histoire. C'est par là que l'on reconnaît que la mise en intrigue tire une configuration d'une simple succession d'événements. L'action configurante, au contraire de l'action épisodique limitée aux événements, est de transformer ces derniers en histoire. Par elle, ils s'inscrivent dans une série causale dont le résultat est le dénouement: «Comprendre l'histoire, c'est comprendre comment et pourquoi les épisodes successifs ont conduit à cette conclusion, laquelle, loin d'être prévisible, doit être finalement acceptable, comme congruante avec les épisodes rassemblés[4]».

Le travail de l'herméneutique, c'est de comprendre par quelles opérations le romancier a su rendre concordants des événements qui pouvaient, à tout le moins, être étrangers ou discordants. Cela ne veut pas dire qu'il se limite aux seules concordances, mais que son art l'amène à faire paraître concordantes les discordances.

Avant d'examiner comment Aubert de Gaspé s'y prend pour établir la concordance à l'intérieur de son intrigue, identifions le locuteur et le sujet qu'il traite.

Le lieu d'où parle le romancier doit être bien connu pour que l'on saisisse l'orientation de son discours. Philippe Aubert de Gaspé est un descendant de Aubert de la Chesnaye, riche marchand français qui dominait le commerce au Canada dans la seconde moitié du XVIIe siècle[5]. Alliés aux plus grandes familles du pays, les Aubert se sont toujours maintenus au centre d'un réseau d'influence qui les a bien servis. Bien que ruinés par la guerre de la conquête, ils n'en continuent pas moins à graviter dans les zones d'influence du pouvoir. Le père de Philippe est conseiller législatif pendant plusieurs années et Philippe lui-même est nommé très jeune au poste lucratif, mais peu exigeant, de shérif de Québec. Il aurait occupé cette sinécure aussi longtemps qu'il l'aurait voulu s'il ne s'était pas rendu coupable d'une importante défalcation dans les comptes de son administration. En 1822, il doit se réfugier à Saint-Jean-Port-Joly pour échapper à l'emprisonnement pour dettes. Vivant dans la crainte perpétuelle de l'arrestation, il sera finalement incarcéré de 1838 à 1841. Bien que situé dans un temps historique assez éloigné, le roman a quand même un certain caractère autobiographique. Pour constituer le personnage de Jules, Aubert de Gaspé se sert de ses souvenirs d'enfance. Il a ainsi tendance à interpréter l'histoire, comme il interprète sa vie, l'année 1822 marquant la catastrophe qui fait passer son sort de la fortune à l'infortune. Après son élargissement, il éprouvera le besoin d'exposer son point de vue sur sa conduite. Par la même occasion, il exaltera la noblesse de ses origines pour faire oublier son emprisonnement.

Le prétexte qui autorise Gaspé à écrire est double: c'est d'abord sa mémoire prodigieuse qui emmagasine systématiquement des souvenirs depuis la tendre enfance; c'est ensuite l'étendue de ses relations avec les plus importantes familles du pays. Par ses parents et par ses grands-parents, il est le dépositaire de témoignages qui proviennent d'un point de vue bien particulier, celui de la classe seigneuriale. *Les*

Anciens Canadiens seront une défense et illustration du régime seigneurial. Depuis les débuts de la domination anglaise, la tenure seigneuriale a été l'objet d'attaques constantes de la part des Britanniques qui l'ont assimilée aux temps les plus reculés de la féodalité. Les attaques sont ensuite venues des patriotes et, plus tard, des «Rouges» qui dénonçaient les rentes, les dîmes, les corvées et autres obligations qui limitaient la liberté des censitaires. Ces attaques ont redoublé d'intensité au milieu du siècle quand il a été franchement question d'abolir la tenure seigneuriale. Dans une brochure assez consistante, Joseph-Charles Taché[6] a dénoncé le système de manière virulente. Peu de gens s'étaient portés au secours du système. Un *tory* de la plus belle eau, Toussaint Pothier, avait déposé, en 1829, un rapport recommandant le maintien d'une société aristocratique, comme meilleur moyen d'assurer la sécurité sociale. Au cours des débats, Louis-Joseph Papineau s'est fait son ardent défenseur, mais son manque de désintéressement — il était lui-même seigneur — a discrédité la cause. Les histoires récentes de Garneau et de Ferland, qui faisaient la partie si belle aux Canadiens, avaient escamoté le rôle des seigneurs en tant que classe sociale dans l'établissement du pays. Certes, en 1860, les jeux étaient faits, la tenure avait été abolie pour toujours, mais, dans un mouvement de récupération du passé pour constituer la mémoire collective du peuple, il importait, aux yeux d'Aubert de Gaspé, de redonner à la classe des seigneurs la place qui lui revenait.

Puisque son dessein n'est pas de faire passer à l'action, mais bien d'interpréter le passé, il choisit de préférence le discours métaphorique au discours rhétorique. C'est la disposition des faits dans une concordance nouvelle qui constitue l'argument en faveur du régime.

Le *mythos* qui sert de médiation pour coordonner de façon congruante une série d'événements est celui des frères ennemis. Des frères jumeaux, pourtant unis par les liens du sang et de l'affection, se battent à mort pour obtenir la couronne. Dans sa version tragique, le mythe se dénoue toujours par la mort de l'un des prétendants; dans sa version euphémisée, il admet une réconciliation ou, du moins, un accomodement. Le choix des protagonistes pour Aubert de Gaspé se fait en fonction de ce *mythos*. L'un se désigne de lui-même à l'attention du romancier: c'est le fils du seigneur canadien qui tiendra en quelque sorte le rôle de patient car c'est lui qui aura à subir l'agression sans réserve en croyant que rien ne peut rompre une amitié véritable. Le choix de l'autre protagoniste est plus problématique, car il doit être ambivalent. Comment un ennemi — anglo-protestant — pourrait-il être sympathique au lecteur canadien? Un besoin de concordance guide le romancier dans son choix. Archibald Cameron de Locheill est un Écossais catholique dont le père a participé à la bataille de Culloden pour rétablir les Stuart sur le trône. Réfugié au Canada pour échapper à la vengeance du roi d'Angleterre, il se sent en sympathie avec les Canadiens qui ont le même ennemi. Mais ce titre d'Écossais est polyvalent puisqu'il désigne en même temps un Britannique qui peut devenir également un ennemi. C'est en somme sur cette ambivalence que joue le romancier pour en faire un frère ennemi.

Le héros véritable du roman est doté de toutes les caractéristiques du héros mythique. Naissance mystérieuse, *félix inopia*, bravoure et générosité. Bien qu'en situation d'infortune imméritée, il se rétablit par sa vaillance dans sa condition première.

Une fois désignés, les protagonistes sont mis en situation par une série d'événements qui forment une histoire (*story*) parce que disposés en une configuration. Dans une première partie (les onze premiers chapitres), on assiste à la naissance et à l'épanouissement d'une amitié. Dans la seconde partie, cette amitié est mise à l'épreuve et rétablie. Comme dans la tragédie classique, le drame est causé par l'interférence de la sphère privée dans la sphère publique. Les héros sont déchirés entre leurs devoirs envers leur patrie et leurs devoirs envers leur famille. La stratégie qui sous-tend cette configuration consiste à culpabiliser le héros et à l'amener à obtenir le pardon des offensés.

La première partie

L'organisation du temps dans ce récit se fait autour de la campagne de 1759. La première partie explique comment les deux amis se retrouvent par les hasards de la guerre dans les camps ennemis, tandis que la seconde partie retrace, après la faute, les étapes de la réconciliation. Les chapitres liminaires relatent la visite d'adieu des collégiens à la famille d'Haberville avant le départ pour l'Europe où Jules prendra du service dans l'armée française et Arché, dans l'armée anglaise. Le récit épouse alors la forme du voyage, une forme très lâche illustrée par des auteurs aussi célèbres que Boccace, Cervantès, LeSage... qui permet une succession de tableaux sans trop de liens entre eux. Au fur et à mesure que les héros se déplacent, ils vivent des aventures toujours renouvelées.

Dans le voyage de Québec à Saint-Jean-Port-Joly, le dessein du romancier est moins de multiplier les péripéties que de brosser un tableau idyllique de la vie seigneuriale. Pour certains, le souci premier d'Aubert de Gaspé serait d'ordre ethnographique, c'est-à-dire de révéler l'imaginaire qui s'attache à chacun des lieux que traversent ses héros. Sans nier cette dimension, on peut croire que son souci est également d'ordre éthique. Il désire brosser un tableau qui réfute les principales critiques adressées au régime seigneurial. Le discours qui s'ensuit est fondé sur un implicite qui sous-tend toute la thèse romanesque, à savoir que, sous le régime français, les seigneurs canadiens vivaient dans l'opulence. Pour que le système féodal soit bénéfique, il faut que le pouvoir permette à l'aristocratie d'être suffisamment riche pour jouer un rôle de providence auprès du petit peuple. L'ordre social se trouve ainsi conforté: le roi s'attache les nobles en leur prodiguant ses faveurs et les nobles s'attachent le peuple en les secourant dans leurs besoins. Tout cet ordre social repose sur la représentation par leur faste et leur munificence: les nobles sont l'expression sociale de la gloire du souverain. C'est en les admirant que la plèbe se fait une haute idée du monarque et de son pouvoir. Il suffit que les nobles soient réduits à la pauvreté pour que le système s'enraye.

Pendant donc le régime français, les nobles, d'après Aubert de Gaspé, vivaient dans l'opulence et exerçaient pleinement leur rôle de représentation. Le héros du roman en est le premier bénéficiaire. Par suite de la guerre, Arché est tombé dans le malheur: orphelin, exilé et ruiné, il est adopté par la famille d'Haberville qui le traite comme son propre fils sans jamais compter la dépense. Il va sans dire que, d'après le système, il encourt une dette sacrée de reconnaissance qui le lie pour toujours. Le voyage au manoir seigneurial a pour prétexte de faire les adieux avant le départ pour l'Europe mais, en réalité, il est destiné à illustrer les avantages du régime. Le trajet devrait être aussi familier à Arché qu'à Jules puisque le jeune Écossais passe ses vacances à Saint-Jean-Port-Joly, depuis son arrivée au pays. Mais, aux explications que Jules lui fournit tout au long de la route, on sent bien qu'il s'agit d'un voyage initiatique. L'Écossais est promené comme un invité à qui l'on fait faire le tour du propriétaire. C'est d'abord l'initiation au folklore canadien avec les histoires de la Corriveau et des sorciers de l'île, folklore qui n'est pas moins noble que celui de l'Écosse pourtant fameux, au moment où le romancier écrit. Puis, survient une première péripétie, la débâcle, qui emporte le malheureux Dumais sur un glacier. C'est l'occasion de déployer toutes les vertus aristocratiques au service du peuple. Arché, dont les qualités athlétiques sont indéniables, plonge sans hésitation dans les eaux glacés pour rescaper le malheureux. Dumais, qui a eu la cheville fracassée par les glaces, est conduit au manoir de Beaumont pour y être soigné. Le seigneur l'héberge jusqu'à son rétablissement. Il envoie même chercher à ses frais le meilleur médecin de Québec pour assurer la guérison de son censitaire. Dumais, à cette occasion, a contracté une dette de reconnaissance envers Arché et il sera par la suite placé dans des circonstances pour s'en acquitter.

L'arrivée d'Arché au manoir coïncide avec la fête du mai. Les seigneurs étaient traditionnellement capitaines de milice, charge particulièrement honorifique qu'ils se transmettent de père en fils. La familiarité que les miliciens entretenaient avec leur officier expliquerait l'efficacité de l'armée canadienne. Mais, sous le régime anglais, les choses ont changé car les seigneurs ne sont plus capables de recruter des miliciens pour la défense de la couronne anglaise. La milice est même devenue un objet de répulsion. C'est donc par rapport à cette situation qu'Aubert de Gaspé nous brosse le tableau d'une fête en l'honneur du capitaine d'Haberville. Spontanément, les miliciens viennent rendre hommage à leur capitaine et seigneur, et recevoir en retour les témoignages de son affection et de son estime. En cette occasion, la maison aristocratique par excellence est transformée en maison du peuple. Chacun selon son rang et son âge est invité à partager les agapes du maître qui prodigue à tous sollicitude et considération. Aubert de Gaspé répond ainsi à ceux qui accusent les seigneurs d'indifférence et même de dureté à l'égard de leurs censitaires.

Dans un chapitre qui complète la description de la vie seigneuriale, de Gaspé s'attaque à la question des rentes qui a toujours été l'irritant majeur invoqué par les adversaires du régime seigneurial. En exigeant des redevances trop élevées, les seigneurs auraient pressuré des paysans qui, très souvent, étaient condamnés à la disette par suite des mauvaises récoltes. C'est en caricaturant cette situation que le romancier la transforme à l'avantage des seigneurs. La mise en scène de l'oncle Raoul, qui prétend, en cette circonstance, rétablir les distances entre l'autorité seigneuriale et les censitaires, ne dupe pas ces habitants, habitués à traiter de «mon oncle Raoul». La pseudo autorité n'a aussi que de pseudo exigences, car toutes les excuses, même les moins valables, sont acceptées pour ne pas payer la rente. En somme, la prospérité des seigneurs leur permet d'exercer une autorité débonnaire et compatissante à l'endroit des censitaires.

Dans cette première partie, Gaspé ne parle pas d'un autre irritant qui a servi à discréditer le régime, la corvée, parce qu'il aurait été de mauvaise stratégie de présenter le régime, dans son âge d'or, comme imposant des corvées. Ce n'est donc que dans la seconde partie que l'occasion se présenta d'en faire mention. Quand les blessures de la défaite auront été suffisamment cicatrisées et que le seigneur d'Haberville parlera de reconstruire son manoir, les censitaires s'offriront spontanément pour la corvée. Ils y sont poussés par un sentiment d'honneur car ils sont les premiers peinés de voir leur seigneur humilié. Comme on peut en juger par ce qui précède, tout ce qui a un caractère d'obligation dans le système est euphémisé au point qu'il devient une action librement consentie.

Un complément du tableau concerne les relations entre maîtres et serviteurs. Encore ici l'euphémisation est de rigueur. Bien que José soit l'exemple même du bon serviteur qui n'oublie jamais la subordination à l'égard des maîtres, il n'en est pas moins traité comme un membre de la famille. Pendant le voyage de retour, Jules refuse de le laisser manger à part. Il l'autorise à participer à la conversation sur un pied d'égalité et il lui témoigne des marques d'affection qui effacent toute distance entre lui et ses maîtres. L'ultime consolation de José sera de rendre l'âme dans les bras de Jules entouré de tous les membres de la famille. Le cas de l'esclave noire, Lisette, n'est pas moins révélateur de cette volonté d'euphémisation. La jugeant plutôt malcommode, le seigneur d'Haberville décide de l'émanciper, mais la mûlatresse considère qu'elle a droit de finir ses jours sous le toit de son maître. Chassée par une porte, elle rentre par l'autre. De nouveau les relations entre inférieurs et supérieurs démentent toutes les accusations portées traditionnellement contre le régime.

Deuxième partie

Le tableau brossé au cours des onze derniers chapitres ne
constitue à proprement parler qu'une mise en situation qui
prélude à l'action. Les événements qui changent le sort des
personnages ne commencent que dans la seconde partie. Ils
sont désormais disposés dans un ordre de cause à effet pour
bouleverser la fortune des protagonistes. La cause la plus
éloignée est probablement la décision de partir des deux
jeunes gens. Ils se trouvent l'un et l'autre en situation de
manque: Arché veut faire la paix avec son souverain,
récupérer sa fortune et venir s'établir auprès de ses amis.
Jules veut prendre du service dans l'armée de France pour
déployer ses talents sur une scène plus large. On pourrait
appliquer à ces personnages la pensée de Pascal selon laquelle tous les troubles de l'homme lui viennent du fait qu'il
ne sache pas rester chez lui. C'est à compter de ce départ que
le temps porteur d'événements tragiques commence à courir
pour se diriger irrémédiablement vers la catastrophe qui
convertit les amis en ennemis. La déclaration de la guerre
entre la France et l'Angleterre est le premier événement qui
menace la solidarité des protagonistes. Un concours de
circonstances les expose désormais à combattre l'un contre
l'autre. Parmi la multitude des possibilités qui s'offrent à
lui, le romancier choisit les coïncidences les plus exceptionnelles pour créer une situation unique. Les deux jeunes
officiers sont tous les deux renvoyés au Canada pour
combattre dans des camps ennemis. Son expérience du pays
désigne Arché à un poste spécial: les nombreuses années
qu'il a passées sur la Côte du Sud l'impose pour diriger les
troupes d'incendiaires dans cette région. Cas plus excep-
tionnel encore, ce sera lui qui devra incendier les propriétés
de ses amis. Cette fois il s'agit plus que d'un hasard ou d'une
coïncidence: Montgomery, qui le déteste, veut le placer
dans une situation morale intenable.

   L'incendie du manoir constitue ce qu'Aristote appelle
l'*hamartia*, le point aveugle de la discordance, dans ce

monde jusqu'alors si harmonieux. Comme dans la tragédie grecque, la notion de responsabilité est absente. Partagé entre les devoirs de l'honneur et de l'amitié, le jeune officier est obligé d'obéir au plus pressant. Mais, dans le monde tragique, c'est l'action qui compte et non l'intention. Arché s'est rendu coupable. Il devra expier. La tentation du romancier de le châtier sur-le-champ ne fait pas de doute. Enlevé par des Indiens pendant qu'il contemple les résultats de l'incendie, Arché est délivré par Dumais qui paie ainsi sa dette de reconnaissance. Le parallélisme inverse qui s'applique à ces deux personnages ne manque pas d'étonner. Dans le conflit des devoirs qu'il subit, le Britannique fait passer le bien commun avant le bien particulier tandis que le Canadien, pourtant en guerre lui aussi, fait passer le bien particulier avant le bien commun. Il délivre un ennemi qu'il sait maintenant capable de nuire aux armées françaises. Ces situations en parallèle indiquent peut-être comment le Britannique aurait dû agir?

Que l'incendie du manoir d'Haberville constitue la faute majeure d'Arché ne manque pas de signification pour l'interprétation de l'ensemble du roman. Le jeune Écossais aurait pu être accusé d'avoir pris les armes contre sa patrie d'adoption, ce qui n'aurait pas été moins grave, mais l'auteur a voulu que la faute ne soit pas commise contre l'ensemble du peuple, mais contre une classe en particulier, celle des seigneurs. En privant la famille d'Haberville de ses biens, il la rendait inapte à s'acquitter de ses devoirs sociaux et, par conséquent, la condamnait à la déchéance. Quand, par un autre hasard suprême, Jules et Arché se rencontrent sur le champ de bataille, le jeune Canadien recherche un combat singulier pour laver dans le sang l'outrage qui lui a été fait. Une autre fois, les affaires de la famille l'emportent sur celles de la patrie.

Dans la dernière partie du roman, Aubert de Gaspé affronte une dernière difficulté: comment rendre concordante l'ultime discordance atteinte par la faute contre l'hospitalité? Le romancier a déjà introduit dans l'acte discordant une certaine concordance par le fait qu'Archée, en obéissant aux lois de l'honneur, s'est inscrit dans une concordance supérieure à celle qui régit les affaires domestiques. Mais la conscience du protagoniste n'est pas apaisée pour autant. La justice ne sera satisfaite que par une réparation *ad aequalitatem*, ce qui reviendrait à restaurer l'ancienne prospérité de la famille d'Haberville. Même si le romancier pouvait aspirer à pareille compensation, il devait l'éviter pour ne pas contredire l'histoire. Les seigneurs canadiens n'ont justement pas été rétablis dans leur opulence antérieure et c'est ce qui a causé leur perte. Carleton, qui misait sur eux pour gagner la population canadienne à la cause des Britanniques, a pu se rendre compte que leur crédit était presque nul. En 1775, les censitaires ne répondent pas à l'appel de leur seigneur. L'échec se renouvelle pendant la Révolution française. La déchéance des seigneurs est particulièrement frappante au début du XIXe siècle quand la classe des hommes de profession les supplante à la Chambre d'assemblée. L'interprétation de cette disgrâce sera double. Le peuple accusera la «noblaille» de l'avoir trahi pour obtenir des faveurs. La noblesse de son côté accusera le gouvernement britannique de ne l'avoir pas suffisamment avantagée pour qu'elle puisse soutenir son rang. Autant dire que la réparation idéale aurait été la restauration de la fortune familiale. Mais celle qui s'impose au romancier est d'une autre nature.

Un incident fortuit, le naufrage de *l'Auguste*, fournit à Arché l'occasion d'une réparation *ad aequalitatem*. Comme les autres familles nobles, les d'Haberville devaient s'embarquer sur *l'Auguste* pour être déportés en France. Mais Arché est intervenu auprès du gouverneur Murray pour que ses protecteurs aient plus de temps pour liquider leurs biens. Le moratoire qui leur est accordé fait qu'ils échappent au sinistre. Le jeune Écossais les a ainsi soustraits à un nouveau malheur, mais sans réparer le précédent. Il n'ignore pas que l'offense est d'abord pécuniaire: il le voit par l'humble maison qui remplace le vaste manoir d'autrefois. Aussi songe-t-il à dédommager financièrement ses bienfaiteurs, mais comment offrir de l'argent sans offenser la dignité des nobles ruinés? Seul un poste lucratif et honorifique pourrait redorer le blason des d'Haberville. Le capitaine d'Haberville se trouve cependant trop âgé pour se mettre au service d'un autre roi, mais il souhaite que son fils le fasse. Il lui prévoit même un avenir brillant. Après un mariage avec une Anglaise, Jules prêtera le serment d'allégeance au roi d'Angleterre et, grâce à l'intervention d'Arché, il pourra obtenir un poste intéressant dans l'armée britannique. Voilà le désir assez clairement exprimé. Jules s'efforce de répondre au nouveau projet collectif qui a été formulé pour les Canadiens. Les deux races sont appelées à s'unir et à n'en faire qu'une nouvelle. Mais quand Aubert de Gaspé écrit ces lignes, un siècle après la conquête, il sait pertinemment que ce projet a échoué et que les deux races vivent dans le plus complet isolement sans s'être acceptées mutuellement. Quel est le responsable de cet échec? Dans le cadre de l'intrigue qui nous intéresse, du moins dans le système narratif ici mis en place, on pourrait croire que c'est Arché, qui n'a pas fait assez pour restaurer la condition de la noblesse canadienne. En réalité, c'est le gouvernement britannique: malgré ses bonnes dispositions, il a laissé dépérir une classe sociale qui, par son prestige et son ascendant, pouvait orienter le développement de tout le peuple. Voilà pourquoi la réparation effectuée par Arché est concordante sans cesser d'être tout à fait discordante. Elle explique le dénouement un peu étrange du roman.

Comme je l'ai déjà signalé plus haut, le dénouement d'une intrigue du type des deux frères ennemis, c'est soit l'élimination d'un des deux rivaux (tragédie) soit leur raccommodement (comédie). Le *happy ending* serait donc l'union dont l'expression habituelle est le mariage. On peut considérer Blanche comme le double de Jules pour les besoins de la cause. Dans les circonstances, l'union ne peut avoir lieu que si les réparations ont été satisfaisantes et complètes. Puisque l'union est refusée, il faut en conclure que les réparations ne sont pas jugées satisfaisantes. Pour être célébrée dans la dignité, cette union devait être scellée dans l'égalité. Or l'égalité n'a pas été rétablie. Les seigneurs canadiens sont encore pauvres face à leurs rivaux britanniques. C'est pourquoi Blanche refuse la main d'Arché car, en acceptant, elle aurait l'air d'accréditer l'opinion selon laquelle les filles des seigneurs ruinés s'empressent de se jeter au cou des officiers britanniques. Ce refus est donc motivé plus par une question de fortune que d'honneur.

La nouvelle congruance ainsi établie fournie une explication du système seigneurial non pas en mettant la faute sur les vices internes du système, ou en taxant les titulaires d'abus, mais en rejetant toute la culpabilité sur ceux qui auraient eu avantage à le promouvoir ct à le protéger. Si le Canada n'a pas évolué selon leurs désirs, les conquérants ne doivent s'en prendre qu'à eux puisque la structure sociale héritée du régime français leur conférait un pouvoir sans pareil de domination.

Maurice Lemire

Notes

1. Henri-Raymond Casgrain, «Philippe A. de Gaspé», *Œuvres complètes*, t. II, p. 270.
2. Luc Lacourcière, «l'Enjeu des *Anciens Canadiens*», *les Cahiers des Dix*, n° 32 (1967) p. 223-254.
3. Paul Ricœur, *Temps et Récit*, t. I, Paris, Seuil, 1983.
4. *Op. cit.*, p. 104.
5. Yves F. Zoltvany, «Charles Aubert de la Chesnaye», *Dictionnaire biographique du Canada*, vol. II. (*1701-1740*), p. 27-36.
6. Joseph-Charles Taché, *De la tenure seigneuriale en Canada et Projet de commutation*, Québec, Lovell et Lamoureux, 1854, 63, *XIX* p.

Chapitre premier
La Sortie du collège

Eheu! fugaces, Posthume...

HORACE

Ce chapitre peut, sans inconvénient, servir en partie de préface; car je n'ai nullement l'intention de composer un ouvrage *secundum artem*, encore moins de me poser en auteur classique. Ceux qui me connaissent seront sans doute surpris de me voir commencer le métier d'auteur à soixante et seize ans; je leur dois une explication. Quoique fatigué de toujours lire, à mon âge, sans grand profit ni pour moi ni pour autrui, je n'osais cependant passer le Rubicon; un incident assez trivial m'a décidé.

Un de mes amis, homme de beaucoup d'esprit, que je rencontrai, l'année dernière, dans la rue Saint-Louis de cette bonne ville de Québec, me saisit la main d'un air empressé, en me disant: «Heureux de vous voir: j'ai conversé ce matin avec onze personnes; eh bien, mon cher, tous êtres insignifiants! pas une idée dans la caboche! Et il me secouait le bras à me le disloquer. — Savez-vous, lui dis-je, que vous me rendez tout fier; car je vois, à votre accueil chaleureux, que je suis l'exception, l'homme que vous attendiez pour...

—Eh oui! mon cher, fit-il sans me permettre d'achever ma phrase, ce sont les seules paroles spirituelles que j'aie entendues ce matin.» Et il traversa la rue pour parler à un client qui se rendait à la cour, son douzième imbécile, sans doute.

— Diable! pensais-je, il paraît que les hommes d'esprit

ne sont pas difficiles, si c'est de l'esprit que je viens de faire: j'en ai alors une bonne provision; je ne m'en étais pourtant jamais douté.

Tout fier de cette découverte, et en me disant à moi-même que j'avais plus d'esprit que les onze imbéciles dont m'avait parlé mon ami, je vole chez mon libraire, j'achète une rame de papier *foolscap* (C'est-à-dire, peut-être, *papier-bonnet* ou *tête de fou*, comme il plaira au traducteur), et je me mets à l'œuvre.

J'écris pour m'amuser, au risque de bien ennuyer le lecteur qui aura la patience de lire ce volume; mais comme je suis d'une nature compatissante, j'ai un excellent conseil à donner à ce cher lecteur: c'est de jeter promptement le malencontreux livre, sans se donner la peine de le critiquer: ce serait lui accorder trop d'importance, et, en outre, ce serait un labeur inutile pour le critiquer de bonne foi car, à l'encontre de ce vieil archevêque de Grenade dont parle Gil Blas, si chatouilleux à l'endroit de ses homélies, je suis, moi, de bonne composition et, au lieu de dire à ce cher critique: «Je vous souhaite toutes sortes de prospérités avec plus de goût», j'admettrai franchement qu'il y a mille défauts dans ce livre, et que je les connais.

Quant au critique malveillant, ce serait pour lui un travail en pure perte, privé qu'il serait d'engager une polémique avec moi. Je suis, d'avance, bien peiné de lui enlever cette douce jouissance, et de lui rogner si promptement les griffes. Je suis très vieux et paresseux avec délice, comme le Figaro d'ironique mémoire. D'ailleurs, je n'ai pas assez d'amour-propre pour tenir le moins du monde à mes productions littéraires. Consigner quelques épisodes du bon vieux temps, quelques souvenirs d'une jeunesse, hélas! bien éloignée, voilà toute mon ambition.

Plusieurs anecdotes paraîtront, sans doute, insignifiantes et puériles à bien des lecteurs: qu'ils jettent le blâme sur quelques-uns de nos meilleurs littérateurs, qui m'ont prié de ne rien omettre sur les mœurs des anciens Canadiens. «Ce qui paraîtra insignifiant et puéril aux yeux des étrangers, me disaient-ils, ne laissera pas d'intéresser les vrais Canadiens, dans la chronique d'un septuagénaire né vingt-huit ans seulement après la conquête de la Nouvelle-France.»

Ce livre ne sera ni trop bête ni trop spirituel. Trop bête! certes, un auteur doit se respecter tant soit peu. Trop spirituel! il ne serait apprécié que des personnes qui ont beaucoup d'esprit, et, sous un gouvernement constitutionnel, le candidat préfère la quantité à la qualité.

Cet ouvrage sera tout canadien par le style: il est malaisé à un septuagénaire d'en changer comme il ferait de sa vieille redingote pour un paletot à la mode de nos jours.

J'entends bien avoir, aussi, mes coudées franches, et ne m'assujétir à aucunes règles prescrites — que je connais d'ailleurs — dans un ouvrage comme celui que je publie. Que les puristes, les littérateurs émérites, choqués de ces défauts, l'appellent roman, mémoire, chronique, salmigondis, pot-pourri: peu importe!

Mon bout de préface achevé, je commence sérieusement ce chapitre par cette belle épigraphe inédite, et bien surprise, sans doute, de se trouver en si mauvaise compagnie:

> Perché comme un aiglon sur le haut promontoire,
> Baignant ses pieds de roc dans le fleuve géant,
> Québec voit ondoyer, symbole de sa gloire,
> L'éclatante splendeur de son vieux drapeau blanc.

> Et, près du château fort, la jeune cathédrale
> Fait monter vers le ciel son clocher radieux,
> Et l'Angélus du soir, porté par la rafale,
> Aux échos de Beaupré jette ses sons joyeux.

> Pensif dans son canot, que la vague balance,
> L'Iroquois sur Québec lance un regard de feu;
> Toujours rêveur et sombre, il contemple en silence
> L'étendard de la France et la croix du vrai Dieu.

Que ceux qui connaissent notre bonne cité de Québec se transportent, en corps ou en esprit, sur le marché de la haute ville, ne serait-ce que pour juger des changements survenus dans cette localité depuis l'an de grâce 1757, époque à laquelle commence cette histoire. C'est toujours la même cathédrale par la structure, *minus* sa tour moderne, qui semble supplier les âmes charitables, soit de l'exhausser, soit de couper la tête à sa sœur géante, qui a l'air de la regarder sous cape, avec mépris, du haut de sa grandeur.

Le collège des Jésuites, plus tard métamorphosé en caserne, présentait bien le même aspect qu'aujourd'hui; mais qu'est devenue l'église construite jadis à la place des halles actuelles? Où est le bocage d'arbres séculaires, derrière ce temple, qui ornaient la cour maintenant si nue, si déserte, de cette maison consacrée à l'éducation de la jeunesse canadienne? La hache et le temps, hélas! ont fait leur œuvre de destruction. Aux joyeux ébats, aux saillies spirituelles des jeunes élèves, aux pas graves des professeurs qui s'y promenaient pour se délasser d'études profondes, aux entretiens de haute philosophie, ont succédé le cliquetis des armes, les propos de corps de garde, souvent libres et saugrenus!

À la place du marché actuel, des boucheries très basses, contenant, tout au plus, sept ou huit étaux, occupaient une petite partie du terrain, entre la cathédrale et le collège. Entre ces boucheries et le collège, coulait un ruisseau, qui descendait de la rue Saint-Louis, passait au beau milieu de la rue de la Fabrique, traversait la rue Couillard et le jardin de l'Hôtel-Dieu, dans sa course vers la rivière Saint-Charles. Nos ancêtres avaient des goûts bucoliques très prononcés!

Nous sommes à la fin d'avril; le ruisseau est débordé, et des enfants s'amusent à détacher de ses bords des petits glaçons qui, diminuant toujours de volume, finissent, après avoir franchi tous les obstacles, par disparaître à leurs yeux, et aller se perdre dans l'immense fleuve Saint-Laurent. Un poète, qui fait son profit de tout, contemplant, les bras croisés, cette scène d'un air rêveur, et suivant la descente des petits glaçons, leurs temps d'arrêt, leurs ricochets, les eût comparés à ces hommes ambitieux arrivant, après un vie agitée, au terme de leur carrière, aussi légers d'argent que de réputation, et finissant par s'engloutir dans le gouffre de l'éternité.

Les maisons qui avoisinent le marché sont, pour la plupart, à un seul étage, à l'encontre de nos constructions modernes, qui semblent vouloir se rapprocher du ciel, comme si elles craignaient un autre déluge.

Il est midi: l'*Angélus* sonne au beffroi de la cathédrale; toutes les cloches de la ville annoncent la salutation que l'ange fit à la mère du Christ, la patronne chérie du Canada. Les habitants[1] en retard, dont les voitures entourent les boucheries, se découvrent et récitent dévotement l'*Angélus*. Tout le monde pratiquant le même culte, personne ne tourne en ridicule cette coutume pieuse.

Certains chrétiens du dix-neuvième siècle semblent avoir honte d'un acte religieux devant autrui: c'est faire, pour le moins, preuve d'un esprit rétréci ou de pusillanimité. Les disciples de Mahomet, plus courageux, prient sept fois par jour, en tous lieux, en présence des timides chrétiens.

Les élèves du collège des Jésuites, toujours si bruyants lorsqu'ils entrent en récréation, sortent silencieux de l'église, où ils viennent de prier. Pourquoi cette tristesse inusitée? C'est qu'ils vont se séparer de deux condisciples chéris, de deux amis sincères pour tous sans distinction. Le plus jeune des deux, qui, plus rapproché de leur âge, partageait le plus souvent leurs jeux enfantins, protégeait aussi le faible contre le fort, et décidait avec équité leurs petits différends.

La grande porte du collège s'ouvre, et deux jeunes gens, en habit de voyage, paraissent au milieu de leurs compagnons d'étude. Deux porte-manteaux de cuir, longs de cinq pieds, garnis d'anneaux, chaînes et cadenas, qui semblent assez forts pour amarrer un navire, gisent à leurs pieds. Le plus jeune des deux voyageurs, frêle et de petite taille, peut avoir dix-huit ans. Son teint brun, ses gros yeux noirs, vifs et perçants, ses mouvements saccadés, dénotent en lui l'origine française: c'est, en effet, Jules d'Haberville, fils d'un

27

seigneur, capitaine d'un détachement de marine[2] de la colonie.

Le second, plus âgé de deux à trois ans, est d'une taille beaucoup plus forte et plus élevée. Ses beaux yeux bleus, ses cheveux blond châtain, son teint blanc et un peu coloré, quelques rares taches de rousseur sur le visage et sur les mains, son menton tant soit peu prononcé, accusent une origine étrangère; c'est, en effet, Archibald Cameron of Locheill, vulgairement Arché de Locheill, jeune montagnard écossais qui a fait ses études au collège des Jésuites de Québec. Comment, lui, étranger, se trouve-t-il dans une colonie française? C'est ce que la suite apprendra.

Les jeunes gens sont tous deux d'une beauté remarquable. Leur costume est le même: capot de couverte avec capuchon, mitasses écarlates bordées de rubans verts, jarretières de laine bleu tricotées, large ceinture aux couleurs vives et variées ornée de rassades, souliers de caribou plissés à l'iroquoise, avec hausses brodées en porc-épic, et enfin, chapeaux de vrai castor, rabattus sur les oreilles au moyen d'un fichu rouge noué sous le col.

Le plus jeune montre une agitation fébrile et porte, à chaque instant, ses regards le long de la rue Buade.

— Tu es donc bien pressé de nous quitter, Jules? dit un de ses amis, d'un ton de reproche.

— Non, mon cher de Laronde, répliqua d'Haberville; oh! que non, je t'assure; mais, puisqu'il faut que cette séparation pénible ait lieu, je suis pressé d'en finir: ça m'énerve. Il est bien naturel aussi que j'aie hâte de revoir mes chers parents.

— C'est juste, dit de Laronde; et, d'ailleurs, puisque tu es Canadien, nous vivons dans l'espoir de te revoir bien vite.

— Il n'en est pas de même de toi, cher Arché, dit un autre: je crains bien que cette séparation soit éternelle, si tu rentres dans ta patrie.

— Promets-nous de revenir, cria-t-on de toutes parts.

Pendant ce colloque, Jules part comme un trait au-devant de deux hommes s'avançant à grands pas, le long de la cathédrale, avec chacun un aviron sur l'épaule droite. L'un d'eux porte le costume des habitants de la campagne: capot d'étoffe noire tissée dans le pays, bonnet de laine grise, mitasses et jarretières de la même teinte, ceinture aux couleurs variées, et gros souliers de peau de bœuf du pays, plissés à l'iroquoise. Le costume de l'autre est à peu près celui des deux jeunes voyageurs, mais beaucoup moins riche. Le premier, d'une haute stature, aux manières brusques, est un traversier de la Pointe-Lévis[a]. Le second, d'une taille moyenne, aux formes athlétiques, est au service du capitaine d'Haberville, père de Jules: soldat pendant la guerre, il prend ses quartiers chez lui pendant la paix. Il est du même âge que son capitaine, et son frère de lait. C'est l'homme de confiance de la famille: il a bercé Jules, il l'a souvent endormi dans ses bras, en chantant les gais refrains de nos voyageurs des pays hauts.

— Comment te portes-tu, mon cher José? Comment as-tu laissé ma famille? dit Jules, en se jetant dans ses bras.

—*Tou bin,' ieu* (Dieu) merci, fit José; ils vous mandent bin des compliments, et ils ont grand hâte de vous voir. Mais comme vous avez profité depuis huit mois que je ne vous ai vu! ma *frine* (foi)[3], M. Jules, ça fait plaisir à voir.

José, quoique traité avec la bonté la plus familière par toute la famille d'Haberville, ne manquait jamais aux égards qu'il leur devait.

Une question n'attend pas l'autre; Jules s'informe des domestiques, des voisins, du vieux chien, qu'étant en trente-sixième, il avait nomme *Niger*, comme preuve de ses progrès dans la langue latine. Il ne garde pas même rancune au chat glouton qui, l'année précédente, avait croqué tout vif un jeune rossignol privé dont il raffolait et qu'il se proposait d'apporter au collège. Il est bien vrai que, dans un premier mouvement de colère, il l'avait poursuivi avec un gourdin sous les tables, sous les lits et même jusque sous le toit de la

---

(a) Ces lettres indiquent des notes renvoyées à la fin du volume, et marquées de la même lettre au chapitre correspondant.

maison, où le méchant animal s'était réfugié, comme dans une forteresse inexpugnable. Mais il lui a pardonné ses forfaits, et il s'informe de sa santé.

— Ah çà! dit Baron[b] le traversier, qui prenait peu d'intérêt à cette scène, ah çà! dit-il d'un ton bourru, quand vous aurez fini de vous lécher et de parler chien et matou, vous plairait-il d'avancer? la marée n'attend personne.

Malgré l'impatience et la mauvaise humeur de Baron, les adieux des jeunes gens à leurs amis du collège furent longs et touchants. Les régents les embrassèrent avec tendresse.

— Vous allez suivre tous deux la carrière des armes, leur dit le supérieur; exposés, sans cesse, à perdre la vie sur les champs de bataille, vous devez doublement aimer et servir le bon Dieu. S'il est dans les décrets de la Providence que vous succombiez, soyez prêts en tout temps, à vous présenter à son tribunal avec une conscience pure. Que votre cri de guerre soit: Mon Dieu, mon roi, ma patrie!

Les dernières paroles d'Arché furent:

— Adieu, vous tous qui avez ouvert vos bras et vos cœurs à l'enfant proscrit; adieu, amis généreux, dont les efforts constants ont été de faire oublier au pauvre exilé qu'il appartenait à une race étrangère à la vôtre! Adieu! Adieu! peut-être pour toujours.

Jules était très affecté.

— Cette séparation serait bien cruelle pour moi, dit-il, si je n'avais l'espoir de revoir bientôt le Canada avec le régiment dans lequel je vais servir en France.

S'adressant ensuite aux régents du collège, il leur dit:

— J'ai beaucoup abusé de votre indulgence, messieurs, mais vous savez tous que mon cœur a toujours mieux valu que ma tête: pardonnez à l'une, je vous prie, en faveur de l'autre. Quant à vous, mes chers condisciples, ajouta-t-il d'une voix qu'il s'efforçait inutilement de rendre gaie, avouez que si je vous ai beaucoup tourmentés, par mes espiègleries, pendant mes dix années de collège, je vous ai par compensation fait beaucoup rire.

Et, prenant le bras d'Arché, il l'entraîna pour cacher son émotion.

Laissons nos voyageurs traverser le fleuve Saint-Laurent, certains de les rejoindre bien vite à la Pointe-Lévis.

Notes

1. *Habitant* est synonyme de cultivateur, au Canada.
2. Ces détachements faisaient aussi le service de terre dans la colonie.
3. L'auteur met dans la bouche de José le langage des anciens habitants de nos campagnes, sans néanmoins s'y astreindre toujours. Il emploiera aussi, assez souvent, sans prendre la peine de les souligner, les expressions usitées par le peuple de la campagne.

Chapitre deuxième
Archibald Cameron of Locheill
— Jules d'Haberville

Give me, oh! give me back the days
When I — I too — was young,
And felt, as they now feel, each coming hour,
New consciousness of power [...]

The fields, the grove, the air was haunted,
And all that age has disenchanted,

Give me, oh! give youth's passions unconfined,
The rush of joy that felt almost like pain.

GOETHE

Archibald Cameron of Locheill, fils d'un chef de clan des montagnes d'Écosse et d'une Française, n'avait que quatre ans lorsqu'il eut le malheur de perdre sa mère. Élevé par son père, vrai Nemrod, violent chasseur devant Dieu, suivant la belle expression de l'Écriture sainte, il le suivait, dès l'âge de dix ans, dans ses courses aventureuses à la poursuite du chevreuil et des autres bêtes fauves, gravissant les montagnes les plus escarpées, traversant souvent à la nage les torrents glacés, couchant fréquemment sur la terre humide sans autre couverture que son plaid (pr. *plè*, manteau écossais), sans autre abri que la voûte des cieux. Cet enfant, vrai Spartiate par l'éducation, semblait faire ses délices de cette vie sauvage et vagabonde.

Arché de Locheill n'était âgé que de douze ans, en l'année 1745, lorsque son père joignit les étendards de ce jeune et infortuné prince qui, en vrai héros de roman, vint se jeter entre les bras de ses compatriotes écossais pour revendiquer par les armes une couronne à laquelle il devait renoncer pour toujours après le désastre de Culloden. Malgré la témérité de l'entreprise, malgré les difficultés sans nombre qu'offrait une lutte inégale contre les forces redoutables de l'Angleterre, aucun des braves montagnards ne lui fit défaut; tous répondirent à l'appel avec l'enthousiasme d'âmes nobles, généreuses et dévouées: leur cœur fut touché de la confiance de prince Charles-Édouard en leur loyauté, et de cette grande infortune royale.

Au commencement de cette lutte sanglante, le courage triompha du nombre et de la discipline, et les échos de leurs montagnes répétèrent au loin leurs chants de triomphe et de victoire. L'enthousiasme fut alors à son comble: le succès ne paraissait plus douteux. Vain espoir! il fallut enfin succomber après les faits d'armes les plus éclatants. Archibald Cameron of Locheill, père, partagea le sort de tant d'autres soldats valeureux qui ensanglantèrent le champ de bataille de Culloden.

Un long gémissement de rage et de désespoir parcourut les montagnes et les vallées de l'ancienne Calédonie! Ses enfants durent renoncer pour toujours à reconquérir une liberté pour laquelle ils avaient combattu pendant plusieurs siècles avec tant d'acharnement et de vaillance. Ce fut le dernier râle de l'agonie d'une nation héroïque qui succombe. L'Écosse, partie intégrante maintenant d'un des plus puissants empires de l'univers, n'a pas eu lieu de déplorer sa défaite. Ses anciens ennemis s'enorgueillissent des travaux de ses littérateurs, et ses hommes d'État ont été aussi célèbres dans le cabinet de leur souverain, que leurs guerriers en combattant pour leur nouvelle patrie. Tandis que leurs frères de la verte Érin, les Irlandais, au cœur chaud et généreux, frémissent encore en mordant leurs chaînes, eux, les Écossais, jouissent en paix de leur prospérité. Pourquoi cette différence? L'Irlande a pourtant fourni plus que son contingent de gloire à la fière Albion; la voix puissante de ses orateurs a électrisé les tribunaux et les parlements anglais; ses soldats, braves entre les braves, ont conquis des royaumes; ses poètes, ses écrivains, charment toujours les loisirs des hommes de lettres de la Grande-

Bretagne. Aucune part de gloire ne lui a été refusée. Pourquoi, alors, son dernier cri d'agonie gronde-t-il encore dans les champs, dans les vallées, dans les montagnes et jusque sur la terre de l'exil? On croirait que la terre d'Érin, arrosée de tant de larmes, ne produit que de l'absinthe, des ronces et des épines; et cependant ses prés sont toujours verts, et ses champs se couvrent d'abondantes moissons. Pourquoi ce mugissement précurseur de la tempête s'échappe-t-il sans cesse de la poitrine des généreux Irlandais? L'histoire répond à cette question.

Un oncle d'Arché, qui avait aussi suivi l'étendard et la fortune du malheureux prince, parvint, après la journée désastreuse de Culloden, à dérober sa tête à l'échafaud et, après mille périls, mille obstacles, réussit à se réfugier en France avec le jeune orphelin. Le vieux gentilhomme, proscrit et ruiné, avait beaucoup de peine à subvenir à ses propres besoins et à ceux de son neveu, lorsqu'un Jésuite, oncle maternel du jeune homme, le déchargea d'une partie de ce lourd fardeau. Arché, admis au collège des Jésuites à Québec, en sortait, après avoir terminé son cours de mathématiques, au moment où le lecteur fait sa connaissance.

Archibald Cameron of Locheill, que la main pesante du malheur avait mûri avant le temps, ne sut d'abord, quand il entra au collège, quel jugement porter sur un enfant espiègle, turbulent, railleur impitoyable, qui semblait faire le désespoir des maîtres et des élèves. Il est bien vrai que tout n'était pas profit à cet enfant: sur vingt férules et pensums que le régent distribuait dans la classe, Jules d'Haberville en empochait dix-neuf pour sa part.

Il faut avouer aussi que les grands écoliers, souvent à bout de patience, lui donnaient plus que sa part de taloches; mais, bah! on aurait cru que tout cela n'était que douceur, tant le gamin était toujours prêt à recommencer ses espiègleries. Il faut bien dire aussi que, sans avoir positivement de la rancune, Jules n'oubliait jamais une injure; qu'il s'en vengeait toujours d'une manière ou d'une autre. Ses sarcasmes, ses pointes acérées, qui faisaient rougir l'épiderme, arrivaient toujours à propos soit à l'adresse des maîtres mêmes, soit à celle des grands écoliers qu'il ne pouvait atteindre autrement.

Il avait pour principe de ne jamais s'avouer vaincu; et il fallait, de guerre lasse, finir par lui demander la paix.

On croira sans doute que cet enfant devait être détesté. Aucunement: tout le monde en raffolait; c'était la joie du collège. C'est que Jules avait un cœur qui bat, hélas! rarement sous la poitrine de l'homme. Dire qu'il était généreux jusqu'à la prodigalité, qu'il était toujours prêt à prendre la défense des absents, à se sacrifier pour cacher les fautes d'autrui, ne saurait donner une idée aussi juste de son caractère que le trait suivant. Il était âgé d'environ douze ans, lorsque qu'un grand, perdant patience lui donna un fort coup de pied, sans avoir néanmoins l'intention de lui faire autant de mal. Jules avait pour principe de ne porter aucune plainte aux maîtres contre ses condisciples: cette conduite lui semblait indigne d'un jeune gentilhomme. Il se contenta de lui dire: «Tu as l'esprit trop obtus, féroce animal, pour te payer en sarcasmes; tu ne les comprendrais pas; il faut percer l'épiderme de ton cuir épais; sois tranquille, tu ne perdras rien pour attendre!»

Jules, après avoir rejeté certains moyens de vengeance, assez ingénieux pourtant, s'arrêta à celui de lui raser les sourcils pendant son sommeil, punition d'autant plus facile à infliger que Dubuc, qui l'avait frappé, avait le sommeil si lourd qu'il fallait le secouer rudement, même le matin, pour le réveiller. C'était d'ailleurs le prendre par le côté le plus sensible: il était beau garçon et très fier de sa personne.

Jules s'était donc arrêté à ce genre de punition, lorsqu'il entendit Dubuc dire à un de ses amis, qui le trouvait triste:

—J'ai bien sujet de l'être, car j'attends mon père demain. J'ai contracté des dettes chez les boutiquiers et chez mon tailleur, malgré ses défenses, espérant que ma mère viendrait à Québec avant lui, et qu'elle me tirerait d'embarras à son insu. Mon père est avare, coléreux, brutal; dans un premier mouvement, il est capable de me frapper. Je ne sais où donner de la tête; j'ai presque envie de prendre la fuite jusqu'à ce que l'orage soit passé.

— Ah ça! dit Jules, qui avait entendu, pourquoi n'as-tu pas eu recours à moi?

— Dame! dit Dubuc en secouant la tête.

— Crois-tu, fit Jules, crois-tu que, pour un coup de pied de plus ou de moins, je laisserais un écolier dans l'embarras et exposé à la brutalité de son aimable père? Il est bien vrai que tu m'as presque éreinté, mais c'est une autre affaire à régler en temps et lieu. Combien te faut-il?

— Ah! mon cher Jules, répliqua Dubuc, ce serait abuser de ta générosité. Il me faudrait une forte somme, et je sais que tu n'es pas en fonds dans le moment: tu as vidé ta bourse pour assister cette pauvre veuve dont le mari a été tué par accident.

— En voilà un caribou celui-là, dit Jules, comme si l'on ne trouve pas toujours de l'argent pour soustraire un ami à la colère d'un père avare et brutal, qui peut lui casser la barre du cou! Combien te faut-il?

— Cinquante francs.

— Tu les aura ce soir, fit l'enfant.

Jules, fils unique, Jules, appartenant à une famille riche, Jules, l'enfant gâté de tout le monde, avait toujours de l'argent à pleines poches; père, mère, oncles, tantes, parrain et marraine, tout en proclamant bien haut cette maxime, qu'il est dangereux de laisser les enfants disposer de trop fortes sommes, lui en donnaient cependant à qui mieux mieux, à l'insu les uns des autres!

Dubuc avait pourtant dit vrai: sa bourse était à sec dans le moment. C'était, d'ailleurs, alors une forte somme que cinquante francs. Le roi de France ne payait à ses alliés sauvages que cinquante francs la chevelure d'un Anglais; le monarque anglais, plus riche, ou plus généreux, en donnait cent pour une chevelure française!

Jules avait trop de délicatesse pour s'adresser à ses oncles et à ses tantes, seuls parents qu'il eut à Québec. Sa première idée fut d'emprunter cinquante francs en mettant en gage sa montre d'or, laquelle valait vingt-cinq louis. Se ravisant ensuite, il pensa à une vieille femme, ancienne servante que son père avait dotée en la mariant, et à laquelle il avait ensuite avancé un petit fonds de commerce, qui avait prospéré entre ses mains: elle était riche, veuve et sans enfants.

Il y avait bien des difficultés à surmonter: la vieille était avare et acariâtre; d'ailleurs Jules et elle ne s'étaient pas laissés dans les meilleurs termes possibles à la dernière visite qu'il lui avait faite; elle l'avait même poursuivi avec son manche à balai jusque dans la rue. Le gamin n'était pourtant coupable que d'une peccadille: il avait fait humer une forte prise de tabac à son barbet favori, et, tandis que la vieille venait au secours de son chien, qui se débattait comme un énergumène, il avait vidé le reste de la tabatière dans une salade de dent-de-lion qu'elle épluchait avec grand soin pour son souper, en lui disant: «Tenez, la mère, voici l'assaisonnement».

N'importe, Jules pensa qu'il était urgent de faire sa paix avec la bonne femme, et en voici les préliminaires. Il lui sauta au cou en entrant, malgré les efforts de la vieille pour se soustraire à ses démonstrations par trop tendres, après l'avanie qu'il lui avait faite.

— Voyons, dit-il, chère Madeleine, faluron dondaine, comme dit la chanson, je suis venu te pardonner tes offenses, comme tu dois les pardonner à ceux qui t'ont offensée. Tout le monde prétend que tu es avare et vindicative; peu m'importe, ce n'est pas mon affaire. Tu en seras quitte pour griller dans l'autre monde; je m'en lave les mains.

Madeleine ne savait trop si elle devait rire ou se fâcher de ce beau préambule; mais, comme elle avait un grand faible pour l'enfant, malgré ses espiègleries, elle prit le parti le plus sage, et se mit à rire.

— Maintenant que nous sommes de bonne humeur, reprit Jules, parlons sérieusement. J'ai fait des sottises, vois-tu, je me suis endetté; je crains les reproches de mon bon père, et encore plus de lui faire de la peine. Il me faudrait

cinquante francs pour assoupir cette malheureuse affaire:
peux-tu me les prêter?

— Mais, comment donc, M. d'Haberville, dit la vieille,
je n'aurais que cette somme pour tout bien dans le monde,
que je la donnerais de grand cœur pour exempter la moindre
peine à votre bon papa. J'ai assez d'obligation à votre
famille...

— Tarare, dit Jules, si tu parles de ces cinq sous-là,
point d'affaires. Mais écoute, ma bonne Madeleine, comme
je puis me casser le cou au moment qu'on s'y attendra le
moins, ou qu'on s'y attendra le plus, en grimpant sur le toit
du collège et sur tous les clochers de la ville de Québec, je
vais te donner un mot d'écrit pour ta sûreté; j'espère bien,
pourtant, m'acquitter envers toi dans un mois au plus tard.

Madeleine se fâcha tout de bon, refusa le billet, et lui
compta les cinquante francs. Jules faillit l'étrangler en l'embrassant, sauta par la fenêtre dans la rue, et prit sa course
vers le collège.

À la récréation du soir, Dubuc était libéré de toute
inquiétude du côté de son aimable père.

— Mais, souviens-toi, dit d'Haberville, que tu es dans
mes dettes pour le coup de pied.

— Tiens, mon cher ami, dit Dubuc, très affecté, paie-toi
tout de suite: casse-moi la tête ou les reins avec ce fourgon,
mais finissons-en: penser que tu me gardes de la rancune,
après le service que tu m'as rendu, serait un trop grand supplice pour moi.

— En voilà encore un caribou, celui-là, dit l'enfant, de
croire que je garde rancune à quelqu'un parce que je lui dois
une douceur de ma façon! Est-ce comme cela que tu le
prends? alors ta main, et n'y pensons plus. Tu pourras te
vanter toujours d'être le seul qui m'aura égratigné sans que
j'aie tiré le sang.

Cela dit, il lui saute sur les épaules, comme un singe, lui
tire un peu les cheveux pour acquit de conscience, et court
rejoindre la bande joyeuse qui l'attendait.

Archibald de Locheill, mûri par de cruelles épreuves, et

partant d'un caractère plus froid, plus réservé que les enfants de son âge, ne sut d'abord, à son entrée au collège, s'il devait rire ou se fâcher des espiègleries d'un petit lutin qui semblait l'avoir pris pour point de mire et ne lui laissait aucun repos. Il ignorait que c'était la manière de Jules de prouver sa tendresse à ceux qu'il aimait le plus. Arché enfin, poussé à bout, lui dit un jour:

— Sais-tu que tu ferais perdre patience à un saint; vraiment, tu me mets quelquefois au désespoir.

— Il y a pourtant un remède à tes maux, dit Jules: la peau me démange, donne-moi une bonne raclée, et je te laisserai en paix: c'est chose facile à toi, qui es fort comme un Hercule.

En effet, de Locheill, habitué dès la plus tendre enfance aux rudes exercices des jeunes montagnards de son pays, était, à quatorze ans, d'une force prodigieuse pour son âge.

— Me crois-tu assez lâche, lui dit Arché, pour frapper un enfant plus jeune et beaucoup plus faible que moi?

— Tiens, dit Jules, tu es donc comme moi? jamais une chiquenaude à un petit. Une bonne raclée avec ceux de mon âge et même plus âgés que moi, et ensuite on se donne la main, et on n'y pense plus.

Tu sais, ce farceur de Chavigny, continua Jules: il est pourtant plus âgé que moi, mais il est si faible, si malingre, que je n'ai jamais eu le cœur de le frapper, quoiqu'il m'ait joué un de ces tours qu'on ne pardonne guère, à moins d'être un saint François de Sales. Imagine-toi qu'il accourt vers moi tout essoufflé, en me disant: Je viens d'escamoter un œuf à ce gourmand de Létourneau, qui l'avait volé au grand réfectoire. Vite, cache-le, il me poursuit.

— Et où veux-tu que je le cache? lui dis-je.

— Dans ton chapeau, répliqua-t-il; il n'aura jamais l'idée de le chercher là.

Je suis assez sot pour le croire; j'aurais dû m'en méfier, puisqu'il m'en priait.

Létourneau arrive à la course, et m'assène, sans céré-monie, un coup sur la tête. Le diable d'œuf m'aveugle, et je puis te certifier que je ne sentais pas la rose: c'était un œuf couvé, que Chavigny avait trouvé dans un nid de poule abandonné depuis un mois probablement. J'en fut quitte pour la perte d'un chapeau, d'un gilet et d'autres vêtements[1]. Eh bien, le premier mouvement de colère passé, je finis par en rire; et si je lui garde un peu de rancune, c'est de m'avoir escamoté ce joli tour, que j'aurais eu tant de plaisir à faire à Derome, avec sa tête toujours poudrée à blanc. Quant à Létourneau, comme il était trop simple pour avoir inventé cette espièglerie, je me contentai de lui dire: «Bienheureux les pauvres d'esprit», et il se sauva tout fier du compliment, content, après tout, d'en être quitte à si peu de frais.

Maintenant, mon cher Arché, continua Jules, capitulons: je suis bon prince, et mes conditions seront des plus libérales. Je consens, pour te plaire, à retrancher, foi de gentilhomme, un tiers des quolibets et des espiègleries que tu as le mauvais goût de ne pas apprécier. Voyons: tu dois être satisfait, sinon tu es déraisonnable! Car, vois-tu, je t'aime, Arché; aucun autre que toi n'obtiendrait une capitulation aussi avantageuse.

De Locheill ne put s'empêcher de rire, en secouant un peu le gamin incorrigible. Ce fut après cette conversation que les deux enfants commencèrent à se lier d'amitié; Arché, d'abord avec la réserve d'un Écossais; Jules, avec toute l'ardeur d'une âme française.

Quelque temps après cet entretien, environ un mois avant la vacance, qui avait alors lieu le quinze août, Jules prit le bras de son ami, et lui dit:

— Viens dans ma chambre; j'ai reçu de mon père une lettre qui te concerne.

— Qui me concerne, moi? dit l'autre tout étonné.

— D'où vient ton étonnement? repartit d'Haberville; crois-tu que tu n'es pas un personnage assez important pour qu'on s'occupe de toi? On ne parle que du bel Écossais dans toute la Nouvelle-France. Les mères, craignant que tu mettes bien vite en feu les cœurs de leurs jeunes filles — soit dit sans calembour — se proposent, dit-on, de présenter une requête au supérieur du collège pour que tu ne sortes dans les rues que couvert d'un voile, comme les femmes de l'Orient.

— Trêves de folies, et laisse-moi continuer ma lecture.

— Mais je suis très sérieux, dit Jules. Et entraînant son ami, il lui communiqua un passage d'une lettre de son père, la capitaine d'Haberville, ainsi conçu:

«Ce que tu m'écris de ton jeune ami, M. de Locheill, m'intéresse vivement. C'est avec le plus grand plaisir que j'octrois ta demande. Présente-lui mes civilités, et prie-le de venir passer chez moi, non seulement les vacances prochaines, mais toutes les autres, pendant le séjour qu'il fera au collège. Si cette invitation, sans cérémonie, d'un homme de mon âge, n'est pas suffisante, je lui écrirai plus formellement. Son père repose sur un champ de bataille glorieusement disputé; honneur à la tombe du vaillant soldat! Tous les guerriers sont frères; leurs enfants doivent l'être aussi. Qu'il vienne sous mon toit, et nous le recevrons tous à bras ouverts, comme l'enfant de la maison.»

Arché était si ému de cette chaleureuse invitation, qu'il fut quelque temps sans répondre.

— Voyons, monsieur le fier Écossais, continua son ami, nous faites-vous l'honneur d'accepter? Ou faut-il que mon père envoie, en ambassade, son majordome José Dubé, une cornemuse en sautoir sur les dos — comme ça se pratique, je crois, entre les chefs de clans montagnards — vous délivrer une épître dans toutes les formes?

— Comme je ne suis plus, heureusement pour moi, dans mes montagnes d'Écosse, dit Arché en riant, nous pouvons nous passer de cette formalité. Je vais écrire immédiatement au capitaine d'Haberville, pour le remercier de son invitation si noble, si digne, si touchante pour moi, orphelin sur une terre étrangère.

— Alors, parlons raisonnablement, dit Jules, ne serait-ce de ma part, que pour la nouveauté du fait. Tu me crois léger, bien fou, bien écervelé; j'avoue qu'il y a un peu de tout cela chez moi: ce qui ne m'empêche pas de réfléchir souvent beaucoup plus que tu ne penses. Il y a longtemps que je cherche un ami, un ami sincère, un ami au cœur noble et généreux! Je t'ai observé de bien près; tu possèdes toutes ces qualités. Maintenant, Arché de Locheill, veux-tu être cet ami?

— Certainement, mon cher Jules, car je me suis toujours senti entraîné vers toi.

— Alors, s'écria Jules en lui serrant la main avec beaucoup d'émotion, c'est à la vie et à la mort entre nous, de Locheill!

Ainsi fut scellée, entre un enfant de douze ans et l'autre de quatorze, cette amitié qui sera exposée, par la suite, à des épreuves bien cruelles.

— Voici une lettre de ma mère, dit Jules, dans laquelle il y a un mot pour toi:

«J'espère que ton ami, M. de Locheill, nous fera le plaisir d'accepter l'invitation de ton père. Nous avons tous grande hâte de faire sa connaissance. Sa chambre est prête, à côté de la tienne. Il y a dans la caisse que José te remettra, un paquet à son adresse qu'il me peinerait beaucoup de le voir refuser: je pensais, en le faisant, à la mère qu'il a perdue!» La caisse contenait une part égale, pour les deux enfants, de biscuits, sucreries, confitures et autres friandises.

Cette amitié entre les deux élèves ne fit qu'augmenter de jour en jour. Les nouveaux amis devinrent inséparables; on les appelait indifféremment au collège, Pythias et Damon, Pylade et Oreste, Nysus et Euryale: ils finirent par se donner le nom de frères.

De Locheill, pendant tout le temps qu'il fut au collège, passait ses vacances à la campagne, dans la famille d'Haberville, qui ne semblait mettre d'autre différence, entre les deux enfants, que les attentions plus marquées qu'elle avait pour le jeune Écossais, devenu, lui aussi, le fils de la maison. Il est donc tout naturel qu'Arché, avant son départ pour l'Europe, accompagnât Jules dans la visite d'adieux qu'il allait faire à ses parents.

L'amitié des deux jeunes gens sera mise, par la suite, à

des épreuves bien cruelles, lorsque le code d'honneur, que la civilisation a substitué aux sentiments plus vrais de la nature, leur dictera les devoirs inexorables d'hommes combattant sous des drapeaux ennemis. Mais qu'importe le sombre avenir? N'auront-ils pas joui, pendant près de dix ans que durèrent leurs études, de cette amitié de l'adolescence, avec ses chagrins passagers, ses poignantes jalousies, ses joies délirantes, ses brouilles et ses rapprochements délicieux?

Note

1. Pas un seul, hélas! de ceux qui faisaient retentir les salles, les corridors et les cours du séminaire de Québec, lorsqu'un semblable tour fut joué à l'auteur, à sa première entrée dans cette excellente maison d'éducation, n'est aujourd'hui sur la terre des vivants.

Chapitre troisième
Une nuit avec les sorciers

Angels and minister of grace, defend us!
Be thou a spirit of health, or goblin damned,
Bring with thee airs from heaven, or blast from hell.

HAMLET

Écoute comme les bois crient. Les hiboux fuient
épouvantés [...] Entends-tu ces voix dans les hau-
teurs, dans le lointain, ou près de nous? [...] Eh!
oui! la montagne retentit, dans toute sa longueur
d'un furieux chant magique.

FAUST

Lest bogles catch him unawares;
[...]
Where ghaits and howlets nightly cry.
[...]
When out the hellish legion sallied.

BURNS

Dès que les jeunes voyageurs sont arrivés à la Pointe-Lévis, après avoir traversé le fleuve Saint-Laurent, vis-à-vis de la cité de Québec, José s'empresse d'atteler un superbe et fort cheval normand à un traîneau sans lisses, seul moyen de transport à cette saison, où il y a autant de terre que de neige et de glace, où de nombreux ruisseaux débordés interceptent souvent la route qu'ils ont à parcourir. Quand ils rencontrent un de ces obstacles, José dételle le cheval. Tous trois montent dessus, et le ruisseau est bien vite franchi. Il est bien vrai que Jules, qui tient José à bras-le-corps, fait de grands efforts, de temps à autre, pour le désarçonner, au risque de jouir en commun du luxe exquis de prendre un bain à dix degrés centigrades: peine inutile; il lui serait aussi difficile de culbuter le cap Tourmente dans le fleuve Saint-Laurent. José, qui, malgré sa moyenne taille, est fort comme un éléphant, rit dans sa barbe et ne fait pas semblant de s'en apercevoir. Une fois l'obstacle surmonté, José retourne seul chercher le traîneau, *rattelle* le cheval, remonte dessus, avec le bagage devant lui, de crainte de le mouiller, et rattrape bien vite ses compagnons de voyage, qui n'ont pas un instant ralenti leur marche.

Grâce à Jules, la conversation ne tarit pas un instant pendant la route. Arché ne fait que rire de ses épigrammes à son adresse; il y a longtemps qu'il en a pris son parti.

—Dépêchons-nous, dit d'Haberville, nous avons douze lieues à faire d'ici au village de Saint-Thomas[1]. Mon oncle de Beaumont soupe à sept heures. Si nous arrivons trop tard, nous courrons risque de faire un pauvre repas. Le meilleur sera gobé; tu connais le proverbe: *tarde venientibus ossa*.

—L'hospitalité écossaise est proverbiale, dit Arché; chez nous, l'accueil est toujours le même, le jour comme la nuit. C'est l'affaire du cuisinier.

—*Credo*, fit Jules; je crois aussi fermement que si je le voyais des yeux du corps; sans cela, vois-tu, il y aurait beaucoup de maladresse ou de mauvais vouloir chez vos cuisiniers portant la jupe. Elle est joliment primitive, la cuisine écossaise; avec quelques poignées de farine d'avoine, délayées dans l'eau glacée d'un ruisseau en hiver — car il n'y a ni bois ni charbon dans votre pays — on peut, à peu de frais et sans grande dépense d'habileté culinaire, faire un excellent ragoût, et régaler les survenants ordinaires de jour et de nuit. Il est bien vrai que lorsqu'un noble personnage demande l'hospitalité — ce qui arrive fréquemment, tout Écossais portant une charge d'armoiries capable d'écraser un chameau — il est bien vrai, dis-je, que l'on ajoute alors au premier plat une tête, des pattes et une succulente queue de mouton à la croque au sel: le reste de l'animal manque en Écosse.

De Locheill se contenta de regarder Jules par-dessus l'épaule en disant:

Quis talia fando Myrmidonum, Dolopumve...

46

—Comment, fit ce dernier en feignant une colère comique, tu me traites de Myrmidon, de Dolope, moi philosophe[2]! et encore, grand pédant, tu m'injuries en latin, langue dont tu maltraites si impitoyablement la quantité, avec ton accent calédonien, que les mânes de Virgile doivent tressaillir dans leur tombe! Tu m'appelles Myrmidon, moi le plus fort géomètre de ma classe! à preuve que mon professeur de mathématiques m'a prédit que je serais un Vauban, ou peu s'en faut...

—Oui, interrompit Arché, pour se moquer de toi, à l'occasion de ta fameuse ligne perpendiculaire, qui penchait tant du côté gauche, que toute la classe tremblait pour le sort de la base qu'elle menaçait d'écraser; ce que voyant notre professeur, il tâcha de te consoler en te prédisant que, lors de la reconstruction de la tour de Pise, on te passera la règle et le compas.

Jules prend une attitude tragi-comique, et s'écrie:

Tu t'en souviens, Cinna, et veux m'assassiner!

Tu veux m'assassiner sur la voie royale, le long du fleuve Saint-Laurent, sans être touché des beautés de la nature qui nous environnent de toutes parts; à la vue de cette belle chute de Montmorency, que les habitants appellent la Vache[3], nom peu poétique, à la vérité, mais qui explique si bien la blancheur de l'onde qu'elle laisse sans cesse échapper de ses longues mamelles, comme une vache féconde laisse sans cesse couler le lait qui fait la richesse du cultvateur. Tu veux m'assassiner en présence de l'île d'Orléans, qui commence à nous voiler, à mesure que nous avançons, cette belle chute que j'ai peinte avec des couleurs si poétiques. Ingrat! rien ne peut t'attendrir! pas même la vue de ce pauvre José, touché de tant de sagesse et d'éloquence dans une si vive jeunesse, comme aurait dit Fénelon, s'il eût écrit mes aventures.

—Sais-tu, interrompit Arché, que tu es pour le moins aussi grand poète que géomètre?

—Qui en doute? dit Jules. N'importe, ma perpendiculaire vous fit tous bien rire, et moi le premier. Tu sais, d'ailleurs, que c'était un tour du farceur de Chavigny, qui avait escamoté mon devoir, et en avait coulé un autre de sa façon que je présentai au précepteur. Vous avez tous feint de ne pas me croire, charmés de voir mystifier l'éternel mystificateur.

José qui, d'ordinaire, prenait peu de part à la conversation des jeunes messieurs, et qui, en outre, n'avait rien compris de la fin de la précédente, marmottait entre ses dents:

— C'est toujours un drôle de pays, quand même, où les moutons ne sont que têtes, pattes et queues, et pas plus de corps que sur ma main! Mais, après tout, ce n'est pas mon affaire: les hommes, qui sont les maîtres, s'arrangeront toujours bien pour vivre; mais les pauvres chevaux!

José, grand maquignon, avait le cœur tendre pour ces nobles quadrupèdes. S'adressant alors à Arché, il lui dit, en soulevant le bord de son bonnet:

—*Sous* (sauf) le respect que je vous dois, monsieur, si les nobles mêmes mangent l'avoine dans votre pays, faute de mieux, je suppose, que deviennent les pauvres chevaux? ils doivent bien pâtir, s'ils travaillent un peu fort.

Les deux jeunes gens éclatèrent de rire à cette sortie naïve de José. Celui-ci, un peu déconcerté de cette hilarité à ses dépens, reprit:

— Faites excuse, si j'ai dit une bêtise: on peut se tromper sans boire, témoin M. Jules, qui vient de nous dire que les habitants appellent le saut Montmorency «la Vache», parce que son écume est blanche comme du lait; j'ai, moi, *doutance* que c'est parce qu'il beugle comme une vache pendant certains vents: c'est ce que les anciens disent quand ils en jasent[4].

— Ne te fâche pas, mon vieux, dit Jules, tu as probablement raison. Ce qui nous faisait rire, c'est que tu aies pu croire qu'il y a des chevaux en Écosse: c'est un animal inconnu dans ce pays-là.

— Point de chevaux, monsieur! comment fait donc le pauvre monde pour voyager?

— Quand je dis point de chevaux, fit d'Haberville, il ne

48

faut pas prendre absolument la chose à la lettre. Il y a bien un animal ressemblant à nos chevaux, animal un peu plus haut que mon gros chien Niger, et qui vit dans les montagnes, à l'état sauvage de nos caribous, auxquels il ressemble même un peu. Quand un montagnard veut voyager, il braille de la cornemuse; tout le village s'assemble, et il fait part de son projet. On se répand alors dans les bois, c'est-à-dire dans les bruyères; et, après une journée ou deux de peines et d'efforts, on réussit, assez souvent, à s'emparer d'une de ces charmantes bêtes. Alors, après une autre journée ou plus, si l'animal n'est pas trop opiniâtre, si le montagnard a assez de patience, il se met en route et arrive même quelquefois au terme de son voyage.

—Certes, dit de Locheill, tu as bel air à te moquer de mes montagnards! tu dois être fier aujourd'hui de ton équipage princier! la postérité aura de la peine à croire que le haut et puissant seigneur d'Haberville ait envoyé chercher l'héritier présomptif de ses vastes domaines dans un traîneau à charroyer le fumier! Sans doute qu'il expédiera ses piqueurs au-devant de nous, afin que rien ne manque à notre entrée triomphale au manoir de Saint-Jean Port Joli.

—Bravo! de Locheill, fit Jules: te voilà sauvé, mon frère. Bien riposté! coups de griffes pour coups de griffes, comme disait un jour un saint de ton pays, ou des environs, aux prises avec sa majesté satanique.

José, pendant ce colloque, se grattait la tête d'un air piteux. Semblable au Caleb Balderstone, de Walter Scott, dans sa *Bride of Lammermoor*, il était très sensible à tout ce qu'il croyait toucher à l'honneur de son maître. Aussi s'écria-t-il, d'un ton lamentable:

—Chien d'animal, bête que j'ai été! c'est toute ma faute à moi! Le seigneur a quatre carrioles dans sa remise, dont deux, toutes flambant neuves, sont vernies comme des violons; si bien qu'ayant cassé mon miroir, dimanche dernier, je me suis fait la barbe en me mirant dans la plus belle. Si donc, quand le seigneur me dit, avant-hier au matin: «Mets-toi faraud, José, car tu vas aller chercher monsieur mon fils à Québec, ainsi que son ami, monsieur de Locheill; aie bien soin, tu entends, de prendre une voiture convenable»! moi, bête animal! je me dis, voyant l'état des chemins, la seule voiture convenable est un traîneau sans lisses. Ah! oui! je vais en recevoir un savon! j'en serai quitte à bon marché, s'il ne me retranche pas mon eau-de-vie pendant un mois... À trois coups par jour, ajouta José en branlant la tête, ça fait toujours bien quatre-vingt-dix bons coups de retranchés, sans compter les *adons* (casualités, politesses); mais c'est égal, je n'aurai pas volé ma punition.

Les jeunes gens s'amusèrent beaucoup de l'ingénieux mensonge de José pour sauver l'honneur de son maître.

— Maintenant, dit Arché, que tu sembles avoir vidé ton *budget*, ton sac, de tous les quolibets qu'une tête française, tête folle et sans cervelle, peut convenablement contenir, parle sérieusement, s'il est possible, et dis-moi pourquoi l'on appelle l'île d'Orléans, l'île aux Sorciers.

— Mais, pour la plus simple des raisons, fit Jules d'Haberville: c'est qu'elle est peuplée d'un grand nombre de sorciers.

— Allons, voilà que tu recommences tes folies, dit de Locheill.

— Je suis très sérieux, reprit Jules. Ces Écossais sont d'un orgueil insupportable. Ils ne veulent rien accorder aux autres nations. Crois-tu, mon cher, que vous devez avoir seuls le monopole des sorciers et des sorcières? Quelle prétention! Sache, mon très cher, que nous avons aussi nos sorciers, et qu'il y a à peine deux heures, il m'était facile, entre la Pointe-Lévis et Beaumont, de *t'introduire* à une sorcière très présentable[a]. Sache, de plus, que tu verras, dans la seigneurie de mon très honoré père, une sorcière de première force. Voici la différence, mon garçon, c'est que vous les brûlez en Écosse, et qu'ici nous les traitons avec tous les égards dus à leur haute position sociale. Demande plutôt à José, si je mens.

José ne manqua pas de confirmer ces assertions: la sorcière de Beaumont et celle de Saint-Jean-Port-Joli étaient bien, à ses yeux, de véritables et solides sorcières.

— Mais, dit Jules, pour parler sérieusement, puisque tu veux faire de moi un homme raisonnable *nolens volens*, comme disait mon maître de sixième, quand il m'administrait une décoction de férules, je crois que ce qui a donné cours à cette fable, c'est que les habitants du nord et du sud du fleuve, voyant les gens de l'île aller à leurs pêches avec des flambeaux pendant les nuits sombres, prenaient le plus souvent ces lumières pour des feux follets; or, tu sauras que nos Canadiens des campagnes considèrent les feux follets[b] comme des sorciers, ou génies malfaisants qui cherchent à attirer le pauvre monde dans des endroits dangereux, pour causer leur perte: aussi, suivant leurs traditions, les entend-on rire quand le malheureux voyageur ainsi trompé enfonce dans les marais, ce qui aura donné lieu à cette croyance, c'est que des gaz s'échappent toujours de terres basses et marécageuses: de là aux sorciers il n'y a qu'un pas[5].

— Impossible, dit Arché; tu manques à la logique, comme notre précepteur de philosophie te l'a souvent reproché. Tu vois bien que les habitants du nord et du sud qui font face à l'île d'Orléans, vont aussi à leurs pêches avec des flambeaux, et qu'alors les gens de l'île les auraient aussi gratifiés du nom de sorciers: ça ne passera pas.

Tandis que Jules secouait la tête sans répondre, José prit la parole.

— Si vous vouliez me le permettre, mes jeunes messieurs, c'est moi qui vous tirerais bien vite d'embarras, en vous contant ce qui est arrivé à mon défunt père, qui est mort.

— Oh! conte-nous cela, José; conte-nous ce qui est arrivé à ton défunt père, qui est mort, s'écria Jules, en accentuant fortement les trois derniers mots.

— Oui, mon cher José, dit de Locheill, de grâce faites-nous ce plaisir.

— Ça me coûte pas mal, reprit José, car, voyez-vous, je n'ai pas la belle accent ni la belle *orogane* (organe) du cher défunt. Quand il nous contait ses tribulations dans les veillées, tout le corps nous en frissonnait comme des fiévreux, que ça faisait plaisir à voir; mais, enfin, je ferai de mon mieux pour vous contenter.

Si donc qu'un jour, mon défunt père, qui est mort, avait laissé la ville pas mal tard, pour s'en retourner chez nous; il s'était même diverti, comme qui dirait, à pintocher tant soit peu avec ses connaissances de la Pointe-Lévis: il aimait un peu la goutte, le brave et honnête homme! à telle fin qu'il portait toujours, quand il voyageait, un flacon d'eau-de-vie dans son sac de loup marin; il disait que c'était le lait des vieillards.

— *Lac dulce*, dit de Locheill sentencieusement.

— Sous le respect que je vous dois, monsieur Arché, reprit José, avec un peu d'humeur, ce n'était pas de l'eau douce, ni de l'eau de lac, mais bien de la bonne et franche eau-de-vie que mon défunt père portait dans son sac.

— Excellent! sur mon honneur, s'écria Jules; te voilà bien payé, grand pédant, de tes éternelles citations latines!

— Pardon, mon cher José, dit de Locheill de son ton le plus sérieux, je n'avais aucunement l'intention de manquer à la mémoire de votre défunt père.

— Vous êtes tout excusé, monsieur, dit José tout à coup radouci, si donc que, quand mon défunt père voulut partir, il faisait tout à fait nuit. Ses amis firent alors tout leur possible pour le garder à coucher, en lui disant qu'il allait bien vite passer tout seul devant la cage de fer où la Corriveau faisait sa pénitence, pour avoir tué son mari.

Vous l'avez vue vous-mêmes, mes messieurs, quand j'avons quitté la Pointe-Lévis à une heure: elle était bien tranquille dans sa cage, la méchante bête, avec son crâne sans yeux; mais ne vous y fiez pas; c'est une sournoise, allez! si elle ne voit pas le jour, elle sait bin trouver son chemin la nuit pour tourmenter le pauvre monde.

Si bin, toujours, que mon défunt père, qui était brave comme l'épée de son capitaine, leur dit qu'il ne s'en souciait guère; qu'il ne lui devait rien à la Corriveau; et un tas d'autres raisons que j'ai oubliées. Il donne un coup de fouet à sa *guevalle* (cavale), qui allait comme le vent, la fine bête! et le voilà parti. Quand il passa près de l'*esquelette*, il lui sembla bin entendre quelque bruit, comme qui dirait une plainte; mais comme il venait un gros *sorouè* (sud-ouest), il crut que c'était le vent qui sifflait dans les os du *calâbre* (cadavre). *Pu n'y* moins, ça le *tarabusquait* (tarabustait), et il prit un bon coup, pour se réconforter. Tout bin considéré, à ce qu'*i* se dit, il faut s'entr'aider entre chrétiens: peut-être que la pauvre c*réature* (femme) demande des prières. Il ôte donc son bonnet, et récite dévotement un *déprofundi* à son intention; pensant que, si ça ne lui faisait pas de bien, ça ne lui ferait pas de mal, et que lui, toujours, s'en trouverait mieux.

Si donc, qu'il continua à filer grand train; ce qui ne l'empêchait pas d'entendre derrière lui, tic tac, tic tac, comme si un morceau de fer eût frappé sur des cailloux. Il crut que c'était son bandage de roue ou quelques fers de son *cabrouette* qui étaient décloués. Il descend donc de voiture; mais tout était en règle. Il toucha sa *guevalle* pour réparer le temps perdu; mais, un petit bout de temps après, il entend encore tic tac sur les cailloux. Comme il était brave, il n'y fit pas grande attention.

Arrivé sur les hauteurs de Saint-Michel, que nous avons passées tantôt, l'*endormitoire* le prit. Après tout, ce que se dit mon défunt père, un homme n'est pas un chien! faisons un somme; ma *guevalle* et moi nous nous en trouverons mieux. Si donc, qu'il dételle sa *guevalle*, lui attache les deux pattes de devant avec ses *cordeaux*, et lui dit: Tiens, mignonne, voilà de la bonne herbe, tu entends couler le ruisseau: bonsoir.

Comme mon défunt père allait se fourrer sous son cabrouette pour se mettre à l'abri de la rosée, il lui prit fantaisie de s'informer de l'heure. Il regarde donc les trois Rois au sud, le Chariot au nord, et il en conclut qu'il était minuit. C'est l'heure, qu'il se dit, que tout honnête homme doit être couché.

Il lui sembla cependant tout à coup que l'île d'Orléans était tout en feu. Il saute un fossé, s'accote sur une clôture, ouvre de grands yeux, regarde, regarde... Il vit à la fin que des flammes dansaient le long de la grève, comme si tous les *fi*-follets du Canada, les damnés, s'y fussent donné rendez-vous pour tenir leur sabbat. À force de regarder, ses yeux, qui étaient pas mal troublés, s'éclaircirent, et il vit un drôle de spectacle: c'était comme des manières (espèces) d'hommes, une curieuse engeance tout de même. Ça avait bin une tête grosse comme un demi-minot, affublée d'un bonnet pointu d'une aune de long, puis des bras, des jambes, des pieds et des mains armés de griffes, mais point de corps pour la peine d'en parler. Ils avaient, *sous* votre respect, mes messieurs, le califourchon fendu jusqu'aux oreilles. Ça n'avait presque pas de chair: c'était quasiment tout en os, comme des *esquelettes*. Tous ces jolis gars (garçons) avaient la lèvre supérieure fendue en bec de lièvre, d'où sortait une dent de *rhinoféroce* d'un bon pied de long comme on en voit, monsieur Arché, dans votre beau livre d'images de l'histoire surnaturelle. Le nez ne vaut guère la peine qu'on en parle: c'était, ni plus ni moins, qu'un long groin de cochon, *sous* votre respect, qu'ils faisaient jouer à demande, tantôt à droite, tantôt à gauche de leur grande dent: c'était, je suppose, pour l'affiler. J'allais oublier une grande queue, deux fois longue comme celle d'une vache, qui leur pendait dans le dos, et qui leur servait, je pense, à chasser les moustiques.

Ce qu'il y avait de drôle, c'est qu'ils n'avaient que trois yeux par couple de fantômes. Ceux qui n'avaient qu'un seul œil au milieu du front, comme ces *cyriclopes* (cyclopes) dont votre oncle le chevalier, M. Jules, qui est un savant, lui, nous lisait dans un gros livre, tout latin comme un bréviaire de curé, qu'il appelle son Vigile; ceux donc qui n'avaient qu'un seul œil, tenaient par la griffe deux acolytes qui avaient bien, eux, les damnés, tous leurs yeux. De tous ces yeux sortaient des flammes qui éclairaient l'île d'Orléans comme en plein jour. Ces derniers semblaient avoir de grands égards pour leurs voisins, qui étaient, comme qui dirait, borgnes; ils les saluaient, s'en rapprochaient, se trémoussaient les bras et les jambes, comme des chrétiens qui font le carré d'un *menuette* (menuet).

Les yeux de mon défunt père lui en sortaient de la tête. Ce fut bin pire quand ils commencèrent à sauter, à danser, sans pourtant changer de place, et à entonner, d'une voix enrouée comme des bœufs qu'on étrangle, la chanson suivante:

Allons' gai, compèr' lutin!
Allons, gai, mon cher voisin!
Allons, gai, compèr' qui fouille,
Compèr' crétin la grenouille!
Des chrétiens, des chrétiens,
J'en fr'ons un bon festin.

— Ah! les misérables *carnibales* (cannibales), dit mon défunt père, voyez si un honnête homme peut être un moment sûr de son bien. Non content de m'avoir volé ma plus belle chanson que je réservais toujours pour la dernière dans les noces et les festins, voyez comme ils me l'ont étriquée! c'est à ne plus s'y reconnaître. Au lieu de bon vin, ce sont des chrétiens dont ils veulent se régaler, les indignes!

Et puis après, les sorciers continuèrent leur chanson infernale, en regardant mon défunt père et en le couchant en joue avec leurs grandes dents de *rhinoféroce.*

Ah! viens donc, compèr' François,
Ah! viens donc, tendre porquet!
Dépêch'-toi, compèr', l'andouille,
compère boudin, la citrouille;
Du Français, du Français,
J'en fr'ons un bon saloi *(saloir)[6].*

— Tout ce que je peux vous dire pour le moment, mes mignons, leur cria mon défunt père, c'est que si vous ne mangez jamais d'autre lard que celui que je vous porterai, vous n'aurez pas besoin de dégraisser votre soupe.

Les sorciers paraissaient cependant attendre quelque chose, car ils tournaient souvent la tête en arrière; mon défunt père regarde itou (aussi). Qu'est-ce qu'il aperçoit sur le coteau? un grand diable bâti comme les autres, mais aussi long que le clocher de Saint-Michel, que nous avons passé tout à l'heure. Au lieu d'un bonnet pointu, il portait un chapeau à trois cornes, surmonté d'une épinette en guise de plumet. Il n'avait bin qu'un œil, le gredin qu'il était; mais ça en valait une douzaine: c'était, sans doute, le tambour major du régiment, car il tenait, d'une main, une marmite deux fois aussi grosse que nos chaudrons à sucre, qui tiennent vingt gallons; et, de l'autre, un battant de cloche qu'il avait volé, je crois, le chien d'hérétique, à quelque église avant la cérémonie du baptême. Il frappe un coup sur la marmite, et tous ces *insécrables* (exécrables) se mettent à rire, à sauter, à se trémousser, en branlant la tête du côté de mon défunt père, comme s'ils l'invitaient à venir se divertir avec eux.

— Vous attendrez longtemps, mes brebis, pensait à part lui mon défunt père, dont les dents claquaient dans la bouche comme un homme qui a les fièvres tremblantes, vous attendrez longtemps, mes doux agneaux; il y a de la presse de quitter la terre du bon Dieu pour celle des sorciers!

Tout à coup le diable géant entonne une ronde infernale, en s'accompagnant sur la marmite, qu'il frappait à coups pressés et redoublés, et tous les diables partent comme des éclairs; si bien qu'ils ne mettaient pas une minute à faire le tour de l'île. Mon pauvre défunt père était si embêté de tout ce vacarme, qu'il ne put retenir que trois couplets de cette belle danse ronde; et les voici:

C'est notre terre d'Orléans (bis)
Qu'est le pays des beaux enfants,
Toure-loure;
Dansons à l'entour,
Toure-loure;
Dansons à l'entour.

Venez tous en survenants (bis),

Sorciers, lézards, crapauds, serpents,
Toure-loure;
Dansons à l'entour,
Toure-loure;
Dansons à l'entour.

Venez tous en survenants (bis),
Impies, athées et mécréants,
Toure-loure;
Dansons à l'entour,
Toure-loure;
Dansons à l'entour.

Les sueurs abîmaient mon défunt père; il n'était pas pourtant au plus creux de ses traverses.

Mais, ajouta José, j'ai faim de fumer; et avec votre permission, mes messieurs, je vais battre le briquet.

— C'est juste, mon cher José, dit d'Haberville; mais, moi, j'ai une autre faim. Il est quatre heures à mon estomac, heure de la collation du collège. Nous allons manger un morceau.

Jules, par privilège de race nobilaire, jouissait en tout temps d'un appétit vorace: excusable, d'ailleurs, ce jour-là, ayant dîné avant midi, et pris beaucoup d'exercice.

Notes

1. Maintenant Montmagny.
2. *Myrmidons, Dolopes:* Noms de mépris que les élèves des classes supérieures donnaient aux jeunes étudiants avant leur entrée en quatrième.
3. Les habitants appellent encore aujourd'hui le saut Montmorency «la Vache».
4. Il y a deux versions sur cette question importante.
5. Cette discussion sur les sorciers de l'île d'Orléans était écrite avant que M. le D^r LaRue eût publié ses charmantes légendes dans les *Soirées Canadiennes*. L'auteur penchait, comme lui, pour la solution de Jules, nonobstant les arguments de Locheill à ce contraires, quand, hélas! l'ami José est venu confondre le disciple de Cujas et le fils d'Esculape!
6. Le lecteur tant soit peu sensible au charme de la poésie, n'appréciera guère la chanson du défunt père à José, parodiée par les sorciers de l'île d'Orléans; l'auteur leur en laisse toute la responsabilité.

Chapitre quatrième
La Corriveau[a]

José, après avoir débridé le cheval, et lui avoir donné ce qu'il appelait une gueulée de foin, se hâta d'ouvrir un coffre que, dans son ingénuité industrieuse, il avait cloué sur le traîneau, pour servir, au besoin, de siège et de garde-manger. Il en tira une nappe dans laquelle deux poulets rôtis, une langue, un jambon, un petit flacon d'eau-de-vie et une bonne bouteille de vin étaient enveloppés. Il allait se retirer à l'écart, lorsque Jules lui dit:

— Viens manger avec nous, mon vieux.

— Oui, oui, dit Arché, venez vous asseoir ici, près de moi.

— Oh! messieurs, fit José, je sais trop le respect que je vous dois...

— Allons, point de façons, dit Jules; nous sommes ici au bivouac, tous trois soldats, ou peu s'en faut: veux-tu bien venir, entêté que tu es?

— C'est de votre grâce, messieurs, reprit José, et pour vous obéir, mes officiers, ce que j'en fais.

Les deux jeunes gens prirent place sur le coffre, qui servait aussi de table; José s'assit bien mollement sur une

59

botte de foin qui lui restait, et tous trois se mirent à manger et à boire de bon appétit.

Arché, naturellement sobre sur le boire et sur le manger, eut bien vite terminé sa collation. N'ayant rien de mieux à faire, il se mit à philosopher: de Locheill, dans ses jours de gaieté, aimait à avancer des paradoxes, pour le plaisir de la discussion.

— Sais-tu, mon frère, ce qui m'a le plus intéressé dans la légende de notre ami?

— Non, dit Jules, en attaquant une autre cuisse de poulet, et je ne m'en soucie guère pour le quart d'heure: ventre affamé n'a pas d'oreilles.

— N'importe, reprit Arché: ce sont ces diables, lutins, farfadets, comme tu voudras les appeler, qui n'ont qu'un seul œil; je voudrais que la mode s'en répandît parmi les hommes: il y aurait moins de dupes. Certes, il est consolant de voir que la vertu est en honneur même chez les sorciers! As-tu remarqué de quels égards les cyclopes étaient l'objet de la part des autres lutins? avec quel respect ils les saluaient avant de s'en approcher?

— Soit, dit Jules; mais qu'est-ce que cela prouve?

— Cela prouve, repartit de Locheill, que ces cyclopes méritent les égards que l'on a pour eux: c'est la crème des sorciers. D'abord ils ne sont pas hypocrites.

— Bah! fit Jules, je commence à craindre pour ton cerveau.

— Pas si fou que tu le penses, repartit Arché, et voici la preuve: Vois un hypocrite avec une personne qu'il veut tromper: il a toujours un œil humblement à demi fermé, tandis que l'autre observe l'effet que ses discours font sur son interlocuteur. S'il n'avait qu'un œil unique, il perdrait cet immense avantage, et serait obligé de renoncer au rôle d'hypocrite, qui lui est si profitable. Et voilà déjà un homme vicieux de moins. Mon sorcier de cyclope a probablement beaucoup d'autres vices; mais il est toujours exempt d'hypocrisie; de là le respect qu'a pour lui une classe d'êtres entachés de tous les vices que nous leur attribuons.

— À ta santé, philosophe écossais, dit Jules, en avalant un verre de vin; je veux être pendu si je comprends un mot à ton raisonnement.

— C'est pourtant clair comme le jour, reprit Arché; il faut alors que ces aliments savoureux, pesants, indigestes, dont tu te bourres l'estomac, t'appesantissent le cerveau. Si te ne mangeais que de la farine d'avoine, comme nos montagnards, tu aurais les idées plus claires, la conception plus facile.

— Il paraît que l'avoine vous revient sur le cœur, l'ami, dit Jules: c'est pourtant facile à digérer, même sans le secours des épices.

— Autre exemple, dit Arché: un fripon qui veut duper un honnête homme, dans une transaction quelconque, a toujours un œil qui clignote ou à demi fermé, tandis que l'autre observe ce qu'il gagne ou perd de terrain dans le marché: l'un est l'œil qui pense, l'autre l'œil qui observe. C'est un avantage précieux pour le fripon: son antagoniste, au contraire, voyant toujours un des yeux de son interlocuteur clair, limpide, honnête, ne peut deviner ce qui se passe sous l'œil qui clignote, qui pense, qui calcule, tandis que son voisin est impassible, impénétrable comme le destin.

Tournons maintenant la médaille, continua Arché: supposons le même fripon devenu borgne, dans les mêmes circonstances. L'homme honnête, le regardant toujours en face, lit souvent dans son œil ses pensées les plus intimes: car mon borgne, méfiant aussi, est contraint de le tenir toujours ouvert.

— Un peu, dit Jules en riant aux éclats, pour ne pas se rompre le cou.

— Accordé, reprit de Locheill; mais encore plus pour lire dans l'âme de celui qu'il veut duper. Il faut en outre qu'il donne à son œil une grande apparence de candeur et de bonhomie, pour dérouter les soupçons, ce qui absorberait une partie de ses facultés. Or, comme il y a peu d'hommes qui puissent suivre en même temps deux cours d'idées différentes sans le secours de leurs deux yeux, notre fripon se trouve perdre la moitié de ses avantages: il renonce à son vilain métier, et voilà encore un honnête homme de plus dans la société.

— Mon pauvre Arché, dit Jules, je vois que nous avons changé de rôle: que je suis, moi, l'Écossais sage, comme j'ai la courtoisie de te proclamer, que tu es, toi, le fou de Français, comme tu as l'irrévérence de m'appeler souvent. Car, vois-tu, rien n'empêcherait la race d'hommes à l'œil unique, que, nouveau Prométhée, tu veux substituer à la nôtre, qui te devra de grandes actions de grâces, continua Jules en éclatant de rire, rien ne l'empêcherait, dis-je, de clignoter de l'œil, puisque c'est une recette infaillible pour faire des dupes, et de le tenir, de temps en temps, ouvert pour observer.

— Oh! Français! légers Français! aveugles Français! il n'est pas surprenant que les Anglais se jouent de vous par-dessous la jambe, en politique!

— Il me semble, interrompit Jules, que les Écossais doivent en savoir quelque chose de la politique anglaise!

Le visage d'Arché prit tout à coup une expression de tristesse; une grande pâleur se répandit sur ses nobles traits: c'était une corde bien sensible que son ami avait touchée. Jules s'en aperçut aussitôt, et lui dit:

— Pardon, mon frère, si je t'ai fait de la peine: je sais que ce sujet évoque chez toi de douloureux souvenirs. J'ai parlé, comme je le fais toujours, sans réfléchir. On blesse souvent, sans le vouloir, ceux que l'on aime le plus, par une repartie que l'on croit spirituelle. Mais, allons, vive la joie! continue à déraisonner; ça sera plus gai pour nous deux.

— Le nuage est passé, dit de Locheill en faisant un effort sur lui-même pour réprimer son émotion, et je reprends mon argument. Tu vois bien que mon coquin ne peut un seul instant fermer l'œil sans courir le risque que sa proie lui échappe. Te souvient-il de ce gentil écureuil que nous délivrâmes, l'année dernière, de cette énorme couleuvre roulée sur elle-même au pied du gros érable du parc de ton père, à Saint-Jean-Port-Joli? Vois comme elle tient constamment ses yeux ardents fixés sur la pauvre petite bête, pour la fasciner. Vois comme l'agile créature saute de branche en branche en poussant un cri plaintif, sans pouvoir détourner un instant les yeux de ceux de l'horrible reptile! Qu'il cesse de le regarder, et il est sauvé. Te souviens-tu comme il était gai après la mort de son terrible ennemi? et bien, mon ami, que mon fripon ferme l'œil et sa proie lui échappe.

— Sais-tu, dit Jules, que tu es un terrible dialecticien, et que tu menaces d'éclipser un jour, si ce jour n'est pas même arrivé, des bavards tels que Socrate, Zénon, Montaigne et autres logiciens de la même farine? Il n'y a qu'un seul danger, c'est que la logique n'emporte le raisonneur dans la lune.

— Tu crois rire! dit Arché. Eh bien, qu'un seul pédant, portant la plume à l'oreille, se mêle de réfuter ma thèse sérieusement, et je vois venir cent écrivailleurs à l'affût, qui prendront fait et cause pour ou contre, et des flots d'encre vont couler.

Il a coulé bien des flots de sang pour des systèmes à peu près aussi raisonnables que le mien. Voilà comme se fait souvent la réputation d'un grand homme!

— En attendant, reprit Jules, ta thèse pourra servir de pendant au conte que faisait Sancho pour endormir Don Quichotte. Quant à moi, j'aime encore mieux la légende de notre ami José.

— Vous n'êtes pas dégoûtés? fit celui-ci, qui avait un peu sommeillé pendant la discussion scientifique.

— Écoutons, dit Arché:

Conticuere omnes, intentique ora tenebant.

— *Conticuere...* incorrigible pédant, s'écria d'Haberville.

— Ce n'est pas un conte de curé, reprit vivement José; mais c'est aussi vrai que quand il nous parle dans la chaire de vérité: car mon défunt père ne mentait jamais.

— Nous vous croyons, mon cher José, dit de Locheill; mais continuez, s'il vous plaît, votre charmante histoire.

— Si donc, dit José, que le défunt père, tout brave qu'il

était, avait une si fichue peur, que l'eau lui dégouttait par le bout du nez, gros comme une paille d'avoine. Il était là, le cher homme, les yeux plus grands que la tête, sans oser bouger. Il lui sembla bien qu'il entendait derrière lui le tic tac qu'il avait déjà entendu plusieurs fois pendant sa route; mais il avait trop de besogne par devant, sans s'occuper de ce qui se passait derrière lui. Tout à coup, au moment où il s'y attendait le moins, il sent deux grandes mains sèches, comme des griffes d'ours, qui lui serrent les épaules: il se retourne tout effarouché, et se trouve face à face avec la Corriveau, qui se grapignait amont lui. Elle avait passé les mains à travers les barreaux de sa cage de fer, et s'efforçait de lui grimper sur le dos; mais la cage était pesante, et, à chaque élan qu'elle prenait, elle retombait à terre avec un bruit rauque, sans lâcher pourtant les épaules de mon pauvre défunt père, qui pliait sous le fardeau. S'il ne s'était pas tenu solidement avec ses deux mains à la clôture, il aurait écrasé sous la charge. Mon pauvre défunt père était si saisis d'horreur, qu'on aurait entendu l'eau qui lui coulait de la tête tomber sur la clôture, comme des grains de gros plomb à canard.

— Mon cher François, dit la Corriveau, fais-moi le plaisir de me mener danser avec mes amis de l'île d'Orléans.

— Ah! satanée bigre de chienne! cria mon défunt père (c'était le seul jurement dont il usait, le saint homme, et encore dans les grandes traverses).

— Diable! dit Jules, il me semble que l'occasion était favorable! quant à moi, j'aurais juré comme un païen.

— Et moi, repartit Arché, comme un Anglais.

— Je croyais avoir pourtant beaucoup dit, répliqua d'Haberville.

— Tu es dans l'erreur, mon cher Jules! Il faut cependant avouer que messieurs les païens s'en acquittaient passablement, mais les Anglais! les Anglais! Le Roux qui, après sa sortie du collège, lisait tous les mauvais livres qui lui tombaient sous la main, nous disait, si tu t'en souviens, que ce polisson de Voltaire, comme mon oncle le Jésuite l'appelait, avait écrit dans un ouvrage qui traite d'événements arrivés en France sous le règne de Charles VII, lorsque ce prince en chassait ces insulaires, maîtres de presque tout son royaume; Le Roux nous disait que Voltaire avait écrit que «tout Anglais jure». Eh bien, mon fils, ces événements se passaient vers l'année 1445; disons qu'il y a trois cents ans depuis cette époque mémorable et juge toi-même quels jurons formidables une nation d'humeur morose peut avoir inventés pendant l'espace de trois siècles!

— Je rends les armes, dit Jules; mais continue, mon cher José.

— Satanée bigre de chienne, lui dit mon défunt père, est-ce pour me remercier de mon *dépréfundi* et de mes autres bonnes prières que tu veux me mener au sabbat? Je pensais bien que tu en avais, au petit moins, pour trois ou quatre mille ans dans le purgatoire pour tes fredaines. Tu n'avais tué que deux maris: c'était une misère! aussi ça me faisait encore de la peine, à moi qui ai toujours eu le cœur tendre pour la créature, et je me suis dit: Il faut lui donner un coup d'épaule; et c'est là ton remerciement, que tu veux monter sur les miennes pour me traîner en enfer comme un hérétique!

— Mon cher François, dit la Corriveau, mène-moi danser avec mes bons amis; et elle cognat sa tête sur celle de mon défunt père, que le crâne lui résonnait comme une vessie sèche pleine de cailloux.

— Tu peux être sûre, dit mon défunt père, satanée bigre de fille de Judas *l'Escariot*, que je vais te servir de bête de somme pour te mener danser au sabbat avec tes jolis mignons d'amis!

— Mon cher François, répondit la sorcière, il m'est impossible de passer le Saint-Laurent, qui est un fleuve bénit, sans le secours d'un chrétien.

— Passe comme tu pourras, satanée pendue, que lui dit mon défunt père; passe comme tu pourras: chacun son affaire. Oh! oui! compte que je t'y mènerai danser avec tes chers amis, mais ça sera à poste de chien comme tu es venue, je sais comment, en traînant ta belle cage qui aura déraciné toutes les pierres et tous les cailloux du chemin du roi, que ça sera un escandale, quand le grand voyer passera ces jours ici, de voir un chemin dans un état si piteux! Et puis, ça sera le pauvre habitant qui pâtira, lui, pour tes fredaines, en payant l'amende pour n'avoir pas entretenu son chemin d'une manière convenable!

Le tambour-major cesse enfin tout à coup de battre la mesure sur sa grosse marmite. Tous les sorciers s'arrêtent et poussent trois cris, trois hurlements, comme font les sauvages quand ils ont chanté et dansé «la guerre», cette danse et cette chanson par lesquelles ils préludent toujours à une expédition guerrière. L'île en est ébranlée jusque dans ses fondements. Les loups, les ours, toutes les bêtes féroces, les sorciers des montagnes du nord s'en saisissent, et les échos les répètent jusqu'à ce qu'ils s'éteignent dans les forêts qui bordent la rivière Saguenay.

Mon pauvre défunt père crut que c'était, pour le petit moins, la fin du monde et le jugement dernier.

Le géant au plumet d'épinette frappe trois coups; et le plus grand silence succède à ce vacarme infernal. Il élève le bras du côté de mon défunt père, et lui crie d'une voix de tonnerre: Veux-tu bien te dépêcher, chien de paresseux, veux-tu bien te dépêcher, chien de chrétien, de traverser notre amie? Nous n'avons plus que quatorze mille quatre cents rondes à faire autour de l'île avant le chant du coq: veux-tu lui faire perdre le plus beau du divertissement?

—Vas-t'en à tous les diables d'où tu sors, toi et les tiens, lui cria mon défunt père, perdant enfin toute patience.

—Allons, mon cher François, dit la Corriveau, un peu de complaisance! tu fais l'enfant pour une bagatelle; tu vois pourtant que le temps presse: voyons, mon fils, un petit coup de collier.

—Non, non, fille de Satan! dit mon défunt père. Je voudrais bien que tu l'eusses encore le beau collier que le bourreau t'a passé autour du cou, il y a deux ans: tu n'aurais pas le sifflet si affilé.

Pendant ce dialogue, les sorciers de l'île reprenaient leur refrain:

Dansons à l'entour,
Toure-loure;
Dansons à l'entour.

—Mon cher François, dit la sorcière, si tu refuses de m'y mener en chair et en os, je vais t'étrangler; je monterai sur ton âme et je me rendrai au sabbat. Ce disant, elle le saisit à la gorge et l'étrangla.

—Comment, dirent les jeunes gens, elle étrangla votre pauvre défunt père?

—Quand je dis étranglé, il n'en valait guère mieux, le cher homme, reprit José, car il perdit tout à fait connaissance.

Lorsqu'il revint à lui, il entendit un petit oiseau qui criait: *qué-tu?* [1]

—Ah çà! dit mon défunt père, je ne suis donc point en enfer, puisque j'entends les oiseaux du bon Dieu! Il risque un œil, puis un autre, et voit qu'il fait grand jour; le soleil lui reluisait sur le visage.

Le petit oiseau, perché sur une branche voisine, criait toujours: *qué-tu?*

—Mon cher petit enfant, dit mon défunt père, il m'est malaisé de répondre à ta question, car je ne sais trop qui je suis ce matin: hier encore je me croyais un brave et honnête homme craignant Dieu; mais j'ai eu tant de traverses cette nuit, que je ne saurais assurer si c'est bien moi, François Dubé, qui suis ici présent en corps et en âme. Et puis il se mit à chanter, le cher homme:

Dansons à l'entour,
Toure-loure;
Dansons à l'entour.

Il était encore à moitié ensorcelé. Si bien toujours, qu'à la fin il s'aperçut qu'il était couché de tout son long dans un fossé où il y avait heureusement plus de vase que d'eau, car sans cela mon pauvre défunt père, qui est mort comme un saint, entouré de tous ses parents et amis, et muni de tous les sacrements de l'Église, sans en manquer un, aurait trépassé sans confession, comme un orignal au fond des bois, sauf le respect que je lui dois et à vous, les jeunes messieurs. Quand il se fut *déhâlé* du fossé où il était serré comme dans une *étoc* (étau), le premier objet qu'il vit fut son flacon sur la levée du fossé; ça lui ranima un peu le courage. Il étendit la main pour prendre un coup; mais, bernique! Il était vide! la sorcière avait tout bu.

— Mon cher José, dit de Locheill, je ne suis pourtant pas plus lâche qu'un autre; mais, si pareille aventure m'était arrivée, je n'aurais jamais voyagé seul de nuit.

— Ni moi non plus, interrompit d'Haberville.

— À vous dire le vrai, mes messieurs, dit José, puisque vous avez tant d'esprit, je vous dirai en confidence que mon défunt père, qui, avant cette aventure, aurait été dans un cimetière en plein cœur de minuit, n'était plus si hardi après cela; car il n'osait aller seul faire son train dans l'étable, après soleil couché.

— Il faisait très prudemment; mais achève ton histoire, dit Jules.

— Elle est déjà finie, reprit José; mon défunt père attela sa guevalle, qui n'avait eu connaissance de rien, à ce qu'il paraît, la pauvre bête, et prit au plus vite le chemin de la maison; ce ne fut que quinze jours après qu'il nous raconta son aventure.

— Que dites-vous, maintenant, monsieur l'incrédule égoïste, qui refusiez tantôt au Canada le luxe de ses sorciers et sorcières? dit d'Haberville.

— Je dis, répliqua Arché, que nos sorciers calédoniens ne sont que des sots comparés à ceux de la Nouvelle-France; et que, si je retourne jamais dans mes montagnes d'Écosse, je les fais mettre en bouteilles, comme le fit LeSage de son diable boiteux d'Asmodée.

— Hem! hem! dit José, ce n'est pas que je les plaindrais, les insécrables gredins, mais où trouver des bouteilles assez grandes? voilà le plus pire de l'affaire.

1. L'auteur avoue son ignorance en ornithologie. Notre excellent ornithologiste, M. LeMoine, aura peut-être la complaisance de lui venir en aide en classant, comme il doit l'être, ce petit oiseau dont la voix imite les deux syllabes *qué-tu*. Ceci rappelle à l'auteur l'anecdote d'un vieillard *non compos mentis* qui errait dans les campagnes, il y a quelque soixante ans. Se croyant interpellé lorsqu'il entendait le chant de ces hôtes des bois, il ne manquait jamais de répondre très poliment d'abord: «Le père Chamberland, mes petits enfants», et, perdant patience: «Le père Chamberland, mes petits b...s.»

Chapitre cinquième
La Débâcle

*On entendit du côté de la mer un bruit épouvan-
table, comme si des torrents d'eau,mêlés à des ton-
nerres, eussent roulé du haut des montagnes; tout
le monde s'écria: voilà l'ouragan.*

BERNARDIN DE SAINT-PIERRE

*Though aged, he was so iron of limb,
Few of your youths could cope with him.*

BYRON

*Que j'aille à son secours, s'écria-t-il, ou que je
meure.*

BERNARDIN DE SAINT-PIERRE

*Les vents et les vagues sont toujours du côté du plus
habile nageur.*

GIBBON

Les voyageurs continuent gaiement leur route; le jour tombe. Ils marchent pendant quelque temps à la clarté des étoiles. La lune se lève et éclaire au loin le calme du majestueux
Saint-Laurent. À son aspect, Jules ne peut retenir une ébul-
lition poétique, et s'écrie:

—Je mes sens inspiré, non par les eaux de la fontaine
d'Hippocrène, que je n'ai jamais bues, et que j'espère bien
ne jamais boire, mais par le jus de Bacchus, plus aimable que
toutes les fontaines du monde, voir même les ondes limpides
du Parnasse. Salut donc à toi, ô belle lune! salut à toi, belle
lampe d'argent qui éclaires les pas de deux hommes libres
comme les hôtes de nos immenses forêts, de deux hommes
nouvellement échappés des entraves du collège! Combien
de fois, ô lune! à la vue de tes pâles rayons, pénétrant sur ma

couche solitaire, combien de fois, ô lune! ai-je désiré rompre mes liens et me mêler aux bandes joyeuses, courant bals et festins, tandis qu'une règle cruelle et barbare me condamnait à un sommeil que je repoussais de toutes mes forces. Ah! combien de fois, ô lune! ai-je souhaité de parcourir, monté sur ton disque, au risque de me rompre le cou, les limites que tu éclairais dans la course majestueuse, lors même qu'il m'eût fallu rendre visite à un autre hémisphère! Ah! combien de fois...

— Ah! combien de fois as-tu déraisonné dans ta vie, dit Arché, tant la folie est contagieuse: écoute un vrai poète et humilie-toi, superbe!

O lune! à la triple essence, toi que les poètes appelaient autrefois Diane chasseresse, qu'il doit t'être agréable d'abandonner l'obscur séjour de Pluton, ainsi que les forêts où, précédée de ta meute aboyante, tu fais un vacarme à étourdir tous les sorciers du Canada! Qu'il doit t'être agréable, ô lune! de parcourir maintenant, en reine paisible, les régions éthérées du ciel dans le silence, d'une belle nuit! Aie pitié, je t'en conjure, de ton ouvrage; rends la raison à un pauvre affligé, mon meilleur ami, qui...

— O Phébé! patronne des fous, interrompit Jules, je n'ai aucune prière à t'adresser pour mon ami: tu es innocente de son infirmité; le mal était fait...

— Ah ça! vous autres, mes messieurs, dit José, quand vous aurez fini de jaser avec madame la lune, à laquelle j'ignorais qu'on pût conter tant de raison, vous plairait-il d'écouter un peu le vacarme qui se fait au village de Saint-Thomas?

— Tous prêtèrent l'oreille: c'était bien la cloche de l'église qui sonnait à toute volée.

— C'est l'Angélus, dit Jules d'Haberville.

— Oui, reprit José, l'Angélus à huit heures du soir!

— C'est donc le feu, dit Arché.

— On ne voit pourtant point de flammes, repartit José; dans tous les cas, dépêchons-nous; il se passe quelque chose d'extraordinaire là-bas.

Une demi-heure après, en forçant le cheval, ils entrèrent dans le village de Saint-Thomas. Le plus grand silence y régnait; il leur parut désert: des chiens seulement, enfermés dans quelques maisons, jappaient avec fureur. Sauf le bruit de ces roquets, on aurait pu se croire transporté dans cette ville des Mille et Une Nuits où tous les habitants étaient métamorphosés en marbre.

Les voyageurs se préparaient à entrer dans l'église dont la cloche continuait à sonner, lorsqu'ils aperçurent une clarté, et entendirent distinctement des clameurs du côté de la chute, près du manoir seigneurial. S'y transporter fut l'affaire de quelques minutes.

La plume d'un Cooper, d'un Chateaubriand, pourrait seule peindre dignement le spectacle qui frappa leurs regards sur la berge de la Rivière-du-Sud.

Le capitaine Marcheterre, vieux marin aux formes athlétiques, à la verte allure, malgré son âge, s'en retournait vers la brume à son village de Saint-Thomas, lorsqu'il entendit, sur la rivière, un bruit semblable à celui d'un corps pesant qui tombe à l'eau; et aussitôt après les gémissements, les cris plaintifs d'un homme qui appelait au secours. C'était un habitant téméraire, nommé Dumais, qui, croyant encore solide la glace, assez mauvaise déjà, qu'il avait passée la veille, s'y était aventuré de nouveau, avec cheval et voiture, à environ une douzaine d'arpents au sud-ouest du bourg. La glace s'était effondrée si subitement, que cheval et voiture avaient disparu sous l'eau. Le malheureux Dumais, homme d'ailleurs d'une agilité remarquable, avait bien eu le temps de sauter du traîneau sur une glace plus forte, mais le bond prodigieux qu'il fit pour échapper à une mort inévitable, joint à la pesanteur de son corps, lui devint fatal: un de ses pieds s'étant enfoncé dans une crevasse, il eut le malheur de se casser une jambe, qui se rompit au-dessus de la cheville, comme un tube de verre.

Marcheterre, qui connaissait l'état périlleux de la glace crevassée en maints endroits, lui cria de ne pas bouger, quand bien même il en aurait la force; qu'il allait revenir

73

avec du secours. Il courut aussitôt chez le bedeau, le priant de sonner l'alarme, tandis que lui avertirait ses plus proches voisins.

Ce ne fut bien vite que mouvement et confusion: les hommes couraient çà et là sans aucun but arrêté; les femmes, les enfants criaient et se lamentaient; les chiens aboyaient, hurlaient sur tous les tons de la gamme canine; en sorte que le capitaine, que son expérience désignait comme devant diriger les moyens de sauvetage, eut bien de la peine à se faire entendre.

Cependant, sur l'ordre de Marcheterre, les uns courent chercher des câbles, cordes, planches et madriers, tandis que d'autres dépouillent les clôtures, les bûchers de leurs écorces de cèdre et de bouleau, pour les convertir en torches. La scène s'anime de plus en plus; et à la lumière de cinquante flambeaux qui jettent au loin leur éclat vif et étincelant, la multitude se répand le long du rivage jusqu'à l'endroit indiqué par le vieux marin.

Dumais, qui avait attendu avec assez de patience l'arrivée des secours, leur cria, quand il fut à portée de se faire entendre, de se hâter, car il entendait sous l'eau des bruits sourds qui semblaient venir de loin, vers l'embouchure de la rivière.

— Il n'y a pas un instant à perdre, mes amis, dit le vieux capitaine, car tout annonce la débâcle.

Des hommes moins expérimentés que lui voulurent aussitôt pousser sur la glace, sans les lier ensemble, les matériaux qu'ils avaient apportés; mais il s'y opposa, car la rivière était pleine de crevasses, et de plus le glaçon sur lequel Dumais était assis, se trouvait isolé d'un côté par les fragments que le cheval avait brisés dans sa lutte avant de disparaître, et de l'autre, par une large mare d'eau qui en interdisait l'approche. Marcheterre, qui savait la débâcle non seulement inévitable, mais même imminente d'un moment à l'autre, ne voulait pas exposer la vie de tant de personnes sans avoir pris toutes les précautions que sa longue expérience lui dictait.

Les uns se mettent alors à encocher à coups de hache les planches et les madriers; les autres les lient de bout en bout; quelques-uns, le capitaine en tête, les halent sur la glace, tandis que d'autres les poussent du rivage. Ce pont improvisé était à peine à cinquante pieds de la rive que le vieux marin leur cria: Maintenant, mes garçons, que des hommes alertes et vigoureux me suivent à dix pieds de distance les uns des autres, que tous poussent de l'avant!

Marcheterre fut suivi de près par son fils, jeune homme dans la force de l'âge, qui, connaissant la témérité de son père, se tenait à portée de le secourir au besoin: car des bruits lugubres, sinistres avant-coureurs d'un grand cataclysme, se faisaient entendre sous l'eau. Chacun cependant était à son poste, et tout allait pour le mieux: ceux qui perdaient pied, s'accrochaient au flottage, et, une fois sur la glace solide, reprenaient aussitôt leur besogne avec une nouvelle ardeur. Quelques minutes encore, et Dumais était sauvé.

Les deux Marcheterre, le père en avant, étaient parvenus à environ cent pieds de la malheureuse victime de son imprudence, lorsqu'un mugissement souterrain, comme le bruit sourd qui précède une forte secousse de tremblement de terre, sembla parcourir toute l'étendue de la Rivière-du-Sud, depuis son embouchure jusqu'à la cataracte d'où elle se précipite dans le fleuve Saint-Laurent. À ce mugissement souterrain, succéda aussitôt une explosion semblable à un coup de tonnerre, ou à la décharge d'une pièce d'artillerie du plus gros calibre. Ce fut alors une clameur immense: La débâcle! la débâcle! Sauvez-vous! sauvez-vous! s'écriaient les spectateurs sur le rivage.

En effet, les glaces éclataient de toutes parts, sous la pression de l'eau, qui, se précipitant par torrents, envahissait déjà les deux rives. Il s'ensuivit un désordre affreux, un bouleversement de glaces qui s'amoncelaient les unes sur les autres avec un fracas épouvantable, et qui, après s'être élevées à une grande hauteur s'affaissant tout à coup, surnageaient ou disparaissaient sous les flots. Les planches, les madriers sautaient, dansaient, comme s'ils eussent été les jouets de l'Océan soulevé par la tempête. Les amarres et les câbles menaçaient de se rompre à chaque instant.

Les spectateurs, saisis d'épouvante, à la vue de leurs parents et amis exposés à une mort certaine, ne cessaient de crier du rivage: «Sauvez-vous! sauvez-vous!» C'eût été, en effet, tenter la Providence que de continuer davantage une lutte téméraire, inégale, avec le terrible élément dont ils avaient à combattre la fureur. Marcheterre, cependant, que ce spectacle saisissant semblait exalter de plus en plus, au lieu de l'intimider, ne cessait de crier: «En avant, mes garçons! pour l'amour de Dieu, en avant, mes amis!»

Ce vieux loup de mer, toujours froid, toujours calme, lorsque, sur le tillac de son vaisseau, pendant l'ouragan, il ordonnait une manœuvre dont dépendait le sort de tout son équipage, l'était encore en présence d'un danger qui glaçait d'effroi les hommes les plus intrépides. Il s'aperçut, en se retournant, qu'à l'exception de son fils et de Joncas, un de ses matelots, tous les autres cherchaient leur salut dans une fuite précipitée. «Ah! lâches! s'écria-t-il; bande de lâches!»

Ces exclamations furent interrompues par son fils, qui, le voyant courir à une mort inévitable, s'élança sur lui, et, le saisissant à bras-le-corps, le renversa sur un madrier, où il le retint quelques instants malgré les étreintes formidables du vieillard. Une lutte terrible s'engagea alors entre le père et le fils; c'était l'amour filial aux prises avec cette abnégation sublime, l'amour de l'humanité!

Le vieillard, par un effort puissant, parvint à se soustraire à la planche de salut qui lui restait; et lui et son fils roulèrent sur la glace, où la lutte continua avec acharnement. Ce fut à ce moment de crise de vie et de mort, que Joncas, sautant de planche en planche, de madrier en madrier, vint aider le jeune homme à ramener son père sur le pont flottant.

Les spectateurs, qui, du rivage, ne perdaient rien de cette scène déchirante, se hâtèrent, malgré l'eau qui envahissait déjà la berge de la rivière, de haler les câbles; et les efforts de cent bras robustes parvinrent à sauver d'une mort imminente trois hommes au cœur noble et généreux. Ils étaient à peine, en effet, en lieu de sûreté, que cette immense nappe de glace restée jusque-là stationnaire, malgré les attaques furibondes de l'ennemi puissant qui l'assaillait de toutes parts, commença, en gémissant, et avec une lenteur majestueuse, sa descente vers la chute, pour de là se disperser dans le grand fleuve.

Tous les regards se reportèrent aussitôt sur Dumais, cet homme était naturellement très brave; il avait fait ses preuves en maintes occasions contre les ennemis de sa patrie; il avait même vu la mort de bien près, une mort affreuse et cruelle, lorsque, lié à un poteau, où il devait être brûlé vif par les Iroquois, ses amis maléchites le délivrèrent. Il était toujours assis à la même place sur son siège précaire, mais calme et impassible, comme la statue de la mort. Il fit bien quelques signes du côté du rivage que l'on crut être un éternel adieu à ses amis. Et puis, croisant les bras, ou les élevant alternativement vers le ciel, il parut détaché de tous liens terrestres et préparé à franchir ce passage redoutable qui sépare l'homme de l'éternité.

Une fois sur la berge de la rivière, le capitaine ne laissa paraître aucun signe de ressentiment; reprenant, au contraire, son sang-froid habituel, il donna ses ordres avec calme et précision.

— Suivons, dit-il, la descente des glaces, en emportant tous les matériaux nécessaires au sauvetage.

— À quoi bon? s'écrièrent ceux qui paraissaient les plus expérimentés: le malheureux est perdu sans ressources!

— Il reste pourtant une chance, une bien petite chance de salut, dit le vieux marin en prêtant l'oreille à certains bruits qu'il entendait bien loin dans le sud, et il faut y être préparé. La débâcle peut se faire d'un moment à l'autre sur le bras Saint-Nicolas[1], qui est très rapide comme vous le savez. Cette brusque irruption peut refouler les glaces de notre côté; d'ailleurs, nous n'aurons aucun reproche à nous faire!

Ce que le capitaine Marcheterre avait prédit ne manqua point d'arriver. Une détonation semblable aux éclats de foudre se fit bientôt entendre; et le bras de la rivière, s'échappant furieux de son lit, vint prendre à revers cet énorme amas de glaces qui n'ayant rencontré jusque-là aucun obstacle, poursuivait toujours sa marche triomphante. On crut, pendant un moment, que cette attaque brusque et rapide, que cette pression soudaine refoulerait une grande partie des glaces du côté du nord, comme le capitaine l'avait espéré. Il s'opéra même un changement momentané qui la refoula du côté des spectateurs; mais cet incident, si favorable en apparence à la délivrance de Dumais, fut d'une bien courte durée; car, le lit de la rivière se trouvant trop resserré pour leur livrer passage, il se fit un temps d'arrêt pendant lequel, s'amoncelant les unes au-dessus des autres, les glaces formèrent une digue d'une hauteur prodigieuse; et un déluge de flots, obstrué d'abord par cette barrière infranchissable, se répandit ensuite au loin sur les deux rives, et inonda même la plus grande partie du village. Cette inondation soudaine, en forçant les spectateurs à chercher un lieu de refuge sur les écores de la rivière, fit évanouir le dernier espoir de secourir l'infortuné Dumais.

Ce fut un long et opiniâtre combat entre le puissant élément et l'obstacle qui interceptait son cours; mais enfin ce lac immense, sans cesse alimenté par la rivière principale et par ses affluents, finit par s'élever jusqu'au niveau de la digue qu'il sapait en même temps par la base. La digue, pressée par ce poids énorme, s'écroula avec un fracas qui ébranla les deux rives. Comme la Rivière-du-Sud s'élargit tout à coup au-dessous du bras Saint-Nicolas, son affluent, cette masse compacte, libre de toute obstruction, descendit avec la rapidité d'une flèche; et ce fut ensuite une course effrénée vers la cataracte qu'elle avait à franchir avant de tomber dans le bassin sur les rives du Saint-Laurent.

Dumais avait fait, avec résignation, le sacrifice de sa vie: calme au milieu de ce désastre, les mains jointes sur la poitrine, le regard élevé vers le ciel, il semblait absorbé dans une méditation profonde, comme s'il eût rompu avec tous les liens de ce monde matériel.

Les spectateurs se portèrent en foule vers la cataracte, pour voir la fin de ce drame funèbre. Grand nombre de personnes, averties par la cloche d'alarme, étaient accourues de l'autre côté de la rivière, et avaient aussi dépouillé les clôtures de leurs écorces de cèdre pour en faire des flambeaux. Toutes ces lumières en se croisant répandaient une vive clarté sur cette scène lugubre.

On voyait, à quelque distance, le manoir seigneurial, longue et imposante construction au sud-ouest de la rivière, et assis sur la partie la plus élevée d'un promontoire qui domine le bassin et court parallèle à la cataracte. À environ cent pieds du manoir, s'élevait le comble d'un moulin à scie dont la chaussée était attenante à la chute même. À deux cents pieds du moulin, sur le sommet de la chute, se dessinaient les restes d'un îlot sur lequel, de temps immémorial, les débâcles du printemps opéraient leur œuvre de destruction[a]. Bien déchu de sa grandeur primitive — car il est probable qu'il avait jadis formé une presqu'île avec le continent, dont il formait l'extrémité — cet îlot formait à peine une surface de douze pieds carrés à cette époque.

De tous les arbres qui lui donnaient autrefois un aspect si pittoresque, il ne restait plus qu'un cèdre séculaire. Ce vétéran, qui pendant tant d'années, avait bravé la rage des autans et des débâcles périodiques de la Rivière-du-Sud, avait fini par succomber à demi dans cette lutte formidable. Rompu par le haut, sa tête se balançait alors tristement au-dessus de l'abîme, vers lequel, un peu penché lui-même, il menaçait de disparaître bien vite, privant ainsi l'îlot de son dernier ornement. Plusieurs cents pieds séparaient cet îlot d'un moulin à farine situé au nord-est de la cataracte.

Par un accident de terrain, cette prodigieuse agglomération de glaces qui, attirées par la chute, descendaient la rivière avec la rapidité d'un trait, s'engouffrèrent presque toutes entre l'îlot et le moulin à farine dont elles rasèrent l'écluse en quelques secondes; puis, s'amoncelant au pied de l'écore jusqu'au faîte du moulin, elles finirent par l'écraser lui-même. La glace ayant pris cette direction, le chenal entre le moulin à scie et l'îlot se trouvait relativement à peu près libre.

La foule courait toujours le long du rivage en suivant des yeux, avec une anxiété mêlée d'horreur, cet homme qu'un miracle seul pouvait sauver d'une mort atroce et prématurée. En effet, parvenu à environ trente pieds de l'îlot, la glace qui emportait Dumais suivait visiblement une direction qui l'éloignait du seul refuge que semblait lui offrir la Providence lorsqu'une banquise, qui descendait avec une rapidité augmentée par sa masse énorme, frappant avec violence un de ses angles, lui imprima un mouvement contraire. Lancée alors avec une nouvelle impétuosité, elle franchit la partie de l'îlot que l'eau envahissait déjà et assaillit le vieux cèdre, seule barrière qu'elle rencontrait sur la cime de la cataracte. L'arbre, ébranlé par ce choc imprévu, frémit de tout son corps; sa tête déjà brisée se sépara du tronc et disparut dans les flots d'écumes. Déchargé de ce poids, le vieil arbre se redressa tout à coup; et athlète encore redoutable, se prépara à soutenir une nouvelle lutte avec d'anciens ennemis dont il avait tant de fois triomphé.

Cependant Dumais, lancé en avant par ce choc inattendu, saisit le tronc du vieux cèdre qu'il enlaça de ses deux bras avec une étreinte convulsive; et, se soulevant sur une jambe, seul point d'appui qui lui restait, il s'y cramponna avec la ténacité d'un mourant, tandis que la glace sur laquelle reposait son pied unique, soulevée par l'eau qui augmentait à chaque instant de volume, et qui, attirée par deux courants contraires, oscillait de droite et de gauche, et menaçait à chaque instant de lui retirer ce faible appui.

Il ne manquait rien à cette scène d'horreur si grandiose! Les flambeaux agités sur les deux plages reflétaient une lueur sinistre sur les traits cadavéreux, sur les yeux glauques et à moitié sortis de leur orbite de cette victime suspendue sur les dernières limite de la mort! Certes, Dumais était un homme courageux; il avait déjà, à diverses époques, fait preuve d'une bravoure héroïque; mais, dans cette position exceptionnelle et inouïe, il lui était bien permis d'être complètement démoralisé.

Cependant, Marcheterre et ses amis conservaient encore quelque espoir de salut.

Avisant, sur la plage, près du moulin à scie, deux grandes pièces de bois carré, ils se hâtèrent de les transporter sur un rocher qui avançait dans la rivière à environ deux cents pieds au-dessus de la chute. En liant chacune de ces pièces avec un câble et les lançant successivement, ils espéraient que le courant les porterait sur l'îlot. Vain espoir! efforts inutiles! l'impulsion n'était pas assez forte; et les pièces, empêchées d'ailleurs par la pesanteur des câbles, dérivaient toujours entre la plage et l'îlot.

Il semblerait impossible d'ajouter une nuance à ce tableau unique dans son atroce sublimité, d'augmenter l'émotion douloureuse des spectateurs, pétrifiés à la vue de cet homme prêt à disparaître à chaque instant dans le gouffre béant de la cataracte.

Il se passait pourtant sur le rivage une scène aussi sublime, aussi grandiose. C'était la religion offrant ses consolations au chrétien prêt à franchir le terrible passage de la vie à la mort.

Le vieux curé de la paroisse, que son ministère avait appelé auprès d'un malade avant la catastrophe, était accouru sur le lieu du désastre. C'était un vieillard nonagénaire de la plus haute stature; le poids des années n'avait pu courber la taille de ce Nestor moderne, qui avait baptisé et marié tous ses paroissiens, dont il avait enseveli trois générations. Sa longue chevelure, blanche comme de la neige, agitée par la brise nocturne, lui donnait un air inspiré et prophétique. Il se tenait là, debout sur la rive, les deux mains étendues vers le malheureux Dumais. Il l'aimait: il l'avait baptisé; il lui avait fait faire cet acte touchant du culte catholique qui semble changer subitement la nature de l'enfant et le faire participer à la nature angélique, il aimait aussi Dumais parce qu'il l'avait marié à une jeune orpheline qu'il avait élevée avec tendresse et que cette union rendait heureuse; il l'aimait parce qu'il avait baptisé ses deux enfants qui faisaient la joie de sa vieillesse.

Il était là, sur le rivage, comme l'ange des miséricordes, l'exhortant à la mort, et lui donnant non seulement toutes les consolations que son ministère sacré lui dictait, mais aussi lui adressant ces paroles touchantes qu'un cœur tendre et compatissant peut seul inspirer. Il le rassurait sur le sort de sa famille dont le seigneur de Beaumont prendrait soin, quand, lui, vieillard sur le bord de sa fosse, n'existerait plus. Mais, voyant que le péril devenait de plus en plus imminent, que chaque nouvelle secousse imprimée à l'arbre semblait paralyser les forces du malheureux Dumais, il fit un grand effort sur lui-même, et lui cria d'une voix forte, qu'il tâchait de raffermir, mais qui se brisa en sanglot: «Mon fils, faites un acte de contrition, je vais vous absoudre de tous vos péchés.»

Le vieux pasteur, après avoir payé ce tribut de sensibilité à la nature, reprit d'une voix forte qui s'éleva vibrante au milieu du bruit assourdissant de la cataracte: «Mon fils, au nom du Dieu tout-puissant, au nom de Jésus-Christ, son Fils, qui m'a donné les pouvoirs de lier et de délier sur la terre, au nom du Saint-Esprit, je vous absous de tous vos péchés. Ainsi soit-il!» Et la foule répéta en sanglotant: «Ainsi soit-il!»

La nature voulut reprendre ses droits sur les devoirs de l'homme de Dieu, et les sanglots étouffèrent de nouveau sa voix; mais, dans cette seconde lutte, le devoir impérieux du ministre des autels vainquit encore une fois la sensibilité de l'homme et du vieillard.

— À genoux, mes frères, dit-il, je vais réciter les prières des agonisants.

Et la voix du vieux pasteur domina de nouveau celle de la tempête, lorsqu'il s'écria, les deux mains étendues vers l'holocauste:

«Partez de ce monde, âme chrétienne, au nom de Dieu le Père tout-puissant qui vous a créée; au nom de Jésus-Christ, Fils du Dieu vivant, qui a souffert pour vous; au nom du Saint-Esprit qui vous a été donné ; au nom des Anges et des Archanges; au nom des Trônes et des Dominations; au nom des Principautés et des Puissances; au nom des Chérubins et des Séraphins, au nom des Patriarches et des Prophètes; au nom des saints Apôtres et des Évangélistes; au nom des saints Moines et Solitaires; au nom des saintes Vierges et de tous les Saints et Saintes de Dieu. Qu'aujourd'hui votre séjour soit dans la paix, et votre demeure dans la sainte Sion. Par Jésus-Christ Notre-Seigneur. Ainsi soit-il.» Et les spectateurs répétèrent en gémissant: «Ainsi soit-il[2].»

Un silence de mort avait succédé à cette scène lugubre, quand tout à coup des cris plaintifs se firent entendre derrière la foule pressée sur le rivage: c'était une femme, les vêtements en désordre, les cheveux épars, qui, portant un enfant dans ses bras, et traînant l'autre d'une main, accourait vers le lieu du sinistre. Cette femme était l'épouse de Dumais, qu'un homme officieux avait été prévenir, sans précaution préalable, de l'accident arrivé à son mari, dont elle attendait à chaque instant le retour.

Demeurant à une demi-lieue du village, elle avait bien entendu le tocsin; mais, seule chez elle avec ses enfants, qu'elle ne pouvait laisser, elle s'était résignée, quoique très inquiète, à attendre l'arrivée de son mari pour se faire expliquer la cause de cette alarme.

Cette femme, à la vue de ce qu'elle avait de plus cher au monde suspendu au-dessus de l'abîme, ne poussa qu'un seul cri, mais un cri si déchirant, qu'il pénétra comme une lame d'acier dans le cœur des spectateurs; et, perdant aussitôt connaissance, elle tomba comme une masse inerte sur le rivage. On s'empressa de la transporter au manoir seigneurial, où les soins les plus touchants lui furent prodigués par madame de Beaumont et sa famille.

Quant à Dumais, à l'aspect de sa femme et de ses enfants, une espèce de rugissement de jaguar, un cri rauque, surhumain, indéfinissable qui porta l'effroi dans l'âme des spectateurs, s'échappa de sa poitrine oppressée; et il sembla tomber ensuite dans un état d'insensibilité qui ressemblait à la mort.

Ce fut au moment précis où le vieux pasteur administrait le sacrement de pénitence, que Jules d'Haberville, Arché de Locheill et leur compagnon arrivèrent sur les lieux. Jules fendit la foule, et prit place entre le vénérable curé et son oncle de Beaumont; Arché, au contraire, s'avança sur le rivage, se croisa les bras, saisit d'un coup d'œil rapide tout l'ensemble de cette scène de désolation, et calcula les chances de salut.

Après une minute de réflexion, il bondit plutôt qu'il ne courut vers le groupe où se tenait Marcheterre; et, tout en se dépouillant à la hâte de ses vêtements, il lui donna ses instructions. Ses paroles furent brèves, claires et concises: «Capitaine, je nage comme un poisson, j'ai l'haleine d'un amphibie; le danger n'est pas pour moi, mais pour ce malheureux, si je heurtais la glace en l'abordant. Arrêtez-moi d'abord à une douzaine de pieds de l'îlot, afin de mieux calculer la distance et d'amortir ensuite le choc: votre expérience fera le reste. Maintenant une corde forte, mais aussi légère que possible, et un bon nœud de marin.»

Il dit; et, tandis que le vieux capitaine lui attachait l'amarre sous le bras, il se ceignit lui-même le corps d'une autre corde, dont il fit un petit rouleau qu'il tint dans la main droite. Ainsi préparé, il s'élança dans la rivière où il disparut un instant; mais quand il revint sur l'eau, le courant l'entraînait rapidement vers le rivage. Il fit alors tous les efforts prodigieux d'un puissant nageur pour aborder l'îlot, sans pouvoir réussir; ce que voyant Marcheterre, il se hâta en descendant le long de la grève, de le ramener à terre avant que ses forces fussent épuisées. Une fois sur le rivage, de Locheill reprit aussitôt sa course vers le rocher.

Les spectateurs respirèrent à peine lorsqu'ils virent Arché se précipiter dans les flots pour secourir Dumais qu'ils avaient désespéré de sauver. Tout le monde connaissait la force herculéenne de Locheill et ses exploits aquatiques dans les visites fréquentes qu'il faisait au seigneur de

Beaumont avec son ami Jules, pendant leurs vacances du collège. Aussi l'anxiété avait-elle été à son comble pendant la lutte terrible du jeune homme, repoussé sans cesse vers le rivage malgré des efforts qui semblaient surhumains, et une cri de douleur s'était échappé de toutes les poitrines en voyant la défaite.

Jules d'Haberville n'avait eu aucune connaissance de cette tentative de sauvetage de son ami de Locheill. D'une nature très impressionnable, il n'avait pu soutenir, à son arrivée sur la plage, le spectacle déchirant d'une si grande infortune. Après un seul regard empreint de la plus ineffable compassion, il avait baissé les yeux vers la terre, et il ne les en avait plus détachés. Cet homme suspendu par un fil sur ce gouffre béant, ce vieux et vénérable prêtre administrant à haute voix, sous la voûte des cieux, le sacrement de pénitence, ces prières des agonisants adressées à Dieu pour un homme dans toute la force de la virilité, cette sublime évocation qui ordonne à l'âme, au nom de toutes les puissances célestes, de se détacher d'un corps où coule avec abondance la sève vigoureuse de la vie, tout lui semblait l'illusion d'un rêve affreux.

Jules d'Haberville, entièrement absorbé par ces émotions navrantes, n'avait donc eu aucune connaissance des efforts qu'avait faits son ami pour sauver Dumais. Il avait seulement entendu, après la tentative infructueuse de Locheill, les cris lugubres de la foule qu'il avait attribués à une nouvelle péripétie de cette scène de désolation, dont il détournait ses regards.

Ce n'était pas un lien ordinaire entre amis qui l'attachait à son frère par adoption; c'était cet amour de David et de Jonathas, plus aimable, suivant l'expression emphatique de l'Écriture, que l'amour d'aucune femme. Jules n'épargnait pas ses railleries à Arché, qui ne faisait qu'en rire; mais c'était bien à lui, auquel il ne permettait à personne de toucher. Malheur à celui qui eût offensé de Locheill devant l'impétueux jeune homme!

D'où venait cette grande passion? il n'y avait pourtant,

en apparence, aucun rapport dans leur caractère. Arché était plutôt froid qu'expansif, tandis qu'une exubérance de sentiments exaltés débordait dans l'âme de Jules. Il y avait néanmoins une similitude bien précieuse: un cœur noble et généreux battait sous la poitrine des deux jeunes gens.

José, lui, qui n'avait rien perdu des préparatifs de Locheill à son arrivée, et qui connaissait la violence des passions d'Haberville, son jeune maître, s'était glissé derrière lui, prêt à comprimer par la force physique cette âme fougueuse et indomptable.

L'anxiété des spectateurs fut à son comble à la seconde tentative d'Arché pour sauver Dumais, qu'ils croyaient perdu sans ressource aucune.

Tous les yeux étaient tournés, avec un intérêt toujours croissant, vers ce malheureux, dont le tremblement convulsif annonçait qu'il perdait graduellement ses forces, à chaque secousse du vieux cèdre, et à chaque oscillation de la glace qui roulait sous son pied. La voix brisée du vieux pasteur, criant pitié au Dieu des miséricordes, interrompait seule ce silence de la tombe.

Les premiers efforts inutiles de Locheill n'avaient servi qu'à l'exalter davantage dans son œuvre de dévouement; il avait, avec une abnégation bien rare, fait le sacrifice de sa vie. La corde, sa seule chance de salut, pouvait fort bien se rompre lorsqu'elle serait surchargée d'un double poids, et exposée de plus à l'action d'un torrent impétueux. Il était aussi trop habile nageur pour ignorer le danger de remorquer un homme incapable de s'aider d'aucune manière. Il savait qu'il aurait en outre à demeurer sous l'eau, sans respirer, jusqu'à ce qu'il eût atteint le rivage.

Conservant néanmoins tout son sang-froid, il se contenta de dire à Marcheterre:

— Il faut changer de tactique: c'est ce rouleau, que je tenais dans ma main droite, qui a d'abord paralysé mes forces lorsque je me suis élancé dans la rivière, et ensuite lorsque j'ai voulu aborder l'îlot.

Il élargit alors le diamètre du nœud de la corde, qu'il

passa de son épaule droite sous son aisselle gauche, pour laisser toute liberté d'action à ses deux bras. Ces précautions prises, il fit un bond de tigre, et disparaissant aussitôt sous les flots qui l'emportaient avec la vitesse d'un cheval lancé à la course, il ne reparut qu'à environ douze pieds de l'îlot, arrêté par la corde que raidit Marcheterre, ainsi qu'ils en étaient convenus. Ce mouvement pensa lui être funeste, car, perdant l'équilibre, il fut renversé la tête sous l'eau, tandis que le reste de son corps surnageait horizontalement sur la rivière. Son sang-froid, très heureusement, ne l'abandonna pas un instant dans cette position critique, confiant qu'il était dans l'expérience du vieux marin. En effet, celui-ci, lâchant tout à coup deux brasses de l'amarre par un mouvement saccadé, de Locheill, se servant d'un de ces tours de force connus des habiles nageurs, ramena subitement ses talons à s'en frapper les reins; puis, se raidissant les jambes pour battre l'eau perpendiculairement, tandis qu'il secondait cette action en nageant alternativement des deux mains, il reprit enfin l'équilibre. Présentant alors l'épaule gauche pour se préserver la poitrine d'un choc qui aurait pu lui être aussi funeste qu'à Dumais, il aborda le lieu du sinistre avec la vitesse de l'éclair.

Dumais, malgré son état de torpeur apparente, malgré son immobilité, n'avait pourtant rien perdu de tout de qui se passait. Un rayon d'espoir, bien vite évanoui, avait lui au fond de son cœur déchiré par tant d'émotions sanglantes à la vue des premières tentatives de son libérateur; mais cette espérance s'était ravivée de nouveau en voyant le bond surhumain que fit de Locheill s'élançant de la cime du rocher. Celui-ci avait à peine, en effet, atteint la glace où il se cramponnait d'une seule main, pour dégager, de l'autre, le rouleau de corde qui l'enlaçait, que Dumais, lâchant le cèdre protecteur, prit un tel élan sur sa jambe unique, qu'il vint tomber dans les bras d'Arché.

Le torrent impétueux envahit aussitôt l'extrémité de la glace qui, surchargée d'un double poids, se cabra comme un cheval fougueux. Et cette masse lourde, que les flots poussaient avec une force irrésistible, retombant sur le vieux cèdre, le vétéran, après une résistance inutile, s'engouffra dans l'abîme, entraînant dans sa chute une portion du domaine sur lequel il avait régné en souverain pendant des siècles.

Ce fut une immense clameur sur les deux rives de la Rivière-du-Sud; acclamation triomphante des spectateurs les plus éloignés et cri déchirant d'angoisse sur la rive la plus rapprochée du théâtre où s'était joué ce drame de vie et de mort. En effet, tout avait disparu comme si la baguette d'un enchanteur puissant eût frappé la scène et les acteurs qui avaient inspiré un intérêt si palpitant d'émotions. Le haut de la cataracte n'offrit plus, dans toute sa largeur, entre les deux rives, que le spectacle attristant des flots pressés qui se précipitaient dans le bassin avec un bruit formidable, et le rideau d'écume blanche qui s'élevait jusqu'à son niveau.

Jules d'Haberville n'avait reconnu son ami qu'au moment où il s'était précipité, pour la seconde fois, dans les flots. Souvent témoin de ses exploits natatoires, connaissant sa force prodigieuse, il n'avait d'abord montré qu'un étonnement mêlé de stupeur, mais quand il le vit disparaître sous l'eau, il poussa ce cri délirant que fait une tendre mère à la vue du cadavre sanglant de son fils unique; et, en proie à une douleur insensée, il allait se précipiter dans le torrent, quand il se sentit étreint par les deux bras de fer de José.

Supplications, menaces, cris de rage et de désespoir, coups désespérés, morsures, tout fut inutile pour faire lâcher prise au fidèle serviteur.

—C'est bon, mon cher monsieur Jules, disait José, frappez, mordez, si ça vous soulage, mais au nom de Dieu, calmez-vous; votre ami va bientôt reparaître, vous savez qu'il plonge comme un marsouin, et qu'on ne voit jamais l'heure qu'il reparaisse, quand une fois il est sous l'eau. Calmez-vous, mon cher petit monsieur Jules, vous ne voudriez pas faire mourir ce pauvre José qui vous aime tant, qui vous a tant porté dans ses bras. Votre père m'a envoyé vous chercher à Québec; je réponds de vous corps et âme, et il n'y aura pas de ma faute si je manque à vous ramener vivant. Sans cela, voyez-vous, monsieur Jules, une bonne balle dans la tête du vieux José... Mais, tenez, voilà le capitaine qui hâle l'amarre à force de bras; et soyez sûr que monsieur Arché est au bout et plein de vie.

En effet, Marcheterre, aidé de ses amis, s'empressait, tout en descendant le long de la grève, de retirer, à fortes et rapides brassées, la corde à laquelle il sentait un double poids.

Il leur fallut de grands efforts pour dégager de Locheill, une fois en sûreté sur la plage, de l'étreinte de Dumais, qui ne donnait pourtant aucun signe de vie. Arché, au contraire, délivré de cette étreinte qui l'étouffait, vomit trois ou quatre gorgées d'eau, respira bruyamment et dit:

— Il n'est pas mort; il ne peut être qu'asphyxié; il vivait il y a une minute à peine.

On se hâta de transporter Dumais au manoir seigneurial, où des soins empressés et entendus lui furent prodigués. Au bout d'une demi-heure, des gouttes d'une sueur salutaire perlèrent sur son front, et, peu de temps après, il rouvrait des yeux hagards, qu'il promena longtemps autour de lui, et qui se fixèrent enfin sur le vieux curé. Celui-ci approcha son oreille de la bouche de Dumais, et les premières paroles qu'il recueillit furent: Ma femme! mes enfant! monsieur Arché!

— Soyez sans inquiétude, mon cher Dumais, dit le vieillard: votre femme est revenue de son évanouissement; mais, comme elle vous croit mort, il me faut de grandes précautions pour lui annoncer votre délivrance, tant d'émotions subites pourraient la tuer. Aussitôt qu'il sera prudent de le faire, je l'amènerai près de vous; je vais l'y préparer. En attendant, voici M. de Locheill, à qui, après Dieu, vous devez la vie.

À la vue de son sauveur, qu'il n'avait pas encore distingué des autres assistants, il se fit une réaction dans tout le système du malade. Il entoura Arché de ses bras, et, pressant ses lèvres sur sa joue, des larmes abondantes coulèrent dans ses yeux.

— Comment m'acquitter envers vous, dit-il, de ce que vous avez fait pour moi, pour ma pauvre femme et pour mes pauvres enfants!

— En recouvrant promptement la santé, répondit gaiement de Locheill. Le seigneur de Beaumont a fait partir un émissaire à toute bride pour amener le plus habile chirurgien de Québec, et un autre pour préparer des relais de voitures sur toute la route, en sorte que, demain, à midi, au plus tard, votre mauvaise jambe sera si bien collée, que, dans deux mois, vous pourrez faire à l'aise le coup de fusil avec vos anciens amis les Iroquois.

Lorsque le vieux pasteur entra dans la chambre où l'on avait transporté sa fille d'adoption, elle était à demi couchée sur un lit, tenant son plus jeune enfant dans ses bras, tandis que l'autre dormait à ses pieds. Pâle comme la statue le la mort, froide et insensible à tout ce que madame de Beaumont et d'autres dames du village pouvaient lui dire pour calmer son désespoir, elle répétait sans cesse: Mon mari! mon pauvre mari! je n'aurai pas même la triste consolation d'embrasser le corps froid de mon cher mari, du père de mes enfants!

En apercevant le vieux curé, elle s'écria, les bras tendus vers lui:

— Est-ce vous, mon père, qui m'avez donné tant de preuves d'affection depuis mon enfance, qui venez maintenant m'annoncer que tout est fini? Oh! non; je connais trop votre cœur: ce n'est pas vous qui vous êtes chargé d'un tel message pour l'orpheline que vous avez élevée. Parlez, je vous en conjure, vous dont la bouche ne profère que des paroles consolantes.

— Votre époux, dit le vieillard, recevra une sépulture chrétienne.

— Il est donc mort! s'écria la pauvre femme; et des sanglots s'échappèrent, pour la première fois, de sa poitrine oppressée.

C'était la réaction qu'attendait le vieux pasteur.

— Ma chère fille, reprit-il, vous demandiez comme

faveur unique, il n'y a qu'un instant, d'embrasser le corps inanimé de votre mari, et Dieu vous a exaucée. Ayez confiance en lui; car la main puissante qui l'a retiré de l'abîme, peut aussi lui rendre la vie.

La jeune femme ne répondit que par de nouveaux sanglots.

—C'est le même Dieu d'ineffable bonté, continua le vieux pasteur, qui dit à Lazare dans la tombe: «Levez-vous, mon ami, je vous l'ordonne». Tout espoir n'est pas perdu, car votre mari, dans son état d'horribles souffrances...

La pauvre jeune femme, qui avait écouté jusque-là son vieil ami sans trop le comprendre, sembla s'éveiller d'un affreux cauchemar, et, pressant dans ses bras ses deux enfants endormis, elle s'élança vers la porte.

Peindre l'entrevue de Dumais avec sa famille, serait au-dessus de toute description. L'imagination seule des âmes sensibles peut y suppléer. Il est souvent facile d'émouvoir en offrant un tableau de malheur, de souffrances atroces, de grandes infortunes, mais s'agit-il de peindre le bonheur, le pinceau de l'artiste s'y refuse et ne trace que de pâles couleurs sur le canevas.

—Allons souper maintenant, dit M. de Beaumont à son ancien et vénérable ami: nous en avons tous grand besoin, surtout ce noble et courageux jeune homme, ajouta-t-il, en montrant de Locheill.

—Doucement, doucement, mon cher seigneur, dit le vieux curé. Il nous reste un devoir plus pressant à remplir: c'est de remercier Dieu, dont la protection s'est manifestée d'un manière si éclatante!

Tous les assistants s'agenouillèrent; et le vieux curé, dans une courte mais touchante prière, rendit grâce à Celui qui commande à la mer en courroux, à Celui qui tient dans ses mains puissantes la vie et la mort de ses faibles créatures.

Notes

1. Rivière qui coupe la Rivière-du-Sud à angle droit près du village.
2. L'auteur ne craint pas de citer au long cette incomparable exhortation. Les prières de la liturgie catholique sont malheureusement trop peu connues et appréciées. Quoi de plus sublime que cette prière que le prêtre adresse à l'âme du moribond au moment où, se dégageant de sa dépouille mortelle, elle va s'envoler au pied du tribunal redoutable de Dieu!

Chapitre sixième
Un souper chez un seigneur canadien

Half-cut-down, a pastry, costly made
Where quail and pigeon, lark and loriot, lay
Like fossils of the rock, with golden yokes
Imbedded and enjellied.

TENNYSON

Le couvert était mis dans une chambre basse, mais spacieuse, dont les meubles, sans annoncer le luxe, ne laissaient rien à désirer de ce que les Anglais appellent confort. Un épais tapis de laine à carreaux, de manufacture canadienne, couvrait, aux trois quarts, le plancher de cette salle à manger. Les tentures en laine, aux couleurs vives, dont elle était tapissée, ainsi que les dossiers du canapé, des bergères et des chaises en acajou, aux pieds de quadrupèdes semblables à nos meubles maintenant à la mode, étaient ornées d'oiseaux gigantesques, qui auraient fait le désespoir de l'imprudent ornithologiste qui aurait entrepris de les classer.

Un immense buffet, touchant presque au plafond, étalait, sur chacune des barres transversales dont il était amplement muni, un service en vaisselle bleue de Marseille, semblant, par son épaisseur, jeter un défi à la maladresse des domestiques qui en auraient laissé tomber quelques pièces. Au-dessus de la partie inférieure de ce buffet, qui servait d'armoire, et que l'on pourrait appeler le rez-de-chaussée de ce solide édifice, projetait une tablette d'au moins un pied et demi de largeur, sur laquelle était une espèce de cassette, beaucoup plus haute que large, dont les petits compartiments, bordés de drap vert, étaient garnis de couteaux et de fourchettes à manches d'argent, à l'usage du dessert. Cette tablette contenait aussi un grand pot d'argent, rempli d'eau, pour ceux qui désiraient tremper leur vin, et quelques bouteilles de ce divin jus de la treille.

Une pile d'assiettes de vrai porcelaine de Chine, deux carafes de vin blanc[1], deux tartes, un plat d'œufs à la neige[2], des gaufres, un jatte de confitures, sur une petite table couverte d'une nappe blanche, près du buffet, composaient le dessert de ce souper d'un ancien seigneur canadien. À un des angles de la chambre était une fontaine, de la forme d'un baril, en porcelaine bleue et blanche, avec robinet et cuvette, qui servait aux ablutions de la famille. À un angle opposé, une grande canevette, garnie de flacons carrés, contenant l'eau-de-vie, l'absinthe, les liqueurs de noyau, de framboises, de cassis, d'anisette, etc., pour l'usage journalier, complétait l'ameublement de cette salle.

Le couvert était dressé pour huit personnes. Une cuillère et une fourchette d'argent, enveloppées dans une serviette, étaient placées à gauche de chaque assiette, et une bouteille de vin léger à la droite. Point de couteau sur la table pendant le service des viandes[3]: chacun était muni de cet utile instrument, dont les Orientaux savent seuls se passer. Si le couteau était à ressort, il se portait dans la poche, si c'était, au contraire, un couteau-poignard, il était suspendu au cou dans une gaine de maroquin, de soie, ou même d'écorce de bouleau, artistement travaillée et ornée par les aborigènes. Les manches étaient généralement d'ivoire, avec des rivets d'argent, et même en nacre de perles pour les dames.

Il y avait aussi à droite de chaque couvert une coupe ou un gobelet d'argent de différentes formes et de différentes grandeurs[4]: les uns de la plus grande simplicité, avec ou sans anneaux, les autres avec des anses; quelques-uns en forme de calice, avec ou sans pattes, ou relevés en bosse; beaucoup aussi étaient dorés en dedans.

Une servante, en apportant sur un cabaret le coup d'appétit d'usage, savoir, l'eau-de-vie pour les hommes et les liqueurs douces pour les femmes, vint prévenir qu'on était servi. Huit personnes prirent place à table: M. de Beaumont et son épouse, Mme Descarrières leur sœur, le curé, le capitaine Marcheterre, son fils Henri, et enfin Jules et Arché. La maîtresse de la maison donna la place d'honneur au vénérable curé, en le plaçant à sa droite, et la seconde place au vieux marin, à gauche.

Le menu du repas était composé d'un excellent potage (la soupe était alors de rigueur, tant pour le dîner que pour le souper), d'un pâté froid, appelé pâté de Pâques, servi, à cause de son immense volume, sur une planche recouverte d'une serviette ou petite nappe blanche, suivant ses proportions. Ce pâté, qu'aurait envié Brillat-Savarin, était composé d'une dinde, de deux poulets, de deux perdrix, de deux pigeons, du râble et des cuisses de deux lièvres: le tout recouvert de bardes de lard gras. Le godiveau de viandes hachées, sur lequel reposaient, sur un lit épais et mollet, ces richesses gastronomiques, et qui en couvrait aussi la partie supérieure, était le produit de deux jambons de cet animal que le juif méprise, mais que le chrétien traite avec plus d'égards. De gros oignons, introduits çà et là, et de fines épices, complétaient le tout. Mais un point très important en était la cuisson, d'ailleurs assez difficile; car, si le géant crevait, il perdait alors cinquante pour cent de son aoabit. Pour prévenir un événement aussi déplorable, la croûte du dessous, qui recouvrait encore de trois pouces les flancs du monstre culinaire, n'avait pas moins d'un pouce d'épaisseur. Cette croûte même, imprégnée du jus de toutes ces viandes, était une partie délicieuse de ce mets unique[5].

Des poulets et des perdrix rôtis, recouverts de doubles bardes de lard, des pieds de cochon à la Sainte-Menehould, un civet bien différent de celui dont un hôtelier espagnol régala jadis l'infortuné Gil Blas, furent en outre les autres mets que l'hospitalité du seigneur de Beaumont put offrir à ses amis.

On mangea longtemps en silence et de grand appétit; mais, au dessert, le vieux marin, qui, tout en dévorant comme un loup affamé, et buvant en proportion, n'avait cessé de regarder Arché avec un intérêt toujours croissant, rompit le premier silence:

— Il paraît, jeune homme, dit-il d'un ton goguenard, que vous ne craignez guère les rhumes de cerveau! Il me semble aussi que vous n'êtes pas trop pressé de respirer l'air du ciel, et que, comme le castor et la loutre, vos confrères, vous ne mettez le nez hors de l'eau que toutes les demi-heures, et encore pour la forme, pour voir ce qui se passe dans le monde d'en haut. Diable! vous êtes aussi un peu comme le saumon: quand on lui donne de la touée, il en profite. M'est avis que les goujons de votre espèce ne se trouvent pas dans tous les ruisseaux!

— Ce qui n'empêche pas, capitaine, dit Arché, que sans votre présence d'esprit, sans votre calcul admirable à ne lâcher que la mesure précise de ligne, je me serais brisé la tête ou l'estomac contre la glace; et que le corps du pauvre Dumais, au lieu d'être dans un lit bien chaud, roulerait maintenant dans le lit glacé du Saint-Laurent.

— En voilà un farceur! fit Marcheterre; à l'entendre parler, ce serait moi qui aurais fait la besogne. Il fallait bien vous donner de la touée, quand j'ai vu que les pieds menaçaient de vous passer par-dessus la tête, position qui aurait été assez gênante au beau milieu des flots déchaînés.

Je veux que le di... Excusez, M. le curé, j'allais jurer: c'est une vieille habitude de marin.

— Bah! dit en riant le curé[a], un de plus ou de moins, il y a longtemps, vieux pêcheur, que vous en êtes coutumier: la taille est pleine, et vous n'en tenez plus aucun compte!

— Quand la taille sera pleine, mon cher curé, dit Marcheterre, vous passerez la varlope dessus, comme vous avez déjà fait, et on filera un autre nœud. D'ailleurs, je ne vous échapperai pas, vous saurez bien me gaffer en temps et lieu, et me remorquer à bon port avec les autres pêcheurs.

— Vous êtes trop sévère, M. l'abbé, dit Jules: comment voulez-vous que ce cher capitaine se prive de la consolation de jurer tant soit peu, ne serait-ce que contre son éthiopien de cuisinier qui lui fait des fricassées aussi noires que son visage?

— Comment, diablotin enragé, s'écria le capitaine avec

une colère comique, tu oses encore parler, après le tour que tu m'as fait?

— Moi! dit Jules, d'un air bonasse, je vous ai joué un tour? j'en suis incapable, capitaine: vous me calomniez bien cruellement.

— Mais voyez le bon apôtre! dit Marcheterre, je l'ai calomnié! n'importe, allons au plus pressé. Reste en panne, mousse, pour le petit quart d'heure; je saurai te retrouver bientôt.

Je voulais donc dire, continua le capitaine, lorsque M. le curé a coulé à fond de cale mon malencontreux juron et fermé l'écoutille par-dessus, que quand bien même, jeune homme, vous auriez descendu au pied de la chute, par curiosité, pour donner des nouvelles de ce qui s'y passe à vos amis, qu'alors comme votre confrère, le saumon, vous auriez aussi trouvé le tour de l'escalader.

La conversation avait tourné à la plaisanterie: les saillies, les bons mots succédèrent pendant longtemps aux émotions cruelles de la soirée.

— Remplissez vos gobelets; feu partout, s'écria M. de Beaumont: je vais porter une santé qui, j'en suis sûr, sera bien accueillie.

— Vous en parlez à votre aise, dit le vieux curé, auquel on avait donné pour lui faire honneur une coupe richement travaillée, mais contenant presque le double de celles des autres convives. Je suis plus que nonagénaire, et par conséquent je n'ai plus ma tête bretonne de vint-cinq ans.

— Bah! mon vieil ami, fit M. de Beaumont, vous n'aurez toujours pas bien loin à aller, car vous couchez ici, c'est convenu. Et puis si les jambes faiblissent, ça passera pour votre grand âge: personne ne sera scandalisé.

— Vous oubliez, mon seigneur, dit le curé, que j'ai accepté votre aimable invitation pour être à portée de secourir au besoin le pauvre Dumais: mon intention est de passer la nuit près de lui. Si vous m'ôtez les forces, ajouta-t-il en souriant, quel service voulez-vous que je lui rende?

— Vous allez pourtant vous coucher, fit M. de

Beaumont; ce sont les ordres du maître de céans. On vous éveillera au besoin. N'ayez aucune inquiétude quant au pauvre Dumais et sa femme; madame Couture, leur intime amie, est auprès d'eux. Je renverrai même, quand ils auront soupé (car j'ai fait servir des rafraîchissements à tous ceux qui sont ici), quantité de compères et de commères qui ne demanderaient qu'à encombrer la chambre du malade pendant toute la nuit, et partant vicier l'air pur dont il a le plus besoin. Nous serions tous sur pied, s'il est nécessaire[6].

— Vous parlez si bien, repartit le curé, que je vais m'exécuter en conséquence.

Et, ce disant, il versa une portion raisonnable de vin dans la formidable coupe.

Alors, le seigneur de Beaumont dit à Arché d'une voix émue et en même temps solennelle:

— Votre conduite est au-dessus de tout éloge. On ne sait lequel le plus admirer, de ce dévouement sublime qui vous a fait risquer votre vie pour sauver celle d'un inconnu, ou de ce courage, de ce sang-froid admirable, qui vous ont fait réussir! Vous allez, je le sais, embrasser la carrière des armes; vous possédez toutes les qualités requises dans votre nouvelle carrière. Soldat moi-même, je vous prédis de grands succès. À la santé de M. de Locheill, le héros du jour!

La santé du jeune Écossais fut bue avec enthousiasme.

Arché, après avoir remercié, ajouta avec beaucoup de modestie:

— Je suis vraiment confus de tant de louanges pour une action aussi simple. J'étais probablement la seule personne qui sût nager, parmi les spectateurs: car tout autre en aurait fait autant. On prétend, ajouta-t-il en souriant, que vos femmes sauvages jettent leurs enfants nouveau-nés dans un lac, ou dans une rivière, leur laissant ensuite le soin de gagner le rivage: c'est une première leçon de natation. Je suis porté à croire que nos mères dans les montagnes d'Écosse suivent cette excellente coutume: il me semble que j'ai toujours su nager.

— Encore farceur ce M. Arché! dit le capitaine. Quant à

98

moi, il y a cinquante ans que je navigue, et je n'ai jamais pu apprendre à nager[b]: ce n'est pourtant pas faute d'avoir tombé à l'eau plus qu'à mon tour; mais j'avais toujours la chance de me raccrocher quelque part. À défaut d'un objet quelconque à ma portée, je jouais des pattes comme font les chats et les chiens; et tôt ou tard quelqu'un me repêchait, puisque je suis ici.

Ceci me rappelle une petite aventure de ma vie de marin. Mon navire était ancré sur les bords du Mississipi. Il pouvait être neuf heures du soir, après une de ces journées étouffantes de chaleur dont on ne *jouit* que près des tropiques. Je m'étais couché sur le beaupré de mon vaisseau pour respirer la brise du soir. Sauf les moustiques, les brûlots, les maringouins, et le bruit infernal que faisaient les caïmans réunis, je crois, de toutes les parties du Père des Fleuves, pour me donner une aubade, un prince de l'Orient aurait envié mon lit de repos. Je ne suis pourtant pas trop peureux de mon naturel, mais j'ai une horreur invincible pour toute espèce de reptiles, soit qu'ils rampent sur la terre, soit qu'ils vivent dans l'eau.

—Vous avez, capitaine, dit Jules, des goûts délicats, raffinés, aristocratiques, pour lesquels je vous honore.

—Tu oses encore parler, méchant garnement, s'écria Marcheterre en le menaçant, tout en riant, de son énorme poing: j'allais t'oublier, mais tu auras ton tour bien vite. En attendant je continue: je me trouvais heureux dans ma sécurité sur mon mât, d'où j'entendais craquer les mâchoires de ces monstres affamés. Je narguais même mes ennemis en leur disant: vous seriez très friands, mes petits moutons, de faire un bon souper de ma carcasse, mais il n'y a qu'une petite difficulté; c'est, voyez-vous, que quand bien même il vous faudrait jeûner toute votre vie comme des anachorètes, ça ne sera toujours pas moi qui vous ferai rompre votre jeûne, j'ai la conscience trop timorée pour cela.

Je ne sais trop, continua Marcheterre, comment la chose arriva; mais toujours est-il que je finis par m'endormir, et que, quand je m'éveillai, j'étais au beau milieu de ces jolis enfants. Il est impossible de vous peindre mon horreur, malgré mon sang-froid habituel. Je ne perdis pourtant pas toute présence d'esprit; je me rappelai, pendant mon immersion, qu'une corde pendait au beaupré: j'eus le bonheur de la saisir en remontant à la surface de l'eau; mais malgré mon agilité de singe, pendant ma jeunesse, je ne m'en retirai qu'en laissant en otage, dans le gosier d'un caïman peu civilisé, une de, mes bottes et une partie précieuse d'un de mes mollets[7].

À ton tour maintenant, lutin du diable, continua le capitaine: il faut tôt ou tard que tu me paies le tour que tu m'as joué. J'arrivais, l'année dernière, de la Martinique; je rencontre monsieur, le matin, à la basse ville de Québec, au moment où il se préparait à traverser le fleuve, à l'ouverture de ses vacances, pour se rendre chez son père. Après une rafale d'embrassades, dont j'eus peine à me dégager en tirant à bâbord, je le charge d'annoncer mon arrivée à ma famille, et de lui dire que je ne pourrais descendre à Saint-Thomas avant trois ou quatre jours. Que fait ce bon apôtre? Il arrive chez moi, à huit heures du soir, en criant comme un possédé: de la joie! de la joie! mais criez donc, de la joie!

— Mon mari est arrivé, fait madame Marcheterre! Mon père est arrivé, s'écrient mes deux filles!

— Sans doute, dit-il; est-ce que je serais si joyeux sans cela?

Il embrasse d'abord ma bonne femme: il n'y avait pas grand mal à cela. Il veut embrasser mes filles, qui lui lâchent leur double bordée de soufflets, et filent ensuite toutes voiles au vent. Que dites-vous, M. le curé, de ce beau début, en attendant le reste?

— Ah! M. Jules, s'écria le vieux pasteur, j'apprends de jolies choses: une conduite certainement bien édifiante, pour un élève des révérends pères Jésuites!

— Vous voyez bien, M. l'abbé, dit Jules, que tout cela n'était qu'histoire de rire, pour prendre part à la joie de cette estimable famille. Je connaissais trop la vertu féroce, solide sur ses bases comme le cap des Tempêtes, de ces filles de marin, pour agir sérieusement. Je savais qu'après avoir lâché leur double bordée de soufflets, elles fileraient ensuite toutes voiles au vent.

— Je commence à croire, après tout, fit le vieux pasteur, que tu dis la vérité; que c'était plutôt espièglerie de ta part, que mauvaise intention; je connais mon Jules d'Haberville sur le bout de mon doigt.

— De mieux, en mieux, dit le capitaine; prenez maintenant sa part: il ne manquait plus que cela. Nous allons voir pourtant si vous serez aussi indulgent pour le reste. Quand monsieur eut fini son sabbat, il dit à ma femme: le capitaine m'a chargé de vous dire qu'il serait ici demain, vers dix heures du soir; et, comme il a fait de bonnes affaires (ce qui était après tout vrai), il entend que tous ses amis se ressentent de son bonheur. Il veut qu'il y ait bal et souper chez lui à son arrivée, qui sera vers l'heure où on se mettra à table. Ainsi préparez tout pour cette fête, à laquelle il m'a invité avec mon frère de Locheill. Ça me contrarie un peu, ajouta l'hypocrite, j'ai bien hâte de revoir mes chers parents, mais pour vous, mesdames, il n'y a rien que je ne fasse.

— Mais mon mari n'y pense donc pas, de me donner si peu de temps, dit madame Marcheterre. Nous n'avons point de marché ici; ma cuisinière est bien vieille pour faire tant de besogne dans l'espace d'une journée. C'est désespérant! à la fin nous allons faire l'impossible pour lui plaire.

— Je puis toujours vous rendre quelques services, dit l'hypocrite, en feignant de plaindre beaucoup ma bonne femme; je me chargerai, avec le plus grand plaisir, de faire les invitations.

— Vous me rendrez vraiment un grand service, mon cher Jules, dit ma femme: vous connaissez notre société; je vous donne carte blanche.

Ma femme fait aussitôt courir la paroisse pour se procurer les viandes dont elle aura besoin. Elle et mes filles passent la plus grande partie de la nuit à aider la vieille cuisinière à faire les pâtisseries, crèmes fouettées, blanc-manger, gaufres et un tas de *vêtes* (vétilles) qui ne valent pas les bonnes *tiaudes* de morue fraîche que l'on mange sur le banc de Terre-Neuve[8]. M. Jules fit, d'ailleurs, les choses en grand. Il expédia pendant la nuit deux courriers, l'un au nord-est et l'autre au sud-ouest, porteurs d'invitations pour la fête, en sorte que le lendemain, à six heures du soir, grâce à sa bienveillance, ma maison était pleine de convives, qui faisaient des plongeons comme des goélands, tandis que j'étais ancré à Québec, et que Madame Marcheterre, malgré une affreuse migraine, faisait, de la meilleure grâce du monde, les honneurs de la maison. Que dites-vous, messieurs, d'un pareil tour, et qu'as-tu à répondre, petit caïman, pour te justifier?

—Je voulais, dit Jules, que tout le monde prît part d'avance à la joie de la famille, à l'heureux succès d'un ami si cher, si généreux, si magnifique! Aussi, si vous aviez été témoin des regrets, de la consternation générale, quand il fallut se mettre à table vers onze heures, sans vous attendre davantage (le lendemain étant jour d'abstinence), vous auriez été attendri jusqu'aux larmes. Quant à madame votre épouse, c'est une ingrate, oui, une ingrate. Voyant, un peu avant onze heures, qu'elle ne se pressait pas de nous donner le soupe, qu'elle commençait même à être un peu inquiète de son cher mari, je lui glissai un petit mot à l'oreille, et elle me cassa, pour remerciement, son éventail sur la figure.

Tout le monde éclata de rire, et le capitaine partagea de grand cœur l'hilarité générale.

—Comment se fait-il, Marcheterre, dit M. de Beaumont, que vous n'ayez jamais raconté cette bonne espièglerie?

—Il y avait de la presse, reprit le capitaine, de répandre partout que nous avions été mystifiés par ce maringouin; d'ailleurs, c'eût été peu obligeant de notre part de vous faire savoir que vous deviez cette fête à la munificence de M. Jules d'Haberville: nous préférions en avoir le mérite. Si j'en parle aujourd'hui, c'est que j'ai trouvé le tour si drôle, que je pensais vous amuser en vous le racontant.

Il me semble, M. le plongeur, fit ensuite Marcheterre en s'adressant à Arché, que malgré vos airs réservés de philosophe, vous avez été complice de votre cher compagnon de voyage.

— Je vous donne ma parole, dit de Locheill, que j'ignorais absolument le tout: ce n'est que le lendemain que Jules me fit part, sous secret, de son escapade, dont je le grondai sévèrement.

— Dont tu n'avais guère profité, fit d'Haberville, en faisant jouer tes grandes *jigues* (jambes) écossaises au péril éminent des tibias plus civilisés de tes voisins. Tu as sans doute oublié que non content de danser les cotillons français, admis chez tous les peuples policés, il fallut, pour te plaire, danser tes *scotch reels* [9] sur un air que notre joueur de violon apprit aussitôt par oreille, chose assez facile d'ailleurs. Il s'agissait simplement, en serrant les cordes du violon, d'imiter les miaulements que feraient des chats enfermés dans une poche, et que l'on tirerait par la queue.

— Allons, mauvais sujet, dit le capitaine à Jules, viens manger la soupe chez moi, demain, avec ton ami, et faire en même temps ta paix avec la famille.

— C'est ce qui s'appelle parler cela, fit Jules.

— Voyez donc ce farceur, reprit Marcheterre.

Comme il était très tard, il fallut se séparer, après avoir bu à la santé du vieux marin et de son fils, et leur avoir donné la part d'éloges qu'ils méritaient tous deux.

Les jeunes gens furent contraints de passer quelques jours à Saint-Thomas. La débâcle continuait; les chemins étaient inondés; le pont le plus proche, en supposant même qu'il n'eût pas été détruit, était à quelques lieues au sud-ouest du village, et la pluie tombait à torrents[(c)]. Force leur fut d'attendre que la rivière, libre de glaces, leur permît de passer en bateau au pied des chutes. Ils partageaient leur temps entre la famille de Beaumont, leurs autres amis et le pauvre Dumais, qui fit une longue maladie chez le seigneur de Beaumont, celui-ci ne voulant jamais permettre qu'on le transportât chez lui avant une parfaite guérison. Le malade leur racontait ses combats contre les Anglais et contre leurs alliées sauvages, et les mœurs et coutumes de ces aborigènes qu'il avait beaucoup fréquentés.

— Quoique natif de Saint-Thomas, j'ai été élevé, leur dit-il un jour, dans la paroisse de Sorel. J'avais dix ans, et mon frère neuf, lorsque nous fûmes surpris dans les bois, où nous cueillions des framboises, par un parti d'Iroquois qui nous fit prisonniers. Arrivés, après une assez longue marche, à leur canot caché dans les broussailles, près de la grève, ils nous transportèrent sur une des îles nombreuses qui bordent le Saint-Laurent[10]. Quelqu'un donna l'alarme à ma famille, et mon père, ainsi que ses trois frères, armés jusqu'aux dents, se mirent aussitôt à leur poursuite. Ils n'étaient que quatre contre dix, mais, je puis le dire, sans me vanter, que ce sont des hommes que mon père et mes oncles, auxquels je ne conseillerais à personne de cracher au visage. Ce sont des hommes d'une bonne taille, la poitrine ouverte, et dont les épaules *déplombent* de six bon pouces en arrière.

Il pouvait être dix heures du soir; nous étions assis, mon frère et moi, au milieu de nos ennemis, dans une petite clairière entourée de bois touffus, lorsque nous entendîmes la voix de mon père qui nous criait: «Couchez-vous à plat ventre.» Je saisis aussitôt par le cou mon petit frère qui pleurait et que je tâchais de consoler, et je l'aplatis avec moi sur la terre. Les Iroquois étaient à peine sur leurs pieds que quatre coups de fusil bien visés en abattirent quatre qui se roulèrent à terre comme des anguilles. Les autres canouaches (nom de mépris) ne voulant pas, je suppose, tirer au hasard, sur des ennemis invisibles auxquels il serviraient de cible, firent un mouvement pour chercher l'abri des arbres; mais nos libérateurs ne leur en donnèrent pas le temps, car, tombant sur eux à coups de casse-tête, ils en abattirent trois d'un *vire-main*, et les autres se sauvèrent sans qu'ils songeassent à les poursuivre. Le plus pressé était de nous ramener à notre mère, qui pensa mourir de joie en nous embrassant.

De Locheill racontait aussi au pauvre malade les combats des montagnards écossais, leurs mœurs, leurs coutumes, leurs usages, les exploits quasi fabuleux de son héros Wallace; tandis que Jules l'amusait par le récit de ses espiègleries; ou lui rapportait quelques traits d'histoire qui pouvaient l'intéresser.

Lorsque les jeunes gens firent leurs adieux à Dumais, il dit à Arché, les larmes aux yeux:

— Il est probable, monsieur, que je ne vous reverrai jamais; mais soyez certain que je vous porte dans mon cœur, et que moi, ma femme et mes enfants nous prierons le bon Dieu pour vous tous les jours de notre vie. Il m'est doulou-reux de penser, qu'en supposant même votre retour dans la Nouvelle-France, un pauvre homme comme moi n'aurait aucune occasion de vous prouver sa gratitude.

— Qui sait? dit de Locheill; peut-être ferez-vous plus pour moi que je n'ai fait pour vous.

Le montagnard écossais possédait-il la seconde vue dont se vantent ses compatriotes? C'est ce que la suite de ce récit fera voir.

Les voyageurs laissèrent leurs amis de Saint-Thomas le trente d'avril, vers dix heures du matin, par un temps ma-gnifique, mais des chemins affreux. Il avaient six lieues à parcourir avant d'arriver à Saint-Jean-Port-Joli, terme de leur voyage, trajet qu'il leur fallait faire à pied, en pestant contre la pluie qui avait fait disparaître les derniers vestiges de neige et de glace. Ce fut bien pis, lorsqu'engagés dans le chemin qui traversait alors la savane du Cap Saint-Ignace[11], il s'enfoncèrent souvent jusqu'aux genoux, et qu'il leur fal-lut dépêtrer le cheval, qui s'embourbait jusqu'au ventre. Jules, le plus impatient des trois, répétait sans cesse:

— Si j'eusse commandé au temps, nous n'aurions pas eu cette pluie de tous les diables, qui a converti les chemins en autant de marécages.

S'apercevant enfin que José branlait, à chaque fois, la tête d'un air mécontent, il lui en demanda la raison.

— Ah! dame! voyez-vous, M. Jules, dit José, je ne suis qu'un pauvre ignorant sans induction; mais je pense, à part moi, que si vous aviez eu le temps dans la main, nous n'en serions guère mieux: témoin, ce qui est arrivé à *Davi* (David) Larouche.

— Tu nous conteras l'aventure de Davi Larouche, dit Jules, quand nous aurons passé cette maudite savane dont j'ai bien de la peine à me dépêtrer, privé que je suis de l'avantage de jambes, ou pattes de héron, dont est gratifié ce superbe Écossais, qui marche devant nous en sifflant une *pibroch*, musique digne des chemins où nous nous perdons.

— Combien donnerais-tu, dit Arché, pour échanger tes jambes françaises de pygmée contre celles du superbe montagnard?

— Garde tes jambes, fit Jules, pour la première retraite un peu précipitée que tu feras devant l'ennemi.

La savane enfin franchie, les jeunes gens demandèrent l'histoire de José.

— Il est bon de vous dire, fit celui-ci, qu'un nommé Davi Larouche était établi, il y a longtemps de ça, dans la paroisse de Saint-Roch. C'était un assez bon habitant, ni trop riche, ni trop pauvre: il tenait le mitan. Il me ressemblait le cher homme, il n'était guère futé; ce qui ne l'empêchait pas de rouler proprement parmi le monde.

Si donc que Davi se lève un matin plus de bonne heure que de coutume, va faire son train aux bâtiments (étable, écurie), revient à la maison, se fait la barbe comme un dimanche, et s'habille de son mieux.

— Où vas-tu, mon homme? que lui dit sa femme, comme tu t'es mis faraud! Vas-tu voir les filles?

Vous entendez que tout ce qu'elle disait était histoire de farce: elle savait bien que son mari était honteux avec les femmes, et point carnassier pour la créature; mais la *Têque* (Thècle) tenait de son oncle Bernuchon Castonguay, le plus *facieux* (facétieux) corps de toute la côte du sud. Elle disait souvent en montrant son ami: Vous voyez ben ce grand hébété-là (vous l'excuserez, dit José, ce n'était guère poli d'une femme à son mari), eh bien! il n'aurait jamais eu le courage de me demander en mariage, moi, la plus jolie créature de la paroisse, si je n'avais fait au moins la moitié du chemin; et, pourtant, les yeux lui en flambaient dans la tête quand il me voyait! J'eus donc compassion de lui, car il ne se pressait guère; il est vrai que j'étais un peu plus pressée que lui: il avait quatre bons arpents de terre sous les pieds, et moi je n'avais que mon gentil corps.

Elle mentait un peu, la *farceuse*, ajouta José: elle avait une vache, une autre d'un an, six mères moutonnes, son rouet, un coffre si plein de hardes qu'il fallait y appuyer le genou pour le fermer; et dans ce coffre cinquante beaux francs [12].

—J'en eus donc compassion, dit-elle, un soir qu'il veillait chez nous, tout honteux dans un coin, sans oser m'accoster! je sais bien que tu m'aimes, grand bêta: parle à mon père, qui t'attend dans le cabinet, et mets les bans à l'église. Là-dessus, comme il était rouge comme un coq d'Inde, sans bouger pourtant, je le poussai par les épaules dans le cabinet. Mon père ouvre une armoire, tire le flacon d'eau-de-vie pour l'enhardir: eh bien! malgré toutes ces avances, il lui fallut trois coups dans le corps pour lui délier la langue.

Si donc, continua José, que la Thèque dit à son mari: Où vas-tu, mon homme, que tu es si faraud? vas-tu voir les filles? prends garde à toi; si tu fais des *averdingles* (fredaines) je te repasserai en saindoux.

—Tu sais ben que non, fit Larouche en lui ceinturant les reins d'un petit coup de fouet par façon de risée; nous voici à la fin de mars, mon grain est tout battu, je m'en vais porter ma dîme au curé.

—Tu fais bien, mon homme, que lui dit sa femme, qui était une bonne chrétienne: il faut rendre au bon Dieu ce qui nous vient de lui.

Larouche charge donc ses poches sur son traîneau, jette un charbon sur sa pipe, saute sur la charge, et s'en va tout joyeux.

Comme il passait un petit bois, il fit rencontre d'un voyageur qui sortait par un sentier de traverse. Cet étranger était un grand bel homme d'une trentaine d'années. Une longue chevelure blonde lui flottait sur les épaules; ses beaux yeux bleus avaient une douceur angélique, et toute sa figure, sans être positivement triste, était d'une mélancolie empreinte de compassion. Il portait une longue robe bleue nouée avec une ceinture. Larouche disait n'avoir jamais rien vu de si beau que cet étranger; que la plus belle créature était laide en comparaison.

— Que la paix soit avec vous, mon frère, lui dit le voyageur.

— Je vous remercie toujours de votre souhait, reprit Davi; une bonne parole n'écorche pas la bouche; mais c'est pourtant ce qui presse le moins. Je suis en paix, Dieu merci, avec tout le monde: j'ai une excellente femme, de bons enfants, je fais un ménage d'ange, tous mes voisins m'aiment: je n'ai donc rien à désirer de ce côté-là.

— Je vous en félicite, dit le voyageur. Votre voiture est bien chargée; où allez-vous si matin?

— C'est ma dîme que je porte à mon curé.

— Il paraît alors, reprit l'étranger, que vous avez eu une bonne récolte, ne payant qu'un seul minot de dîme par vingt-six minots que vous récoltez.

— Assez bonne, j'en conviens; mais si j'avais eu du temps à souhait et à ma guise, ça aurait été bien autre chose.

— Vous croyez? dit le voyageur.

— Si j'y crois! il n'y a pas de doute, répliqua Davi.

— Eh bien, dit l'étranger, vous aurez maintenant le temps que vous souhaiterez; et grand bien vous fasse.

Après avoir parlé, il disparut au pied d'un petit coteau.

— C'est drôle, tout de même, pensait Davi. Je savais bien qu'il y avait des mauvaises gens qui couraient le monde en jetant des *ressorts* (sorts) sur les hommes, les femmes, les enfants, les animaux: témoin la femme à *Lestin* (Célestin) Coulombe, qui s'était moquée, le propre jour de ses noces, d'un *quiéteux* qui louchait de l'œil gauche; et elle en a eu bien du regret, la pauvre créature, car il lui avait dit en colère: Prenez bien garde, jeune femme, de n'avoir que des enfants *loucheux* (louches). Elle tremblait, la chère femme, à chaque enfant qu'elle mettait au monde, et elle en avait sujet; car, voyez-vous, le quatorzième, en y regardant de

108

bien près, paraît avoir une taie sur l'œil droit.

—Il semble, dit Jules, que madame Lestin avait en grande horreur les enfants louches, puisqu'elle ne s'est résignée à en présenter un à son cher époux qu'au bout de dix-huit à vingt ans de mariage. Au pis-aller, si la taie a disparu, comme il arrive souvent aux enfants en grandissant, elle aura ensuite accompli en conscience la prédiction du mendiant. C'était une femme réfléchie et peu pressée, qui prenait son temps dans tout ce qu'elle faisait.

José secoua la tête d'un air mécontent et continua:

—Mais, pensait toujours Larouche en lui-même, s'il y a des mauvaises gens qui courent les campagnes pour jeter des *ressorts*, je n'ai jamais entendu parler de saints ambulants qui parcouraient le Canada pour nous faire des miracles. Après tout, ce n'est pas mon affaire: je n'en parlerai à personne; et nous verrons le printemps prochain.

L'année suivante, vers le même temps, Davi, tout honteux, se lève à la sourdine, longtemps avant le jour, pour porter sa dîme au curé. Il n'avait besoin, ni de cheval ni de voiture: il la portait toute à la main dans son mouchoir.

Au soleil levant, il fit encore rencontre, à la même place, de l'étranger qui lui dit:

—Que la paix soit avec vous, mon frère!

—Jamais souhait ne vint plus à propos, répondit Larouche, car je crois que le diable est entré dans ma maison, où il tient son sabbat jour et nuit; ma femme me dévore depuis le matin jusqu'au soir, mes enfants me boudent, quand ils ne font pas pis; et tous mes voisins sont déchaînés contre moi.

—J'en suis bien peiné, dit le voyageur; mais que portez-vous dans ce petit paquet?

—C'est ma dîme, reprit Larouche d'un air chagrin.

—Il me semble pourtant, dit l'étranger, que vous avez toujours eu le temps que vous avez souhaité?

—J'en conviens, dit Davi; quand j'ai demandé du soleil, j'en ai eu; quand j'ai souhaité de la pluie, du vent, du clame, j'en avais; et cependant rien ne m'a réussi. Le soleil brûlait le grain, la pluie le faisait pourrir, le vent le renversait, et le calme amenait la gelée pendant la nuit. Tous mes voisins se sont élevés contre moi: on me traitait de sorcier qui attirait la malédiction sur leurs récoltes. Ma femme même commença à me montrer de la méfiance, et a fini par se répandre en reproches et en invectives contre moi. En un mot, c'est à en perdre l'esprit.

— C'est ce qui prouve, mon frère, dit le voyageur, que votre vœu était insensé; qu'il faut toujours se fier à la providence du bon Dieu, qui sait mieux que l'homme ce qui lui convient. Ayez confiance en elle et vous verrez que vous n'aurez pas l'humiliation de porter votre dîme dans un mouchoir.

Après ces paroles, l'étranger disparut encore au pied du même coteau.

Larouche se le tint pour dit, et accepta ensuite, avec reconnaissance, le bien que le bon Dieu lui faisait, sans se mêler de vouloir régler les saisons.

— J'aime beaucoup, dit Arché, cette légende dans sa naïve simplicité: elle donne une leçon de morale bien sublime, en même temps qu'elle montre la foi vive de vos bons habitants de la Nouvelle-France. Maudit soit le cruel philosophe qui chercherait à leur ravir les consolations qu'elle leur donne dans les épreuves sans nombre de cette malheureuse vie!

Il faut avouer, reprit Arché, dans un moment où ils étaient éloignés de la voiture, que l'ami José a toujours une légende prête à raconter à propos; mais crois-tu que son père lui ait rapporté lui-même son rêve merveilleux sur les côtes de Saint-Michel?

— Je vois, dit Jules, que tu ne connais pas tous les talents de José: c'est un faiseur de contes inépuisable. Les voisins s'assemblent dans notre cuisine pendant les longues soirées d'hiver; José leur fait souvent un conte qui dure pendant des semaines entières. Quant il est à bout d'imagination, il leur dit: Je commence à être fatigué: je vous conterai le reste un autre jour.

José est aussi un poète beaucoup plus estimé que mon savant oncle le chevalier, qui s'en pique pourtant. Il ne manque jamais de sacrifier aux muses, soit pour les jours gras, soit pour le jour de l'an. Si tu eusses été chez mon père à ces époques, tu aurais vu des émissaires arriver de toutes les parties de la paroisse pour emporter les productions de José.

—Mais il ne sait pas écrire, dit Arché.

—Et, répliqua Jules, ceux qui viennent les chercher ne savent pas lire que je sache. Voici comme cela se fait. On députe vers le poète un beau chanteux, comme ils disent, lequel chanteux a une excellente mémoire; et crac, dans une demi-heure au plus, il emporte la chanson dans sa tête. S'il arrive un événement funeste, on prie José de faire une complainte; si c'est, au contraire, quelque événement comique, c'est toujours à lui que l'on s'adresse dans ma paroisse. Ceci me rappelle l'aventure d'un pauvre diable d'amoureux qui avait mené sa belle à un bal, sans être invité; ils furent, quoique survenants, reçus avec politesse; mais le jeune homme eut la maladresse de faire tomber en dansant la fille de la maison, ce qui fut accueilli aux grands éclats de rire de toute la société; mais le père de la jeune fille, un peu brutal de son métier, et indigné de l'affront qu'elle avait reçu, ne fit ni un ni deux: il prit mon José Blais par les épaules et le jeta à la porte; il fit ensuite des excuses à la belle, et ne voulut pas la laisser partir. À cette nouvelle, l'humeur poétique de notre ami ne put y tenir, et il improvisa la chanson suivante, assez drôle dans sa naïveté:

Dimanche après les vêp's, y aura bal chez Boulé,
Mais il n'ira personn' que ceux qui sav'nt danser:
Mon ton ton de ritaine, mon ton ton de rité.

Mais il n'ira personn' que ceux qui sav'nt danser.
José Blai comme les autres itou (aussi) voulut y aller.
Mon ton ton, etc.

José Blai comme les autres itou voulut y aller;
Mais, lui dit sa maîtresse, t'iras quand le train sera fai'.
Mon ton ton, etc.

Mais, lui dit sa maîtresse, t'iras quand le train sera fai'.
Il courut à l'établ' les animaux soigner.
    Mon ton ton, etc.

Il courut à l'établ' les animaux soigner;
Prend Barré par la corne et Rougett' par le pied.
    Mon ton ton, etc.

Prend Barré par la corne et Rougett' par le pied;
Il saute à l'écurie pour les chevaux gratter.
    Mon ton ton, etc.

Il saute à l'écurie pour les chevaux gratter;
Se sauve à la maison quand ils fur't étrillés.
    Mon ton ton, etc.

Se sauve à la maison quand ils fur't étrillés;
Il met sa veste rouge et son capot barré.
    Mon ton ton, etc.

Il met sa veste rouge et son capot barré;
Il met son fichu noir et ses souliers francés[13].
    Mon ton ton, etc.

Il met son fichu noir et ses souliers francés.
Et va chercher Lisett' quand il fut ben greyé (habillé)
    Mon ton ton, etc.

Et va chercher Lisett' quand il fut ben greyé.
On le met à la port' pour y apprendre à danser.
    Mon ton ton, etc.

On le met à la port' pour y apprendre à danser;
Mais on garda Lisett', sa jolie fiancée.
    Mon ton ton, etc.

—Mais c'est une idylle charmante! s'écria Arché en riant; quel dommage que José n'ait pas fait d'études: le Canada posséderait un grand poète de plus.

—Pour revenir aux traverses de son défunt père, dit Jules, je crois que le vieil ivrogne, après avoir bravé la Corriveau (chose que les habitants considèrent toujours comme dangereuse, les morts se vengeant tôt ou tard de cet affront), se sera endormi le long du chemin vis-à-vis l'île d'Orléans, où les habitants qui voyagent de nuit voient toujours des sorciers; je crois, dis-je, qu'il aura eu un terrible cauchemar pendant lequel il était assailli d'un côté par les farfadets de l'île, et de l'autre par la Corriveau avec sa cage[d]. José, avec son imagination très vive, aura fait le reste, car tu vois qu'il met tout à profit: les belles images de ton histoire surnaturelle, et les cyriclopes du Vigile de mon oncle le chevalier, dont son cher défunt père n'a jamais entendu parler.

Pauvre José! ajouta Jules, comme j'ai regret de l'avoir maltraité l'autre jour; je ne l'ai su que le lendemain, car j'avais entièrement perdu la raison quand je te vis disparaître sous les flots. Je lui ai demandé bien des pardons, et il m'a répondu: Comment! vous pensez encore à ces cinq sous-là! et ça vous fait de la peine! ça me réjouit, moi, au contraire, maintenant que tout le berda (vacarme) est fini: ça me rajeunit même en me rappelant vos belles colères quand vous étiez petit enfant, alors que vous égratigniez et mordiez comme un petit lutin, et que je me sauvais en vous emportant dans mes bras, pour vous exempter la correction de vos parents. Vous pleuriez; ensuite, quand votre colère était passé, vous m'apportiez tous vos joujoux pour me consoler.

Excellent José! quelle fidélité! quel attachement à toute épreuve à ma famille! Des hommes au cœur sec comme l'amadou méprisent trop souvent ceux de la classe de l'humble José, sans posséder une seule de leurs qualités. Le don le plus précieux que le Créateur ait fait à l'homme, est celui d'un bon cœur: s'il nous cause bien des chagrins, ces peines sont compensées par les douces jouissances qu'il nous donne.

La conversation, d'ordinaire si frivole, si railleuse, de Jules d'Haberville, fit place aux sentiments de la plus exquise sensibilité à mesure que les voyageurs approchaient du manoir seigneurial de Saint-Jean-Port-Joli, dont ils apercevaient le toit à la clarté des étoiles.

Notes

1. Les anciens Canadiens ne buvaient généralement que du vin blanc au dessert.

2. La maîtresse de la maison s'amusait quelquefois, pendant l'hiver, à mystifier ses amis, en substituant un plat de belle neige, arrosée de quelques cuillerées de la vrai sauce jaune de cet excellent entremets, pour mieux servir à l'illusion. Bien entendu, qu'après qu'on avait bien ri, le véritable plat d'œufs à la neige était substitué au premier, par trop froid pour les convives.

3. L'auteur a toujours vu la mode actuelle des couteaux de table pendant le service des viandes; néanmoins la tradition était telle qu'il l'a mentionnée plus haut, l'anecdote suivante le confirme.

   Un vieux gentilhomme canadien, dînant un jour au château Saint-Louis, après la conquête, se servit à table d'un superbe couteau à gaine, qu'il portait suspendu à son cou. Son fils, qui était présent, et qui, suivant l'expression de son père, avait introduit chez lui les couteaux de table avant le dessert, pour faire l'Anglais, racontait à l'auteur qu'il pensa mourir de honte en voyant ricaner en dessous les jeunes convives des deux sexes.

   Les habitants se servaient toujours, il y a cinquante ans, de leur couteau de poche pendant les repas; les hommes, de couteaux plombés. Un forgeron en fabriquait la lame; les manches en bois étaient ornés de ciselures en étain; et, comme cet instrument n'avait pas de ressort, le patient était contraint de tenir constamment la lame assujettie avec le pouce: l'esprit ingénieux de l'artiste facilitait l'opération au moyen d'un petit bouton, placé à la partie de la lame attenant au manche. Les habitants s'en servaient avec beaucoup d'adresse; mais les novices se pinçaient horriblement le pouce: un petit apprentissage était nécessaire.

   Les femmes se servaient de couteaux de poche ordinaires, qu'elles achetaient chez les boutiquiers.

4. Quelques familles canadiennes avaient conservé l'usage des gobelets d'argent pendant leurs repas, il y a près de soixante et dix ans. On y ajoutait les verres à patte de cristal au dessert,

dont les convives se servaient indifféremment, suivant leur soif plus ou moins vive. L'ivrognerie était alors, d'ailleurs, un vice inconnu à la première classe de la société canadienne.

5. L'auteur a cru faire plaisir aux gourmets, en leur donnant une description minutieuse de cet ancien pâté canadien, leur conseillant d'en faire l'essai s'ils ne le croient pas sur parole. Les familles nombreuses en faisaient souvent deux, montant à l'assaut du second quelque temps après la démolition du premier.

6. C'était alors la coutume, dans les campagnes, d'encombrer la chambre des malades; il est à regretter qu'il en soit encore ainsi.

7. Le capitaine Demeule, de l'île d'Orléans, qui fréquentait les mers du sud, me racontait, il y a cinquante ans, qu'une semblable aventure lui était arrivée.

8. Un ancien habitant, auquel on offrait de la volaille à un repas, s'écria: Ce sont des *vêtes*! parlez-moi d'un bon *soc* de cochon, ou d'un bonne *tiaude*. Ce dernier mets est composé d'un rang de morue fraîche et d'un rang de tranches de lard, superposés alternativement, et qu'on fait étuver. L'origine en est hollandaise.

9. Les *scotch reels*, que les habitants appellent *cos reels*, étaient, à ma connaissance, dansés dans les campagnes, il y a soixante et dix ans. Les montagnards écossais, passionnés pour la danse comme nos Canadiens, les avaient sans doute introduits peu de temps après la conquête.

10. Mon bon ami feu messire Boissonnault, curé de Saint-Jean-Port-Joli, me racontait qu'il avait connu, lorsqu'il desservait la paroisse de Sorel, un des deux frères que leur père et leurs oncles avaient ainsi délivrés de leur captivité entre les mains d'une troupe d'Iroquois. Chaque fois que cet homme racontait cette aventure, il ne manquait jamais d'ajouter:

— Mon père et mes oncles étaient des hommes auxquels je n'aurais conseillé à personne de cracher à la figure.

— Et, disait monsieur Boissonnault je n'aurais conseillé à personne de faire la même insulte à mon interlocuteur, tout vieux qu'il était.

11. Il n'était pas prudent, à certaines saisons de l'année, de se mettre en route à moins d'affaires indispensables, sans s'informer

de l'état de la savane du Cap, il y a quelque soixante ans. J'en parlerai plus au long dans une autre note.

12. C'était une belle dot, pendant mon enfance, que celle de la Thècle Castonguay; la fille d'habitant qui l'apportait au mariage, était bien vite pourvu d'un époux à son choix.

13. De nos jours encore les habitants appellent *souliers français*, ceux qui s'achètent dans les magasins.

Chapitre septième
Le Manoir d'Haberville

Je bénis le soleil, je bénis la lune et les astres
qui étoilent le ciel. Je bénis aussi les petits
oiseaux qui gazouillent dans l'air.

HENRY HEINE

Le manoir d'Haberville était situé au pied d'un cap qui couvrait une lisière de neuf arpents du domaine seigneurial, au sud du chemin du Roi. Ce cap ou promontoire, d'environ cent pieds de hauteur, était d'un aspect très pittoresque; sa cime, couverte de bois résineux conservant sa verdure même durant l'hiver, consolait le regard du spectacle attristant qu'offre, pendant cette saison, la campagne revêtue de son linceul hyperboréen. Ces pruches, ces épinettes, ces pins, ces sapins toujours verts, reposaient l'œil attristé pendant six mois, à la vue des arbres moins favorisés par la nature qui, dépouillés de leurs feuilles, couvraient le versant et le pied de ce promontoire. Jules d'Haberville comparait souvent ces arbres à la tête d'émeraude, bravant, du haut de cette cime altière, les rigueurs des plus rudes saisons, aux grands et puissants de la terre qui ne perdent rien de leurs jouissances, tandis que le pauvre grelotte sous leurs pieds.

On aurait pu croire que le pinceau d'un Claude Lorrain se serait plu à orner le flanc et le pied de ce cap, tant était grande la variété des arbres qui semblaient s'être donné rendez-vous de toutes les parties des forêts adjacentes pour concourir à la beauté du paysage. En effet, ormes, érables, bouleaux, hêtres, épinettes rouges, frênes, merisiers, cèdres, mascouabinas, et autres plantes aborigènes qui font le luxe de nos forêts, formaient une riche tenture sur les aspérités de ce cap.

Un bocage d'érables séculaires couvrait, dans toute son étendue, l'espace entre le pied du cap et la voie royale, bordée de chaque côté de deux haies de coudriers et de rosiers sauvages aux fleurs printanières.

Le premier objet qui attirait subitement les regards du voyageurs arrivant sur le domaine d'Haberville, était un ruisseau qui, descendant en cascade à travers les arbres, le long du versant sud-ouest du promontoire, mêlait ses eaux limpides à celles qui coulaient d'une fontaine à deux cents pieds plus bas: ce ruisseau, après avoir traversé, en serpentant, une vaste prairie, allait se perdre dans le fleuve Saint-Laurent.

La fontaine, taillée dans le roc vif et alimentée par l'eau cristalline qui filtre goutte à goutte à travers les pierres de la petite montagne, ne laissait rien à désirer aux propriétaires du domaine pour se rafraîchir pendant les chaleurs de l'été. Une petite bâtisse blanchie à la chaux, était érigée sur cette fontaine qu'ombrageait de grands arbres. Nymphe modeste, elle semblait vouloir se dérober aux regards sous l'épais feuillage qui l'entourait. Des sièges, disposés à l'extérieur et au-dedans de cet humble kiosque, des *cassots* d'écorce de bouleau ployée en forme de cônes et suspendus à la paroi, semblaient autant d'invitations de la naïade généreuse aux voyageurs altérés par les chaleurs de la canicule.

La cime du cap conserve encore aujourd'hui sa couronne d'émeraude; le versant, sa verdure pendant les belles saisons de l'années; mais à peine reste-t-il maintenant cinq érables, derniers débris du magnifique bocage qui faisait la gloire de ce paysage pittoresque. Sur les trente-cinq qui semblaient si vivaces, il y a quarante ans, trente, comme marqués du sceau de la fatalité, ont succombé un à un, d'année en année. Ces arbres périssant par étapes sous l'action destructrice du temps, comme les dernières années du possesseur actuel de ce domaine, semblent présager que sa vie, attachée à leur existence, s'éteindra avec le dernier vétéran du bocage. Lorsque sera consumée la dernière bûche qui aura réchauffé les membres refroidis du vieillard, des cendres se mêleront bientôt à celles de l'arbre qu'il aura brûlé; sinistre et lugubre avertissement, semblable à celui du prêtre catholique à l'entrée du carême: *Memento, homo, quia pulvis es, et in pulverem reverteris.*

Le manoir seigneurial, situé entre le fleuve Saint-Laurent et le promontoire, n'en était séparé que par une vaste cour, le chemin du roi et le bocage. C'était une bâtisse à un seul étage, à comble raide, longue de cent pieds, flanquée de deux ailes de quinze pieds avançant sur la cour principale. Un fournil, attenant du côté du nord-est à la cuisine, servait aussi de buanderie. Un petit pavillon contigu à un grand salon au sud-ouest, donnait quelque régularité à ce manoir d'ancienne construction canadienne.

Deux autres pavillons au sud-est servaient, l'un de laiterie, et l'autre d'une seconde buanderie, recouvrant un puits qui communiquait par un long dalot à la cuisine du logis principal. Des remises, granges et étables, cinq petits pavillons, dont trois dans le bocage, un jardin potager au sud-ouest du manoir, deux vergers, l'un au nord et l'autre au nord-est, peuvent donner une idée de cette résidence d'un ancien seigneur canadien, que les habitants appelaient le village d'Haberville.

De quelque côté qu'un spectateur assis sur la cime du cap portât ses regards, il n'avait qu'à se louer d'avoir choisi ce poste élevé, pour peu qu'il aimât les belles scènes qu'offre la nature sur les bords du Saint-Laurent. S'il baissait la vue, le petit village, d'une éclatante blancheur, semblait surgir tout à coup des vertes prairies qui s'étendaient jusqu'aux rives du fleuve. S'il l'élevait au contraire, un panorama grandiose se déroulait à ses yeux étonnés: c'était le roi des fleuves déjà large de sept lieues en cet endroit, et ne rencontrant d'obstacle au nord que les Laurentides dont il baigne les pieds, et que l'œil embrasse, avec tous ses villages, depuis le cap Tourmente jusqu'à la Malbaie; c'étaient l'île aux Oies et l'île aux Grues à l'ouest; en face les Piliers, dont l'un est désert et aride comme le roc d'Œa de la magicienne Circé, tandis que l'autre est toujours vert comme l'île de Calypso; au nord, la batture aux Loups-marins, de tout temps si chérie des chasseurs canadiens; enfin les deux villages de l'Islet et de Saint-Jean-Port-Joli, couronnées par les clochers de leurs églises respectives.

Il était près de neuf heures du soir, lorsque les jeunes gens arrivèrent sur le coteau qui domine le manoir au sud-ouest. Jules s'arrêta tout à coup à la vue d'objets qui lui rappelaient les plus heureux jours de son existence.

— Je n'ai jamais approché, dit-il, du domaine de mes ancêtres sans être vivement impressionné. Que l'on vante, tant qu'on voudra, la beauté des sites pittoresques, grandioses, qui abondent dans notre belle Nouvelle-France, il n'en est qu'un pour moi, s'écria-t-il en frappant fortement du pied la terre: c'est celui où je suis né! C'est celui où j'ai passé mon enfance, entouré des soins tendres et affectionnés de mes bons parents. C'est celui où j'ai vécu chéri de tout le monde sans exception. Les jours me paraissaient alors trop courts pour suffire à mes jeux enfantins! Je me levais avec l'aurore, je m'habillais à la hâte: c'était avec une soif de jouissances qui ressemblait aux transports de la fièvre!

J'aime tout ce qui m'entoure! ajouta Jules; j'aime cette lune que tu vois poindre à travers les arbres qui couronnent le sommet de ce beau cap: elle ne me paraît nulle part aussi belle. J'aime ce ruisseau, qui faisait tourner les petites roues que j'appelais mes moulins. J'aime cette fontaine à laquelle je venais me désaltérer pendant les grandes chaleurs.

C'est là que ma mère s'asseyait, continua Jules en montrant un petit rocher couvert de mousse et ombragé par deux superbes hêtres. C'est là que je lui apportait, à mon tour, l'eau glacée que j'allais puiser à la fontaine dans ma petite coupe d'argent. Ah! combien de fois cette tendre mère, veillant au chevet de mon lit, ou réveillée en sursaut par mes cris, m'avait-elle présenté dans cette même coupe le lait que le besoin ou le caprice d'un enfant demandait à sa tendresse maternelle! Et penser qu'il faut tout quitter! peut-être pour toujours! Oh, ma mère! ma mère! quelle séparation!

Et Jules versa des larmes.

De Locheill, très affecté, pressa la main de son ami en lui disant:

— Tu reviendras, mon cher frère; tu reviendras faire le bonheur et la gloire de ta famille.

— Merci, mon cher Arché, dit Jules, mais avançons: les caresses de mes parents dissiperont bien vite ce mouvement de tristesse.

Arché, qui n'avait jamais visité la campagne pendant la saison du printemps, demanda ce que signifiaient tous ces objets de couleur blanche qui se détachaient du fond brun de chaque étable.

— Ce sont, dit Jules, les coins que le sucrier[1] enfonce au-dessous des entailles qu'il fait aux érables pour recevoir la sève avec laquelle se fait le sucre.

— Ne dirait-on pas, répondit Arché, que ces troncs d'arbres sont d'immenses tubes hydrauliques avec leurs chantepleures prêtes à abreuver une ville populeuse?

Cette remarque fut coupée court par les aboiements furieux d'un gros chien qui accourait à leur rencontre.

— Niger! Niger! lui cria Jules.

Le chien s'arrêta tout à coup à cette voix amie; reprit sa course, flaira son maître pour bien s'assurer de son identité; et reçut ses caresses avec ce hurlement moitié joyeux, moitié plaintif, que fait entendre, à défaut de la parole, ce fidèle et affectueux animal, pour exprimer ce qu'il ressent d'amour.

— Ah! pauvre Niger! dit Jules, je comprends moi parfaitement ton langage, dont une moitié est un reproche de t'avoir abandonné pendant si longtemps; et dont l'autre moitié exprime le plaisir que tu as de me revoir, et c'est une amnistie de mon ingratitude. Pauvre Niger! lorsque je reviendrai de mon long voyage, tu n'auras pas même, comme le chien d'Ulysse, le bonheur de mourir à mes pieds.

Et Jules soupira.

Le lecteur aimera, sans doute, à faire connaissance avec

les personnes qui composaient la famille d'Haberville. Pour satisfaire un désir si naturel, il est juste de les introduire suivant leur rang hiérarchique.

Le seigneur d'Haberville avait à peine quarante-cinq ans, mais il accusait dix bonnes années de plus, tant les fatigues de la guerre avaient usé sa constitution d'ailleurs si forte et si robuste: ses devoirs de capitaine d'un détachement de la marine l'appelaient presque constamment sous les armes. Ces guerres continuelles dans les forêts, sans autre abri, suivant l'expression énergique des anciens Canadiens, que la rondeur du ciel, ou la calotte des cieux; ces expéditions de découvertes, de surprises, contre les Anglais et les sauvages, pendant les saisons les plus rigoureuses, altéraient bien vite les plus forts tempéraments.

Au physique, le capitaine d'Haberville était ce que l'on peut appeler un bel homme. Sa taille au-dessus de la moyenne, mais bien prise, ses traits d'une parfaite régularité, son teint animé, ses grands yeux noirs qu'il semblait adoucir à volonté, mais dont peu d'hommes pouvaient soutenir l'éclat quand il était courroucé, ses manières simples dans leur élégance, tout cet ensemble lui donnait un aspect remarquable. Un critique sévère aurait pu, néanmoins, trouver à redire à ses longs et épais sourcils d'un noir d'ébène.

Au moral, le seigneur d'Haberville possédait toutes les qualités qui distinguaient les anciens Canadiens de noble race. Il est vrai aussi que, de ce côté, un moraliste lui aurait reproché d'être vindicatif: il pardonnait rarement une injure vraie ou même supposée.

Madame d'Haberville, bonne et sainte femme, âgée de trente-six ans, entrait dans cette seconde période de beauté que les hommes préfèrent souvent à celle de la première jeunesse. Blonde, et de taille moyenne, tous ses traits étaient empreints d'une douceur angélique. Cette excellente femme ne semblait occupée que d'un seul objet: celui de faire le bonheur de tous ceux qui avaient des rapports avec elle. Les habitants l'appelaient, dans leur langage naïf, la dame achevée.

Mademoiselle Blanche d'Haberville, moins âgée que son frère Jules, était le portrait vivant de sa mère, mais d'un caractère plutôt mélancolique que gai. Douée d'une raison au-dessus de son âge, elle avait un grand ascendant sur son frère, dont elle réprimait souvent la fougue d'un seul regard suppliant.

Cette jeune fille, tout en paraissant concentrée en elle-même, pouvait faire preuve dans l'occasion d'une énergie surprenante.

Madame Louise de Beaumont, sœur cadette de madame d'Haberville, ne s'était jamais séparée d'elle depuis son mariage. Riche et indépendante, elle s'était néanmoins vouée à la famille de sa sœur aînée, pour laquelle elle professait un culte bien touchant. Prête à partager leur bonheur, elle l'était aussi à partager leurs peines, si la main cruelle du malheur s'appesantissait sur eux.

Le lieutenant Raoul d'Haberville, ou plutôt le chevalier d'Haberville que tout le monde appelait «mon oncle Raoul», était le frère cadet du capitaine; moins âgé de deux ans que lui, il n'en accusait pas moins dix ans de plus. C'était un tout petit homme que «mon oncle Raoul», à peu près aussi large que haut, et marchant à l'aide d'une canne; il aurait été très laid, même sans que son visage eût été couturé par la petite vérole. Il est bien difficile de savoir d'où lui venait ce sobriquet. On dit bien d'un homme, il a l'air d'un père, il a l'encolure d'un père, c'est un petit père; mais on ne dit jamais de personne qu'il a l'air ou la mine d'un oncle. Toujours est-il que le lieutenant d'Haberville était l'oncle de tout le monde; ses soldats même, lorsqu'il était au service, l'appelaient, à son insu, «mon oncle Raoul». Tel, si toutefois on peut comparer les petites choses aux grandes, Napoléon n'était pour ses grognards que «le petit caporal».

Mon oncle Raoul était l'homme lettré de la famille d'Haberville; et partant assez pédant, comme presque tous les hommes qui sont en rapports journaliers avec des personnes moins instruites qu'eux. Mon oncle Raoul, le meilleur enfant du monde, quand on faisait ses volontés, avait un petit défaut, celui de croire fermement qu'il avait toujours raison; ce qui le rendait très irascible avec ceux qui ne partageaient pas son opinion.

Mon oncle Raoul se piquait de bien savoir le latin, dont il lâchait souvent quelques bribes à la tête des lettrés et des ignorants. C'étaient des discussions sans fin avec le curé de la paroisse, sur un vers d'Horace, d'Ovide ou de Virgile, ses auteurs favoris. Le curé d'une humeur douce et pacifique, cédait presque toujours, de guerre lasse, à son terrible antagoniste. Mais mon oncle Raoul se piquait aussi d'être un grand théologien, ce qui mettait le pauvre curé dans un grand embarras. Il tenait beaucoup à l'âme de son ami, assez mauvais sujet pendant sa jeunesse, et qu'il avait eu beaucoup de peine à mettre dans la bonne voie. Il lui fallait pourtant céder quelquefois des points peu essentiels au salut du cher oncle, crainte de l'exaspérer. Mais dans les points importants, il appelait à son secours Blanche, qui était l'idole de son oncle.

— Comment, mon cher oncle, disait-elle en lui faisant une caresse, n'êtes-vous pas déjà assez savant, sans empiéter sur les attributs de notre bon pasteur? Vous triomphez sur tous les autres points de discussion, ajoutait-elle en regardant finement le bon curé: soyez donc généreux, et laissez-vous convaincre sur des points qui sont spécialement du ressort des ministres de Dieu.

Et comme mon oncle Raoul ne discutait que pour le plaisir de la controverse, la paix se faisait aussitôt entre les parties belligérantes.

Ce n'était pas un personnage de minime importance que mon oncle Raoul; c'était, au contraire, à certains égards, le personnage le plus important du manoir, depuis qu'il était retiré de l'armée, car le capitaine, que le service militaire obligeait à de longues absences, se reposait entièrement sur lui du soin de ses affaires. Ses occupations étaient certes très nombreuses: il tenait les livres de recettes et de dépenses de la famille; il retirait les rentes de la seigneurie, régissait la ferme, se rendait tous les dimanches à la messe, beau temps ou mauvais temps, pour y recevoir l'eau bénite en l'absence du seigneur de la paroisse; et, entre autre menus devoirs qui lui incombaient, il tenait sur les fonts du baptême tous les enfants premiers-nés des censitaires de la seigneurie, honneur qui appartenait de droit à son frère aîné, mais dont celui-ci se déchargeait en faveur de son frère cadet[2].

Une petite scène donnera une idée de l'importance de mon oncle Raoul, dans les occasions solennelles.

Transportons-nous au mois de novembre, époque à laquelle les rentes seigneuriales sont échues.

Mon oncle Raoul, une longue plume d'oie fichée à l'oreille, est assis majestueusement dans un grand fauteuil, près d'une table recouverte d'un tapis de drap vert, sur laquelle repose son épée. Il prend un air sévère lorsque le censitaire se présente, sans que cet appareil imposant intimide pourtant le débiteur accoutumé à ne payer ses rentes que quand ça lui convient: tant est indulgent le seigneur d'Haberville envers ses censitaires.

Mais, comme mon oncle Raoul tient plus à la forme qu'au fond, qu'il préfère l'apparence du pouvoir au pouvoir même, il aime que tout se passe avec une certaine solennité.

— Comment vous portez-vous, mon... mon... lieutenant? dit le censitaire, habitué à l'appeler mon oncle, à son insu.

— Bien, et toi; que me veux-tu? répond mon oncle Raoul d'un air important.

— Je suis venu vous payer mes rentes, mon... mon officier; mais les temps sont si durs, que je n'ai pas d'argent, dit Jean-Baptiste en secouant la tête d'un air convaincu.

Nescio vos! s'écrie mon oncle Raoul en grossissant la voix: *reddite quae sunt Caesaris Caesari.*

— C'est bien beau ce que vous dites-là, mon... mon... capitaine; si beau que je n'y comprends rien, fait le censitaire.

— C'est du latin, ignorant! dit mon oncle; et ce latin veut dire: payez légitimement les rentes au seigneur d'Haberville, par peine d'être traduit devant toutes les cours royales, d'être condamné en première et seconde instance à tous dépens, dommages, intérêts et loyaux coûts.

— Ça doit pincer dur, les royaux coups, dit le censitaire.

— Tonnerre! s'écrie mon oncle Raoul en élevant les yeux vers le ciel.

— Je veux bien croire, mon... mon seigneur, que votre latin me menace de tous ses châtiments; mais j'ai eu le malheur de perdre ma pouliche du printemps.

— Comment, drôle! tu veux te soustraire, pour une chétive bête de six mois, aux droits seigneuriaux établis par ton souverain, et aussi solides que les montagnes du nord, que tu regardes, le sont sur leurs bases de roc. *Quos ego*[3]!

— Je crois, dit tout bas le censitaire, qu'il parle algonquin pour m'effrayer.

Et puis haut:

— C'est que, voyez-vous, ma pouliche, dans quatre ans, sera, à ce que disent tous les maquignons, la plus fine trotteuse de la côte du sud et vaudra cent francs comme un sou.

— Allons, va-t'en à tous les diables! répond mon oncle Raoul, et dis à Lisette qu'elle te donne un bon coup d'eau-de-vie pour te consoler de la perte de ta pouliche. Ces coquins! ajoute mon oncle Raoul, boivent plus de notre eau-de-vie qu'ils ne paient de rentes.

L'habitant, en entrant dans la cuisine, dit à Lisette en ricanant:

— J'ai eu une rude corvée avec mon oncle Raoul; il m'a même menacé de me faire donner des coups royaux par la justice.

Comme mon oncle Raoul était très dévot à sa manière, il ne manquait jamais de réciter son chapelet et de lire dans son livre d'heures journellement; mais aussi, par un contraste assez singulier, il employait ses loisirs à jurer, avec une verve peu édifiante, contre messieurs les Anglais, qui lui avaient cassé une jambe à la prise de Louisbourg: tant cet accident, qui l'avait obligé à renoncer à la carrière des armes, lui était sensible.

Lorsque les jeunes gens arrivèrent en face du manoir, il furent surpris du spectacle qu'il offrait. Non seulement toutes les chambres étaient éclairées, mais aussi une partie des autres bâtisses. C'était un mouvement inusité, un va-et-vient extraordinaire. Et, comme toute la cour se trouvait aussi éclairée par ce surcroît de lumières, ils distinguèrent facilement six hommes, armés de haches et de fusils, assis sur un arbre renversé.

— Je vois, dit Arché, que le seigneur de céans a mis ses gardes sous les armes, pour faire honneur à notre équipage, comme je l'avais prédit.

José, qui n'entendait pas le badinage, sur ce sujet, passa sa pipe du côté droit au côté gauche de sa bouche, murmura quelque chose entre ses dents, et se remit à fumer avec fureur.

— Il m'est impossible d'expliquer, dit Jules en riant, pourquoi les gardes de mon père, comme tu leur fais l'insigne honneur de les appeler, sont sous les armes: à moins qu'ils ne craignent une surprise de la part de nos amis les Iroquois; mais avançons, et nous saurons bien vite le mot de l'énigme.

Les six hommes se levèrent spontanément à leur entrée dans la cour, et vinrent souhaiter la bienvenue à leur jeune seigneur et à son ami.

— Comment, dit Jules en leur serrant la main avec affection: c'est vous, père Chouinard! c'est toi, Julien! c'est toi, Alexis Dubé! c'est vous, père Tontaine! et c'est toi, farceur de François Maurice! moi qui croyais que profitant de mon absence, la paroisse s'était réunie en masse pour te jeter dans le fleuve Saint-Laurent, comme récompense de tous les tours diaboliques que tu fais aux gens paisibles.

— Notre jeune seigneur, dit Maurice, a toujours le petit mot pour rire; mais, si l'on noyait tous ceux qui font endiabler les autres, il y en aurait un qui aurait bu depuis longtemps à la grande tasse.

— Tu crois! reprit Jules en riant; ça vient peut-être du mauvais lait que j'ai sucé; car rappelle-toi bien que c'est ta chère mère qui m'a nourri. Mais parlons d'autre chose. Que diable faites-vous tous ici à cette heure? Bâillez-vous à la lune et aux étoiles?

— Nous sommes douze, dit le père Chouinard, qui faisons, à tour de relève, la garde du mai que nous devons présenter demain à votre cher père; six dans la maison qui se divertissent, et nous qui faisons le premier quart.

— J'aurais cru que le mai se serait bien gardé tout seul: je ne pense pas le monde assez fou que de laisser un bon lit pour le plaisir de s'éreinter à traîner cette vénérable masse; tandis qu'il y a du bois à perdre à toutes les portes.

— Vous n'y êtes pas, notre jeune seigneur, reprit Chouinard: il y a toujours, voyez-vous, des gens jaloux de n'être pas invités à la fête du mai; si bien que pas plus tard que l'année dernière des *guerdins* (gredins), qui avaient été priés de rester chez eux, eurent l'audace de scier, pendant la nuit, le mai que les habitants de Sainte-Anne devaient présenter le lendemain au capitaine Besse. Jugez quel affront pour le pauvre monde, quand ils arrivèrent, le matin, de voir leur bel arbre bon tout au plus à faire du bois de poêle!

Jules ne put s'empêcher de rire aux éclats d'un tour qu'il appréciait beaucoup.

— Riez tant que vous voudrez, dit Tontaine, mais c'est pas toujours être chrétien que de faire de pareilles farces. Vous comprenez, ajouta-t-il d'un ton sérieux, que ce n'est pas qu'on craigne un tel affront pour notre bon seigneur; mais, comme il y a toujours des chétifs partout, nous avons pris nos précautions en cas d'*averdingles* (avanies).

— Je suis un pauvre homme, fit Alexis Dubé; mais je ne voudrais pas pour la valeur de ma terre, qu'une injure semblable fût faite à notre capitaine.

Chacun parla dans le même sens; et Jules était déjà dans les bras de sa famille, que l'on continuait à pester contre les gredins, les chétifs imaginaires, qui auraient l'audace de mutiler le mai de sapin qu'on se proposait d'offrir le lendemain au seigneur d'Haberville. Il est à supposer que les libations et le réveillon pendant la veillée du mai, ainsi que l'ample déjeuner à la fourchette du lendemain, ne manquaient pas de stimuler le zèle dans cette circonstance.

— Viens, dit Jules à son ami après le souper: viens voir les apprêts qui se font pour le repas du matin des gens du mai. Comme ni toi, ni moi, n'avons eu l'avantage d'assister à ces fameuses noces du riche Gamache, qui réjouissaient tant le cœur de ce gourmand Sancho Pança, ça pourra, au besoin, nous en donner une idée.

Tout était mouvement et confusion dans la cuisine où ils entrèrent d'abord: les voix rieuses et glapissantes des femmes se mêlaient à celle des six hommes de relais occupés à boire, à fumer et à les agacer. Trois servantes, armées chacune d'une poêle à frire, faisaient, ou, suivant l'expression reçue, tournaient des crêpes au feu d'une immense cheminée, dont les flammes brillantes enluminaient à la Rembrandt ces visages joyeux, dans toute l'étendue de cette vaste cuisine. Plusieurs voisines, assises à une grande table, versaient avec une cuillère à pot, dans les poêles, à mesure qu'elles étaient vides, la pâte liquide qui servait à confectionner les crêpes; tandis que d'autres les saupoudraient avec du sucre d'érable à mesure qu'elles s'entassaient sur des plats, où elles formaient déjà des pyramides respectables. Une grande chaudière, à moitié pleine de saindoux frémissant sous l'ardeur d'un fourneau, recevait les *croquecignoles*[4] que deux cuisinières y déposaient et retiraient sans cesse.

Le fidèle José, l'âme, le marjordome du manoir, semblait se multiplier dans ces occasions solennelles.

Assis au bout d'une table, capot bas, les manches de la chemise retroussées jusqu'aux coudes, son éternel couteau plombé à la main, il hachait avec fureur un gros pain de sucre d'érable, tout en activant deux autres domestiques occupés à la même besogne. Il courait ensuite chercher la fine fleur et les œufs, à mesure que la pâte diminuait dans les bassins, sans oublier pour cela la table aux rafraîchissements, afin de s'assurer qu'il n'y manquait rien, et un peu aussi pour prendre un coup avec ses amis.

Jules et Arché passèrent de la cuisine à la boulangerie où l'on retirait une seconde fournée de pâtés en forme de croissants, longs de quatorze pouces au moins: tandis que des quartiers de veau et de mouton, des *socs* et côtelettes de porc frais, des volailles de toute espèce, étalés sur des casseroles, n'attendaient que l'appoint du four pour les remplacer. Leur dernière visite fut à la buanderie, où cuisait, dans un chaudron de dix gallons, la fricassée de porc frais et de mouton, qui faisait les délices surtout des vieillards dont la mâchoire menaçait ruine.

— Ah çà! dit Arché, c'est donc un festin de Sardanapale, de mémoire assyrienne! un festin qui va durer six mois!

— Tu n'en as pourtant vu qu'une partie, dit Jules; le dessert est à l'avenant. Je croyais, d'ailleurs, que tu étais plus au fait des usages de nos habitants. Le seigneur de céans serait accusé de lésinerie, si, à la fin du repas, la table n'était aussi encombrée de mets que lorsque les convives y ont pris place. Lorsqu'un plat sera vide, ou menacera une ruine prochaine, tu le verras aussitôt remplacé par les servants[5].

— J'en suis d'autant plus surpris, dit Arché, que vos cultivateurs sont généralement très économes, plutôt portés à l'avarice qu'autrement; alors comment concilier cela avec le gaspillage qui doit se faire, pendant les chaleurs, des restes de viandes qu'une seule famille ne peut consommer[6]?

— Nos habitants, dispersés à distance les uns des autres sur toute l'étendue de la Nouvelle-France, et partant privés de marchés, ne vivent, pendant le printemps, l'été et l'automne que de salaisons, pain et laitage, et, à part les cas exceptionnels de noces, donnent très rarement ce qu'ils appellent un festin pendant ces saisons. Il se fait, en revanche, pendant l'hiver, une grande consommation de viandes fraîches de toutes espèces; c'est bombance générale: l'hospitalité est poussée jusqu'à ses dernières limites, depuis Noël jusqu'au carême. C'est un va-et-vient de visites continuelles pendant ce temps. Quatre ou cinq *carrioles* contenant une douzaine de personnes arrivent; on dételle aussitôt les voitures, après avoir prié les amis de se *dégrayer* (dégréer)[7]; la table se dresse, et, à l'expiration d'une heure tout au plus, cette même table est chargée de viandes fumantes.

— Vos habitants, fit Arché, doivent alors posséder la lampe d'Aladin!

— Tu comprends, dit Jules, que s'il leur fallait les apprêts de nos maisons, les femmes d'habitants, étant pour la plupart privées de servantes, seraient bien vite obligées de restreindre leur hospitalité, ou même d'y mettre fin; mais il n'en est pas ainsi: elles jouissent même de la société sans guère plus de trouble que leurs maris[8]. La recette en est bien simple: elles font cuire de temps à autre, dans leurs moments de loisir, deux ou trois fournées de différentes espèces de viandes, qu'elles n'ont aucune peine à conserver dans cet état, vu la rigueur de la saison. Arrive-t-il des visites, il ne s'agit alors que de faire réchauffer les comestibles sur leurs poêles toujours chauds à faire rôtir un bœuf pendant cette époque de l'année: les habitants détestent les viandes froides.

C'est un vrai plaisir, ajouta Jules, de voir nos Canadiennes, toujours si gaies, préparer ces repas improvisés: de les voir toujours sur un pied ou sur l'autre, tout en fredonnant une chanson, ou se mêlant à la conversation, courir de la table qu'elles dressent à leurs viandes qui menacent de brûler, et, dans un tour de main, remédier à tout: de voir Josephte s'asseoir avec les convives, se lever vingt fois pendant le repas, s'il est nécessaire pour les servir, chanter sa chanson, et finir pas s'amuser autant que les autres[9].

Tu me diras, sans doute, que ces viandes réchauffées perdent beaucoup de leur acabit; d'accord pour nous qui sommes habitués à vivre d'une manière différente; mais comme l'habitude est une seconde nature, nos habitants n'y regardent pas de si près; et, comme leur goût n'est pas vicié comme le nôtre, je suis certain que leurs repas, arrosés de quelques coups d'eau-de-vie, ne leur laissent rien à envier du côté de la bonne chère. Mais, comme nous aurons à revenir sur ce sujet, allons maintenant rejoindre mes parents qui doivent s'impatienter de notre absence, que je considère comme autant de temps dérobé à leur tendresse. J'ai cru te faire plaisir en t'initiant davantage à nos mœurs canadiennes de la campagne, que tu n'as jamais visitée pendant l'hiver.

La veillée se prolongea bien avant dans la nuit: on avait tant de choses à se dire! Et ce ne fut qu'après avoir reçu la bénédiction de son père, et embrassé tendrement ses autres parents, que Jules se retira avec son ami, pour jouir d'un sommeil dont ils avaient tous deux grand besoin après les fatigues de la journée.

Notes

1. On appelle ainsi en Canada ceux qui fabriquent le sucre.
2. Malheur au seigneur qui acceptait d'être le parrain d'un seul des enfants de ses censitaires: il lui fallait ensuite continuer à se charger de ce fardeau, pour ne point faire de jaloux. L'auteur se trouvait, le premier jour de l'an, chez un seigneur qui reçut, après l'office du matin, la visite d'une centaine de ses filleuls. Le parrain fournissait toute la boisson qui se buvait au festin du compérage, ainsi que celle que buvait la mère de l'enfant nouveau-né, pendant sa maladie, le vin et l'eau-de-vie étant considérés comme un remède infaillible pour les femmes en couche.
3. Ces droits seigneuriaux, si solides, ont croulé dernièrement sous la pression influente d'une multitude de censitaires contre leurs seigneurs, et aux cris de: *fiat justifia! ruat caelum!* Pauvre ciel! il y a longtemps qu'il se serait écroulé au cri de *fiat justifia*, s'il n'eut été plus solide que les institutions humaines.
4. *Croquecignoles*, beignets à plusieurs branches, essentiellement canadiens. La cuisinière passe les doigts entre les branches, pour les isoler, avant de les jeter dans le saindoux bouillant.
5. Cet usage était universellement répandu parmi les habitants riches, ou qui aspiraient à le paraître, ainsi que parmi les riches bourgeois des villes. La première classe de la société encombrait aussi ses tables dans les grandes occasions, mais non à cet excès.

6. Les anciens habitants dépensaient un sous avec plus de répugnance que leurs descendants un louis, de nos jours. Alors riches pour la plupart, ils ignorent néanmoins le luxe: le produit de leurs terres suffisait à tous leurs besoins. Un riche habitant, s'exécutant pour l'occasion, achetait à sa fille, en la mariant, une robe d'indienne, des bas de coton et des souliers, chez les boutiquiers: laquelle toilette passait souvent aux petits-enfants de la mariée.

7. *Dégrayer* (dégréer): ce terme, emprunté à la marine, est encore en usage dans les campagnes. Dégrayez-vous, dit-on, c'est-à-dire ôtez votre redingote, etc. Quelle offre généreuse d'hospitalité que de traiter un ami comme un navire que l'on met en hivernement! Cette expression vient de nos ancêtres normands, qui étaient de grands marins.

8. Les femmes de cultivateurs avaient rarement des servantes autrefois: elles en ont souvent de nos jours.

9. Josephte, sobriquet que les gens de villes donnent aux femmes des cultivateurs.

Les mauvaises récoltes de blé, depuis trente ans, et surtout les sociétés de tempérance, ont en grande partie mis fin à cette hospitalité par trop dispendieuse.

Chapitre huitième
La Fête du mai

Le premier jour de mai,
Labourez,
J'm'en fus planter un mai,
Labourez,
À la porte à ma mie.

ANCIENNE CHANSON

Il était à peine cinq heures le lendemain au matin, lorsque
Jules, qui tenait de la nature du chat, tant il avait le sommeil
léger, cria à de Locheill, dont la chambre touchait à la
sienne, qu'il était grandement temps de se lever; mais, soit
que ce dernier dormît véritablement, soit qu'il ne voulût pas
répondre, d'Haberville prit le parti le plus expéditif de
l'éveiller, en se levant lui-même. S'armant ensuite d'une
serviette trempée dans de l'eau glacée, il entra dans la
chambre de son ami, et commença sa toilette du matin en lui
lavant brusquement le visage. Mais, comme Arché, malgré
ses dispositions aquatiques, ne goûtait que bien peu cette
prévenance par trop officieuse, il lui arracha des mains
l'instrument de torture, en fit un rouleau, qu'il lui lança à la
tête et, se retournant de côté, il se préparait à reprendre son
sommeil quand Jules, passant aussitôt au pied du lit, lui
arracha toutes ses couvertures. Force fut à la citadelle,
réduite à cette extrémité, de se rendre à discrétion, mais,
comme la garnison dans la personne d'Arché était plus forte
que les assiégeants dans celle de Jules, de Locheill le secoua
fortement en lui demandant avec humeur si c'était la nuit
que l'on ne dormait point au manoir d'Haberville. Il allait
même finir par l'expulser hors des remparts, lorsque Jules,
qui, tout en se débattant entre les bras puissants de son
adversaire, n'en riait pas moins aux éclats, le pria de vouloir

bien l'écouter un peu, avant de lui infliger une punition si humiliante pour un soldat futur de l'armée française.

— Qu'as-tu donc à dire pour ta justification, gamin incorrigible, dit Arché maintenant complètement réveillé; n'est-ce pas suffisant de me faire endiabler pendant le jour, sans venir me tourmenter la nuit?

— Je suis fâché, vraiment, dit Jules, d'avoir interrompu ton sommeil; mais, comme nos gens ont un autre mai à planter à un calvaire, chez Bélanger *de la croix*[1], à une bonne demi-lieue d'ici, il est entendu que celui de mon père lui sera présenté à six heures du matin; et, si tu ne veux rien perdre de cette intéressante cérémonie, il est temps de t'habiller. Je t'avoue que je crois tout le monde comme moi, aimant tout ce qui nous rapproche de nos bons habitants: je ne connais rien de plus touchant que cette fraternité qui existe entre mon père et ses censitaires, entre notre famille et ces braves gens. D'ailleurs, comme frère d'adoption, tu auras ton rôle à jouer pendant un spectacle que tu n'as pas encore vu.

Dès que les jeunes gens eurent fait leur toilette, ils passèrent de leur chambre dans une de celles qui donnaient sur la cour du manoir, où une scène des plus animées s'offrit à leurs regards. Une centaine d'habitants disséminés çà et là par petits groupes l'encombraient. Leurs longs fusils, leurs cornes à poudre suspendues au cou, leurs casse-tête passés dans la ceinture, la hache dont ils étaient armés, leur donnaient plutôt l'apparence de gens qui se préparent à une expédition guerrière, que celle de paisibles cultivateurs.

De Locheill, que ce spectacle nouveau amusait beaucoup, voulut sortir pour se joindre aux groupes qui entouraient le manoir, mais Jules s'y opposa en disant que c'était contre l'étiquette; qu'ils étaient tous censés ignorer ce qui se passait au dehors, où tout était mouvement et activité. Les uns, en effet, étaient occupés à la toilette du mai, d'autres creusaient la fosse profonde dans laquelle il devait être planté, tandis que plusieurs aiguisaient de longs coins pour le consolider. Ce mai était de la simplicité la plus primitive: c'était une long sapin ébranché et dépouillé jusqu'à la partie de sa cime, appelée le bouquet; ce bouquet ou touffe de branches, d'environ trois pieds de longueur, toujours proportionné néanmoins à la hauteur de l'arbre, avait un aspect très agréable tant qu'il conservait sa verdeur; mais desséché ensuite par les grandes chaleurs de l'été, il n'offrait déjà plus en août qu'un objet d'assez triste apparence. Un bâton peint en rouge, de six pieds de longueur, couronné d'une girouette peinte en vert, et ornée d'une grosse boule de même couleur que le bâton, se coulait dans les interstices des branches du bouquet, et, une fois cloué à l'arbre, complétait la toilette du mai. Il est aussi nécessaire d'ajouter que de forts coins de bois, enfoncés dans l'arbre de distance en distance, en facilitaient l'ascension, et servaient aussi de points d'appui aux *étamperches* usitées pour élever le mai.

Un coup de fusil, tiré à la porte principale du manoir, annonça que tout était prêt. À ce signal, la famille d'Haberville s'empressa de se réunir dans le salon, afin de recevoir la députation que cette détonation faisait attendre. Le seigneur d'Haberville prit place sur un grand fauteuil; la seigneuresse s'assit à sa droite, et son fils Jules à sa gauche. Mon oncle Raoul, debout et appuyé sur son épée, se plaça en arrière du premier groupe, entre madame Louise de Beaumont et Blanche, assises sur de modestes chaises. Arché se tint debout à gauche de la jeune seigneuresse. Ils étaient à peine placés, que deux vieillards, introduits par le major-dome José, s'avancèrent vers le seigneur d'Haberville, et, le saluant avec cette politesse gracieuse, naturelle aux anciens Canadiens, lui demandèrent la permission de planter un mai devant sa porte. Cette permission octroyée, les ambassadeurs se retirèrent et communiquèrent à la foule le succès de leur mission. Tout le monde alors s'agenouilla pour demander à Dieu de les préserver de tout accident pendant cette journée[2]. Au bout d'un petit quart d'heure, le mai s'éleva avec une lenteur majestueuse au-dessus de la foule, pour dominer ensuite de sa tête verdoyante tous les édifices qui l'environnaient. Quelques minutes suffirent pour le consolider.

Un second coup de feu annonça une nouvelle

ambassade; les deux mêmes vieillards, avec leurs fusils au port d'arme, et accompagnés de deux des principaux habitants portant, l'un, sur une assiette de faïence, un petit gobelet d'une nuance verdâtre de deux pouces de hauteur, et l'autre, une bouteille d'eau-de-vie, se présentèrent, introduits par l'indispensable José, et prièrent M. d'Haberville de vouloir bien recevoir le mai qu'il avait eu la bonté d'accepter. Sur la réponse gracieusement affirmative de leur seigneur, un des vieillards ajouta:

— Plairait-il à notre seigneur d'arroser le mai avant de le noircir?

Et sur ce, il lui présente un fusil d'une main, et de l'autre un verre d'eau-de-vie.

— Nous allons l'arroser ensemble, mes bons amis, dit M. d'Haberville en faisant signe à José, qui, se tenant à une distance respectueuse avec quatre verres sur un cabaret remplis de la même liqueur généreuse, s'empressa de la leur offrir. Le seigneur, se levant alors, trinqua avec les quatre députés, avala d'un trait leur verre d'eau-de-vie, qu'il déclara excellente, et, prenant le fusil, s'achemina vers la porte, suivi de tous les assistants.

Aussitôt que le seigneur d'Haberville parut sur le seuil de la porte, un jeune homme, montant jusqu'au sommet du mai avec l'agilité d'un écureuil, fit faire trois tours à la girouette en criant: Vive le roi! vive le seigneur d'Haberville! Et toute la foule répéta de toute la vigueur de ses poumons: Vive le roi! vive le seigneur d'Haberville! Pendant ce temps, le jeune gars descendait avec la même agilité, en coupant avec un casse-tête, qu'il tira de sa ceinture, tous les coins et jalons du mai.

Dès que le seigneur d'Haberville eut noirci le mai en déchargeant dessus son fusil chargé à poudre, on présenta successivement un fusil à tous les membres de sa famille, en commençant par la seigneuresse; et les femmes firent le coup du fusil comme les hommes[3].

Ce fut ensuite un feu de joie bien nourri qui dura une bonne demi-heure. On aurait pu croire le manoir assiégé par l'ennemi. Le malheureux arbre, si blanc avant cette furieuse attaque, semblait avoir été peint subitement en noir, tant était grand le zèle de chacun pour lui faire honneur. En effet, plus il se brûlait de poudre, plus le compliment était supposé flatteur pour celui auquel le mai était présenté.

Comme tout plaisir prend fin, même celui de jeter sa poudre au vent, M. d'Haberville profita d'un moment où la fusillade semblait se ralentir, pour inviter tout le monde à déjeuner. Chacun s'empressa alors de décharger son fusil pour faire un adieu temporaire au pauvre arbre, dont quelques éclats jonchaient la terre; et tout rentra dans le silence[4].

Le seigneur, les dames et une douzaine des principaux habitants choisis parmi les plus âgés, prirent place à une table dressée dans la salle à manger habituelle de la famille.

Cette table était couverte des mets, des vins et du café qui composaient un déjeuner canadien de la première société; on y avait aussi ajouté, pour satisfaire le goût des convives, deux bouteilles d'excellente eau-de-vie et des galettes sucrées en guise de pain[5].

Il n'y avait rien d'offensant pour les autres convives exclus de cette table; ils étaient fiers, au contraire, des égards que l'on avait pour leurs parents et amis plus âgés qu'eux.

La seconde table dans la chambre voisine, où trônait mon oncle Raoul, était servie comme l'aurait été celle d'un riche et ostentateur habitant en pareilles circonstances. Outre l'encombrement de viandes que le lecteur connaît déjà, chaque convive avait près de son assiette la galette sucrée de rigueur, un *croquecignole*, une tarte de cinq pouces de diamètre, plus forte en pâte qu'en confiture, et de l'eau-de-vie à discrétion. Il y avait bien sur la table quelques bouteilles de vin auxquelles personne ne faisait attention; ça ne grattait pas assez le gosier, suivant leur expression énergique. Ce vin avait été mis plutôt pour les voisines et les autres femmes occupées alors à servir, qui remplaceraient les hommes après leur départ. Josephte prenait un verre ou deux de vin sans se faire prier, mais après le petit coup d'appétit usité.

À la troisième table, dans la vaste cuisine, présidait Jules, aidé de son ami Arché. Cette table à laquelle tous les jeunes gens de la fête avaient pris place, était servie exactement comme celle de mon oncle Raoul. Quoique la gaieté la plus franche régnât aux deux premières tables, on y observait néanmoins un certain décorum; mais, à celle du jeune seigneur, surtout à la fin du repas, qui se prolongea tard dans la matinée, c'était un brouhaha à ne plus s'entendre parler.

Le lecteur se trompe fort s'il croit que le malheureux mai jouissait d'un peu de repos après les assauts meurtriers qu'il avait déjà reçus; les convives quittaient souvent les tables, couraient décharger leurs fusils, et retournaient prendre leurs places après cet acte de courtoisie.

Au commencement du dessert, le seigneur d'Haberville, accompagné des dames, rendit visite aux convives de la seconde et de la troisième tables, où ils furent reçus avec de grandes démonstrations de joie. On dit un mot affectueux à chacun; le seigneur but à la santé des censitaires, les censitaires burent à sa santé et à celle de sa famille, au milieu des détonations d'une vingtaine de coups de fusil que l'on entendait au dehors.

Cette cérémonie terminée, M. d'Haberville, de retour à sa table, fut prié de chanter une petite chanson, à laquelle chacun se prépara à faire chorus.

CHANSON DU SEIGNEUR D'HABERVILLE

Ah! que la table
    Table, table, table
est une belle invention!
Pour contenter ma passion,
Buvons de ce jus délectable.
Honni celui qui n'en boira,
Et qui ne s'en barbouille
    Bouille, bouille:
Honni celui qui n'en boira,

Et ne s' en barbouillera!

Lorsque je mouille
    Mouille, mouille, mouille
Mon gosier de cette liqueur,
Il fait passer dedans mon cœur
Quelque chose qui le chatouille
Honni, etc.[6]

À peine cette chanson était terminée, que l'on entendit la voix sonore de mon oncle Raoul:

Oui, j'aime à boire, moi:
C'est là ma manie,
J'en conviens de bonne foi:
Chacun a sa folie.
Un buveur vit sans chagrin
Et sans inquiétude:
Bien fêter le dieu du vin,
Voilà sa seule étude.

Oui, j'aime à boire, moi:
C'est là ma manie,
J'en conviens de bonne foi:
Chacun a sa folie.
Que Joseph aux Pays-Bas
Aille porter la guerre:
Moi, je n'aime que les combats
Qu'on livre à coups de verre.
Oui, j'aime, etc.

— À votre tour, à présent, notre jeune seigneur, s'écriat-on à la troisième table; les anciens viennent de nous donner l'exemple.

— De tout mon cœur, dit Jules, et il entonna la chanson suivante:

Bacchus assis sur un tonneau,
M'a défendu de boire de l'eau,
Ni de puits ni de fontaine.

141

C'est, c'est du vin nouveau,
Il faut vider les bouteilles:
C'est, c'est du vin nouveau,
Il faut vider les pots.

Le roi de France ni l'Empereur,
N'auront jamais eu ce bonheur...
C'est de boire à la rasade.

Tandis que les filles et femmes fileront,
Les hommes et les garçons boiront;
Ils boiront à la rasade.
C'est, etc.

Un fois l'exemple donné par les nobles amphitryons, chacun s'empressa d'en profiter, et les chansons se succédèrent avec une exaltation toujours croissante. Celle du père Chouinard, vieux soldat français retiré du service, dans laquelle l'amour jouait un certain rôle, sans toutefois négliger son frère Bacchus, eut le plus de succès.

CHANSON DU PÈRE CHOUINARD

Entre Paris et Saint-Denis (bis)
J'ai rencontré la belle
À la porte d'un cabaret;
J'ai rentré avec elle.

Hôtesse! tirez-nous du vin: (bis)
Du meilleur de la cave;
Et si nous n'avons pas d'argent,
Nous vous ba'rons (baillerons) des gages.

Quels gages nous ba'rez-vous donc (bis)
Un manteau d'écarlate
Sera pour faire des cotillons
À vos jeunes billardes.

Monsieur et dame, montez là-haut, (bis)
Là-haut dedans la chambre:
Vous trouverez pour vous servir

142

De jolies Allemandes.

Allemandes! N'en voulons pas: (bis)
Je voulons des Françaises,
Qu'ont toujours la joie au cœur,
Pour nous verser à boire.

Et toutes les voix mâles des trois tables répétèrent en chœur:

Je voulons des Françaises,
Qu'ont toujours la joie au cœur,
Pour nous verser à boire.

Le père Chouinard, ayant réussi à mettre fin à cet élan de galante démonstration, et ayant obtenu un moment de silence, exposa qu'il était temps de se retirer. Il remercia en termes chaleureux le seigneur d'Haberville de son hospitalité, et, fier du succès de sa chanson, il proposa de boire de nouveau à la santé des dames du manoir; ce qui fut accueilli avec enthousiasme par les nombreux convives.

La bande joyeuse se mit ensuite en marche en chantant: «Je voulons des Françaises», avec accompagnement de coups de fusil que l'écho du cap répéta longtemps après leur départ.

Notes

1. Bélanger *de la croix*, ainsi nommé à l'occasion d'un calvaire situé devant sa porte. Ces sortes de surnoms sont encore très communs dans nos campagnes, et sont donnés le plus souvent pour distinguer un membre d'une famille des autres membres du même nom.
2. Cette pieuse coutume des habitants de faire une prière avant de commencer un ouvrage qui peut les exposer à quelque danger, tel que l'érection du comble d'un édifice, etc., existe encore de nos jours. C'est un spectacle imposant de les voir se découvrir,

s'agenouiller, et d'entendre un vieillard réciter, à voix haute, des prières auxquelles les autres répondent.

3. Les Canadiennes, sans cesse exposées aux surprises des sauvages, savaient au besoin se servir des armes à feu.

4. Cette coutume de mutiler les *mais*, qui existait pendant l'enfance de l'auteur, a cessé lorsque les habitants leur substituèrent ensuite les beaux mâts, équarris sur huit faces, dont quelques-uns subsistent encore aujourd'hui.

5. Il fallait prier et supplier pour obtenir du pain à la table d'un riche habitant, un jour de noces ou de festin: la réponse était toujours: Mais, monsieur, la galette est pourtant meilleure que le pain.

6. L'auteur a cru devoir consigner quelques-unes des anciennes chansons, probablement oubliées maintenant, que l'on chantait pendant son enfance. Plusieurs de ces chansons rappellent des réjouissances qui malheureusement dégénéraient souvent en excès, auxquels les sociétés de tempérance ont fort heureusement mis un terme.

Chapitre neuvième
La Saint-Jean-Baptiste

Chaque paroisse chômait autrefois la fête de son patron. La Saint-Jean-Baptiste, fête patronale de la paroisse de Saint-Jean-Port-Joli, qui tombait dans la plus belle saison de l'année, ne manquait pas d'attirer un grand concours de pèlerins, non seulement des endroits voisins, mais des lieux les plus éloignés. Le cultivateur canadien, toujours si occupé de ses travaux agricoles, jouissait alors de quelque repos, et le beau temps l'invitait à la promenade. Il se faisait de grands préparatifs dans chaque famille pour cette occasion solennelle. On faisait partout le grand ménage, on blanchissait à la chaux, on lavait les planchers que l'on recouvrait de branches d'épinette, on tuait le veau gras, et le marchand avait bon débit de ses boissons. Aussi, dès le vingt-troisième jour de juin, veille de la Saint-Jean-Baptiste, toutes les maisons, à commencer par le manoir seigneurial et le presbytère, étaient-elles encombrées de nombreux pèlerins.

Le seigneur offrait le pain bénit et fournissait deux jeunes messieurs et deux jeunes demoiselles de ses amis, invités même de Québec, longtemps d'avance, pour faire la collecte pendant la messe solennelle, célébrée en l'honneur du saint patron de la paroisse. Ce n'était pas petite besogne que la confection de ce pain bénit et de ses accessoires de *cousins* (gâteaux), pour la multitude qui se pressait, non seulement dans l'église, mais aussi en dehors du temple, dont toutes les portes restaient ouvertes, afin de permettre à tout le monde de prendre part au saint sacrifice.

Il était entendu que le seigneur et ses amis dînaient, ce jour-là, au presbytère, et que le curé et les siens soupaient au manoir seigneurial. Un grand nombre d'habitants, trop éloignés de leurs maisons pour y aller et en revenir entre la messe et les vêpres, prenaient leur repas dans le petit bois de cèdres, de sapins et d'épinettes qui couvrait le vallon, entre l'église et le fleuve Saint-Laurent. Rien de plus gai, de plus pittoresque que ces groupes assis sur la mousse ou sur l'herbe fraîche, autour de nappes éclatantes de blancheur, étendues sur ces tapis de verdure. Le curé et ses hôtes ne manquaient jamais de leur faire visite et d'échanger, avec les notables, quelques parole d'amitié.

De tous côtés s'élevaient des abris, espèces de *wigwams* couverts de branches d'érable et de bois résineux, où l'on débitait des rafraîchissements. Les traiteurs criaient sans cesse d'une voix monotone, en accentuant fortement le premier et le dernier mot: À la bonne bière! Au bon raisin! À la bonne pimprenelle! Et les papas et les jeunes amoureux, stimulés pour l'occasion, tiraient avec lenteur, du fond de leur gousset, de quoi régaler les enfants et la *créature*!

Les Canadiens de la campagne avaient conservé une cérémonie bien touchante de leurs ancêtres normands: c'était le feu de joie, à la tombée du jour, la veille de la Saint-Jean-Baptiste. Une pyramide octogone, d'une dizaine de pieds de haut, s'érigeait en face de la porte principale de l'église; cette pyramide, recouverte de branches de sapin introduites dans les interstices d'éclats de cèdre superposés, était d'un aspect très agréable à la vue. Le curé, accompagné de son clergé, sortait par cette porte, récitait les prières usitées, bénissait la pyramide et mettait ensuite le feu, avec un cierge, à des petits morceaux de paille disposés aux huit coins du cône de verdure. La flamme s'élevait aussitôt pétillante, au milieu des cris de joie, des coups de fusil des assistants, qui ne se dispersaient que lorsque le tout était entièrement consumé.

Blanche d'Haberville, son frère Jules et de Locheill n'avaient pas manqué d'assister à cette joyeuse cérémonie, avec mon oncle Raoul, à qui il incombait de représenter son frère, que les devoirs d'hospitalité devaient nécessairement retenir à son manoir. Un critique malicieux, en contemplant le cher oncle appuyé sur son épée, un peu en avant de la foule, aurait peut-être été tenté de lui trouver quelque ressemblance avec feu Vulcain, de boiteuse mémoire, lorsque la lueur du bûcher enluminait toute sa personne d'un reflet pourpre: ce qui n'empêchait pas mon oncle Raoul de se considérer comme le personnage le plus important de la fête.

Mon oncle Raoul avait encore une raison bien puissante d'assister au feu de joie: c'était la vente de saumon qui se faisait ce jour-là. En effet, chaque habitant qui tendait une pêche, vendait à la porte de l'église le premier saumon qu'il prenait, au bénéfice des bonnes âmes, c'est-à-dire, qu'il faisait dire une messe, du produit de ce poisson, pour la délivrance des âmes du purgatoire[1]. Le crieur annonçant le but de la vente, chacun s'empressait de surenchérir. Rien de plus touchant que cette communion des catholiques avec ceux de leurs parents et amis que la mort a enlevés, que cette sollicitude qui s'étend jusqu'au monde invisible. Nos frères des autres cultes versent bien, comme nous, des larmes amères sur le tombeau qui recèle ce qu'ils ont de plus cher au monde, mais là s'arrête les soins de leur tendresse!

Ma mère, quand j'étais enfant, me faisait terminer mes prières par cet appel à la miséricorde divine: «Donnez, ô mon Dieu! votre saint paradis à mes grand-père et grand-mère!» Je priais alors pour des parents inconnus et en bien petit nombre; combien, hélas! à la fin d'une longue carrière, en aurais-je à ajouter, s'il me fallait énumérer tous les êtres chéris qui ne sont plus!

Il était nuit close depuis quelque temps, lorsque mon oncle Raoul, Blanche, Jules et de Locheill quittèrent le presbytère, où ils avaient soupé. Le cher oncle, qui avait quelque teinture d'astronomie, expliquait à sa nièce, qu'il ramenait dans sa voiture, les merveilles de la voûte éthérée:

trésors de science astronomique, dont les deux jeunes messieurs ne profitaient guère, au grand dépit du professeur d'astronomie improvisé, qui leur reprochait d'éperonner sournoisement leurs montures, plus raisonnables que les cavaliers. Les jeunes gens, tout à leur gaieté, et qui respiraient le bonheur par tous les pores, pendant cette nuit magnifique, au milieu de la forêt, s'excusaient de leur mieux, et recommençaient leurs gambades, malgré les signes réitérés de Blanche qui, aimant beaucoup son oncle, cherchait à éviter tout ce qui pouvait lui déplaire. La route était en effet d'autant plus agréable, que le chemin royal était tracé au milieu d'arbres de toutes espèces qui interceptaient de temps à autre la vue du fleuve Saint-Laurent, dont il suivait les sinuosités, jusqu'à ce qu'une clairière offrît de nouveau ses ondes argentées.

Arrivés à une de ces clairières, qui leur permettait d'embrasser du regard tout le panorama, depuis le cap Tourmente jusqu'à la Malbaie, de Locheill ne put retenir un cri de surprise, et s'adressant à mon oncle Raoul:

— Vous, monsieur, qui expliquez si bien les merveilles du ciel, vous plairait-il d'abaisser vos regards vers la terre, et de me dire ce que signifient toutes ces lumières qui apparaissent simultanément sur la côte du nord, aussi loin que la vue peut s'étendre? Ma foi, je commence à croire à la légende de notre ami José: le Canada est vraiment la terre des lutins, des farfadets, des génies, dont ma nourrice berçait mon enfance dans mes montagnes d'Écosse.

— Ah! dit mon oncle Raoul, arrêtons-nous ici un instant: ce sont les gens du Nord, qui, la veille de la Saint-Jean-Baptiste, écrivent à leurs parent et amis de la côte du sud. Ils ne se servent ni d'encre, ni de plume pour donner de leur nouvelles. Commençons par les Éboulements: onze décès de personnes adultes dans cette paroisse depuis l'automne, dont trois dans la même maison, chez mon ami Dufour: il faut que la picote ou quelque fièvre maligne aient visité cette famille, car ce sont des maîtres hommes que ces Dufour, et tous dans la force de l'âge. Les Tremblay sont bien; j'en suis charmé: ce sont de braves gens. Il y a de la maladie chez Bonneau: probablement la grand'mère, car elle est très âgée. Un enfant mort chez Bélair; c'était, je crois, le seul qu'ils eussent: c'était un jeune ménage.

Mon oncle Raoul continua ainsi pendant quelque temps à s'intéresser des nouvelles de ses amis des Éboulements, de l'île aux Coudres et de la Petite-Rivière.

— Je comprends, dit de Locheill, sans pourtant en avoir la clef, ce sont des signes convenus que se font les habitants des deux rives du fleuve, pour se communiquer ce qui les intéresse le plus.

— Oui, reprit mon oncle Raoul; et, si nous étions sur la côte du nord, nous verrions des signaux semblables sur la côte du sud. Si le feu une fois allumé, ou que l'on alimente, brûle longtemps sans s'éteindre, c'est bonne nouvelle; s'il brûle en amortissant, c'est signe de maladie; s'il s'éteint tout à coup, c'est signe de mortalité. Autant de fois qu'il s'éteint subitement, autant de personnes mortes. Pour un adulte, une forte lumière; pour un enfant, une petite flamme. Les voies de communication étant assez rares, même l'été, et entièrement interceptées pendant l'hiver, l'homme, toujours ingénieux, y a suppléé par un moyen très simple.

Les mêmes signaux, continua mon oncle Raoul, sont connus de tous les marins, qui s'en servent dans les naufrages pour communiquer leur détresse. Pas plus tard que l'année dernière, cinq de nos meilleurs chasseurs seraient morts de faim sur la batture aux Loups-Marins sans cette connaissance. Vers le milieu de mars, il se fit un changement si subit qu'on dut croire au printemps. En effet, les glaces disparurent du fleuve, et les outardes, les oies sauvages, les canards, firent en grand nombre leur apparition. Cinq de nos chasseurs, bien munis de provisions (car le climat est traître au Canada), partent donc pour la batture mais leurs outardes sont en si grande abondance qu'il laissent leurs vivres dans le canot, qu'il amarrent avec assez de négligence vis-à-vis de la cabane, pour courir prendre leurs stations dans le chenal où il doivent commencer par se *percer* avant le reflux

149

de la marée. On appelle, comme vous devez le savoir, se *percer*, creuser une fosse dans la vase, d'environ trois à quatre pieds de profondeur, où le chasseur se blottit pour surprendre le gibier, qui est très méfiant, surtout l'outarde et l'oie sauvage. C'est une chasse de misère, car vous restez souvent accroupi sept à huit heures de suite dans ces trous, en compagnie de votre chien. L'occupation ne manque pas d'ailleurs pour tuer le temps, car il vous faut dans certains endroits vider continuellement l'eau bourbeuse qui menace de vous submerger.

Néanmoins tout était prêt et nos chasseurs s'attendaient à être amplement récompensés de leurs peines à la marée montante, quand il s'éleva tout à coup une tempête épouvantable. La neige, poussée par le vent, état d'une abondance à ne pas voir le gibier à trois brasses du chasseur. Nos gens, après avoir patienté jusqu'au flux de la mer, qui les chassa de leurs gabions, retournèrent, de guerre lasse, à leur cabane où un triste spectacle les attendait: leur canot avait été emporté par la tempête, et il ne restait pour toutes provisions aux cinq hommes qu'un pain et une bouteille d'eau-de-vie qu'ils avaient mis dans leur cabane à leur arrivée, afin de prendre un coup et une bouchée avant de partir pour la chasse. On tint conseil, et on se coucha sans souper: la tempête de neige pouvait durer trois jours, et il leur serait impossible, à une distance à peu près égale de trois lieues des terres du nord et du sud de faire apercevoir les signaux de détresse. Il fallait donc ménager les vivres. Ils étaient loin de leur compte; il se fit un second hiver, le froid devint très intense, la tempête de neige dura huit jours, et à l'expiration de ce terme, le fleuve fut couvert de glaces comme en janvier.

Ils commencèrent alors à faire des signaux de détresse que l'on vit bien des deux rives du Saint-Laurent; mais impossible de porter secours. Aux signaux de détresse succédèrent ceux de mort. Le feu s'allumait tous les soirs, et s'éteignait aussitôt; on avait déjà enregistré la mort de trois des naufragés, quand plusieurs habitants, touchés de compassion, firent, au péril de leur vie, tout ce que l'on pouvait attendre d'hommes dévoués et courageux; mais inutilement, car le fleuve était tellement couvert de glaces que les courants emportaient les canots soit au nord-est, soit au nord-ouest, suivant le flux et le reflux de la mer, sans les rapprocher du lieu du sinistre. Ce ne fut que le dix-septième jour qu'ils furent secourus par un canot monté par des habitants de l'île aux Coudres.

À leur arrivée, n'entendant aucun bruit dans la cabane, ils les crurent tous morts. Ils étaient néanmoins tous vivants, mais épuisés. Ils furent bien vite sur pied, après les précautions d'usage; mais ils promirent bien, quoiqu'un peu tard, que leur première besogne en abordant une île, même en été, serait de mettre leur canot hors de toute atteinte de la marée[a].

Mon oncle Raoul, après avoir longtemps parlé, finit comme tout le monde par se taire.

— Ne trouvez-vous pas, mon cher oncle, dit Blanche, qu'une chanson, pendant cette belle nuit si calme, le long des rives du prince des fleuves, ajouterait beaucoup au charme de notre promenade?

— Oh! oui! une chanson, dirent les jeunes gens.

C'était prendre le chevalier par son sensible. Il ne se fit pas prier, et chanta, de sa superbe voix de ténor, la chanson suivante qu'il affectionnait singulièrement, comme chasseur redoutable avant sa blessure. Tout en avouant qu'elle péchait contre les règles de la versification, il affirmait que ces défauts étaient rachetés par des images vives d'une grande fraîcheur.

CHANSON DE MON ONCLE RAOUL

Me promenant, sur le tard,
Le long d'un bois à l'écart,
Chassant bécasse et perdrix
Dans ce bois joli,
Tout à travers les roseaux
J'en visai une;

Tenant mon fusil bandé,
Tout prêt à tirer.

J'entends la voix de mon chien,
Du chasseur le vrai soutien;
J'avance et je crie tout haut
À travers les roseaux,
D'une voix d'affection.
Faisant ma ronde,
J'aperçus en faisant mon tour
Un gibier d'amour.

Je vis une rare beauté
Dedans ce bois écarté,
Assise le long d'un fossé,
Qui s'y reposait.
Je tirai mon coup de fusil
Pas bien loin d'elle;
La belle jeta un si haut cri,
Que le bois retentit.

Je lui ai dit: Mon cher cœur,
Je lui ai dit avec douceur:
Je suis un vaillant chasseur,
De moi n'ayez point peur.
En vous voyant, ma belle enfant
Ainsi seulette,
Je veux être votre soutien
Et vous faire du bien.

— Rassurez-moi, je vous prie,
Car de peur je suis saisie:
Je me suis laissée anuiter,
Je me suis écartée:
Ah! montrez-moi le chemin
De mon village,
Car sans vous, mon beau monsieur,
Je mourrais sur les lieux.

— La belle, donnez-moi la main!

Votre chemin n'est pas loin;
Je puis vous faire ce plaisir,
J'en ai le loisir;
mais, avant de nous quitter,
Jolie mignonne,
Voudriez-vous bien m'accorder
Un tendre baiser?

—Je ne saurais vous refuser,
Je veux bien vous récompenser:
Prenez-en deux ou bien trois,
C'est à votre choix:
Vous m'avez d'un si grand cœur
Rendu service!
— C'est pour moi beaucoup d'honneur,
Adieu donc, cher cœur.

—Diable! dit Jules, monsieur le chevalier, vous n'y allez pas de main morte. Je gage, moi, que vous deviez être un furieux galant parmi les femmes dans votre jeunesse, et vous avez fait bien des victimes. Eh bien! n'est-ce pas, cher oncle? De grâce racontez-nous vos prouesses.

—Laid, laid, mon petit-fils, fit mon oncle Raoul en se rengorgeant, mais plaisant aux femmes.

Jules allait continuer sur ce ton, mais, voyant les gros yeux que lui faisait sa sœur, tout en se mordant les lèvres pour s'empêcher de rire, il reprit le refrain du dernier couplet:

Vous m'avez d'un si grand cœur
Rendu service.
— C'est pour moi beaucoup d'honneur,
Adieu donc, cher cœur.

Les jeunes gens continuaient à chanter en chœur, lorsqu'ils virent, en arrivant à une clairière, un feu dans le bois, à une petite distance du chemin.

—C'est la sorcière du domaine, dit mon oncle Raoul.

—J'ai toujours oublié de m'informer pourquoi on

153

l'appelle la sorcière du domaine, dit Arché.

— Parce qu'elle a établi son domicile de prédilection dans ce bois, autrefois le domaine d'Haberville, repartit mon oncle Raoul. Mon frère l'a échangé pour le domaine actuel, afin de se rapprocher de son moulin de Trois-Saumons.

— Allons rendre visite à la pauvre Marie, dit Blanche; elle m'apportait, le printemps, dans mon enfance, les premières fleurs de la forêt et les premières fraises de la saison.

Mon oncle Raoul fit bien quelques objections, vu l'heure avancée; mais, comme il ne pouvait rien refuser à son aimable nièce, on attacha les chevaux à l'entrée d'un taillis, et on se rendit près de la sorcière.

L'habitation de la pauvre Marie ne ressemblait en rien à celle de la sibylle de Cumes, ni à l'antre d'aucune sorcière ancienne ou moderne. C'était une cabane de pièces sur pièces, de poutres non équarries, tapissée en dedans de mousse de diverses couleurs, et dont le toit en forme de cône était recouvert d'écorce de bouleau et de branches d'épinette.

Marie, assise à la porte de la cabane sur un arbre renversé, veillait à la cuisson d'une grillade qu'elle tenait dans une poêle à frire, au-dessus d'un feu entouré de pierres pour l'empêcher de s'étendre. Elle ne fit aucune attention aux visiteurs, mais continua, à son ordinaire, une conversation commencée avec un être invisible derrière elle, à qui elle répétait sans cesse, en faisant le geste de le chasser tantôt de la main droite, tantôt de la main gauche qu'elle agitait en arrière : Va-t'en! va-t'en! c'est toi qui amènes l'Anglais pour dévorer le Français!

— Ah ça! prophétesse de malheur, dit mon oncle Raoul, quand tu auras fini de parler au diable, voudrais-tu bien me dire ce que signifie cette menace?

— Voyons, Marie, ajouta Jules, dis-nous donc si tu crois vraiment parler au diable? Tu peux en imposer aux habitants; mais tu dois savoir que nous n'ajoutons pas foi à de telles bêtises.

— Va-t'en! va-t'en! continua la sorcière en faisant les

mêmes gesticulations, c'est toi qui amènes l'Anglais pour dévorer le Français.

—Je vais lui parler, dit Blanche; elle m'aime beaucoup; je suis sûre qu'elle me répondra.

S'approchant alors, elle lui mit la main sur l'épaule, et lui dit de sa voix la plus douce:

—Est-ce que tu ne me reconnais pas, ma bonne Marie? Est-ce que tu ne reconnais pas le petite seigneuresse, comme tu m'appelais quand j'étais enfant?

La pauvre femme interrompit son monologue, et regarda la belle jeune fille avec tendresse. Une larme même s'arrêta dans ses yeux sans pouvoir couler: cette tête fiévreuse et toujours brûlante en contenait[b] si peu!

—Pourquoi, ma chère Marie, dit mademoiselle d'Haberville, mènes-tu cette vie sauvage et vagabonde? Pourquoi vivre dans les bois, toi la femme d'un riche habitant, toi la mère d'une nombreuse famille? Tes pauvres petits enfants, élevés par des femmes étrangères, auraient pourtant bien besoin des soins de leur bonne mère! Je viendrai te chercher après la fête avec maman et nous te ramènerons chez toi: elle parlera à ton mari qui t'aimes toujours; tu dois être bien malheureuse!

La pauvre femme bondit sur son siège, et ses yeux lancèrent des flammes, lorsque debout, pâle de colère, elle s'écria en regardant les assistants:

—Qui ose parler de mes malheurs?

Est-ce la belle jeune fille, l'orgueil de ses parents, qui ne sera jamais épouse et mère?

Est-ce la noble et riche demoiselle, élevée entre la soie et le coton, qui n'aura bientôt comme moi qu'une cabane pour abri? Malheur! Malheur! Malheur!

Elle se releva tout à coup avant de s'enfoncer dans la forêt, et s'écria de nouveau et voyant Jules très affecté:

—Est-ce bon Jules d'Haberville qui s'apitoie sur mes malheurs? Est-ce bien Jules d'Haberville, le brave entre les braves, dont je vois le corps sanglant traîné sur les plaines d'Abraham? Est-ce bien lui qui ensanglante le dernier glorieux champ de bataille de ma patrie? Malheur! Malheur! Malheur!

— Cette pauvre femme me fait beaucoup de peine, dit de Locheill, comme elle se préparait à entrer dans le fourré.

Elle l'entendit, se retourna pour la dernière fois, se croisa les bras, et lui dit avec un calme plein d'amertume:

— Garde ta pitié pour toi, Archibald de Locheill: la folle du domaine n'a pas besoin de ta pitié! garde-la pour toi et tes amis! garde-la pour toi-même lorsque, contraint d'exécuter un ordre barbare, tu déchireras avec tes ongles cette poitrine qui recouvre pourtant un cœur noble et généreux! Garde ta pitié pour tes amis, ô Archibald de Locheill! lorsque tu promèneras la torche incendiaire sur leurs paisibles habitations: lorsque les vieillards, les infirmes, les femmes et les enfants fuiront devant toi comme les brebis à l'approche d'un loup furieux! Garde ta pitié; tu en auras besoin lorsque tu porteras dans tes bras le corps sanglant de celui que tu appelles ton frère! Je n'éprouve, à présent, qu'une grande douleur, ô Archibald de Locheill! c'est celle de ne pouvoir te maudire! Malheur! Malheur! Malheur!

Et elle disparut dans la forêt.

— Je veux qu'un Anglais m'étrangle, dit mon oncle Raoul, si Marie la folle n'était pas ce soir le type de toutes les sorcières chantées par les poètes anciens et modernes: je ne sais sur quelle herbe elle a marché, elle toujours si polie, si douce avec nous.

Tous convinrent qu'ils ne l'avaient jamais entendue parler sur ce ton. On fit le reste du chemin en silence; car, sans ajouter foi à ses paroles, ils avaient néanmoins gardé dans leur âme un fonds de tristesse.

Mais ce léger nuage fut bientôt dissipé à leur arrivée au manoir, où ils trouvèrent une société nombreuse.

De joyeux éclats de rire se faisaient entendre du chemin même, et l'écho du cap répétait le refrain:

Ramenez vos moutons, bergère,
Belle bergère, vos moutons.

Les danseurs avaient rompu un des chaînons de cette danse ronde, et parcouraient en tous sens la vaste cour du manoir, à la file les uns des autres. On entoura la voiture du chevalier, la chaîne se renoua, et l'on fit quelques tours de danse en criant à mademoiselle d'Haberville: Descendez, belle bergère.

Blanche sauta légèrement de voiture; le chef de la danse s'en empara, et se mit à chanter:

C'est la plus belle de céans (bis),
Par la main je vous la prends (bis),
Je vous la passe par derrière,
Ramenez vos moutons, bergère:
Ramenez, ramenez, ramenez donc,
Vos moutons, vos moutons, ma bergère.
Ramenez, ramenez, ramenez donc
Belle bergère, vos moutons.

On fit encore plusieurs rondes autour de la voiture du chevalier en chantant:

Ramenez, ramenez, ramenez donc,
Belle bergère, vos moutons.

On rompit encore la chaîne; et toute la bande joyeuse enfila dans le manoir en dansant et chantant le joyeux refrain.

Mon oncle Raoul, délivré à la fin de ces danseurs impitoyables, descendit comme il put de voiture pour rejoindre la société à la table du réveillon.

Note

1. Cette coutume, si générale autrefois, n'est pas tout à fait tombée en désuétude: nos habitants vendent encore pour les mêmes fins, à la porte de l'église, à l'issue des offices, les prémices des produits de leurs terres, pour remercier Dieu de leur réussite.

Chapitre dixième
Le Bon Gentilhomme

Tout homme qui, à quarante ans, n'est pas misanthrope, n'a jamais aimé les hommes.

CHAMFORT

J'ai été prodigieusement fier jusqu'à quarante-cinq ans; mais le malheur m'a bien courbé et m'a rendu aussi humble que j'étais fier. Ah! c'est une grande école que le malheur! j'ai appris à me courber et à m'humilier sous la main de Dieu.

CHÊNEDOLLÉ

Les deux mois que Jules devait passer avec sa famille, avant son départ pour l'Europe, étaient déjà expirés, et le vaisseau dans lequel il avait pris passage devait faire voile sous peu de jours. De Locheill était à Québec, occupé aux préparatifs d'un voyage qui, en moyenne, ne devait pas durer moins de deux mois. Il fallait d'amples provisions, et monsieur d'Haberville avait chargé de ces soins le jeune Écossais, tandis que de leur côté la mère et la sœur de Jules encombraient les valises des jeunes gens de toutes les douceurs que leur tendresse prévoyante pouvait leur suggérer. Plus approchait le temps d'une séparation qui pouvait être éternelle, plus Jules était empressé auprès de ses bons parents, qu'il ne quittait guère. Il leur dit cependant un jour:

—J'ai promis, comme vous savez, au bon gentilhomme, d'aller coucher chez lui avant mon départ pour l'Europe; je serai de retour demain au matin pour déjeuner avec vous.

Ce disant, il prit son fusil, et s'achemina vers la forêt, tant pour chasser que pour abréger la route.

Monsieur d'Egmont, que tout le monde appelait «le bon

gentilhomme», habitait une maisonnette située sur la rivière des Trois-Saumons, à environ trois quarts de lieue du manoir. Il vivait là avec un fidèle domestique qui avait partagé sa bonne et sa mauvaise fortune. André Francœur était du même âge que son maître, et son frère de lait; compagnon des jeux de son enfance, plutôt son ami, son confident, que son valet de chambre dans un âge plus avancé, André Francœur avait trouvé aussi naturel de s'attacher à lui lorsque la main de fer du malheur l'eut étreint, que lorsqu'en ses jours prospères, il le suivait dans ses parties de plaisir, et recevait les cadeaux dont le comblait sans cesse son bon et généreux maître.

Le bon gentilhomme et son domestique vivaient alors d'une petite rente, produit d'un capital qu'ils avaient mis en commun. On pouvait même dire que les épargnes du valet surpassaient celles du maître, provenant d'une petite pension alimentaire que lui faisait sa famille lorsqu'il vivait en France. Était-ce bien honorable à monsieur d'Egmont de vivre en partie des épargnes de Francœur? chacun répondra non; mais le bon gentilhomme raisonnait autrement:

—J'ai été riche autrefois, j'ai dépensé la plus grande partie de ma fortune à obliger mes amis, j'ai répandu mes bienfaits sur tous les hommes indifféremment, et mes nobles amis ne m'ont payé que d'ingratitude. André seul s'est montré reconnaissant; André seul m'a prouvé qu'il avait un noble cœur: je puis donc, sans manquer à la délicatesse, associer ma fortune à la sienne, comme je l'eusse fait avec un homme de mon rang, s'il s'en fût trouvé un seul, un seul assez généreux pour imiter mon valet; d'ailleurs, au dernier vivant la succession.

Lorsque Jules arriva, le bon gentilhomme était occupé à sarcler un carré de laitues dans son jardin. Tout à sa besogne, il ne vit point son jeune ami, qui, appuyé sur l'enclos, le contemplait en silence en écoutant son monologue.

—Pauvre insecte! disait le bon gentilhomme, pauvre petit insecte! j'ai eu le malheur de te blesser, et voilà que les autres fourmis, naguère tes amies, se précipitent sur toi pour te dévorer. Ces petites bêtes sont donc aussi cruelles que les hommes. Je vais te secourir: et vous, mesdames les fourmis, merci de la leçon; j'ai meilleure opinion maintenant de mes semblables.

— Pauvre misanthrope! pensa Jules; il faut donc qu'il ait bien souffert, ayant une âme si sensible.

Et, se retirant alors sans bruit, il entra par la porte du jardin.

Monsieur d'Egmont poussa un cri de joie en voyant son jeune ami, et l'embrassa avec affection: il l'avait vu élever, et l'aimait comme son fils. Quoiqu'il eût constamment refusé, depuis trente ans qu'il vivait dans la seigneurie du capitaine d'Haberville, de venir vivre au manoir, avec son fidèle domestique, il y faisait cependant de fréquentes visites, qui duraient souvent au delà d'une semaine, surtout en l'absence des étrangers; car, sans éviter positivement la société, il avait trop souffert dans ses rapports avec les hommes de sa classe, pour se mêler cordialement à leurs joies bruyantes.

Monsieur d'Egmont, quoique pauvre, ne laissait pas de faire beaucoup de bien: il consolait les affligés, visitait les malades, les soignait avec des simples, dont ses études botaniques lui avaient révélé les vertus secrètes; et, si ses charités n'étaient pas abondantes, elles étaient distribuées de si bon cœur, avec tant de délicatesse, que les pauvres en étaient riches. On semblait en conséquence avoir oublié son nom pour ne l'appeler que le bon gentilhomme.

Lorsque monsieur d'Egmont et son jeune ami entrèrent dans la maison après une courte promenade aux alentours, André mettait sur la table un plat de truites de la plus belle apparence et un plat de tourtes à la crapaudine couvertes de cerfeuil cru.

— C'est un souper peu dispendieux, dit le bon gentilhomme; j'ai pris les truites moi-même, devant ma porte, il y a une heure environ, André a tué les tourtes ce matin au soleil levant, dans cet arbre sec à demi-portée de fusil de ma maison: tu vois que, sans être seigneur, j'ai vivier et colombier sur mon domaine. Maintenant une salade de laitue à la crème, une jatte de framboises, une bouteille de vin: et voilà ton souper, Jules, mon ami!

—Et jamais vivier et colombier, dit celui-ci, n'auront fourni un meilleur repas à un chasseur affamé.

Le repas fut très gai, car monsieur d'Egmont semblait, malgré son grand âge, avoir retrouvé la gaieté de sa jeunesse, pour fêter son jeune ami. Sa conversation, toujours amusante, était aussi très instructive; car, s'il avait beaucoup pratiqué les hommes dans sa jeunesse, il avait aussi trouvé dans l'étude une distraction à ses malheurs.

—Comment trouves-tu ce vin? dit-il à Jules, qui, mangeant comme un loup, avait déjà avalé quelques rasades.

—Excellent, sur mon honneur.

—Tu es connaisseur, mon ami, reprit monsieur d'Egmont; car, si l'âge doit améliorer les hommes et le vin, celui-ci doit être bien bon, et moi je devrais arriver à la perfection, car me voilà bien vite nonagénaire.

—Aussi, dit Jules vous appelle-t-on le bon gentilhomme.

—Les Athéniens, mon fils, bannissaient Aristide en l'appelant le juste. Mais laissons les hommes et parlons du vin: j'en bois rarement moi-même; j'ai appris à m'en passer comme de bien d'autres objets de luxe inutiles au bien-être de l'homme, et je jouis encore d'une santé parfaite. Ce vin, que tu trouves excellent, est plus vieux que toi: son âge serait peu pour un homme; c'est beaucoup pour du vin. Ton père m'en envoya un panier le jour de ta naissance; car il était si heureux, qu'il fit des cadeaux à tous ses amis. Je l'ai toujours conservé avec beaucoup de soin, et je n'en donne que dans les rares occasions comme celle-ci. À ta santé, mon cher fils; succès à toutes tes entreprises, et lorsque tu seras de retour dans la Nouvelle-France, promets-moi de venir souper ici et boire une dernière bouteille de ce vin, que je garderai pour toi.

Tu me regardes avec étonnement; tu crois qu'il est probable qu'à ton retour j'aurai depuis longtemps payé cette dernière dette que le débiteur le plus récalcitrant doit à la nature! Tu te trompes, mon cher fils; un homme comme moi ne meurt pas. Mais, tiens, nous avons maintenant fini de souper; laissons la table du festin, et allons nous asseoir *sub tegmine fagi*, c'est-à-dire, au pied de ce superbe noyer, dont les branches touffues se mirent dans les eaux limpides de cette charmante rivière.

Le temps était magnifique: quelques rayons de la lune, alors dans son plein, se jouaient dans l'onde, à leurs pieds. Le murmure de l'eau faisait seul diversion au calme de cette belle nuit canadienne. Monsieur d'Egmont garda le silence pendant quelques minutes, la tête penchée sur son sein; et Jules, respectant sa rêverie, se mit à tracer sur le sable, avec son doigt, quelques lignes géométriques.

—J'ai beaucoup désiré, mon cher Jules, dit le gentil-homme, de m'entretenir avec toi avant ton départ pour l'Europe, avant ton entrée dans la vie des hommes. Je sais bien que l'expérience d'autrui est peu profitable, et qu'il faut que chacun paie le tribut de sa propre inexpérience; n'importe, j'aurai toujours la consolation de t'ouvrir mon cœur, ce cœur qui devrait être desséché depuis longtemps, mais qui bat toujours avec autant de force que lorsque, viveur infatigable, je conduisais les bandes joyeuses de mes amis, il y a déjà plus d'un demi-siècle. Tu me regardais tantôt, mon fils, avec étonnement, lorsque je te disais qu'un homme comme moi ne meurt pas: tu pensais que c'était une métaphore; j'étais pourtant bien sincère dans le moment. J'ai imploré la mort tant de fois à deux genoux, que j'ai fini par cesser presque d'y croire. Les païens en avaient fait une divinité: c'était, sans doute, pour l'implorer dans les grandes infortunes. Si la physiologie nous enseigne que nos souffrances sont en raison de la sensibilité de nos nerfs, et partant de toute notre organisation, j'ai alors souffert, ô mon fils! ce qui aurait tué cinquante hommes des plus robustes.

Le bon gentilhomme se tut de nouveau, et Jules lança quelques petits cailloux dans la rivière.

—Voilà, reprit le vieillard, cette onde qui coule si

paisiblement à nos pieds; elle se mêlera, dans une heure tout au plus, aux eaux plus agitées du grand fleuve, dont elle subira les tempêtes, et, dans quelques jours, mêlées aux flots de l'Atlantique, elle sera le jouet de toute la fureur des ouragans qui soulèvent ses vagues jusqu'aux nues. Voilà l'image de notre vie. Tes jours, jusqu'ici, ont été aussi paisibles que les eaux de ma petite rivière; mais bien vite tu seras ballotté sur le grand fleuve de la vie, pour être exposé ensuite aux fureurs de cet immense océan humain qui renverse tout sur son passage! Je t'ai vu naître, d'Haberville; j'ai suivi, d'un œil attentif, toutes les phases de ta jeune existence; j'ai étudié avec soin ton caractère, et c'est ce qui me fait désirer l'entretien que nous avons aujourd'hui; car jamais ressemblance n'a été plus parfaite qu'entre ton caractère et le mien. Comme toi, je suis né bon, sensible, généreux jusqu'à la prodigalité. Comment se fait-il alors que ces dons si précieux, qui devaient m'assurer une heureuse existence, aient été la cause de tous mes malheurs? comment se fait-il, ô mon fils! que ces vertus tant prisées par les hommes, se soient soulevées contre moi comme autant d'ennemis acharnés à ma perte? comment se fait-il que, vainqueurs impitoyables, elles m'aient abattu et roulé dans la poussière? Il me semble pourtant que je méritais un meilleur sort. Né, comme toi, de parents riches, qui m'idolâtraient, il m'était sans cesse facile de suivre les penchants de ma nature bienfaisante. Je ne cherchais, comme toi, qu'à me faire aimer de tout ce qui m'entourait. Comme toi, je m'apitoyais, dans mon enfance, sur tout ce que je voyais souffrir, sur l'insecte que j'avais blessé par inadvertance, sur le petit oiseau tombé de son nid. Je pleurais sur le sort du petit mendiant déguenillé qui me racontait ses misères; je me dépouillais pour le couvrir, et, si mes parent, tout en me grondant un peu, n'eussent veillé sans cesse sur ma garde-robe, le fils du riche monsieur d'Egmont aurait été le plus mal vêtu de tous les enfants du collège où il pensionnait. Inutile d'ajouter que, comme toi, ma main était sans cesse ouverte à tous mes camarades; suivant leur expression, «je n'avais rien à moi». C'est drôle, après tout, continua le bon gentilhomme en fermant les yeux, comme se parlant à lui-même, c'est drôle que je n'aie alors éprouvé aucune ingratitude de la part de mes jeunes compagnons. L'ingratitude est-elle le partage de l'homme fait? Ou, est-ce un piège que cette charmante nature humaine tend à l'enfant bon, confiant et généreux, pour mieux le dépouiller ensuite lorsque la poule sera plus grasse? Je m'y perds; mais non: l'enfance, l'adolescence ne peuvent être aussi dépravées. Ça serait à s'arracher les cheveux de désespoir, à maudire...

Et toi, Jules, reprit le vieillard après cet *aparté*, as-tu déjà éprouvé l'ingratitude de ceux que tu as obligés, cette ignoble ingratitude qui vous frappe de stupeur, qui perce le cœur comme une aiguille d'acier?

—Jamais! dit le jeune homme.

—C'est alors l'intérêt, conséquence naturelle de la civilisation, qui cause l'ingratitude; plus l'homme a de besoins, plus il doit être ingrat. Ceci me rappelle une petite anecdote, qui trouve sa place ici. Il y a environ vingt ans qu'un pauvre sauvage, de la tribu des Hurons, arriva chez moi dans un état bien pitoyable[*n*]. C'était le printemps; il avait fait une longue et pénible marche, passé à la nage des ruisseaux glacés, ayant bien chaud, en sorte qu'il était attaqué d'une pleurésie violente, accompagnée d'une inflammation de poumons des plus alarmantes. Je jugeai qu'une abondante saignée pouvait seule lui sauver la vie. Je n'avais jamais phlébotomisé, et je fis, avec mon canif, mes premières armes dans cet art sur l'homme de la nature. Bref, des simples, des soins assidus opérèrent une guérison; mais la convalescence fut longue: il resta plus de deux mois chez moi. Au bout d'un certain temps, André et moi parlions le huron comme des indigènes. Il me raconta qu'il était un grand guerrier, un grand chasseur, mais que l'usage immodéré de l'eau-de-feu avait été sa ruine; qu'il avait une forte dette à payer, mais qu'il serait plus sage à l'avenir. Ses remerciements furent aussi courts que ses adieux:

—Mon cœur est trop plein pour parler longtemps, dit-il; le guerrier huron ne doit pas pleurer comme une femme: merci, mes frères.

Et il s'enfonça dans la forêt.

J'avais complètement oublié mon indigène, lorsqu'au bout de quatre ans, il arriva chez moi avec un autre sauvage. Ce n'était pas le même homme que j'avais vu dans un si piteux état: il était vêtu splendidement, et tout annonçait chez lui le grand guerrier et le grand chasseur, qualités inséparables chez les naturels de l'Amérique du Nord. Lui et son compagnon déposèrent, dans un coin de ma chambre, deux paquets de marchandises de grande valeur: car ils contenaient les pelleteries les plus riches, les plus brillants mocassins brodés en porc-épic, les ouvrages les plus précieux en écorce, et d'autres objets dont les sauvages font commerce avec nous. Je le félicitai alors sur la tournure heureuse qu'avaient prise ses affaires.

—Écoute, mon frère, me dit-il, et fais attention à mes paroles. Je te dois beaucoup, et je suis venu payer mes dettes. Tu m'as sauvé la vie, car tu connais bonne médecine. Tu as fait plus, car tu connais aussi les paroles qui entrent dans le cœur: d'un chien d'ivrogne que j'étais, je suis redevenu l'homme que le Grand-Esprit a créé. Tu étais riche, quand tu vivais de l'autre côté du grand lac. Ce wigwam est trop étroit pour toi: construis-en un qui puisse contenir ton grand cœur. Toutes ces marchandises t'appartiennent.

Je fus touché jusqu'aux larmes de cet acte de gratitude de la part de cet homme primitif: j'avais donc trouvé deux hommes reconnaissants dans tout le cours d'une longue vie: le fidèle André, mon frère de lait, et ce pauvre enfant de la nature qui, voyant que je ne voulais accepter de ces dons qu'une paire de souliers de caribou, poussa son cri aigu «houa» en se frappant la bouche de trois doigts, et se sauva à toutes jambes, suivi de son compagnon. Malgré mes recherches, je n'en ai eu ni vent ni nouvelle. Notre respectable curé se chargea de vendre les marchandises, dont le produit, avec l'intérêt, a été distribué dernièrement aux sauvages de sa tribu.

Le bon gentilhomme soupira, se recueillit un instant, et reprit la suite de sa narration:

— Je vais maintenant, mon cher Jules, te faire le récit de la période la plus heureuse et la plus malheureuse de ma vie: cinq ans de bonheur! cinquante ans de souffrances! Ô mon Dieu! une journée, une seule journée de ces joies de ma jeunesse, qui me fasse oublier tout ce que j'ai souffert! Une journée de cette joie délirante qui semble aussi aiguë que la douleur physique! Oh! une heure, une seule heure des ces bons et vivifiants éclats de rire, qui dilatent le cœur à le briser, et qui, comme une coupe rafraîchissante du Léthé, effacent de la mémoire tout souvenir douloureux! Que mon cœur était léger, lorsque entouré de mes amis, je présidais la table du festin! Un de ces heureux jours, ô mon Dieu! où je croyais à l'amitié sincère, où j'avais foi en la reconnaissance, où j'ignorais l'ingratitude!

Lorsque j'eus complété mes études, toutes les carrières me furent ouvertes; je n'avais qu'à choisir: celle des armes s'offrait naturellement à un homme de ma naissance; mais il me répugnait de répandre le sang de mes semblables.

J'obtins une place de haute confiance dans les bureaux. Avec mes dispositions, c'était courir à ma perte. J'étais riche par moi-même; mon père m'avait laissé une brillante fortune, les émoluments de ma place étaient considérables, je maniais à rouleaux l'or que je méprisais.

Je ne chercherai pas, fit le bon gentilhomme en se frappant le front avec ses deux mains, à pallier mes folies pour accuser autrui de mes désastres; oh! non! mais il est une chose certaine, c'est que j'aurais pu suffire à mes propres dépenses, mais non à celles de mes amis, et à celles des amis de mes amis, qui se ruèrent sur moi comme des loups affamés sur une proie facile à dévorer. Je ne leur garde aucune rancune: ils agissaient suivant leur nature: quand la bête carnassière a faim, elle dévore tout ce qu'elle rencontre. Incapable de refuser un service, ma main ne se ferma plus; je devins non seulement leur banquier, mais si quelqu'un avait besoin d'une caution, d'un endossement de billet, ma signature était à la disposition de tout le monde. C'est là, mon cher Jules, ma plus grande erreur; car je puis dire en toute vérité que j'ai été obligé de liquider leurs dettes, quatre-vingt-dix-neuf fois sur cent, de mes propres deniers, même dans mes plus grands embarras, pour sauver mon crédit et éviter une ruine d'ailleurs imminente. Un grand poète anglais a dit: «Ne prête ni n'emprunte, si tu veux conserver tes amis». Donne, mon cher fils, donne à pleines mains, puisque c'est un penchant irrésistible chez toi; mais, au moins, sois avare de ta signature: tu seras toujours à la gêne, mais tu éviteras les malheurs qui ont empoissonné mon existence pendant un demi-siècle.

Mes affaires privées étaient tellement mêlées avec celles de mon bureau que je fus assez longtemps sans m'apercevoir de leur état alarmant. Lorsque je découvris la vérité, après un examen de mes comptes, je fus frappé comme d'un coup de foudre. Non seulement j'étais ruiné, mais aussi sous le poids d'une défalcation considérable! Bah! me dis-je, à la fin, que m'importe la perte de mes biens! que m'importe l'or que j'ai toujours méprisé! que je paie mes dettes; je suis jeune, je n'ai point peur du travail, j'en aurai toujours assez. Qu'ai-je à craindre d'ailleurs? mes amis me doivent des sommes considérables. Témoins de mes difficultés financières, non seulement ils vont s'empresser de s'acquitter envers moi, mais aussi, s'il est nécessaire, de faire pour moi ce que j'ai fait tant de fois pour eux. Que j'étais simple, mon cher fils, de juger les autres par moi-même! J'aurais, moi, remué ciel et terre pour sauver un ami de la ruine; j'aurais fait les plus grands sacrifices. Que j'étais simple et crédule! ils ont eu raison, les misérables, de se moquer de moi.

Je fis un état de mes créances, de la valeur de mes propriétés, et je vis clairement que mes rentrées faites, mes immeubles vendus, je n'étais redevable que d'une balance facile à couvrir à l'aide de mes parents. La joie rentra dans mon cœur. Que je connaissais peu les hommes! Je fis part, en confidence, de mes embarras à mes débiteurs. Je leur dis que je me confiais à leur amitié pour garder la chose secrète, que le temps pressait, et que je les priais de me rembourser dans le plus court délai. Je les trouvai froids comme j'aurais dû m'y attendre. Plusieurs auxquels j'avais prêté, sans reconnaissance par écrit de leur part, avaient même oublié ma créance. Ceux dont j'avais les billets me dirent que c'était peu généreux de les prendre au dépourvu; qu'ils n'auraient jamais attendu cela d'un ami. Le plus grand nombre, qui avaient eu des transactions à mon bureau, prétendirent effrontément que j'étais leur débiteur. Ils avaient raison, je leur devais une bagatelle; mais eux me devaient des sommes considérables. Je leur demandai à régler; on me le promit, mais on n'en fit rien: on se plut, au contraire, à saper mon crédit en publiant que j'étais ruiné et que j'avais le front de réclamer des dettes imaginaires. On fit plus: on me tourna en ridicule en disant que j'étais un fou prodigue. Un d'eux, farceur quand même, qui dix-huit mois auparavant n'avait conservé une place qu'il devait perdre pour abus de confiance, que par les secours pécuniaires que je lui donnai et dont le secret mourra dans mon cœur, fut intarissable de verve satirique à mes dépens; ses plaisanteries eurent un succès fou parmi mes anciens amis. Ce dernier trait d'ingratitude m'accabla.

Un seul, oui un seul, et celui-là n'était qu'une simple connaissance que j'avais rencontrée quelquefois en société, ayant eu vent de la ruine qui me menaçait, s'empressa de me dire:

— Nous avons eu des affaires ensemble: voici, je crois, la balance qui vous revient; compulsez vos livres pour voir si c'est correct.

Il est mort depuis longtemps; honneur à sa mémoire! et que les bénédictions d'un vieillard profitent à ses enfants.

Le temps pressait, comme je l'ai dit, et quand bien même j'aurais eu le cœur de faire des poursuites, rien ne pouvait me sauver. Ajoutons les intrigues d'amis et d'ennemis pour profiter de mes dépouilles, et il est aisé de pressentir qu'il me fallait succomber; je baissai la tête sans faire face à l'orage, et je me résignai.

Je ne voudrais pas, ô mon fils! attrister ta jeune âme du récit de tout ce que j'ai souffert; il me suffira d'ajouter que, tombé entre les griffes de créanciers impitoyables, je dus boire la coupe d'amertume jusqu'à la lie. À part l'ingratitude de mes amis, j'étais homme à souffrir peu pour moi individuellement. Ma gaieté naturelle ne m'aurait pas même abandonné entre les murs de la Bastille: j'aurais pu danser à la musique discordante que produit le grincement des verrous. Mais, ma famille! Mais les remords cuisants qui poursuivent le jour, qui causent les longues insomnies, qui ne vous laissent ni trêve ni repos, qui font vibrer les nerfs de la sensibilité comme si de fortes tenailles les mettaient sans cesse en jeu avec leurs dents métalliques!

Je suis d'opinion, mon fils, qu'à de rares exceptions, tout homme qui en a les moyens, paie ses dettes: les tourments qu'il endure à la vue de son créancier sont plus que suffisants pour l'y contraindre, sans la rigueur des lois qui ne sont souvent faites que pour les riches au détriment des pauvres. Parcours tous les codes de lois anciens et modernes, et tu seras frappé du même égoïsme barbare qui les a dictés. Peut-on imaginer, en effet, un supplice plus humiliant, plus cruel que celui d'un débiteur en face de son créancier, un fesse-mathieu, le plus souvent, auquel il se voit obligé de faire la courbette? Peut-on imaginer humiliation plus grande que de louvoyer sans cesse pour éviter la rencontre d'un créancier?

Une chose m'a toujours frappé: c'est que la civilisation fausse le jugement des hommes, et qu'en fait de sens commun, de gros bon sens, que l'on doit s'attendre à rencontrer dans la cervelle de tout être civilisé (j'en excepte pourtant les animaux domestiques qui reçoivent leur éducation dans nos familles), le sauvage lui est bien supérieur. En voici un exemple assez amusant. Un Iroquois contemplait, il y a quelques années, à New-York, un vaste édifice d'assez sinistre apparence; ses hauts murs, ses fenêtres grillées l'intriguaient beaucoup: c'était une prison. Arrive un magistrat.

—Le visage pâle veut-il dire à son frère, fit l'Indien, à quoi sert ce grand wigwam?

—C'est là qu'on renferme les peaux-rouges qui refusent de livrer les peaux de castor qu'ils doivent aux marchands.

L'Iroquois examine l'édifice avec un intérêt toujours croissant, en fait le tour, et demande à être introduit dans l'intérieur de ce wigwam merveilleux. Le magistrat, qui était aussi marchand, se donne bien garde de refuser, espérant inspirer une terreur salutaire aux autres sauvages, auxquels celui-ci ne manquerait pas de raconter les moyens spirituels, autant qu'ingénieux, qu'ont les visages pâles pour obliger les peaux-rouges à payer leurs dettes.

L'Iroquois visite tout l'édifice avec le soin le plus minutieux, descend dans les cachots, sonde les puits, prête l'oreille aux moindres bruits qu'il entend, et finit par dire en riant aux éclats:

—Mais sauvages pas capables de prendre castors ici!

L'Indien, dans cinq minutes, donna la solution d'un problème que l'homme civilisé n'a pas encore eu le bon sens, le gros sens commun de résoudre après des siècles d'études. Cet homme si simple, si ignorant, ne pouvant croire à autant de bêtise de la part d'une nation civilisée, dont il admirait les vastes inventions, avait cru tout bonnement qu'on avait pratiqué des canaux souterrains, communiquant avec les rivières et les lacs les plus riches en castors, et qu'on y enfermaient les sauvages pour leur faciliter la chasse de ces précieux amphibies, afin de s'acquitter plus vite envers leurs créanciers. Ces murs, ces grillages en fer lui avaient semblé autant de barrières que nécessitait la prudence pour garder ces trésors.

Tu comprends, Jules, que je ne vais te parler maintenant que dans l'intérêt du créancier qui inspire seul la sympathie, la pitié, et non dans celui du débiteur, qui, après avoir erré tout le jour, l'image de la défiance craintive sans cesse devant les yeux, mord, la nuit, son oreiller de désespoir après l'avoir arrosé de ses larmes.

J'étais jeune, trente-trois ans, âge où commence à peine la vie; j'avais des talents, de l'énergie, et une foi robuste en moi-même. Prenez, dis-je à mes créanciers, tout ce que je possède, mais renoncez à votre droit de contrainte par corps: laissez-moi toute liberté d'action, et j'emploierai toute mon énergie à vous satisfaire. Si vous paralysez mes forces, c'est vous faire tort à vous-mêmes. Ce raisonnement, si simple pourtant, était au-dessus de l'intelligence de l'homme civilisé: mon Iroquois, lui, l'eût compris; il aurait dit: «Mon frère pas capable de prendre castors, si le visage pâle lui ôte l'esprit, et lui lie les mains.» Eh bien, mon ami, mes créanciers n'ont tenu aucun compte de ce raisonnement si aisé cependant à comprendre, et ont tenu cette épée de Damoclès suspendue sur ma tête pendant trente ans, terme que leur accordaient les lois du pays.

— Mais, c'était adorable de bêtise! s'écria Jules.

— Un d'eux, cependant, continua le bon gentilhomme en souriant tristement de la saillie de Jules, un d'eux, dis-je, d'une industrie charmante en fait de tortures, obtint contrainte par corps, et, par un raffinement de cruauté digne d'un Caligula, ne la mit à exécution qu'au bout de dix-huit mois. Peut-on imaginer un supplice plus cruel que celui infligé à un homme entouré d'une nombreuse famille, qui la voit pendant dix-huit mois trembler au moindre bruit qu'elle entend, frémir à la vue de tout étranger qu'elle croit toujours porteur de l'ordre d'incarcération contre ce qu'elle a de plus cher! Ce qui m'étonne, c'est que nous n'ayons pas succombé sous cette masse d'atroces souffrances.

Cet état était si insupportable que je me rendis deux fois auprès de ce créancier, le priant, au nom de Dieu, d'en finir et de m'incarcérer. Il le fit, à la fin, mais à loisir. Je l'aurais remercié à deux genoux. Je jouissais d'un bonheur négatif, en défiant, à travers mes barreaux, la malice des hommes de m'infliger une torture de plus!

Le prisonnier éprouve un singulier besoin pendant le premier mois de sa captivité: c'est une inquiétude fébrile, c'est un besoin de locomotion continue. Il se lève souvent pendant ses repas, pendant la nuit même pour y satisfaire: c'est le lion dans sa cage. Pardon à ce noble animal de le comparer à l'homme! il ne dévore que quand il a faim: une fois repu, il est généreux envers les êtres faibles qu'il rencontre sur sa route.

Après tant d'épreuves, après cette inquiétude fébrile, après ce dernier râle de l'homme naguère libre, j'éprouvai, sous les verrous, le calme d'un homme qui, cramponné aux manœuvres d'un vaisseau pendant un affreux ouragan, ne ressent plus que les dernières secousses des vagues après la tempête; car, à part les innombrables tracasseries et humiliations de la captivité, à part ce que je ressentais de douleur pour ma famille désolée, j'étais certainement moins malheureux: je croyais avoir absorbé la dernière goutte de fiel de ce vase de douleur que la malice des hommes tient sans cesse en réserve pour les lèvres fiévreuses de ses frères. Je comptais sans la main de Dieu appesantie sur l'insensé, architecte de son propre malheur! Deux de mes enfants tombèrent si dangereusement malades, à deux époques différentes, que les médecins, désespérant de leur vie, m'annonçaient chaque jour leur fin prochaine. C'est alors, ô mon fils! que je ressentis toute la lourdeur de mes chaînes. C'est alors que je pus m'écrier comme la mère du Christ: «Approchez et voyez s'il est douleur comparable à la mienne!» Je savais mes enfants moribonds, et je n'en étais séparé que par la largeur d'une rue. Je voyais, pendant de longues nuits sans sommeil le mouvement qui se faisait auprès de leur couche, les lumières errer d'une chambre à l'autre; je tremblais à chaque instant de voir disparaître des signes de vie qui m'annonçaient que mes enfants requéraient encore les soins de l'amour maternel. J'ai honte de l'avouer, mon fils, mais j'étais souvent en proie à un tel désespoir, que je fus cent fois tenté de me briser la tête contre les barreaux de ma chambre. Savoir mes enfants sur leur lit de mort, et ne pouvoir voler à leur secours, les bénir et les presser dans mes bras pour la dernière fois!

Et cependant mon persécuteur connaissait tout ce qui se

passait dans ma famille, il le savait comme moi. Mais la pitié est donc morte au cœur de l'homme, pour se réfugier dans le cœur, j'allais dire dans l'âme de l'animal privé de raison! L'agneau bêle tristement lorsqu'on égorge un de ses compagnons, le bœuf mugit de rage et de douleur lorsqu'il flaire le sang d'un animal de son espèce, le cheval souffle bruyamment, renâcle, pousse ce hennissement lugubre qui perce l'âme, à la vue de son frère se débattant dans les douleurs de l'agonie, le chien pousse des hurlements plaintifs pendant la maladie de ses maîtres: l'homme, lui, suit son frère à sa dernière demeure, en chuchotant, en s'entretenant de ses affaires et d'histoires plaisantes.

Lève la tête bien haut dans ta superbe, ô maître de la création! tu en as le droit. Lève ta tête altière vers le ciel, ô homme! dont le cœur est aussi froid que l'or que tu palpes jour et nuit. Jette la boue à pleines mains à l'homme au cœur chaud, aux passions ardentes, au sang brûlant comme le vitriol, qui a failli dans sa jeunesse. Lève la tête bien haut, orgueilleux Pharisien, et dis: Moi, je n'ai jamais failli. Moins indulgent que le divin Maître que tu prétends servir, qui pardonne au pécheur repentant, ne tiens aucun compte des souffrances, des angoisses qui dessèchent le cœur comme le vent brûlant du désert, des remords dévorants qui, après cinquante ans de stricte probité, rongent encore le cœur de celui que la fougue des passions a emporté dans sa jeunesse, et dis: Moi, je n'ai jamais failli!

Le bon gentilhomme se pressa la poitrine à deux mains, garda pendant quelque temps le silence et s'écria:

—Pardonne-moi, mon fils, si, emporté par le souvenir de tant de souffrances, j'ai exhalé mes plaintes dans toute l'amertume de mon cœur. Ce ne fut que le septième jour après l'arrivée de ses amis, que ce grand poète arabe, Job, le chantre de tant de douleurs, poussa ce cri déchirant: *Pereat dies in qua natus sum!* Moi, mon fils, j'ai refoulé mes plaintes dans le fond de mon cœur pendant cinquante ans; pardonne-moi donc si j'ai parlé dans toute l'amertume de mon âme; si, aigri par le chagrin, j'ai calomnié tous les hommes, car il y a de nobles exceptions.

Comme j'avais fait à mes créanciers, depuis longtemps, l'abandon de tout ce que je possédais, que tous mes meubles et immeubles avaient été vendus à leur bénéfice, je présentai au roi supplique sur supplique pour obtenir mon élargissement après quatre ans de réclusion. Les ministres furent bien d'opinion que, tout considéré, j'avais assez souffert, mais il s'élevait une grande difficulté, et la voici: quand un débiteur a fait un abandon franc et honnête de tout ce qu'il possède, quand on a vendu tous ses meubles et immeubles, lui reste-t-il encore quelque chose? La question était épineuse. Néanmoins, après d'assez longs débats, on décida dans la négative, malgré un argument de trois heures d'un grand arithméticien, beau parleur, qui prétendait résoudre que, qui de deux paie deux, il reste encore une fraction. Et l'on finit par me mettre très poliment à la porte.

Mon avenir étant brisé comme mon pauvre cœur, je n'ai fait que végéter depuis, sans profit pour moi ni pour les autres. Mais vois, mon fils, la fatalité qui me poursuivait. Lorsque je fis abandon de mes biens à mes créanciers, je leur demandai en grâce de me laisser jouir d'un immeuble de peu de valeur alors, mais que je prévoyais devoir être d'un grand rapport par la suite, leur promettant d'employer toutes mes forces morales et physiques pour l'exploiter à leur profit. On me rit au nez, comme de raison, car il y avait castors à prendre là. Eh bien! Jules, cette même propriété dont la vente couvrit à peine alors les frais de la procédure, se vendit, au bout de dix ans, un prix énorme qui aurait soldé toutes mes dettes et au delà, car on s'était plu comme de droit à en exagérer le montant dans les journaux et partout; mais j'étais si affaissé, si abattu sous le poids de ma disgrâce, que je n'eus pas même le courage de réclamer contre cette injustice. Lorsque, plus calme, j'établis un état exact de mes dettes, je n'étais passif que d'un peu plus du tiers de l'état fabuleux qu'on avait publié.

L'Europe était trop peuplée pour moi: je m'embarquai pour la Nouvelle-France avec mon fidèle André, et je choisis ce lieu salutaire, où je vivrais heureux si je pouvais boire l'eau du Léthé. Les anciens, nos maîtres en fait d'imagination, avaient sans doute créé ce fleuve pour l'humanité souffrante. Imbu pendant longtemps des erreurs du seizième siècle, je m'écriais autrefois dans mon orgueil: Ô hommes! si j'ai eu ma part de vos vices, j'en ai rarement rencontré un parmi vous qui possédât une seule de mes vertus. La religion, cette mère bienfaisante, a depuis réprimé ces mouvements d'orgueil, et m'a fait rentrer en moi-même. Je me suis courbé sous la main de Dieu, convaincu qu'en suivant les penchants de ma nature je n'avais aucun mérite réel à réclamer.

Tu es le seul, mon fils, auquel j'ai communiqué l'histoire de ma vie, tout en supprimant bien des épisodes cruels; je connais toute la sensibilité de ton âme et je l'ai ménagée. Mon but est rempli; allons maintenant faire un bout de veillée avec mon fidèle domestique, qui sera sensible à cette marque d'attention avant ton départ pour l'Europe.

Lorsqu'ils entrèrent dans la maison, André achevait de préparer un lit sur un canapé, œuvre due à l'industrie combinée du maître et du valet. Ce meuble, dont ils étaient tous deux très fiers, ne laissant pas d'avoir un pied un peu plus court que ses voisins, mais c'était un petit inconvénient auquel l'esprit ingénieux de Francœur avait remédié à l'aide d'un mince billot.

— Ce canapé, dit le bon gentilhomme d'un air satisfait, nous a coûté, je pense, plus de calculs à André et à moi qu'à l'architecte Perrault, lorsqu'il construisit la colonnade du Louvre, l'orgueil du Grand Roi; mais nous en sommes venus à bout à notre honneur: il est bien vrai qu'un des pieds présente les armes à tout venant, mais quelle œuvre est sans défaut? Quant à toi, mon ami Francœur, tu aurais dû te rappeler que dans ce lit de camp devait coucher un militaire, et laisser le pied, que tu as étayé au port d'arme.

André, sans beaucoup goûter cette plaisanterie, qui froissait un peu sa vanité d'artiste, ne put s'empêcher de rire de la sortie de son maître.

Après une assez longue veillée, le bon gentilhomme présenta à Jules un petit bougeoir d'argent d'un travail exquis.

— Voilà, mon cher enfant, tout ce que mes créanciers m'ont laissé de mon ancienne fortune: c'était, je suppose, pour charmer mes insomnies! Bonsoir, mon cher fils, on dort bien à ton âge; aussi lorsqu'après mes prières sous la voûte de ce grand temps qui, en annonçant la puissance et la grandeur de Dieu, me frappe toujours de stupeur, je rentrerai sous mon toit, tu seras depuis longtemps dans les bras de Morphée.

Et il l'embrassa tendrement.

Chapitre onzième
Légende de madame d'Haberville

*Saepe malum hoc nobis, si mens non laeva fuisset,
De caelo tactas memini praedicere quercus.*

VIRGILE

Tout était triste et silencieux dans le manoir d'Haberville: les domestiques même faisaient le service d'un air abattu, bien loin de la gaieté qu'ils montraient toujours en servant cette bonne famille. Madame d'Haberville dévorait ses larmes pour ne pas contrister son mari, et Blanche se cachait pour pleurer, afin de ne pas affliger davantage sa tendre mère: car, dans trois jours, le vaisseau dans lequel les jeunes gens avaient pris leur passage faisait voile pour l'Europe. Le capitaine d'Haberville avait invité ses deux amis, le curé et monsieur d'Egmont, à dîner en famille: c'était un dîner d'adieux, que chacun s'efforçait inutilement d'égayer. Le curé, homme de tact, pensant qu'il valait mieux s'entretenir de choses sérieuses, que de retomber à chaque instant dans un pénible silence, prit la parole:

—Savez-vous, messieurs, que l'horizon de la Nouvelle-France se rembrunit de jour en jour. Nos voisin, les Anglais, font des préparatifs formidables pour envahir le Canada et tout annonce une invasion prochaine.

—Après? dit mon oncle Raoul.

—Après, tant qu'il vous plaira, mon cher chevalier, reprit le curé; toujours est-il que nous n'avons guère de troupes pour résister longtemps à nos puissants voisins.

—Mon cher abbé, ajouta mon oncle Raoul, il est probable qu'en lisant ce matin votre bréviaire, vous êtes tombé

179

sur un chapitre des lamentations du prophète Jérémie.

— Cette citation est contre vous, car les prophétie se sont accomplies.

— N'importe, s'écria le chevalier en serrant les dents; les Anglais! les Anglais, prendre le Canada! ma foi, je me ferais fort de défendre Québec avec ma béquille. Vous avez donc oublié, continua mon oncle Raoul, en s'animant, que nous les avons toujours battus, les Anglais; battus un contre cinq, un contre dix et quelquefois un contre vingt... Les Anglais, vraiment!

— *Concedo*, dit le curé; je vous accorde tout ce que vous voudrez, et même davantage, si ça vous fait plaisir; mais remarquez bien que chacune des nos victoires nous affaiblit, tandis que l'ennemi, grâce à la prévoyance de l'Angleterre, semble reprendre de nouvelles forces, et que, d'un autre côté, la France nous abandonne presque à nos propres ressources.

— Ce qui montre, dit le capitaine d'Haberville, la confiance qu'a notre bien-aimé roi Louis XV dans notre courage pour défendre sa colonie.

— En attendant, interrompit monsieur d'Egmont, la France envoie si peu de troupes que la colonie va s'affaiblissant de jour en jour.

— Qu'on nous donne seulement de la poudre et du plomb, reprit le capitaine, et cent hommes de mes miliciens feront plus dans nos guerres de surprises, d'embuscades, de découvertes, que cinq cents soldats des plus vaillants corps de l'armée française; je parle sans présomption: la preuve en est là. Ce qui n'empêche pas, ajouta-t-il un peu confus de cette sortie faite sans trop de réflexion, que nous avons un grand besoin des secours de la mère patrie, et qu'une bien petite portion des armées que notre aimé monarque dirige vers le nord de l'Europe afin d'aider l'Autriche, nous serait à peu près indispensable pour la défense de la colonie.

— Il serait bien à souhaiter, reprit le bon gentilhomme, que Louis XV eût laissé Marie-Thérèse se débattre avec la Prusse, et nous eût moins négligés.

— Il sied peu à un jeune homme comme moi, dit de Locheill, de se mêler à vos graves débats; mais, à défaut d'expérience, l'histoire viendra à mon aide. Défiez-vous des Anglais, défiez-vous d'un gouvernement qui a toujours les yeux ouverts sur les intérêts de ses colonies, partant sur les intérêts de l'Empire britannique; défiez-vous d'une nation qui a la ténacité du *bull-dog*. Si la conquête du Canada lui est nécessaire, elle ne perdra jamais cet objet de vue, n'importe à quels sacrifices: témoin ma malheureuse patrie.

— Bah! s'écria mon oncle Raoul, des Écossais!

De Locheill se mit à rire.

— Doucement, mon cher oncle, dit le bon gentilhomme, et, pour me servir de votre maxime favorite, lorsque vous retirez les rentes de cette seigneurie: «Rendons à César ce qui appartient à César»; j'ai beaucoup étudié l'histoire d'Écosse, et je puis vous certifier que les Écossais ne le cèdent ni en valeur ni en patriotisme à aucune nation du monde connu, ancienne ou moderne.

— Vous voyez bien, repartit le chevalier, que j'ai voulu seulement faire endêver tant soit peu mon second neveu de Locheill: car, Dieu merci, fit-il en se rengorgeant, nous nous flattons de connaître l'histoire. Arché sait très bien la haute estime que j'ai pour ses compatriotes, et l'hommage que j'ai toujours rendu à leur bouillant courage.

— Oui, mon cher oncle, et je vous en remercie, dit Arché en lui serrant la main. Mais défiez-vous des Anglais; défiez-vous de leur persévérance; ça sera le *delenda est Carthago* des Romains.

— Tant mieux, dit Jules; merci de leur persévérance; ils me donneront alors l'occasion de revenir au Canada avec mon régiment. Que ne puis-je faire mes premières armes contre eux ici, dans la Nouvelle-France, sur cette terre que j'affectionne et qui renferme ce que j'ai de plus cher au monde! Tu reviendras avec moi, mon frère Arché, et tu prendras ta revanche sur cet hémisphère, de tout ce que tu as souffert dans ta patrie.

— De tout mon cœur, s'écria Arché en serrant avec

force le manche de son couteau, comme s'il eût tenu en main la terrible claymore des Cameron of Locheill; je servirai comme volontaire dans ta compagnie, si je n'obtiens pas un brevet d'officier; et le simple soldat sera aussi fier de tes exploits, que s'il lui en revenait une plus grande part.

Les jeunes gens s'animèrent à l'idée d'exploits futurs; les grands yeux noirs de Jules lancèrent des flammes: on aurait dit que l'ancienne ardeur militaire de sa race se manifestait en lui subitement. L'enthousiasme devint général, et le cri de «vive le roi» s'échappa simultanément de toutes les poitrines. Quelques larmes roulèrent dans les yeux de la mère, de la sœur et de la tante, malgré leurs efforts pour les contenir.

La conversation, qui avait d'abord langui, se ranima tout à coup. On fit des plans de campagne, on battit les Anglais sur mer et sur terre, et l'on éleva le Canada au plus haut degré de gloire et de prospérité!

—Feu partout, s'écria le capitaine d'Haberville en se versant une rasade, car je vais porter une santé que tout le monde boira avec bonheur: «Au succès de nos armes! et puisse le glorieux pavillon fleurdelisé flotter jusqu'à la fin des siècles sur toutes les citadelles de la Nouvelle-France!»

À peine portait-on la coupe aux lèvres pour faire honneur à cette santé, qu'une détonation épouvantable se fit entendre: c'était comme l'éclat de la foudre, ou comme si une masse énorme fût tombée sur le manoir, qui trembla jusque dans ses fondements. On se leva précipitamment de table, on courut dehors: le soleil le plus brillant éclairait un des plus beaux jours du mois de juillet; on monta au grenier, mais rien n'indiquait qu'un corps pesant fût tombé sur l'édifice[a]. Tout le monde demeura frappé de stupeur; monsieur d'Haberville surtout parut le plus impressionné. Serait-ce, dit-il, la décadence de ma maison que ce phénomène me prédit!

Monsieur d'Egmont, l'abbé et mon oncle Raoul, l'homme lettré de la famille, s'efforcèrent d'expliquer physiquement les causes de ce phénomène, sans réussir à dissiper l'impression pénible qu'il avait causée.

On passa dans le salon pour y prendre le café, sans s'arrêter dans la salle à manger, où les gobelets restèrent intacts.

Les événements qui eurent lieu plus tard ne firent que confirmer la famille d'Haberville dans leurs craintes superstitieuses. Qui sait, après tout, si ces présages, auxquels croyait toute l'antiquité, ne sont pas des avertissements du ciel, quand quelque grand malheur nous menace? S'il fallait rejeter tout ce qui répugne à notre faible raison, nous serions bien vite pyrrhoniens, pyrrhoniens à nous faire assommer, comme le Marphorius de Molière. Qui sait? Il y aurait un bien long chapitre à écrire sur les *qui sait?*

Les temps, qui avait été si beau pendant toute la journée, commença à se couvrir vers six heures du soir; à sept heures, commença à tomber; le tonnerre ébranlait les voûtes du ciel, un immense quartier de rocher, frappé par la foudre, se détacha du cap avec fracas, et tomba dans le chemin du roi, qu'il intercepta pendant plusieurs jours.

Le capitaine d'Haberville, qui avait fait pendant longtemps la guerre avec les alliés sauvages, était imbu de beaucoup de leurs superstitions: aussi, lorsqu'il fut victime des malheurs qui frappèrent tant de familles canadiennes en 1759, il ne manqua pas de croire que ces désastres lui avaient été prédits deux ans auparavant.

Jules, assis après le souper entre sa mère et sa sœur, et tenant leurs mains dans les siennes, souffrait de l'abattement de toute la famille. Afin de faire diversion, il demanda à sa mère de conter une de ces légendes qui l'amusaient tant dans son enfance.

— Il me semble, maman, que ce sera un nouveau souvenir de la plus tendre des mères, que j'emporterai avec moi dans la vieille Europe.

— Je n'ai rien à refuser à mon fils, dit madame d'Haberville. Et elle commença la légende qui suit:

Une mère avait une enfant unique: c'était une petite fille blanche comme le lis de la vallée, dont les beaux yeux d'azur semblaient se porter sans cesse de sa mère au ciel et du ciel à sa mère pour se fixer ensuite au ciel. Qu'elle était fière et heureuse cette tendre mère, lorsque dans ses promenades chacun la complimentait sur la beauté de son enfant, sur ses joues aussi vermeilles que la rose qui vient d'éclore, sur ses cheveux aussi blonds, aussi doux que les filaments du lin dans la filerie, et qui tombaient en boucles gracieuses sur ses épaules! Oh! oui; elle était bien fière et heureuse cette bonne mère. Elle perdit pourtant un jour l'enfant qu'elle idolâtrait; et, comme la Rachel de l'Écriture, elle ne voulait pas être consolée. Elle passait une partie de la journée dans le cimetière, enlaçant de ses deux bras la petite tombe où dormait son enfant. Elle l'appelait de sa voix la plus tendre, et folle de douleur, elle s'écriait:

—Emma! ma chère Emma! c'est ta mère qui vient te chercher pour te porter dans ton petit berceau, où tu seras couchée si chaudement! Emma! ma chère Emma! tu dois avoir bien froid sous cette terre humide!

Et elle prêtait l'oreille en la collant sur la pierre glacée, comme si elle eût attendu une réponse. Elle tressaillait au moindre bruit, et se prenait à sangloter en découvrant que c'étaient les murmures du saule pleureur agité par l'aquilon. Et les passants disaient:

—L'herbe du cimetière, sans cesse arrosée par les larmes de la pauvre mère, devrait être toujours verte, mais ses larmes sont si amères qu'elles la dessèchent comme le soleil ardent du midi après une forte averse.

Elle pleurait assise sur les bords du ruisseau où elle l'avait menée si souvent jouer avec les cailloux et les coquilles du rivage; où elle avait lavé tant de fois ses petits pieds dans ses ondes pures et limpides. Et les passants disaient:

—La pauvre mère verse tant de larmes qu'elle augmente le cours du ruisseau!

Elle rentrait chez elle pour pleurer dans toutes les chambres où elle avait été témoin des ébats de son enfant. Elle ouvrait une valise dans laquelle elle conservait précieusement tout ce qui lui avait appartenu: ses hardes, ses jouets, la petite coupe de vermeil dans laquelle elle lui avait donné à boire pour la dernière fois. Elle saisissait d'une main convulsive un de ses petits souliers, l'embrassait avec passion, et ses sanglots auraient attendri un cœur de diamant[b].

Elle passait une partie de la journée dans l'église du village à prier, à supplier Dieu de faire un miracle, un seul miracle pour elle: de lui rendre son enfant! Et la voix de Dieu semblait lui répondre:

— Comme le saint roi David, tu iras trouver ton enfant un jour; mais lui ne retournera jamais vers toi.

Elle s'écria alors:

— Quand donc, mon Dieu! quand aurai je ce bonheur?

Elle se traînait au pied de la statue de la sainte Vierge, cette mère des grandes douleurs; et il lui semblait que les yeux de la madone s'attristaient, et qu'elle y lisait cette douloureuse sentence:

— Souffre comme moi avec résignation, ô fille d'Ève! jusqu'au jour glorieux où tu seras récompensée de toutes tes souffrances.

Et la pauvre mère s'écriait de nouveau:

— Quand donc! ma bonne sainte Vierge, arrivera ce jour béni?

Elle arrosait le plancher de ses larmes, et s'en retournait chez elle en gémissant.

La pauvre mère, après avoir prié un jour avec plus de ferveur encore que de coutume, après avoir versé des larmes plus abondantes, s'endormit dans l'église: l'épuisement amena, sans doute, le sommeil. Le bedeau ferma l'édifice sacré sans remarquer sa présence. Il pouvait être près de minuit lorsqu'elle s'éveilla: un rayon de lune, qui éclairait le sanctuaire, lui révéla qu'elle était toujours dans l'église. Loin d'être effrayée de sa solitude, elle en ressentit de la joie; si ce sentiment pouvait s'allier avec l'état souffrant de son pauvre cœur!

— Je vais donc prier, dit-elle, seule avec mon Dieu! seule avec la bonne Vierge! seule avec moi-même!

Comme elle allait s'agenouiller, un bruit sourd lui fit lever la tête: c'était un vieillard, qui, sortant d'une des portes latérales de la sacristie, se dirigeait, un cierge allumé à la main, vers l'autel. Elle vit, avec surprise, que c'était un ancien bedeau du village, mort depuis vingt ans. La vue de ce spectre ne lui inspira aucune crainte: tout sentiment semblait éteint chez elle, si ce n'est celui de la douleur. Le fantôme monta les marches de l'autel, alluma les cierges, et fit les préparations usitées pour célébrer une messe de *requiem*. Lorsqu'il se retourna, ses yeux lui parurent fixes et sans expression, comme ceux d'une statue. Il rentra dans la sacristie, et reparut presque aussitôt; mais cette fois précédant un vénérable prêtre portant un calice et revêtu de l'habit sacerdotal d'un ministre de Dieu qui va célébrer le saint sacrifice. Ses grands yeux démesurément ouverts étaient empreints de tristesse; ses mouvements ressemblaient à ceux d'un automate qu'un mécanisme secret ferait mouvoir. Elle reconnut en lui le vieux curé, mort aussi depuis vingt ans, qui l'avait baptisée et lui avait fait faire sa première communion. Loin d'être frappée de stupeur à l'aspect de cet hôte de la tombe, loin d'être épouvantée de ce prodige, la pauvre mère, toute à sa douleur, pensa que son vieil ami, touché de son désespoir, avait brisé les liens du linceul pour venir offrir une dernière fois pour elle le saint sacrifice de la messe; elle pensa que ce bon pasteur qui l'avait consolée tant de fois, venait à son secours dans ses angoisses maternelles.

Tout était grave, morne, lugubre, sombre et silencieux pendant cette messe célébrée et servie par la mort. Les cierges même jetaient une lumière pâle comme celle d'une lampe qui s'éteint. À l'instant où la cloche du *sanctus*, rendant un son brisé comme celui des os que casse le fossoyeur dans un vieux cimetière, annonçait que le Christ allait descendre sur l'autel, la porte de la sacristie s'ouvrit de nouveau et donna passage à une procession de petits enfants, qui, marchant deux à deux, défilèrent, après avoir traversé le chœur, dans l'allée du côté de l'Épître. Ces enfants, dont les plus âgés paraissaient avoir à peine six ans, portaient des couronnes d'immortelles, et tenaient dans leurs mains, les uns des corbeilles pleines de fleurs, et des petits vases remplis de parfum, les autres des petites coupes d'or et d'argent contenant une liqueur transparente. Ils s'avançaient tous d'un pas léger, et la joie rayonnait sur leurs visages célestes. Une seule, un petite fille, à l'extrémité de la procession, semblait suivre les autres péniblement, chargée qu'elle était de deux immenses seaux qu'elle traînait avec peine. Ses petits pieds, rougis par la pression, ployaient sous le fardeau, et sa couronne d'immortelles paraissait flétrie. La pauvre mère voulut tendre les bras, pousser une acclamation de joie en reconnaissant sa petite fille, mais ses bras et sa langue se trouvèrent paralysés. Elle vit défiler tous ces enfants près d'elle dans l'allée du côté de l'Évangile, et en reconnut plusieurs que la mort avait récemment moissonnés. Lorsque sa petite fille, ployant sous le fardeau, passa à ses côtés, elle remarqua qu'à chaque pas qu'elle faisait, les deux seaux, qu'elle traînait avec tant de peine, arrosaient le plancher de l'eau dont ils étaient remplis jusqu'au bord. Les yeux de l'enfant, lorsqu'ils rencontrèrent ceux de sa mère, exprimèrent la tristesse, ainsi qu'une tendresse mêlée de reproches. La pauvre femme fit un effort pour l'enlacer dans ses bras, mais perdit connaissance. Lorsqu'elle revint de son évanouissement, tout avait disparu.

Dans un monastère, à une lieue du village, vivait un cénobite qui jouissait d'une grande réputation de sainteté.

Ce saint vieillard ne sortait jamais de sa cellule que pour écouter avec indulgence les pénibles aveux des pécheurs, ou pour secourir les affligés. Il disait aux premiers:

— Je connais la nature corrompue de l'homme, ne vous laissez pas abattre; venez à moi avec confiance et courage chaque fois que vous retomberez; et chaque fois, mes bras vous seront ouverts pour vous relever.

Il disait aux seconds:

— Puisque Dieu, qui est si bon, vous impose la souffrance, c'est qu'il vous réserve des joies infinies.

Il disait à tous:

— Si je faisais l'aveu de ma vie, vous seriez étonnés de voir en moi un homme qui a été le jouet des passions les plus effrénées, et mes malheurs vous feraient verser des torrents de larmes!

La pauvre mère se jeta en sanglotant aux pieds du saint moine et lui raconta le prodige dont elle avait été témoin. Le compatissant vieillard, qui connaissait à fond la nature humaine, n'y vit qu'une occasion favorable de mettre un terme à cette douleur qui surpassait tout ce que sa longue expérience lui avait appris des angoisses maternelles.

— Ma fille, ma chère fille, lui dit-il, notre imagination surexcitée nous rend souvent le jouet d'illusions qu'il faut presque toujours rejeter dans le domaine des songes; mais l'Église nous enseigne aussi que des prodiges semblables à celui que vous me racontez peuvent réellement avoir lieu. Ce n'est pas à nous, êtres stupides et ignorants, à poser des limites à la puissance de Dieu. Ce n'est pas à nous à scruter les décrets de Celui qui a saisi les mondes dans ses mains puissantes et les a lancés dans des espaces infinis. J'accepte donc la vision telle qu'elle vous est apparue; et l'admettant, je vais vous l'expliquer. Ce prêtre, sorti de la tombe pour dire une messe de *requiem*, a sans doute obtenu de Dieu la permission de réparer une omission dans l'exercice de son ministère sacré; et ce bedeau, par oubli ou négligence, en avait probablement été la cause. Cette procession des jeunes enfants couronnés d'immortelles, signifie ceux qui sont morts sans avoir perdu la grâce de leur baptême. Ceux qui portaient des corbeilles de fleurs, des vases où brûlaient les parfums les plus exquis, sont ceux que leurs mères, résignées aux décrets de la Providence, ont offerts à Dieu, sinon avec joie, ce qui n'est pas naturel, du moins avec résignation, en pensant qu'ils échangeaient une terre de misère pour la céleste patrie, où, près du trône de leur créateur, ils chanteront ses louanges pendant toute une éternité. Dans les petites coupes d'or et d'argent étaient les larmes que la nature, avare de ses droits, avait fait verser aux mères qui, tout en faisant un cruel sacrifice, s'étaient écriées comme le saint homme Job: «Mon Dieu, vous me l'avez donné; mon Dieu! vous me l'avez ôté: que votre saint nom soit béni!»

La pauvre mère, toujours agenouillée, buvait avec ses larmes chacune des paroles qui tombaient des lèvres du saint vieillard. Comme Marthe s'écriant aux pieds du Christ: «Si vous eussiez été ici, Seigneur, mon frère ne serait pas mort; mais, je sais que présentement même, Dieu vous accordera tout ce que vous lui demanderez»; elle répétait dans sa foi ardente: « Si vous eussiez été près de moi, mon père, ma petite fille ne serait pas morte, mais je sais que, présentement même, Dieu vous accordera tout ce que vous lui demanderez».

Le bon religieux se recueillit un instant et pria Dieu de l'inspirer. C'était alors une sentence de vie ou de mort qu'il fallait prononcer sur cette mère qui paraissait inconsolable. Il fallait frapper un grand coup, un coup qui la ramenât à des sentiments plus raisonnables, ou qui brisât à jamais ce cœur prêt à éclater. Il prit les mains de la pauvre femme dans ses mains sèches et crispées par l'âge, les serra avec tendresse, et lui dit de sa voix la plus douce:

— Vous aimiez donc bien l'enfant que vous avez perdue?

— Si je l'aimais, mon père! oh! mon Dieu! quelle question!

Et comme une insensée, elle se roula en gémissant aux pieds du vieillard. Puis se relevant tout à coup, elle saisit le bas de sa soutane, et lui cria d'une vois brisée par les sanglots:

— Vous êtes un saint, mon père: mon enfant! rendez-moi mon enfant! ma petite Emma!

— Oui, dit le moine, vous aimiez bien votre enfant: vous auriez fait beaucoup pour lui épargner une douleur, même la plus légère?

— Tout, tout, mon père, s'écria la pauvre femme; je me serais roulée sur des charbons ardents pour lui épargner une petite brûlure.

— Je le crois, dit le moine; et vous l'aimez sans doute encore?

— Si je l'aime, bonté divine! dit la pauvre mère en se relevant d'un bond, comme mordue au cœur par une vipère; si je l'aime! on voit bien, prêtre, que vous ignorez l'amour maternel, puisque vous croyez que la mort même puisse l'anéantir.

Et, tremblant de tout son corps, elle versa de nouveau un torrent de larmes.

— Retirez-vous, femme, dit le vieillard d'un ton de voix qu'il s'efforçait de rendre sévère; retirez-vous, femme qui êtes venue m'en imposer; retirez-vous, femme qui mentez à Dieu et à son ministre. Vous avez vu votre petite fille ployant sous le fardeau de vos larmes, qu'elle a recueillies goutte à goutte, et vous me dites encore que vous l'aimez! Elle est ici dans ce moment, près de vous, continuant sa pénible besogne: et vous me dites que vous l'aimez! Retirez-vous, femme, car vous mentez à Dieu et à son ministre.

Les yeux de cette pauvre mère s'ouvrirent comme après un songe oppressif; elle avoua que sa douleur avait été insensée, et en demanda pardon à Dieu.

— Allez en paix, reprit le saint vieillard, priez avec résignation et le calme se fera dans votre âme.

Elle raconta, quelques jours après, au bon moine, que sa petite fille, toute rayonnante de joie et portant une corbeille de fleurs, lui était apparue en songe pour la remercier de ce qu'elle avait cessé de verser des larmes qu'elle aurait été condamnée à recueillir. Cette excellente femme, qui était riche, consacra le reste de ses jours aux œuvres de charité. Elle donnait aux enfants des pauvres les soins les plus affectueux et en adopta plusieurs. Lorsqu'elle mourut, on grava sur sa tombe: *Ci-gît la mère des orphelins.*

Soit disposition d'esprit dans les circonstances où se trouvait la famille, soit que la légende elle-même fût empreinte de sensibilité, tout le monde en fut attendri, quelques-uns jusqu'aux larmes. Jules embrassa sa mère en la remerciant, et sortit de la chambre pour cacher son émotion.

— Mon Dieu! mon Dieu! s'écria-t-il, conservez mes jours: car s'il m'arrivait malheur, ma tendre mère serait aussi inconsolable que la mère de cette touchante légende qu'elle vient de nous raconter.

Quelques jours après, Jules et son ami voguaient sur l'Océan, et, au bout de deux mois, arrivaient en France, après une heureuse traversée.

Chapitre douzième
Incendie de la Côte du Sud

They came upon us in the night,
And brake my bower and slew my knight:
My servant a' for life did flee
And left us in the extremitie.
They slew my knight, to me so dear;
They slew my knight, and drave his gear;
The moon may set, the sun may rise,
But a deadly sleep has closed his eyes.

WAVERLEY

Les arbres étaient revêtus de leur parure ordinaire à la sortie d'un hiver hyperboréen; les bois, les prairies étaient émaillés de fleurs aux couleurs vives et variées, et les oiseaux saluaient par leur gai ramage la venue du printemps de l'année mil sept cent cinquante-neuf. Tout souriait dans la nature; l'homme seul paraissait triste et abattu; et le laboureur, regagnant ses foyers sur la brune, ne faisait plus entendre sa joyeuse chanson, parce que la plus grande partie des terres étaient en friche, faute de bras pour les cultiver. Un voile sombre couvrait toute la surface de la Nouvelle-France, car la mère patrie, en vraie marâtre, avait abandonné ses enfants canadiens. Livré à ses propres ressources, le gouvernement avait appelé sous les armes tous les hommes valides pour la défense de la colonie, menacée d'une invasion formidable. Les Anglais avaient fait des préparatifs immenses; et leur flotte, forte de vingt vaisseaux de ligne, de dix frégates, de dix-huit bâtiments plus petits, joints à un grand nombre d'autres, et portant dix-huit mille hommes, remontait les eaux du Saint-Laurent sous les ordres du général Wolfe, tandis que deux armées de terre encore plus nombreuses devaient opérer leur jonction sous les murs mêmes de la capitale de la Nouvelle-France.

Toute la population valide du Canada avait noblement répondu à l'appel de la patrie en danger: il ne restait dans les campagnes que les femmes, les enfants, les vieillards et les infirmes. Suffira-t-il aux Canadiens de se rappeler leurs exploits passés, leur victoire si glorieuse de Carillon, l'année précédente, pour résister à une armée aussi nombreuse que toute la population de la Nouvelle-France, les femmes, les vieillards et les enfants compris? Leur suffira-t-il de leur bravoure à toute épreuve pour repousser avec des forces si inégales un ennemi acharné à la perte de leur colonie?

Vous avez été longtemps méconnus, mes anciens frères du Canada! Vous avez été indignement calomniés. Honneur à ceux qui ont réhabilité votre mémoire! Honneur, cent fois honneur à notre compatriote, M. Garneau, qui a déchiré le voile qui couvrait vos exploits! Honte à nous, qui, au lieu de fouiller les anciennes chroniques si glorieuses pour notre race, nous contentions de baisser la tête sous le reproche humiliant de peuple conquis qu'on nous jetait à la face à tout propos! Honte à nous, qui étions presque humiliés d'être Canadiens! Confus d'ignorer l'histoire des Assyriens, des Mèdes et des Perses, celle de notre pays était jadis lettre close pour nous.

Il s'est fait une glorieuse réaction depuis quelques années: chacun a mis la main à l'œuvre de réhabilitation; et le Canadien peut dire comme François Ier: «Tout est perdu fors l'honneur». Je suis loin de croire cependant que tout soit perdu: la cession du Canada a peut-être été, au contraire, un bienfait pour nous; la révolution de 93, avec toutes ses horreurs, n'a pas pesé sur cette heureuse colonie, protégée alors par le drapeau britannique. Nous avons cueilli de nouveaux lauriers en combattant sous les glorieuses enseignes de l'Angleterre, et deux fois la colonie a été sauvée par la vaillance de ses nouveaux sujets. À la tribune, au barreau, sur les champs de bataille, partout sur son petit théâtre, le Canadien a su prouver qu'il n'était inférieur à aucune race. Vous avez lutté pendant un siècle, ô mes compatriotes! pour maintenir votre nationalité, et grâce à votre persévérance

194

elle est encore intacte; mais l'avenir vous réserve peut-être un autre siècle de luttes et de combats pour la conserver. Courage et union, mes compatriotes!

Deux détachements de l'armée anglaise étaient débarqués à la Rivière-Ouelle, au commencement de juin 1759. Quelques habitants de la paroisse, embusqués sur la lisière du bois, les avaient accueillis par une vive fusillade, et leur avaient tué quelques hommes. Le commandant, exaspéré de cet échec, résolut d'en tirer une éclatante vengeance. Les deux détachements avaient remonté la rivière, et étaient venus camper vers le soir près d'un ruisseau qui se décharge dans l'anse de Sainte-Anne, au sud-ouest du collège actuel. Le lendemain au matin, le commandant, prêt à ordonner la marche d'une des compagnies, appela le lieutenant et lui dit:

— Vous mettrez le feu à toutes les habitations de ces chiens de Français que vous rencontrerez sur votre passage; je vous suivrai à petite distance.

— Mais, dit le jeune officier, qui était Écossais, faut-il incendier aussi les demeures de ceux qui n'opposent aucune résistance? On dit qu'il ne reste que des femmes, des vieillards et des enfants dans ces habitations.

— Il me semble, monsieur, reprit le major Montgomery, que mes ordres sont bien clairs et précis; vous mettrez le feu à toutes les habitations de ces chiens de Français que vous rencontrerez sur votre passage. Mais j'oubliais votre prédilection pour nos ennemis!

Le jeune homme se mordit les lèvres à en faire jaillir le sang, et mit ses hommes et marche. Dans ce jeune homme, le lecteur reconnaîtra sans doute Archibald Cameron of Locheill, qui, ayant fait sa paix avec le gouvernement britannique, était entré dans sa patrie, et avait obtenu une lieutenance dans un régiment recruté par lui-même parmi son *clan* de montagnards écossais. Arché s'éloigna en gémissant et en lâchant tous les jurons gaéliques, anglais et français que sa mémoire put lui fournir. À la première maison où il s'arrêta, une jeune femme, tout en pleurs, se jeta à ses pieds, en lui disant:

— Monsieur l'Anglais, ne tuez pas mon pauvre vieux père; n'abrégez pas ses jours: il n'a pas longtemps à vivre.

Un petit garçon de onze à douze ans l'enlaça de ses bras en s'écriant:

— Monsieur l'Anglais, ne tuez pas grand-papa! si vous saviez comme il est bon!

— Ne craignez rien, dit Arché en entrant dans la maison; mes ordres ne sont pas de tuer les femmes, les vieillards et les enfants. On supposait, sans doute, ajouta-t-il avec amertume, que je n'en rencontrerais pas un seul sur mon chemin.

Étendu sur un lit de douleur, un vieillard, dans toute la décrépitude de l'âge, lui dit:

— J'ai été soldat toute ma vie, monsieur; je ne crains pas la mort, que j'ai vue souvent de bien près; mais, au nom de Dieu, épargnez ma fille et son enfant!

— Il ne leur sera fait aucun mal, lui dit Arché, les larmes aux yeux; mais, si vous êtes soldat, vous savez qu'un soldat ne connaît que sa consigne: il m'est ordonné de brûler toutes les bâtisses sur ma route, et il me faut obéir. Où faut-il vous transporter, mon père? Écoutez, maintenant, ajouta-t-il en approchant sa bouche de l'oreille du vieillard comme s'il eût craint d'être entendu de ceux qui étaient dehors, écoutez: votre petit-fils paraît actif et intelligent; qu'il parte à toute bride, s'il peut se procurer un cheval pour avertir vos compatriotes que j'ai ordre de tout brûler sur mon passage: ils auront peut-être le temps de sauver leurs effets les plus pécieux.

— Vous êtes un bon et brave jeune homme! s'écria le vieillard: si vous étiez catholique, je vous donnerais ma bénédiction; mais, merci, cent fois[a] merci!

— Je suis catholique, dit de Locheill.

Le vieillard se souleva de sa couche avec peine, éleva ses yeux vers le ciel, étendit les deux mains sur Arché, qui baissa la tête, et sécria.

— Que le bon Dieu vous bénisse pour cet acte d'humanité! Qu'au jour des grandes afflictions, lorsque vous implorerez la miséricorde divine, Dieu vous tienne compte de votre compassion pour vos ennemis, et qu'il veuille bien vous exaucer! Dites-lui alors avec confiance, dans les grandes épreuves: j'ai été béni par un vieillard moribond, mon ennemi!

Les soldats transportèrent, à la hâte, le vieillard et son lit à l'entrée d'un bois adjacent; et de Locheill eut la satisfaction, lorsqu'il reprit sa marche, de voir un petit garçon, monté sur un jeune cheval fougueux, qui brûlait l'espace devant lui. Il respira plus librement.

L'œuvre de destruction continuait toujours; mais Arché avait de temps à autre la consolation, lorsqu'il arrivait sur une éminence qui commandait une certaine étendue de terrain, de voir les femmes, les vieillards et les enfants, chargés de ce qu'ils avaient de plus précieux, se réfugier dans les bois circonvoisins. S'il était touché jusqu'aux larmes de leurs malheurs, il se réjouissait intérieurement d'avoir fait tout en son pouvoir pour adoucir les pertes de ces infortunés.

Toutes habitations et leurs dépendances d'une partie de la Rivière Ouelle, des paroisses de Sainte-Anne et de Saint-Roch, le long du fleuve Saint-Laurent, n'offraient déjà plus que des ruines fumantes, et l'ordre n'arrivait point de suspendre cette œuvre diabolique de dévastation. De Locheill voyait, au contraire, de temps à autre, la division de son supérieur, qui suivait à une petite distance, s'arrêter subitement sur un terrain élevé, pour permettre, sans doute, à son commandant de savourer les fruits de son ordre barbare. Il lui semblait entendre quelquefois ses éclats de rire féroces à la vue de tant d'infortunes.

La première maison de Saint-Jean-Port-Joli était celle d'un riche habitant, sergent dans la compagnie du capitaine d'Haberville, où de Locheill avait été fréquemment collationner avec son ami Jules et sa sœur pendant leurs vacances. Il se rappelait, avec douleur, l'empressement, la joie de ces bonnes gens si heureux des visites de leurs jeunes seigneurs et de leurs amis. À leur arrivée, la mère Dupont et ses filles couraient à la laiterie, au jardin, à l'étable, chercher les œufs, le beurre, la crème, le persil, le cerfeuil, pour les crêpes et les omelettes aux fines herbes. Le père Dupont et ses fils s'empressaient de dételer les chevaux, de les mener à l'écurie et de leur donner une large portion d'avoine. Tandis que la mère Dupont préparait le repas, les jeunes gens faisaient un bout de toilette; on improvisait un bal, et l'on sautait au son du violon, le plus souvent à trois cordes qu'à quatre, qui grinçait sous l'archet du vieux sergent. Jules, malgré les remontrances de sa sœur, mettait tout sens dessus dessous dans la maison, faisait endiabler tout le monde, ôtait la poêle à frire des mains de la mère Dupont, l'emmenait à bras-le-corps danser un menuet avec lui, malgré les efforts de la vieille pour s'y soustraire, vu son absence de toilette convenable; et ces braves gens, riant aux éclats, trouvaient qu'on ne faisait jamais assez de vacarme.

De Locheill repassait toutes ces choses dans l'amertume de son âme, et une sueur froide coulait de tout son corps, lorsqu'il ordonna d'incendier cette demeure si hospitalière dans des temps plus heureux.

La presque totalité des habitations de la première concession de la paroisse de Saint-Jean-Port-Joli avait été réduite en cendres, et l'ordre d'arrêter la dévastation n'arrivait pourtant pas. Parvenu, au soleil couchant, à la petite rivière Port-Joli, à quelques arpents du domaine d'Haberville, de Locheill fit faire halte à sa troupe. Il monta sur la côte du même nom que la rivière, et là, à la vue du manoir et de ses vastes dépendances, il attendit; il attendit comme un criminel qui, sur l'échafaud, espère jusqu'au dernier moment voir accourir un messager de miséricorde avec un sursis d'exécution. Il contempla, le cœur gros de souvenirs, cette demeure où pendnat dix ans il avait été accueilli comme l'enfant de la maison; où, pauvre orphelin proscrit et exilé, il avait retrouvé une autre famille. Il comtemplait avec tristesse ce hameau silencieux qu'il avait vu si vivant et si animé avant son départ pour l'Europe. Quelques pigeons, qui voltigeaient au-dessus des bâtisses, où ils se reposaient de temps à autre, paraissaient les seuls êtres vivants de ce beau domaine. Il répéta en soupirant, avec le barde écossais: «*Selma, thy halls are silent. There is no sound in the woods of Morven. The wave tumbles alone in the coast. The silent beam of the sun is on the field.* » — Oh! oui! mes amis! s'écria de Locheill dans l'idiome qu'il affectionnait, vos salons sont maintenant, hélas! déserts et silencieux! Il ne sort plus une voix de ce promontoire dont l'écho répétait naguère vos joyeux accents! le murmure de la vague tombant sur le sable du rivage se fait seul entendre! Un unique et pâle rayon du soleil couchant éclaire vos prairies jadis si riantes.

Que faire, mon Dieu! si la rage de cet animal féroce n'est pas assouvie? Dois-je refuser d'obéir? Mais alors je suis un homme déshonoré; un soldat, surtout en temps de guerre, ne peut, sans être flétri, refuser d'exécuter les ordres d'un officier supérieur. Cette brute aurait le droit de me faire fusiller sur-le-champ, et le blason des Cameron of Locheill serait à jamais terni! car qui se chargera de laver la mémoire du jeune soldat qui aura préféré la mort du criminel à la souillure de l'ingratitude? Au contraire, ce qui, chez moi, n'aurait été qu'un sentiment de reconnaissance, me serait imputé comme trahison par cet homme qui me poursuit d'une haine satanique.

La voix rude du major Montgomery mit fin à ce monologue.

— Que faites-vous ici, lui dit-il?

— J'ai laissé reposer mes soldats sur les bords de la rivière, répondit Arché, et je me proposais même d'y passer la nuit après la longue marche que nous avons faite.

— Il n'est pas encore tard, reprit le major: vous connaissez mieux que moi la carte du pays; et vous trouverez aisément pour bivouaquer une autre place que celle que je viens de choisir pour moi-même.

— Je vais remettre mes hommes en marche; il y a une autre rivière à un mille d'ici, où nous pourrons passer la nuit.

— C'est bien, dit Montgomery d'un ton insolent, et comme il ne vous restera que peu d'habitations à brûler dans cet espace, votre troupe pourra bien vite se reposer de ses fatigues.

— C'est vrai, dit de Locheill, car il ne reste que cinq habitations; mais deux de ces demeures, ce groupe de bâtisses que vous voyez et un moulin sur la rivière où je dois bivouaquer, appartiennent au seigneur d'Haberville, à celui qui, pendant mon exil, m'a reçu et traité comme son propre fils: au nom de Dieu! major Montgomery, donnez vous-même l'ordre de destruction.

— Je n'aurais jamais pu croire, reprit le major, qu'un officier de Sa Majesté Britannique eût osé parler de trahison envers son souverain.

— Vous oubliez, monsieur, fit Arché se contenant à peine, que j'étais alors un enfant. Mais, encore une fois, je vous en conjure au nom de ce que vous avez de plus cher au monde, donnez l'ordre vous-même, et ne m'obligez pas à manquer à l'honneur, à la gratitude en promenant la torche incendiaire sur les propriétés de ceux qui dans mon infortune m'ont comblé de bienfaits.

— J'entends, reprit le major en ricanant: monsieur se réserve une porte pour rentrer en grâce avec ses amis quand l'occasion s'en présentera.

À cette cruelle ironie, Arché hors de lui-même fut tenté un instant, un seul instant, de tirer sa claymore et de lui dire:

— Si vous n'êtes pas aussi lâche qu'insolent, défendez-vous, major Montgomery!

La raison vint heureusement à son aide: sa main, au lieu de se porter à son sabre, se dirigea machinalement vers sa poitrine, qu'il déchira de rage avec ses ongles. Il se ressouvint alors des paroles de la sorcière du domaine:

«Garde ta pitié pour toi-même, Archibald de Locheill, lorsque, contraint d'exécuter un ordre barbare, tu déchireras avec tes ongles cette poitrine qui recouvre pourtant un cœur noble et généreux. »

— Elle était bien inspirée par l'enfer, cette femme, pensa-t-il, lorsqu'elle faisait cette prédiction à un Cameron of Locheill.

Montgomery contempla un instant, avec une joie féroce, cette lutte de passions contraires qui torturaient l'âme du jeune homme; il savoura ce paroxysme de désespoir; puis, se flattant qu'il refuserait d'obéir, il lui tourna le dos. De Locheill, pénétrant son dessein perfide, se dépêcha de rejoindre sa compagnie, et une demi-heure après, tout le hameau d'Haberville était la proie des flammes. Arché s'arrêta ensuite sur la petite côte, près de cette fontaine, où, dans des temps plus heureux, il avait été si souvent se désaltérer avec ses amis; et de là ses yeux de lynx découvrirent Montgomery revenu à la même place où il lui avait signifié ses ordres, Montgomery qui, les bras croisés, semblait se repaître de ce cruel spectacle. Alors, écumant de rage à la vue de son ennemi, il s'écria:

—Tu as bonne mémoire, Montgomery; tu n'as pas oublié les coups de plat de sabre que mon aïeul donna à ton grand-père dans une auberge d'Edimbourg; mais moi aussi j'ai la mémoire tenace; je ne porterai pas toujours cette livrée qui me lie les mains, et tôt ou tard je doublerai la dose sur tes épaules, car tu serais trop lâche pour me rencontrer face à face; un homme aussi barbare que toi doit être étranger à tout noble sentiment, même à celui de la bravoure, que l'homme partage en commun avec l'animal privé de raison. Sois maudit toi et toute ta race! Puisses-tu, moins heureux que ceux que tu as privés d'abri, ne pas avoir, lorsque tu mourras, une seule pierre pour reposer ta tête! Puissent toutes les furies de l'enfer...

Mais, voyant qu'il s'épuisait dans une rage impuissante, il s'éloigna en gémissant.

Le moulin, sur la rivière des Trois-Saumons, ne fut bientôt qu'un monceau de cendres; et l'incendie des maisons que possédait à Québec le capitaine d'Haberville, qui eut lieu pendant le siège de la capitale, compléta sa ruine.

De Locheill, après avoir pris les précautions nécessaires à la sûreté de sa compagnie, se dirigea vers l'ancien manoir de ses amis, qui n'offrait plus qu'une scène de désolation. En prenant par les bois, qu'il connaissait, il s'y transporta en quelques minutes. Là, assis sur la cime du cap, il contempla longtemps, silencieux et dans des angoisses indéfinissables, les ruines fumantes à ses pieds. Il pouvait être neuf heures; la nuit était sombre; peu d'étoiles se montraient au firmament. Il lui sembla néanmoins distinguer un être vivant qui errait près des ruines: c'était, en effet, le vieux Niger, qui, levant quelques instants après la tête vers la cime du cap, poussa trois hurlements plaintifs: il pleurait, aussi, à sa manière, les malheurs de la famille qui l'avait nourri. De Locheill crut que ces cris plaintifs étaient à son adresse; que ce fidèle animal lui reprochait son ingratitude envers ses anciens amis, et il pleura amèrement.

— Voilà donc, s'écria-t-il avec amertume, les fruits de ce que nous appelons code d'honneur chez les nations civilisées! Sont-ce là aussi les fruits des précepts qu'enseigne l'Évangile à tous ceux qui professent la religion chrétiennne, cette religion toute d'amour et de pitié, même pour des ennemis. Si j'eusse fait partie d'une expédition commandée par un chef de ces aborigènes que nous traitons de barbares sur cet hémisphère, et que je lui eusse dit: «Épargne cette maison, car elle appartient à mes amis; j'étais errant et fugitif, et ils m'ont accueilli dans leur famille, où j'ai trouvé un père et des frères», le chef indien m'aurait répondu: «C'est bien, épargne tes amis; il n'y a que le serpent qui mord ceux qui l'ont réchauffé près de leur feu.»

J'ai toujours vécu, continua de Locheill, dans l'espoir de rejoindre un jour mes amis du Canada, d'embrasser cette famille que j'ai tant aimée et que j'aime encore davantage, aujourd'hui, s'il est possible. Une réconciliation n'était pas même nécessaire: il était trop naturel que j'eusse cherché à rentrer dans ma patrie, à recueillir les débris de la fortune de mes ancêtres, presque réduite à néant; par les confiscations du gouvernement britannique. Il ne me restait d'autre ressource que l'armée, seule carrière digne d'un Cameron of Locheill. J'avais retrouvé la claymore de mon vaillant père, qu'un de mes amis avait rachetée parmi le butin fait par les Anglais sur le malheureux champ de bataille de Culloden.

Avec cette arme, qui n'a jamais trahi un homme de ma race, je rêvais une carrière glorieuse. J'ai bien été peiné, lorsque j'ai appris que mon régiment devait joindre cette expédition dirigée contre la Nouvelle-France; mais un soldat ne pouvait résigner sans déshonneur, en temps de guerre: mes amis l'auraient compris. Plus d'espoir maintenant pour l'ingrat qui a brûlé les propriétés des ses bienfaiteurs! Jules d'Haberville, celui que j'appelais jadis mon frère, sa bonne et sainte mère, qui était aussi la mienne par adoption, cette belle et douce jeune fille, que j'appelais ma sœur, pour cacher un sentiment plus tendre que la gratitude du pauvre orphelin l'obligeait à refouler dans son cœur, tous ces bons amis écouteront peut-être ma justification avec indulgence et finiront par me pardonner. Mais le capitaine d'Haberville! le capitaine d'Haberville, qui aime de toute la puissance de son âme, mais dont la haine est implacable, cet homme qui n'a jamais pardonné une injure vraie ou supposée, permettra-t-il à sa famille de prononcer mon nom, si ce n'est pour le maudire?

Mais j'ai été stupide et lâche, fit de Locheill en grinçant des dents; je devais déclarer devant mes soldats, pourquoi je refusais d'obéir; et, quand bien même Montgomery m'eût fait fusiller sur-le-champ, il se serait trouvé des hommes qui auraient approuvé ma désobéissance, et lavé ma mémoire. J'ai été stupide et lâche, car dans le cas où le major, au lieu de me faire fusiller, m'eût traduit devant un tribunal militaire, on aurait, tout en prononçant sentence de mort contre moi, apprécié mes motifs. J'aurais été éloquent en défendant mon honneur; j'aurais été éloquent en défendant un des plus nobles sentiments du cœur humain: la gratitude. Puissiez-vous, mes amis, être témoins de mes remords! Il me semble qu'une légion de vipères me déchirent la poitrine. Lâche, mille fois lâche!

Une voix près de lui répéta: «Lâche! mille fois lâche!» Il crut d'abord que c'était l'écho du cap qui répétait ses paroles dans cette nuit si calme pour toute la nature, tandis que l'orage des passions grondait seul dans son cœur. Il leva la tête et aperçut, à quelques pieds de lui, la folle du domaine debout sur la partie la plus élevée d'un rocher qui projetait sur la cime du cap; elle joignit les mains, les étendit vers les ruines à ses pieds, et s'écria d'une voix lamentable: «Malheur! malheur! malheur!» Elle descendit ensuite, avec la rapidité de l'éclair, le sentier étroit et dangereux qui conduit au bas du promontoire, et, comme l'ombre d'Europe, se mit à errer parmi les ruines en criant:«Désolation! désolation! désolation!» Elle éleva ensuite un bras menaçant vers la cime du cap et cria: «Malheur! malheur à toi, Archibald de Locheill!»

Le vieux chien poussa un hurlement plaintif et prolongé et tout retomba dans le silence.

Au moment où Arché, sous l'impression douloureuse de ce spectacle et de ces paroles sinistres, baissait la tête sur son sein, quatre hommes vigoureux se précipitèrent sur lui, le renversèrent sur le rocher, et lui lièrent les mains. C'étaient quatre sauvages de la tribu des Abénaquis, qui épiaient, cachés le long de la lisière des bois, tous les mouvements de la troupe anglaise, débarquée la veille à la Rivière-Ouelle. Arché, se confiant à sa force herculéenne, fit des efforts désespérés pour briser ses liens; la forte courroie de peau d'orignal qui enlaçait ses poignets à triple tour, se tendit à plusieurs reprises, comme si elle allait se rompre, mais résista à ses attaques puissantes. Ce que voyant de Locheill, il se résigna à son sort, et suivit, sans autre résistance, ses ennemis, qui, s'enfonçant dans la forêt, se dirigèrent vers le sud. Sa vigoureuse jambe écossaise lui épargna bien des mauvais traitements.

Elles étaient bien amères les réflexions que faisait le captif pendant cette marche précipitée à travers la forêt, dans cette même forêt dont il connaissait tous les détours, et où, libre et léger comme le chevreuil de ses montagnes, il avait chassé tant de fois avec son frère d'Haberville. Sans faire attention à la joie féroce des Indiens, dont les yeux brillaient comme des escarboucles en le voyant en proie au désespoir, il s'écria:

— Tu as vaincu, Montgomery; mes malédictions retombent maintenant sur ma tête; tu diras que j'ai déserté à l'ennemi; tu publieras que je suis un traître que tu soupçonnais depuis longtemps. Tu as vaincu, car toutes les apparences sont contre moi. Ta joie sera bien grande, car j'ai tout perdu, même l'honneur.

Et, comme Job, il s'écria:

— Périsse le jour qui m'a vu naître!

Après deux heures d'une marche rapide, ils arrivèrent au pied de la montagne, en face de la coupe qui conduit au lac des Trois-Saumons: ce qui fit supposer à Arché qu'un détachement de sauvages y était campé. Arrivés sur les bords du lac, un de ceux qui le tenaient prisonnier poussa, par trois fois, le cri du huard; et les sept échos des montagnes répétèrent, chacun trois fois, en s'éloignant, le cri aigre et aigu du superbe cygne du Bas-Canada. Malgré la lumière incertaine des étoiles, de Locheill n'aurait pu se défendre d'un nouveau mouvement de surprise mêlée d'admiration, à la vue de cette belle nappe d'eau limpide encaissée dans les montagnes et parsemée d'îlots à la couronne de sapins toujours verts, si son cœur eût été susceptible d'autres impressions que de celles de la tristesse. C'était bien pourtant ce même lac où il avait, pendant près de dix ans, fait de joyeuses excursions de pêche et de chasse avec ses amis. C'était bien le même lac qu'il avait traversé à la nage, dans sa plus grande largeur, pour faire preuve de sa force natatoire. Mais pendant cette nuit funeste, tout lui semblait mort dans la nature, comme son pauvre cœur.

Un canot d'écorce se détacha d'un des îlots, conduit par un homme portant le costume des aborigènes, à l'exception d'un bonnet de renard qui lui couvrait la tête: les sauvages ne portaient sur leur chef que les plumes dont ils l'ornaient. Le nouveau venu s'entretint assez longtemps avec les quatre sauvages; ils lui firent, à ce que supposa Arché, le récit de leur expédition; mais comme ils se servaient de l'idiome abénaquis, de Locheill ne comprit rien à leurs discours. Deux des Indiens se dirigèrent vers le sud-ouest, par un sentier un peu au-dessus du lac. On mit alors Arché dans le canot et on le transporta sur l'îlot d'où était sorti l'homme au bonnet de renard.

Chapitre treizième
Une nuit avec les sauvages

What tragic tears bedew the eye!
What deaths we suffer ere we die!
Our broken friendships we deplore,
And loves of youth that are no more.

LOGAN

All, all on earth is shadow, all beyond
Is substance; the reverse is folly's creed,
How solid all, where change shall be no more!

YOUNG'S NIGHT THOUGHTS

De Locheill, après avoir maudit son ennemi, après avoir déploré le jour de sa naissance, revint à des sentiments plus chrétiens, lorsque, lié fortement à un arbre, tout espoir fut éteint dans son cœur; il savait que les sauvages n'épargnaient guère leurs captifs, et qu'une mort lente et cruelle lui était réservée. Reprenant alors subitement toute son énergie naturelle, il ne songea pas même à implorer de Dieu sa délivrance; mais repassant ses offences envers son créateur dans toute l'amertume d'une âme repentante, il le pria d'accepter le sacrifice de sa vie en expiation de ses péchés, et de lui donner la force et le courage nécessaires pour souffrir avec résignation la mort cruelle qui l'attendait; il s'humilia devant Dieu. Que m'importe après tout, pensa-t-il, le jugement des hommes, quand le songe de la vie sera passé? Ma religion ne m'enseigne-t-elle pas que tout n'est que vanité? Et il se courba avec résignation sous la main de Dieu.

Les trois guerriers, assis en rond à une douzaine de pieds de Locheill, fumaient la pipe en silence. Les sauvages sont naturellement peu expansifs, et considèrent d'ailleurs les entretiens frivoles comme indignes d'hommes raisonnables; bons, tout au plus, pour les femmes et les enfants.

Cependant Talamousse, l'un d'eux, s'adressant à l'homme de l'îlot, lui dit:

— Mon frère va-t-il attendre longtemps ici les guerriers du portage?

— Trois jours, répondit celui-ci, en élevant trois doigts: la Grand'Loutre et Talamousse pourront partir demain avec le prisonnier; le Français ira les rejoindre au grand campement du capitaitne Launière.

— C'est bien, dit la Grand'Loutre en étendant la main vers le sud, nous allons mener le prisonnier au campement du Petit-Marigotte[1], où nous attendrons pendant trois jours mon frère avec les guerriers du portage, pour aller au grand campement du capitaine Launière.

De Locheill crut s'apercevoir pour la première fois que le son de voix de l'homme au bonnet de renard n'était pas le même que celui des deux autres, quoiqu'il parlât leur langue avec facilité. Il avait souffert jusque-là les tourment d'une soif brûlante sans proférer une seule parole: c'était bien le supplice de Tantale, à la vue des eaux si fraîches et si limpides du beau lac qui dormait à ses pieds; mais sous l'impression que cet homme pouvait être Français, il se hasarda à dire:

— S'il est un chrétien parmi vous, pour l'amour de Dieu qu'il me donne à boire.

— Que veut le chien? dit la Grand'Loutre à son compagnon.

L'homme interpellé fut quelque temps sans répondre; tout son corps tressaillit, une pâleur livide se répandit sur son visage, une sueur froide inonda son front; mais, faisant un grand effort sur lui-même, il répondit de sa voix naturelle:

— Le prisonnier demande à boire.

— Dis au chien d'Anglais, dit Talamousse, qu'il sera brûlé demain; et que, s'il a bien soif, on lui donnera de l'eau bouillante pour le refraîchir.

— Je vais le lui dire, répliqua le Canadien, mais en attendant, que mes frères me permettent de porter de l'eau à leur prisonnier.

— Que mon frère fasse comme il voudra, dit

Talamousse: les visages-pâles ont le cœur mou comme des jeunes filles.

— Le Canadien ploya un morceau d'écorce de bouleau en forme de cône, et le présenta plein d'eau fraîche au prisonnier en lui disant:

— Qui êtes-vous, monsieur? Qui êtes-vous, au nom de Dieu! vous dont la voix ressemble tant à celle d'un homme qui m'est si cher?

— Archibald Cameron of Locheill, dit le premier, l'ami autrefois de vos compatriotes; leur ennemni aujourd'hui, et qui a bien mérité le sort qui l'attend.

— Monsieur Arché, reprit Dumais, car c'était lui — quand vous auriez tué mon frère, quand il me faudrait fendre le crâne avec mon casse-tête à ces deux Canaouas[2], dans une heure vous serez libre. Je vais d'abord essayer la persuasion, avant d'en venir aux mesures de rigueur. Silence maintenant.

Dumais reprit sa place près des Indiens, et leur dit après un silence asssez prolongé

— Le prisonnier remercie les peaux-rouges de lui faire souffrir la mort d'un homme; il dit que la chanson du visage-pâle sera celle d'un guerrier.

— Houa! fit la Grand'Loutre, l'Anglais fera comme le hibou qui se lamente quand il voit le feu de nos wigwams pendant la nuit[3].

Et il continua à fumer en regardant de Locheill avec mépris.

— L'Anglais, dit Talamousse, parle comme un homme maintenant qu'il est loin du poteau; l'Anglais est un lâche qui n'a pu souffrir la soif; l'Anglais, en pleurant, a demandé à boire à ses ennemis, comme les petits enfants font à leurs mères.

Et il fit mine de cracher dessus.

Dumais ouvrit un sac, en tira quelques provisions, et en offrit aux deux sauvages, qui refusèrent de manger. Disparaissant ensuite dans les bois, il revint avec un flacon d'eau-de-vie qu'il avait mis en cache sous les racines d'une épinette, prit un coup et se mit à souper. Les yeux d'un des sauvages dévoraient le contenu du flacon.

—Talamousse n'a pas faim, mon frère, dit -il; mais il a soif: il a fait une longue marche aujourd'hui et il est bien fatigué: l'eau-de-feu délasse les jambes.

Dumais lui passa le flacon; le sauvage le saisit d'une main tremblante de joie, se mit à boire avec avidité, et lui rendit le flacon après en avoir avalé un bon demiard tout d'un trait. Ses yeux, de brillants qu'ils étaient, devinrent bientôt ternes et la stupidité de l'ivresse commença à paraître sur son visage.

—C'est bon ça, dit l'Indien en rendant le flacon.

—Dumais n'en offre pas à son frère la Grand'Loutre, dit le Canadien; il sait qu'il n'en boit pas.

—Le Grand-Esprit aime la Grand'Loutre, dit celui-ci, il lui a fait vomir la seule gorgée d'eau-de-feu qu'il ait bue. Le Grand-Esprit aime la Grand'Loutre, il l'a rendu si malade qu'il a pensé visiter le pays des âmes. La Grand'Loutre l'en remercie: l'eau-de-feu ôte l'esprit à l'homme.

Ce sauvage, par un rare exception et au grand regret du Canadien, était abstème de nature.

—C'est bon l'eau-de-feu, dit Talamousse après un moment de silence en avançant encore la main vers le flacon, que Dumais retira.

—Donne, donne, mon frère, je t'en prie; encore un coup, mon frère, je t'en prie.

—Non, dit Dumais, pas à présent; tantôt.

Et il remit le flacon dans son sac.

—Le Grand-Esprit aime aussi le Canadien, reprit Dumais après une pause: il l'a visité la nuit dernière pendant son sommeil.

—Qu'a-t-il dit à mon frère? demandèrent les sauvages.

Le Grand-Esprit lui a dit de racheter le prisonnier, fit Dumais.

—Mon frère ment comme un Français, s'écria la Grand'Loutre; il ment comme tous les visages-pâles: les peaux-rouges ne mentent pas eux[4].

—Les Français ne mentent jamais quand ils parlent du Grand-Esprit, dit le Canadien.

Et, retirant le flacon du sac, il avala une demi-gorgée d'eau-de-vie.

—Donne, donne, mon frère, dit Talamousse en avançant la main vers le flacon, je t'en prie, mon frère.

—Si Talamousse veut me vendre sa part du prisonnier, fit Dumais, le Français lui donnera une autre traite.

—Donne-moi toute l'eau-de-feu, reprit Talamousse, et prends ma part du chien d'Anglais.

—Non, dit Dumais: un autre coup et rien de plus.

Et il fit mine de serrer la flacon.

—Donne donc et prends ma part, fit l'Indien.

Il saisit le flacon à deux mains, avala un autre demiard de la précieuse liqueur, et s'endormit sur l'herbe, complètement ivre.

—Et d'un, pensa Dumais.

La Grand'Loutre regardait tout ce qui se passait d'un air de défiance, et continuait néanmoins à fumer stroïquement.

—Mon frère veut-il à présent me vendre sa part du prisonnier? dit Dumais.

—Que veux-tu faire? repartit le sauvage.

—Le vendre au capitatine d'Haberville qui le fera pendre pour avoir brûlé sa maison et son moulin.

—Ça fait plus mal d'être brûlé: d'Haberville boira la vengeance avec autant de plaisir que Talamousse a bu ton eau-de-feu.

—Mon frère se trompe, le prisonnier souffrira tous les tourments du feu comme un guerrier, mais il pleurera comme une femme si on le menace de la corde: le capitaine d'Haberville le sait bien.

—Mon frère ment encore, répliqua la Grand'Loutre: tous les Anglais que nous avons brûlés pleuraient comme des lâches, et aucun d'eux n'a entonné sa chanson de mort comme un homme. Ils nous auraient remerciés de les pendre: il n'y a que le guerrier sauvage qui préfère le bûcher à la honte d'être pendu comme un chien[a].

211

—Que mon frère écoute, dit Dumais, et qu'il fasse attention aux paroles du visage-pâle. Le prisonnier n'est pas Anglais, mais Écossais; et les Écossais sont les sauvages des Anglais. Que mon frère regarde le vêtement du prisonnier, et il verra qu'il est presque semblable à celui du guerrier sauvage.

—C'est vrai, dit la Grand'Loutre: il n'étouffe pas dans ses habits comme les soldats anglais et les soldats du Grand Ononthio qui demeure de l'autre côté du grand lac; mais, qu'est-ce que ça y fait?

—Ça y fait, reprit le Canadien qu'un guerrier écossais aime mieux être brûlé que pendu. Il pense, comme les peaux-rouges du Canada, qu'on ne pend que les chiens, et que s'il visitait le pays des âmes la corde au cou, les guerriers sauvages ne voudraient pas chasser avec lui.

—Mon frère ment encore, dit l'Indien en secouant la tête d'un air de doute: les sauvages écossais sont toujours des visages-pâles, et ils ne doivent pas avoir le courage de souffrir comme les peaux-rouges.

Et il continua à fumer d'un air pensif.

—Que mon frère prête l'oreille à mes paroles, reprit Dumais, et il verra que je dis la vérité.

—Parle; ton frère écoute.

—Les Anglais et les Écossais, continua le Canadien, habitent une grande île de l'autre côté du grand lac; les Anglais vivent dans la plaine, les Écossais dans les montagnes. Les Anglais sont aussi nombreux que les grains de sable de ce lac, et les Écossais que les grains de sable de cet îlot où nous sommes maintenant; et néanmoins ils se font la guerre depuis autant de lunes qu'il y a de feuilles sur ce gros érable. Les Anglais sont riches, leurs sauvages sont pauvres; quand les Écossais battaient les Anglais, ils retournaient dans leurs montagnes chargés de riche butin: quand les Anglais battaient les Écossais, ils ne trouvaient rien en retour dans leurs montagnes: c'était tout profit d'un côté et rien de l'autre.

—Pourquoi les Anglais, s'ils étaient si nombreux, dit la

Grand'Loutre, ne les poursuivaient-ils pas dans leurs montagnes pour les exterminer tous? Mon frère dit qu'il vivent dans une même île: ils n'auraient pu leur échapper.

—Houa! s'écria Dumais à la façon du sauvage, mon frère va voir que c'est impossible, s'il veut m'écouter. Les sauvages écossais habitent des montagnes si hautes, si hautes, dit Dumais en montrant le ciel, qu'une armée de jeunes Anglais qui les avaient poursuivis, une fois, jusqu'à moitié chemin, avaient la barbe blanche quand ils descendirent.

—Les Français sont toujours fous, dit l'Indien, ils ne cherchent qu'à faire rire: ils mettront bien vite des *matchicotis* (jupons) et iront s'asseoir avec nos *squaws* (femmes), pour les amuser de leurs contes; ils ne sont jamais sérieux comme des hommes.

—Mon frère doit voir, reprit Dumais, que c'est pour lui faire comprendre combien sont hautes les montagnes d'Écosse.

—Que mon frère parle; la Grand'Loutre écoute et comprend, dit l'Indien accoutumé à ce style figuré.

—Les Écossais ont la jambe forte comme l'orignal, et sont agiles comme le chevrouil, continua Dumais.

—Ton frère te croit, interrompit l'Indien, s'ils sont tous comme le prisonnier, qui, malgré ses liens, était toujours sur mes talons quand nous l'avons amené ici: il a la jambe d'un sauvage.

—Les Anglais, reprit le Canadien, sont grands et robustes; mais ils ont la jambe molle et le ventre gros: si bien que, quoique souvent victorieux, lorsqu'ils poursuivaient leurs ennemis sur leurs hautes montagnes, ceux-ci plus agiles échappaient toujours, leurs dressaient des embûches, et en tuaient un grand nombre; si bien que les Anglais renonçaient le plus souvent à les poursuivre dans les lieux où ils n'attrapaient que des coups et où ils crevaient de faim. La guerre continuait cependant toujours: quand les Anglais faisaient des prisonniers, ils en brûlaient quelques-uns; mais ceux-ci entonnaient au poteau leur chanson de mort, insultaient leurs ennemis en leur disant qu'ils avaient bu dans les

crânes de leurs grands-pères, et qu'ils ne savaient pas torturer des guerriers.

—Houa! s'écria la Grand'Loutre, ce sont des hommes
que ces Écossais!

—Les Écossais, reprit le Canadien, avaient pour chef,
il y a bien longtemps de cela, un brave guerrier nommé
Wallace; quand il partait pour la guerre, la terre tremblait
sous ses pieds: il était aussi haut que ce sapin, et valait à lui
seul toute une armée. Il fut trahi par un misérable, vendu
pour de l'argent, fait prisonnier et condamné à être pendu. À
cette nouvelle, ce ne fut qu'un cri de rage et de douleur dans
toutes les montagnes d'Écosse; tous les guerriers se peigni-
rent le visage en noir, on tint conseil et dix grands chefs,
portant le calumet de la paix, partirent pour l'Angleterre. On
les fit entrer dans un grand wigwam, on alluma le feu du
conseil, on fuma longtemps en silence; un grand chef prit
enfin la parole et dit: «Mon frère, la terre a assez bu le sang
des guerriers de deux braves nations, nous désirons enterrer
la hache: rends-nous Wallace, et nous resterons en otages à
sa place: tu nous feras mourir, s'il lève encore le casse-tête
contre toi.» Et il présenta le calumet au grand Ononthio des
Anglais, qui le repoussa de la main en disant: «Avant que le
soleil se couche trois fois, Wallace sera pendu.»

—Écoute, mon frère, dit le grand chef écossais, s'il faut
que Wallace meure, fais-lui souffrir la mort d'un guerrier:
on ne pend que les chiens; et il présenta de nouveau le calumet, qu'Ononthio repoussa. Les députés se consultèrent
entre eux, et leur grand chef reprit: «Que mon frère écoute
mes dernières paroles, et que son cœur se réjouisse: qu'il
fasse planter onze poteaux pour brûler Wallace et ses dix
guerriers, qui seront fiers de partager son sort: ils remer-
cieront leur frère de sa clémence.» Et il offrit encore le
calumet de paix, qu'Ononthio refusa.

—Hou! fit la Grand'Loutre, c'étaient pourtant de
belles paroles et sortant de cœurs généreux. Mais mon frère
ne me dit pas pourquoi les Écossais sont maintenant amis
des Anglais, et font la guerre avec eux contre les Français?

—Les députés retournèrent dans leurs montagnes, la rage dans le cœur; à chaque cri de mort[b] qu'ils poussaient avant d'entrer dans les villes et les villages pour annoncer la fin lamentable de Wallace, tout le monde courait aux armes, et la guerre continua entre les deux nations pendant autant de lunes qu'il y a de grains de sable dans ma main, dit Dumais en jetant une poignée de sable devant lui. Le petit peuple de sauvages était le plus souvent vaincu par les ennemis aussi nombreux que les étoiles dans une belle nuit; les rivières coulaient des eaux de sang, mais il ne songeait pas à enfouir la hache du guerrier. La guerre durerait encore sans un traître qui avertit des soldats anglais que neuf grands chefs écossais, réunis dans une caverne pour y boire de l'eau-de-feu, s'y étaient endormis comme notre frère Talamousse.

—Les peaux-rouges, dit la Grand'Loutre, ne sont jamais traîtres à leur nation: ils trompent leurs ennemis, jamais leurs amis. Mon frère veut-il me dire pourquoi il y a des traîtres parmi les visages-pâles?

Dumais, assez embarrassé de répondre à cette question faite à brûle-pourpoint, continua comme s'il n'eût rien entendu:

—Les neuf chefs, surpris loin de leurs armes, furent conduits dans une grande ville, et tous condamnés à être pendus avant la fin d'une lune. À cette triste nouvelle, on alluma des feux de nuit sur toutes les montagnes d'Écosse pour convoquer un grand conseil de tous les guerriers de la nation. Les hommes sages dirent de belles paroles pendant trois jours et trois nuits; et cependant on ne décida rien. On fit la médecine, et un grand sorcier déclara que le mitsimanitou[5] était irrité contre ses enfants, et qu'il fallait enfouir la hache pour toujours. Vingt guerriers peints en noir se rendirent dans la grande ville des Anglais, et avant d'y entrer poussèrent autant de cris de mort qu'il y avait de chefs captifs. On tint un grand conseil, et l'Ononthio des Anglais leur accorda la paix à condition qu'ils donneraient des otages, qu'ils livreraient leurs places fortes, que les deux nations n'en feraient plus qu'une, et que les guerriers anglais et écossais combattraient épaule contre épaule les ennemis du grand Ononthio. On fit un festin qui dura trois jours et trois nuits, et où l'on but tant d'eau-de-feu, que les femmes serrèrent les casse-tête car, sans cela, la guerre aurait recommencé de nouveau. Les Anglais furent si joyeux qu'ils promirent d'envoyer en Écosse, par-dessus le marché, toutes les têtes, pattes et queues des moutons qu'ils tueraient à l'avenir.

— C'est bon ça, dit l'Indien; les Anglais sont généreux[6]!

— Mon frère doit voir, continua Dumais, qu'un guerrier écossais aime mieux être brûlé que pendu, et il va me vendre sa part du prisonnier. Que mon frère fasse son prix, et Dumais ne regardera pas à l'argent.

— La Grand'Loutre ne vendra pas sa part du prisonnier, dit l'Indien; il a promis à Taoutsï et à Katakouï de le livrer demain au campement du Petit-Marigotte, et il tiendra sa parole. On assemblera le conseil; la Grand'Loutre parlera aux jeunes gens, et, s'ils consentent à ne pas le brûler, il sera toujours temps de le livrer à d'Haberville.

— Mon frère connaît Dumais, dit le Canadien: il sait qu'il est riche, qu'il a bon cœur et qu'il est un homme de parole; Dumais paiera pour le prisonnier six fois autant, en comptant sur ses doigts, qu'Ononthio paie aux sauvages pour chaque chevelure de l'ennemi.

— La Grand'Loutre sait que son frère dit vrai, répliqua l'Indien, mais il ne vendra pas sa part du prisonnier.

Les yeux du Canadien lancèrent des flammes; il serra fortement le manche de sa hache; mais, se ravisant tout à coup, il secoua d'un air indifférent les cendres de la partie du casse-tête qui servait de pipe aux Français aussi bien qu'aux sauvages dans leurs guerres de découvertes. Quoique le premier mouvement hostile de Dumais n'eût point échappé à l'œil de lynx de son compagnon, il n'en continua pas moins à fumer tranquillement.

Les paroles de Dumais, lorsque de Locheill l'avait reconnu, avaient fait renaître l'espérance dans son âme; et il se rattachait à cette vie dont il avait d'abord fait le sacrifice avec résignation, en bon chrétien et en homme courageux. Malgré les remords cuisants qui lui déchiraient le cœur, il était bien jeune pour faire sans regret ses adieux à la vie et à tout ce qu'il avait de plus cher au monde. Pouvait-il sans amertume renoncer à la brillante carrière des armes qui avait illustré un si grand nombre de ses ancêtres? Pouvait-il, lui le dernier de sa race, enfouir sans regret dans la tombe le blason taché des Cameron de Locheill? Pouvait-il faire sans regret ses adieux à la vie, en pensant qu'il laisserait la famille d'Haberville sous l'impression qu'elle avait réchauffé une vipère dans son sein; en pensant que son nom ne serait prononcé qu'avec horreur par les seuls amis sincères qu'il eût au monde; en pensant au désespoir de Jules et aux imprécations de l'implacable capitaine; à la douceur muette de cette bonne et sainte femme qui l'appelait son fils, et de cette belle et douce jeune fille qui l'appelait jadis son frère, et à laquelle il avait espéré donner un jour un nom plus tendre? Arché était donc bien jeune pour mourir. En ressaisissant la vie, il pouvait encore tout réparer, et une lueur d'espérance ranima son cœur.

De Locheill, encouragé par les paroles de Dumais, avait suivi, avec une anxiété toujours croissante, la scène qui se passait devant lui. Ignorant l'idiome indien, il s'efforçait de saisir, à l'expression de leurs traits, le sens des paroles des interlocuteurs. Quoique la nuit fut un peu sombre, il n'avait rien perdu des regards haineux et méprisants que lui lançaient les sauvages, dont les yeux brillaient d'une lumière phosphorescente, comme ceux du chat-tigre. Connaissant la férocité des sauvages sous l'influence de l'alcool, il ne vit pas sans surprise Dumais leur passer le flacon; mais, quand il vit l'un d'eux s'abstenir de boire et l'autre étendu mort-ivre sur le sable, il comprit la tactique de son libérateur pour se débarrasser d'un de ses ennnemis. Quand il entendit prononcer le nom de Wallace, il se rappela que pendant la maladie de Dumais, il l'avait souvent entretenu des exploits fabuleux de son héros favori, sans pouvoir néanmoins deviner à quelle fin il entretenait le sauvage des exploits d'un guerrier calédonien. S'il eût compris la fin du discours du canadien, il se serait rappelé les quolibets de Jules à propos du prétendu plat favori de ses compatriotes. Quand il vit la colère briller dans les yeux de Dumais, quand il le vit serrer son casse-tête, il allait lui crier de ne point frapper, lorsqu'il lui vit reprendre une attitude pacifique. Son âme généreuse se refusait à voir son ami exposé, par un sentiment de gratitude, à passer par les armes, en tuant un sauvage allié des Français.

Le Canadien garda pendant quelque temps le silence, chargea de nouveau sa pipe, se mit à fumer et dit de sa voix la plus calme:

— Quand la Grand'Loutre est tombé malade de la picote, près de la Rivière-du-Sud, ainsi que son père, sa femme et ses deux fils, Dumais a été les chercher; et au risque de prendre la maladie lui-même, ainsi que sa famille, il les a transportés dans son grand wigwam, où il les a soignés pendant trois lunes. Ce n'est pas la faute à Dumais si le vieillard et les deux jeunes gens sont mort: Dumais les a fait enterrer avec des cierges à l'entour de leurs corps, comme des chrétiens, et la robe noire a prié le Grand-Esprit pour eux.

— Si Dumais, répliqua l'Indien, ainsi que sa femme et ses enfants fussent tombés malades dans la forêt, la Grand'Loutre les aurait portés dans son wigwam, aurait pêché le poisson des lacs et des rivières, chassé le gibier dans les bois, aurait acheté l'eau-de-feu, qui est la médecine des Français, et il aurait dit: Mangez et buvez, mes frères, et prenez des forces. La Grand'Loutre et sa *squaw* auraient veillé jour et nuit auprès de la couche de ses amis français; et la Grand'Loutre n'aurait pas dit: Je t'ai nourri, soigné, et j'ai acheté avec mes pelleteries l'eau-de-feu qui est la médecine des visages-pâles. Que mon frère, ajouta l'Indien ne se redressant avec fierté, emmène le prisonnier: le peau-rouge ne doit plus rien aux visages-pâles!

Et il se remit à fumer tranquillement.

— Écoute, mon frère, dit le Canadien, et pardonne à

Dumais s'il t'a caché la vérité: il ne connaissait pas ton grand cœur. Il va parler maintenant en présence du Grand-Esprit qui l'écoute; et le visage-pâle ne ment jamais au Grand-Esprit.

—C'est vrai, dit l'Indien: que mon frère parle, et son frère l'écoute.

—Quand la Grand'Loutre était malade, il y a deux ans, reprit le Canadien, Dumais lui a raconté son aventure, lorsque les glaces du printemps l'emportaient dans la chute du Saint-Thomas, et comment il fut sauvé par un jeune Écossais, qui arrivait le soir chez le seigneur de Beaumont.

—Mon frère me l'a racontée, dit l'Indien, et il m'a montré les reste de l'îlot où, suspendu sur l'abîme, il attendait la mort à chaque instant. La Grand'Loutre connaissait déjà la place et le vieux cèdre auquel mon frère se tenait.

—Eh bien! reprit Dumais en se levant et ôtant sa caquette, ton frère déclare, en présence du Grand-Esprit, que le prisonnier est le jeune Écossais qui lui a sauvé la vie!

L'Indien poussa un cri terrible, que les échos des montagnes répétèrent avec l'éclat de la foudre, se releva d'un bond, en tirant son couteau, et se précipita sur le prisonnier. De Locheill, qui n'avait rien compris à leur conversation, crut qu'il touchait au dernier moment de son existence, et recommanda son âme à Dieu, quand, à sa grande surprise, le sauvage coupa ses liens, lui secoua fortement les mains avec de vives démonstrations de joie, et le poussa dans les bras de son ami.

Dumais pressa en sanglotant, Arché contre sa poitrine, puis sécria en s'agenouillant:

—Je vous ai prié, ô mon Dieu! d'étendre votre main protectrice sur ce noble et généreux jeune homme; ma femme et mes enfants n'ont cessé de faire les mêmes prières: merci, merci, mon Dieu! merci de m'avoir accordé beaucoup plus que je n'avais demandé! Je vous rends grâces, ô mon Dieu! car j'aurais commis un crime pour lui sauver la vie, et j'aurais traîné une vie rongée de remords, jusqu'à ce que la tombe eût recouvert un meurtrier.

— Maintenant, dit de Locheill après avoir remercié son libérateur avec les plus vives expressions de reconnaissance, en route au plus vite, mon cher Dumais: car, si l'on s'aperçoit de mon absence du bivouac, je suis perdu sans ressources; je vous expliquerai cela chemin faisant.

Comme ils se préparaient à mettre le pied dans le canot, trois cris de huard se firent entendre vis-à-vis de l'îlot du côté sud du lac.

— Ce sont les jeunes gens du Marigotte, dit la Grand'Loutre en s'adressant à de Locheill, qui viennent te chercher, mon frère; Taoutsï et Katakouï leur auront fait dire, par quelques sauvages qu'ils auront rencontrés, qu'il y avait un prisonnier anglais sur l'îlot; mais ils crieront longtemps avant de réveiller Talamousse, et la Grand'Loutre va dormir jusqu'au retour du Canadien. Bon voyage, mes frères.

Arché et son compagnon entendirent longtemps, en se dirigeant vers le nord, les cris de huard que poussaient les sauvages à courts intervalles, mais ils étaient hors de toute atteinte.

— Je crains, dit Arché en descendant le versant opposé de la montagne, que les jeunes guerriers abénaquis, tormpés dans leur attente, ne fassent un mauvais parti à nos amis de l'îlot.

— Il est vrai, répondit son compagnon, que nous les privons d'une grande réjouissance: ils trouveront le temps long au Marigotte, et la journée de demain leur aurait paru courte en faisant rôtir un prisonnier. De Locheill frissonna involontairement.

Quant aux deux canaouas que nous avons laissés, n'ayez aucune inquiétude pour eux, ils sauront bien se tirer d'affaire. Le sauvage est l'être le plus indépendant de la nature; il ne rend compte de ses actions à autrui qu'autant que ça lui plaît. D'ailleurs tout ce qui pourrait leur arriver de plus fâcheux dans cette circonstance, serait, suivant leur expression, de couvrir la moitié du prisonnier avec des peaux de castor ou d'autres objets, en un mot d'en payer la moitié à Taoutsï et Katakouï. Il est même plus que probable que la Grand'Loutre, qui est une sorte de bel esprit parmi eux, se contentera de faire rire les autres aux dépens de ses deux associés, car il n'est jamais à bout de ressources. Il va leur dire que Talamousse et lui avaient bien le droit de disposer de la moitié de leur captif; qu'une moitié une fois libre a emporté l'autre; qu'ils se dépêchent de courir, que le prisonnier chargé de leur butin ne peut se sauver bien vite; ou d'autres farces semblables toujours bien accueillies des sauvages. Enfin, ce qui est encore probable, c'est qu'il va leur parler de mon aventure aux chutes de Saint-Thomas, que tous les Abénaquis connaissent, leur dire que c'est à votre dévouement que je dois la vie; et, comme les sauvages n'oublient jamais un service, ils s'écrieront: Mes frères ont bien fait de relâcher le sauveur de notre ami le visage-pâle!

De Locheill voulut entrer dans de longs détails pour se disculper aux yeux de Dumais de sa conduite cruelle le jour précédent; mais celui-ci l'arrêta.

— Un homme comme vous, monsieur Archibald de Locheill, dit Dumais, ne me doit aucune explication. Ce n'est pas celui qui, au péril de sa vie, n'a pas hésité un seul instant à s'exposer à la rage des éléments déchaînés pour secourir un inconnu, ce n'est pas un si noble cœur que l'on peut soupçonner de manquer aux premiers sentiments de l'humanité et de la reconnaissance. Je suis soldat et je connais toute l'étendue des devoirs qu'impose la discipline militaire. J'ai assisté à bien des scènes d'horreur de la part de nos barbares alliés, qu'en ma qualité de sergent commandant quelquefois un parti plus fort que le leurs, j'aurais pu empêcher, si des ordres supérieurs ne m'eussent lié les mains: c'est un rude métier que le nôtre pour des cœurs sensibles.

J'ai été témoin d'un spectacle qui me fait encore frémir d'horreur quand j'y pense. J'ai vu ces barbares brûler une Anglaise: c'était une jeune femme d'une beauté ravissante. Il me semble toujours la voir liée au poteau où ils la martyrisèrent pendant huit mortelles heures. Je la vois encore

221

cette pauvre femme au milieu de ses bourreaux, n'ayant, comme notre mère Ève, pour voile que ses longs cheveux, blonds comme de la filasse, qui lui couvraient la moitié du corps. Il me semble entendre sans cesse son cri déchirant de: *mein Gott! mein Gott!* Nous fîmes tout ce que nous pûmes pour la racheter, mais sans y réussir; car, malheureusement pour elle, son père, son mari et ses frères en la défendant avec le corage du désespoir, avaient tué plusieurs sauvages et entre autres un de leurs chefs et son fils. Nous n'étions qu'une quinzaine de canadiens contre au moins deux cents Indiens. J'étais bien jeune alors, et je pleurais comme un enfant. Ducros dit Laterreur cria à Francœur en écumant de rage: Quoi! sergent, nous, des hommes, nous souffrirons qu'on brûle une pauvre créature devant nos yeux sans la défendre! nous, des Français! Donnez l'ordre, sergent, et j'en déchire pour ma part dix de ces chiens de canaouas avant qu'ils aient même le temps de se mettre en défense. Et il l'aurait fait comme il le disait, car c'était un maître homme que Laterreur, et vif comme un poisson. L'Ours-Noir, un de leurs guerriers les plus redoutables, se retourna de notre côté en ricanant. Ducros s'élança sur lui le casse-tête levé en lui criant: Prends ta hache, l'Ours-Noir, et tu verras, lâche, que tu n'auras pas affaire à une faible femme! L'Indien haussa les épaules d'un air de pitié, et se contenta de dire lentement: Le visage-pâle est bête; il tuerait son ami pour défendre la *squaw* du chien d'Anglais son ennemi. Le sergent mit fin à cette altercation en ordonnant à Ducros de rejoindre notre petit groupe. C'était un brave et franc cœur, que ce sergent, comme son nom l'attestait. Il nous dit, les larmes aux yeux: «Il me serait inutile d'enfreindre mes ordres; nous ne pourrions sauver cette pauvre femme en nous faisant tous massacrer. Quelle en serait ensuite la conséquence? La puissante tribu des Abénaquis se détacherait de l'alliance des Français, deviendrait notre ennemie, et combien alors de nos femmes et de nos enfants subiraient le sort de cette malheureuse Anglaise! Et je serai responsable de tout le sang qui serait répandu.»

Eh bien! monsieur Arché, six mois même après cette scène horrible, je me réveillais en sursaut, tout trempé de sueur: il me semblait la voir, cette pauvre victime, au milieu des ces bêtes féroces; il me semblait sans cesse entendre ses cris déchirants de *mein Gott! mein Gott!* On s'est étonné de mon sang-froid, et de mon courage, lorsque les glaces m'entraînaient vers les chutes de Saint-Thomas; en voici la principale cause. Au moment où la débâcle se fit, et que les glaces éclataient avec un bruit épouvantable, je crus entendre, parmi les voix puissantes de la tempête, les cris déchirants de la malheureuse Anglaise et son *mein Gott! mein[7] Gott!* Je pensai que c'était un châtiment de la Providence, que je méritais pour ne pas l'avoir secourue. Car, voyez-vous, monsieur Arché, les homme font souvent des lois que le bon Dieu est loin de sanctionner. Je ne suis qu'un pauvre ignorant, qui doit le peu d'instruction que j'ai reçue au vénérable curé qui a élevé ma femme; mais c'est là mon avis.

—Et vous avez bien raison, dit Arché en soupirant.

Les deux amis s'entretinrent, pendant le reste du trajet, de la famille d'Haberville. Les dames et mon oncle Raoul s'étaient réfugiés dans la ville de Québec, à la première nouvelle de l'apparition de la flotte anglaise dans les eaux du Saint-Laurent. Le capitaine d'Haberville était campé à Beauport, avec sa compagnie, ainsi que son fils Jules, de retour au Canada avec le régiment dans lequel il servait.

Dumais, craignant quelque fâcheuse rencontre de sauvages abénaquis qui épiaient les mouvements de l'armée anglaise, insista pour escorter Arché jusqu'au bivouac où il avait laissé ses soldats. Les dernière paroles de de Locheill furent:

—Vous êtes quitte envers moi, mon ami, vous m'avez rendu vie pour vie; mais moi je ne le serai jamais envers vous. Il y a, Dumais, une solidarité bien remarquable dans nos deux existences. Parti de la Pointe-Lévis, il y deux ans, j'arrive sur les bords de la Rivière-du-Sud pour vous retirer de l'abîme: quelques minutes plus tard vous étiez perdu sans

223

ressources. Je suis, moi, fait prisonnier, hier, par les sauvages, après une longue traversée de l'Océan; et vous, mon
cher Dumais, vous vous trouvez à point sur un îlot du lac
Trois-Saumons pour me sauver l'honneur et la vie: la
providence de Dieu s'est certainement manifestée d'une
manière visible. Adieu, mon cher ami; quelqu'aventureuse
que soit la carrière du soldat, j'ai l'espoir que nous repo-
serons la tête sous le même tertre, et que vos enfants et
petits-enfants auront une raison de plus de bénir la mémoire
d'Archibald Cameron of Locheill.

Lorsque les montagnards écossais remarquèrent, au
soleil levant, la pâleur de leur jeune chef, après tant d'émotions, ils pensèrent que, craignant quelque surprise, il avait
passé la nuit sans dormir, à rôder autour de leur bivouac.
Après un léger repas, de Locheill fit mettre le feu à la maison
voisine du moulin réduit en cendres; mais il avait à peine
repris sa marche, qu'un émissaire de Montgomery lui signi-
fia de cesser l'œuvre de destruction[8].

—Il est bien temps! s'écria Arché en mordant la
poignée de sa claymore.

Notes

1. Le Petit-Marigotte est un étang giboyeux, situé à environ un
    mille au sud du lac des Trois-Saumons: les anciens préten-
    daient que c'était l'œuvre des castors.
2. *Canaoua:* nom de mépris que les anciens Canadiens donnaient
    aux sauvages.
3. Le hibou, peu sociable de sa nature, pousse souvent des cris
    lamentables à la vue du feu qu'allument, la nuit, dans les bois,
    ceux qui fréquentent nos forêts canadiennnes. On croirait que,
    dans sa fureur, ils va se précipiter dans les flammes qu'il
    touche fréquemment de ses ailes.
4. Les anciens sauvages disaient souvent aux Canadiens: «Mon
    frère ment comme un Français.» Ce qui fait croire que les
    Indiens étaient plus véridiques.
    Un sauvage montagnais accusait un jour, en ma présence, un

jeune homme de sa tribu de lui avoir volé une peau de renard.

— Eh oui, dit le coupable en riant aux éclats, je l'ai prise; tu la trouveras dans la forêt.

Et il lui indiqua en même temps le lieu où il l'avait cachée.

Malgré ce fait, les sauvages n'en ont pas moins mérité la réputation de menteurs. On connaît le proverbe canadien: menteur comme un sauvage.

5. Faire la médecine: les sauvages n'entreprenaient aucune expédition importante, soit de guerre, soit de chasse, sans consulter les esprits infernaux par le ministère de leurs sorciers.

Le mitsimanitou était le grand dieu des sauvages; et le manitou, leur démon ou génie du mal, divinité inférieure toujours opposée au dieu bienfaisant.

6. Les sauvages sont très friands de la tête et des pattes des animaux. Je demandais un jour à un vieux canaoua, qui se vantait d'avoir pris part à un festin où sept de leurs ennemis avaient été mangés, quelle était la partie la plus délicieuse d'un ennemi rôti: il répondit sans hésiter, en se faisant claquer la langue: «Certes, ce sont les pieds et les mains, mon frère. »

7. Un vieux soldat, nommé Godrault, qui avait servi sous mon grand-père, me racontait, il y a près de soixante et dix ans, cette scène cruelle dont il avait été témoin. Il me disait que l'infortunée victime criait: *mein Gott!* Ma famille croyait que c'était une faute de prononciation de la part du soldat, et que ce devait être plutôt: *my God!* mais il est probable que cette malheureuse femme était Hollandaise, et qu'elle criait vraiment: *mein Gott!*

8. Cette maison, construite en pierre, et appartenant à monsieur Joseph Robin, existe encore; car, après le départ des Anglais, les Canadiens, cachés dans les bois, éteignirent le feu, Un poutre roussie par les flamme atteste cet acte de vandalisme. La tradition veut que cette maison ait été préservée de l'incendie par la protection d'un Christ, les autres disent d'une madone exposée dans une niche pratiquée dans le mur de l'édifice, comme cela se voit encore dans plusieurs anciennes maisons canadiennes.

Chapitre quatorzième
Les Plaines d'Abraham

*Il est des occasions dans la guerre où le plus
brave doit fuir.*

C<small>ERVANTÈS</small>

Vae victis! dit la sagesse des nations; malheur aux vaincus!
non seulement à cause des désastres, conséquences natu-
relles d'une défaite, mais aussi parce que les vaincus ont
toujours tort. Il souffrent matériellement, ils souffrent dans
leur amour-propre blessé, ils souffrent dans leur réputation
comme soldats. Qu'ils aient combattu un contre dix, un
contre vingt, qu'ils aient fait des prodiges de valeur, ce sont
toujours des vaincus; à peine trouvent-ils grâce chez leurs
compatriotes. L'histoire ne consigne que leur défaite. Ils
recueillent bien, par-ci par-là, quelques louanges des écrivains de leur nation; mais ces louanges sont presque toujours mêlées de reproches. On livre une nouvelle bataille, la
plume et le compas à la main; on enseigne aux mânes des
généraux dont les corps reposent sur des champs de carnage
vaillamment défendus, ce qu'ils auraient dû faire pour être
au nombre des vivants; on démontre victorieusement, assis
dans un fauteuil bien bourré, par quelles savantes manœuvres les vaincus seraient sortis triomphants de la lutte; on
leur reproche avec amertume les conséquences de leur
défaite. Ils mériteraient pourtant d'être traités avec plus de
générosité. Un grand capitaine qui a égalé de nos jours
Alexandre et César, n'a-t-il pas dit: «Quel est celui qui n'a
jamais commis de faute à la guerre?» *Vae victis!*

Le 13 septembre 1759, jour néfaste dans les annales de

227

la France, l'armée anglaise, commandée par le général Wolfe, après avoir trompé la vigilance des sentinelles françaises, et surpris les avant-postes pendant une nuit sombre, était rangée en bataille le matin sur les plaines d'Abraham, où elle avait commencé à se retrancher. Le général Montcalm, emporté par son courage chevaleresque, ou jugeant peut-être aussi qu'il était urgent d'interrompre des travaux dont les conséquences pouvaient devenir funestes, attaqua les Anglais avec une portion seulement de ses troupes, et fut vaincu, comme il devait l'être avec des forces si disproportionnées à celles de l'ennemi. Les deux généraux scellèrent de leur sang cette bataile mémorable, Wolfe en dotant l'Angleterre d'une colonie presque aussi vaste que la moitié de l'Europe, Montcalm en faisant perdre à la France une immense contrée que son roi et ses imprévoyants ministres appréciaient d'aileurs fort peu.

Malheur aux vaincus! Si le marquis de Montcalm eût remporté la victoire sur l'armée anglaise, on l'aurait élevé jusqu'aux nues, au lieu de lui reprocher de n'avoir pas attendu les renforts qu'il devait recevoir de monsieur de Vaudreuil et du colonel de Bougainville; on aurait admiré sa tactique d'avoir attaqué brusquement l'ennemi avant qu'il eût le temps de se reconnaître, et d'avoir profité des accidents de terrains pour se retrancher dans des positions inexpugnables; on aurait dit que cent hommes à l'abri de retranchements en valent mille à découvert; on n'aurait point attribué au général Montcalm des motifs de basse jalousie, indignes d'une grande âme: les lauriers brillants qu'il avait tant de fois cueillis sur de glorieux champs de bataille, l'auraient mis à couvert de tels soupçons.

Vae victis! La cité de Québec, après la funeste bataille du 13 septembre, n'était plus qu'un monceau de ruines; les fortifications n'étaient pas même à l'abri d'un coup de main, car une partie des remparts s'écroulait; les magasins étaient épuisés de munitions les artilleurs, plutôt pour cacher leur détresse que pour nuire à l'ennemi, ne tiraient qu'un coup de canon à longs intervalles contre les batteries formidables des Anglais. Il n'y avait plus de vivres. Et l'on a cependant accusé de pusillanimité la brave garnison qui avait tant souffert et qui s'était défendue si vaillamment. Si le gouverneur, nouveau Nostradamus, eût su que le chevalier de Lévis était à portée de secourir la ville, et qu'au lieu de capituler, il eût attendu l'arrivée des troupes françaises, il est encore certain que, loin d'accuser la garnison de pusillanimité, on eût élevé son courage jusqu'au ciel. Certes, la garnison s'est montrée bien lâche en livrant une ville qu'elle savait ne pouvoir défendre! Elle devait, confiante en l'humanité de l'ennemi qui avait promené le fer et le feu dans les paisibles campagnes, faire fi de la vie des citadins, de l'honneur de leurs femmes et de leurs filles exposées à toutes les horreurs d'une ville prise d'assaut! Elle a été bien lâche cette pauvre garnison! Malheur aux vaincus!

Les Anglais, après la capitulation, ne négligèrent rien de ce qui pouvait assurer la conquête d'une place aussi importante que la capitale de la Nouvelle-France. Les murs furent relevés, de nouvelles fortifications ajoutées aux premières, et le tout armé d'une artillerie formidable. Ils pouvaient devenir assiégés, d'assiégeants qu'ils étaient l'année précédente. Leurs prévisions étaient justes, car le général de Lévis reprenait, le printemps suivant, l'offensive avec une armée de huit mille hommes, tant de troupes régulières que de miliciens canadiens.

Cependant l'armée anglaise, fière de la victoire qu'elle avait remportée, sept mois auparavant, était encore rangée en bataille, dès huit heures du matin, le 28 avril 1760, sur les mêmes plaines où elle avait combattu avec tant de succès. Le général Murray, qui commandait cette armée forte de six mille hommes et soutenue par vingt-deux bouches à feu, occupait les positions les plus avantageuses, lorsque l'armée française, un peu plus nombreuse, mais n'ayant que deux pièces d'artillerie, couronna les hauteurs de Sainte-Foye. Les Français, quoique fatigués par une marche pénible par des chemins impraticables à travers les marais de la Suède[1,] brûlaient du désir de venger leur défaite de l'année précédente. La soif du sang était bien ardente dans les poitrines d'ennemis qui attisaient depuis tant d'années les haines séculaires qu'ils avaient transportées de la vieille Europe sur le nouveau continent. Des deux côtés la bravoure était égale, et quinze mille hommes des meilleures troupes du monde n'attendaient que l'ordre de leurs chefs pour ensanglanter de nouveau les mêmes plaines qui avaient déjà bu le sang de tant de valeureux soldats.

Jules d'Haberville, qui s'était déjà distingué à la première bataille des plaines d'Abraham, faisait alors partie d'une des cinq compagnies commandées par le brave capitaine d'Aiguebelle, qui, sur l'ordre du général de Lévis, abandonnèrent d'abord le moulin de Dumont attaqué par des forces supérieures. Jules blessé grièvement par un éclat d'obus, qui lui avait cassé le bras gauche, refusa de céder aux instances de ses amis, qui le pressaient instamment de faire panser une blessure dont le sang coulait avec abondance; et, se contentant d'un léger bandage avec son mouchoir, il chargea de nouveau, la bras en écharpe, à la tête de sa compagnie, lorsque le général, jugeant l'importance de s'emparer à tout prix d'un poste dont dépendait l'issu du combat, ordonna de reprendre l'offensive.

Presque toute l'artillerie du général Murray était dirigée de manière à protéger cette position si importante, lorsque les grenadiers français l'abordèrent de nouveau au pas de charge. Les boulets, la mitraille décimaient leurs rangs, qu'ils reformaient à mesure avec autant d'ordre que dans une parade. Cette position fut prise et reprise plusieurs fois pendant cette mémorable bataille où chacun luttait de courage. Jules d'Haberville, «le petit grenadier», comme l'appelaient ses soldats, emporté par son ardeur malgré sa blessure, s'était précipité, l'épée à la main, au milieu des ennemis qui lâchèrent prise un instant; mais à peine les Français s'y étaient-ils établis, que les Anglais, revenant à la charge en plus grand nombre, s'emparèrent du moulin, après un combat des plus sanglants.

Les grenadiers français, mis un instant en désordre, se

reformèrent de nouveau à une petite distance sous le feu de l'artillerie et d'une grêle de balles qui les criblaient; et, abordant pour la troisième fois le moulin de Dumont à la baïonnette, ils s'en emparèrent après une lutte sanglante, et s'y maintinrent.

On aurait cru, pendant cette troisième charge, que tous les sentiments qui font aimer la vie étaient éteints dans l'âme du jeune d'Haberville, qui, le cœur ulcéré par l'amitié trahie, par la ruine totale de sa famille, paraissait implorer la mort comme un bienfait. Aussi dès que l'ordre avait été donné de marcher en avant pour la troisième fois, bondissant comme un tigre, et poussant le cri de guerre de sa famille: «À moi grenadier!» il s'était précipité seul sur les Anglais, qu'il avait attaqués comme un insensé. L'œuvre de carnage avait recommencé avec une nouvelle fureur, et, lorsque les Français étaient restés maîtres de la position, ils avaient retiré Jules d'un monceau de morts et de blessés. Comme il donnait signe de vie, deux grenadiers le portèrent sur les bords d'un petit ruisseau près du moulin, où un peu d'eau fraîche lui fit reprendre connaissance. C'était plutôt la perte du sang qui avait causé la syncope, que la grièveté de la blessure: un coup de sabre, qui avait fendu son casque, avait coupé la chair sans fracturer l'os de la tête. Un soldat arrêta l'effusion du sang, et dit à Jules, qui voulait retourner au combat:

—Pas pour le petit quart d'heure, notre officier: vous en avez votre suffisance pour le moment; le soleil chauffe en diable sur la butte, ce qui est dangereux pour les blessures de tête. Nous allons vous porter à l'ombre de ce bois, où vous trouverez des lurons qui ont aussi quelques égratignures. D'Haberville, trop faible pour opposer aucune résistance, se trouva bien vite au milieu de nombreux blessés, qui avaient eu assez de force pour se traîner jusqu'au bocage de sapins.

Tout le monde connaît l'issue de la seconde bataille des plaines d'Abraham; la victoire fut achetée bien chèrement par les Français et les Canadiens, dont la perte fut aussi grande que celle de l'ennemi. Ce fut, de la part des vainqueurs, effusion inutile de sang. La Nouvelle-France, abandonnée de la mère patrie, fut cédée à l'Angleterre par le nonchalant Louis XV, trois ans après cette glorieuse bataille qui aurait pu sauver la colonie.

De Locheill s'était vengé noblement des soupçons injurieux à sa loyauté, que son ennemi Montgomery avait essayé d'inspirer aux officier supérieurs de l'armée britannique. Ses connaissances étendues, le temps qu'il consacrait à l'étude de sa nouvelle profession, son aptitude à tous les exercices militaires, sa vigilance aux postes qui lui étaient confiés, sa sobriété, lui valurent d'abord l'estime générale; et son bouillant courage, tempéré néanmoins par la prudence dans l'attaque des lignes françaises à Montmorency, et sur le champ de bataille du 13 septembre 1759, fut remarqué par le général Murray, qui le combla publiquement de louanges.

Lors de la déroute de l'armée anglaise, à la seconde bataille des plaines d'Abraham, Archibald de Locheill, après des prodiges de valeur à la tête de ses montagnards, fut le dernier à céder un terrain qu'il avait disputé pouce à pouce; il se ditingua encore par son sang-froid et sa présence d'esprit en sauvant les débris de sa compagnie dans la retraite; car, au lieu de suivre le torrent des fuyards vers la ville de Québec, il remarqua que le moulin de Dumont était évacué par les grenadiers français, occupés à la poursuite de leurs ennemis dont ils faisaient un grand carnage, et profitant de cette circonstance pour dérober sa marche à l'ennemi, il défila entre cette position et le bois adjacent. Ce fut alors qu'il crut entendre prononcer son nom; et, se détournant, il vit sortir du bosquet un officier, le bras en écharpe, la tête couverte d'un linge sanglant, l'uniforme en lambeaux, qui, l'épée à la main, s'avançait en chancelant vers lui.

—Que faites-vous, brave Cameron de Locheill? cria l'inconnu. Le moulin est évacué par nos vaillants soldats; il n'est pas même défendu par des femmes, des enfants et des vieillards infirmes! Retournez sur vos pas, valeureux Cameron, il vous sera facile de l'incendier pour couronner vos exploits!

Il était impossible de se méprendre à la voix railleuse de Jules d'Haberville, quoique son visage, souillé de sang et de boue, le rendît méconnaissable.

Arché, à ces paroles insultantes, n'éprouva qu'un seul sentiment, celui d'une tendre compassion pour l'ami de sa jeunesse, pour celui qu'il désirait depuis longtemps presser dans ses bras. Son cœur battit à se rompre; un sanglot déchirant s'échappa de sa poitrine, car il lui sembla; entendre retentir de nouveau les paroles de la sorcière du domaine:

— «Garde ta pitié pour toi-même: tu en auras besoin, lorsque tu porteras dans tes bras le corps sanglant de celui que tu appelles maintenant ton frère! Je n'éprouve qu'une grande douleur, ô Archibald de Locheill! c'est celle de ne pouvoir te maudire! Malheur! malheur! malheur!»

Aussi Arché, sans égard à la position critique dans laquelle il se trouvait, à la responsabilité qui pesait sur lui pour le salut de ses soldats, fit faire halte à sa compagnie, et s'avança au-devant de Jules, sa claymore dirigée vers la terre. Un instant, un seul instant toute la tendresse du jeune Français pour son frère d'adoption sembla se réveiller en lui; mais réprimant ce premier mouvement de sensibilité, il lui dit d'une voix creuse et empreinte d'amertume:

— Défendez-vous, monsieur de Locheill, vous aimez les triomphes faciles. Défendez-vous! Ah! traître!

À cette nouvelle injure, Arché, se croisant les bras, se contenta de répondre de sa voix la plus affectueuse:

— Toi aussi, mon frère Jules, toi aussi tu m'as condamné sans m'entendre!

À ces paroles d'affectueux reproches, une forte secousse nerveuse acheva de paralyser le peu de force qui restait à Jules; l'épée lui échappa de la main, et il tomba la face contre terre. Arché fit puiser de l'eau dans le ruisseau voisin par un de ses soldats; et sans s'occuper du danger auquel il s'exposait, il prit son ami dans ses bras et le porta sur la lisière du bois, où plusieurs blessés tant Français que Canadiens, touchés des soins que l'Anglais donnait à leur jeune officier, n'eurent pas même l'idée de lui nuire, quoique plusieurs eussent rechargé leurs fusils. Arché, après avoir visité les blesssures de son ami, jugea que la perte de sang était la seule cause de la syncope: en effet, l'eau glacée qu'il lui jeta au visage, lui fit bien vite reprendre connaissance. Il ouvrit les yeux, les leva un instant sur Arché, mais ne proféra aucune parole. Celui-ci lui serra une main, qui parut répondre par une légère pression.

—Adieu, Jules, lui dit Arché; adieu, mon frère! le devoir impérieux m'oblige de te laisser: nous reverrons tous deux de meilleurs jours.

Et il rejoignit en gémissant ses compagnons.

—Maintenant, mes garçons, dit de Locheill après avoir jeté un coup d'œil rapide sur la plaine, après avoit prêté l'oreille aux bruits confus qui en sortaient, maintenant, mes garçons, point de fausse délicatesse, la bataille est perdue sans ressources; montrons à présent l'agilité de nos jambes de montagnards, si nous voulons avoir la chance d'assister à d'autres combats; en avant donc, et ne me perdez pas de vue.

Profitant alors, avec une rare sagacité, de tous les accidents de terrain, prêtant l'oreille de temps en temps aux cris des Français acharnés à la poursuite des Anglais, qu'ils voulaient refouler sur la rivière Saint-Charles, de Locheill eut le bonheur de rentrer dans la ville de Québec, sans avoir perdu un seul homme de plus. Cette vaillante compagnie avait déjà assez souffert: la moitié était restée sur le champ de bataille; et, de tous les officiers et sous-officiers, de Locheill était le seul survivant.

Honneur au courage malheureux! Honneur aux mânes des soldats anglais dont les corps furent enterrés pêle-mêle avec ceux de leurs ennemis, le 28 avril 1760. Honneur à ceux dont on voit encore les monceaux d'ossements reposer en paix près du moulin de Dumont dans un embrassement éternel! Ces soldats auront-ils oublié leurs haines invétérées pendant ce long sommeil ou seront-ils prêts à s'entr'égorger de nouveau, lorsque la trompette du jugement dernier sonnera le dernier appel de l'homme de guerre sur la vallée de Josaphat?

Honneur à la mémoire des guerriers français dont les plaines d'Abraham recouvrent les corps sur le sinistre champ de bataille de l'année précédente. Auront-ils mémoire, après un si long sommeil, de leur dernière lutte pour défendre le sol de leur patrie passée sous le joug de l'étranger? Chercheront-ils, en s'éveillant, leurs armes pour reconquérir cette terre que leur courage trahi n'a pu conserver? Les héros, chantés par les poètes de la mythologie, conservaient leurs passions haineuses dans les Champs-Élysées; les héros chrétiens pardonnent en mourant à leurs ennemis.

Honneur au courage malheureux! Si les hommes, qui fêtent l'anniversaire d'une grande victoire glorieusement disputée, avaient dans l'âme une parcelle de sentiments généreux, ils appendraient au brillant pavillon national, un drapeau à la couleur sombre avec cette légende: «Honneur au courage malheureux!» Parmi les guerriers célèbres dont l'histoire fait mention, un seul, le lendemain d'une victoire mémorable, se découvrit avec respect devant les captifs en présence de son nombreux état-major, et prononça ces paroles dignes d'une grande âme: «Honneur, messieurs, au courage malheureux!» Il voulait, sans doute, que les Français, dans leurs triomphes futurs, fissent la part de gloire aux vaincus qui en étaient dignes: il savait que chacune de ses paroles resterait à jamais gravée sur le marbre de l'histoire. Les grands guerriers sont nombreux; la nature avare prend des siècles pour enfanter un héros.

Le champ de bataille offrait un bien lugubre spectacle après la victoire des Français: le sang, l'eau et la boue adhéraient aux vêtements, aux cheveux, aux visages même des morts et des blessés étendus çà et là sur un lit de glace: il fallait de pénibles efforts pour les dégager. Le chevalier de Lévis fit prendre le plus grand soin des blessés des deux nations, dont le plus grand nombre fut transporté au couvent des Dames Hospitalières de l'Hôpital-Général. L'hospice et ses dépendances furent encombrés de malades. Tout le linge de la maison fut déchiré pour les pansements; il ne resta aux bonnes religieuses que les habits qu'elles portaient sur elles le jour de la bataille[a]. Toujours altérées de charité chrétienne, elles eurent une rare occasion de se livrer aux pénibles devoirs que cette charité impose à celles qui, en prononçant leurs vœux, en ont fait un culte et une profession.

Le général Murray, rentré, après sa défaite, dans la cité de Québec qu'il avait fortifiée d'une manière formidable, opposait une vigoureuse résistance au chevalier de Lévis, lequel n'avait d'autre matériel de siège que vingt bouches à feu pour armer ses batteries: c'était plutôt un blocus qu'un siège régulier que les Français prolongeaient, en attendant des secours qu'ils ne reçurent jamais de la mère patrie.

Le chevalier de Lévis, qui avait à cœur de montrer les soins qu'il donnait aux blessés ennemis, s'était prêté de la meilleure grâce du monde à la demande du général anglais d'envoyer trois fois par semaine un de ses officiers visiter les malades de sa nation transportés à l'Hôpital-Général. De Locheill savait que son ami devait être dans cet hospice avec les officiers des deux nations; mais il n'en avait reçu aucune nouvelle. Quoique dévoré d'inquiétude, il s'était abstenu de s'en informer pour ne point donner prise à la malveillance, dans la fausse position où ses anciennes relations avec les Canadiens l'avaient mis. Il était cependant naturel qu'il désirât rendre visite à ses compatriotes; mais, avec la circonspection d'un Écossais, il n'en fit rien paraître: et ce ne fut que le dixième jour après la bataille, lorsque son tour vint naturellement, qu'il se rendit à l'hospice, escorté d'un officier français. La conversation, entre les deux jeunes gens, ne tarit pas pendant la route.

—Je ne sais, dit à la fin de Locheill, si ce serait une indiscrétion de ma part de vous demander à parler privément à la supérieure de l'hospice?

—Je n'y vois pas d'indiscrétion, répondit le Français, mais je crains, moi, d'enfreindre mes ordres en vous le permettant: il m'est ordonné de vous conduire près de vos compatriotes, et rien de plus.

—J'en suis fâché, dit l'Écossais d'un air indifférent: ça

sera un peu contrariant pour moi; mais n'en parlons plus.

L'officier français garda le silence pendant quelques minutes, et se dit, à part lui, que son interlocuteur, parlant la langue française comme un Parisien, avait probablement lié connaissance avec quelques familles canadiennes enfermées dans les murs de Québec; qu'il était peut-être chargé de quelque message de parent ou d'amis de la supérieure, et qu'il serait cruel de refuser sa demande. Il reprit donc après un moment de silence:

— Comme je suis persuadé que ni vous, ni madame la supérieure n'avez dessein de faire sauter nos batteries, je ne crois pas, après tout, manque à mon devoir, en vous accordant l'entretien secret que vous demandez.

De Locheill, qui comptait sur cette entrevue pour opérer une réconciliation avec son ami, eut peine à réprimer un mouvement de joie, et répondit cependant d'un ton d'indifférence:

— Merci, monsieur, de votre courtoisie envers moi et cette bonne dame. Vos batteries, protégées par la valeur française, ajouta-t-il en souriant, sont en parfaite sûreté, lors même que nous saurions de mauvais desseins.

Les passages de l'hospice qu'il fallait franchir avant de pénétrer dans le parloir de la supérieure, était littéralement encombrés de blessés. Mais Arché, n'y voyant aucun de ses compatriotes, se hâta de passer outre. Après avoir sonné, il se promena de long en large, dans ce même parloir où la bonne supérieure, tante de Jules, leur faisait jadis servir la collation, dans les fréquentes visites qu'il faisait au couvent, avec son ami, pendant son long séjour au collège des Jésuites, à Québec.

La supérieure l'accueillit avec une politesse froide, et lui dit:

— Bien fâchée de vous avoir fait attendre; prenez, s'il vous plaît, un siège, monsieur.

— Je crains, dit Arché, que madame la supérieure ne me reconnaisse pas.

— Mille pardons, répliqua la supérieure: vous êtes

monsieur Archibald Cameron of Locheill.

— Vous m'appeliez autrefois Arché, fit le jeune homme.

— Les temps sont bien changés, monsieur de Locheill, répliqua la religieuse; et il s'est passé bien des événements depuis.

De Locheill fit écho à ces paroles, et répéta en soupirant:

— Les temps sont bien changés, et il s'est passé bien des événements depuis. Mais, au moins, madame, comment se porte mon frère Jules d'Haberville?

— Celui que vous appeliez autrefois votre frère, monsieur de Locheill, est maintenant, je l'espère hors de danger.

— Dieu soit loué! reprit de Locheill, toute espérance n'est pas maintenant éteinte dans mon cœur! si je m'adressais à une personne ordinaire, il ne me resterait plus qu'à me retirer après avoir remercié madame la supérieure de l'entrevue qu'elle a daigné m'accorder, mais j'ai l'honneur de parler à la sœur d'un brave soldat, à l'héritière d'un nom illustré dans l'histoire par des hauts faits d'armes, par les nobles actions d'une dame d'Haberville[2]; et, si madame veut le permettre, si madame veut oublier un instant les liens de tendre affection qui l'attachent à sa famille, si madame la supérieure veut se poser en juge impartial entre moi et une famille qui lui serait étrangère, j'oserais alors entamer une justification, avec espoir de réussite.

— Parlez, monsieur de Locheill repartit la supérieure; parlez, je vous écoute, non comme une d'Haberville, mais comme une parfaite étrangère à ce nom: c'est mon devoir, comme chrétienne, de le faire; c'est mon désir d'écouter, avec impartialité, tout ce qui pourrait pallier votre conduite cruelle et barbare envers une famille qui vous aimait tant.

Une rougeur subite, suivie d'une pâleur cadavéreuse, empreinte sur les traits du jeune homme, fit croire à la supérieure qu'il allait s'évanouir. Il saisit des deux mains la grille qui le séparait de son interlocutrice, s'y appuya la tête pendant quelques instants; puis, maîtrisant son émotion, il

238

fit le récit que le lecteur connaît déjà par les chapitres précédents.

Arché entra dans les détails les plus minutieux; il raconta ses regrets d'avoir pris du service dans l'armée anglaise, lorsqu'il apprit que son régiment devait faire partie de l'expédition dirigée contre le Canada; il parla de la haine héréditaire des Montgomery contre les Cameron of Locheill; il représenta le major acharné à sa perte, épiant toutes ses actions pour y réussir; il s'accusa de lâcheté de n'avoir pas sacrifé l'honneur même à la reconnaissance qu'il devait à la famille qui l'avait adopté dans son exil. Il n'omit rien: il raconta la scène chez le vieillard de Sainte-Anne; son humanité en faisant prévenir d'avance les malheureuses familles canadiennes du sort qui les menaçait; ses angoisses, son désespoir sur la côte de Port-Joli, avant d'incendier le manoir seigneurial; ses prières inutiles pour fléchir son ennemi le plus cruel; ses imprécations, ses projets de vengeance contre Montgomery à la fontaine du promontoir, après avoir accompli l'acte barbare de destruction; son désespoir à la vue des ruines fumantes qu'il avait faites; sa capture par les Abénaquis, ses réflexions amères, son retour à Dieu qu'il avait si grièvement offensé en se livrant à tous les mouvements de haine et de rage que le désespoir peut inspirer. Il raconta la scène sur les plaines d'Abraham, des angoisses dévorantes à la vue de Jules, qui pouvait avoir reçu des blessures mortelles; il n'omit rien, et n'ajouta rien à sa défense. En mettant à nu les émotions cruelles de son âme, en peignant l'orage des passions qui avait grondé dans son sein pendant ces fatales journées, de Locheill n'avait rien à ajouter pour sa justification devant un tel juge. Quel plaidoyer pouvait être, en effet, plus éloquent que le récit fidèle de tout ce qui avait agité son âme! Quel plaidoyer plus éloquent que le récit simple et sans fard des mouvements d'indignation qui torturent une grande âme, obligée d'exécuter les ordres cruels d'un chef féroce, mort à tous sentiments d'humanité! De Locheill, sans même s'en douter, était sublime d'éloquence en plaidant sa cause devant cette noble dame, qui était à la hauteur de ses sentiments.

Elle était bien à la hauteur de ses sentiments, celle qui avait dit un jour à son frère le capitaine d'Haberville:

«Mon frère, vous n'avez pas déjà trop de biens pour soutenir dignement l'honneur de notre maison, sans partager avec moi le patrimoine de mon père; j'entre demain dans un couvent; et voici l'acte de renonciation que j'ai fait en votre faveur.»

La bonne supérieure l'avait écouté avec une émotion toujours croissante; elle joignit les mains, et les tendit suppliantes vers le jeune Écossais, lorsqu'il répéta ses malédictions, ses imprécations, ses projets de vengeance contre Montgomery. Les larmes coulèrent abondamment de ses yeux, lorsque de Locheill, prisonnier des sauvages et voué à une mort atroce, rentra en lui-même, se courba sous la main de Dieu et se prépara à la mort d'un chrétien repentant; et elle éleva ses mains vers le ciel pour lui témoigner sa reconnaissance.

— Mon cher Arché, dit la sainte femme...

— Ah! merci! cent fois merci! madame, de ces bonnes paroles, s'écria de Locheill en joignant les mains.

— Mon cher Arché, reprit la religieuse, je vous absous moi de tout mon cœur; vous avez rempli les devoirs souvent pénibles du soldat, en exécutant les ordres de votre supérieur; votre dévouement à notre famille vous eût perdu sans ressource, sans empêcher la ruine de mon frère; oui, je vous absous moi, mais j'espère que vous pardonnerez maintenant de même à votre ennemi.

— Mon ennemi, madame, ou plutôt celui qui le fut jadis, a eu à solliciter son pardon de Celui qui nous jugera tous.

Il se déroba un des premiers par la fuite au champ de bataille qui nous a été si funeste; un coup de feu l'étendit blessé à mort sur un monceau de glace; il n'a pas même eu une pierre pour y appuyer sa tête; le tomahawk a mis fin à ses souffrances, et sa chevelure sanglante pend maintenant à la ceinture d'un Abénaquis. Que Dieu lui pardonne, continua Arché en élevant les mains, comme je le fais du plus profond de mon cœur[b]!

Un rayon de joie illumina le visage de la supérieure; née vindicative comme son frère le capitaine d'Haberville, une religion toute d'amour et de charité, en domptant chez elle la nature, n'avait laissé dans son cœur qu'amour et charité envers tous les hommes. Elle parut prier pendant un instant, et reprit ensuite:

—J'ai tout lieu de croire qu'il sera facile de vous réconcilier avec Jules. Il a été aux portes de la mort; et, pendant son délire, il prononçait sans cesse votre nom, parfois en vous apostrophant d'une voix menaçante, vous adressant les reproches les plus sanglants, mais, le plus souvent, paraissant converser avec vous de la manière la plus affectueuse.

Il faut connaître mon neveu, pour juger du culte qu'il vous portait; il faut connaître cette belle âme toute d'abnégation, pour comprendre son amour pour vous, et ce qu'il aurait été capable d'entreprendre afin de vous le prouver. Combien de fois m'a-t-il dit: «J'aime les hommes, je suis tojours prêt à leur rendre service; mais, s'il fallait demain faire à mon frère Arché le sacrifice de ma vie, je mourrais, le sourire sur les lèvres, car je lui aurais donné la seule preuve de mon affection qui fût digne de lui.» De pareils sentiments ne s'éteignent pas soudain dans un noble cœur comme celui de mon neveu, sans des efforts surhumains. Il sera heureux, au contraire, d'entendre votre justification de ma bouche; et soyez sûr, mon cher Arché, que je n'épargnerai rien de ce qui pourra amener une réconciliation avec votre frère. Il n'a jmais prononcé votre nom depuis sa convalescence; et comme il est encore trop faible pour l'entretenir d'un sujet qui pourrait lui causer une émotion dangereuse, j'attendrai qu'il ait repris plus de force, et j'espère vous donner de bonnes nouvelles à notre prochaine entrevue. En attendant, adieu jusqu'au revoir: des devoirs indispensables m'obligent de vous quitter.

— Priez pour moi, madame, j'en ai besoin! dit Arché.

— C'est ce que je fais tous les jours, repartit la religieuse. On dit, peut-être à tort, que les gens du monde ont plus besoin de prières que nous, et surtout les jeunes officiers; quant à vous, de Locheill, vous auriez donc bien changé si vous n'êtes pas de ceux qui en ont le moins besoin, ajouta la supérieure en souriant avec bonté. Adieu, encore une fois; que le bon Dieu vous bénisse, mon fils.

Ce ne fut que quinze jours après cette visite que de Locheill se présenta de nouveau à l'hospice, où Jules, que la supérieure avait satisfait par les explications qu'elle lui avait données, l'attendait avec une anxiété nerveuse pour lui prouver qu'il n'éprouvait aucun autre sentiment que celui de l'affection dont il lui avait jadis donné tant de preuves. On convint de ne faire aucune allusion à certains événements, comme sujet d'entretien pénible pour tous deux.

Lorsque de Locheill entra dans la petite chambre qu'occupait Jules en sa qualité de neveu de la supérieure, par préférence à d'autres officiers de plus haut grade, Jules lui tendit les bras, et fit un effort inutile pour se lever du fauteuil où il était assis. Arché se jeta dans ses bras, et ils furent longtemps tous deux sans prononcer une parole. D'Haberville, après un grand effort pour maîtriser son émotinon, rompit le premier le silence:

— Les moments sont précieux, mon cher Arché, et il m'importe beaucoup de soulever, s'il est possible, le voile de l'avenir. Nous ne sommes plus des enfants; nous sommes des soldats combattant sous de glorieux étendards, frères d'affection, mais ennemis sur les champs de bataille. J'ai vieilli de dix ans pendant ma maladie: je ne suis plus ce jeune fou au cœur brisé, qui se ruait sur les bataillons ennemis en implorant la mort; non, mon cher frère, vivons plutôt pour voir de meilleurs jours; ce sont là tes dernières paroles, et elles me font espérer des temps plus heureux pour ceux qui n'ont jamais cessé d'être frères par le sentiment.

Tu connais comme moi continua Jules, l'état pécaire de cette colonie: tout dépend d'un coup de dé. Si la France nous abandonne à nos propres ressources, comme il y a tout lieu de le croire, et si d'un autre côté vos ministres qui attachent un si grand prix à la conquête de cette contrée, vous envoient du secours au printemps, il faudra de toute nécessité lever le siège de Québec et vous abandonner finalement le Canada. Dans l'hypothèse contraire, nous reprenons Québec, et nous conservons la colonie. Maintenant, mon cher Arché, il m'importe de savoir ce que tu feras dans l'une ou l'autre des deux éventualités.

— Dans l'un ou l'autre cas, dit de Locheill, je ne puis, avec honneur, me retirer de l'armée tant que la guerre durera; mais advenant la paix, je me propose de vendre les débris de mon patrimoine d'Écosse, d'acheter des terres en Amérique et de m'y fixer. Mes plus chères affections sont ici; j'aime le Canada, j'aime les mœurs douces et honnêtes de vos bons habitants; et, après une vie paisible, mais laborieuse, je reposerai du moins ma tête sur le même sol que toi, mon frère Jules.

— Ma position est bien différente de la tienne, répliqua Jules. Tu es le maître absolu de toutes tes actions; moi, je suis l'esclave des circonstances. Si nous perdons le Canada, il est tout probable que la majorité de la noblesse canadienne émigrera en France, où elle trouvera amis et protection; si ma famille est de ce nombre, je ne puis quitter l'armée. Dans le cas contraire, je reviendrai, après quelques années de service, vivre et mourir avec mes parents et mes amis, et, comme toi, reposer ma tête sous cette terre que j'aime tant. Tout me fait espérer, mon frère, qu'après une vie très agitée dans notre jeunesse, nous verrons plus tard de meilleurs jours.

Les deux amis se séparèrent après un long et affectueux entretien, le dernier qu'ils eurent dans cette colonie que l'on appelait encore la Nouvelle-France. Lorsque le lecteur les y retrouvera après quelques années, elle aura changé de nom et de maître.

Notes

1. Ce mot se prononce aussi *Suète*, et provient peut-être de ce que la terre *sue* dans cet endroit.
2. L'auteur fait ici allusion aux dames de Verchères, des grand'tantes, qui, en l'année 1690, et en l'année 1692, défendirent un fort attaqué par les sauvages, et les repoussèrent. La tradition dans la famille de l'auteur, est que ces dames, leurs servantes et d'autres femmes se vêtirent en hommes pour tromper les Indiens, tirèrent le canon, firent le coup de fusil en se multipliant sur tous les points attaqués, jusqu'à ce que les ennemis, pensant le fort défendu par une forte garnison, prissent la fuite.

Chapitre quinzième
Le naufrage de l'*Auguste*

Les prédictions de la sorcière du domaine étaient accomplies. L'opulente famille d'Haberville avait été trop heureuse, après la capitulation de Québec, d'accepter l'hospitalité que monsieur d'Egmont lui avait offerte dans sa chaumière, que son éloignement de la côte avait sauvée de l'incendie. Le bon gentilhomme et mon oncle Raoul, aidés du fidèle Francœur, s'étaient mis tout de suite à l'œuvre: on avait converti en mansardes l'étroit grenier, pour abandonner le rez-de-chaussée aux femmes. Les hommes, afin de relever le courage de ces malheureuses dames, affectaient une gaieté qui était bien loin de leur cœur, et leurs chants se faisaient souvent entendre, mêlés aux coups secs de la hache, aux grincements de la scie et aux sifflements aigres de la varlope. On réussit, à force de travail et de persévérance, non seulemnt à se mettre à l'abri des rigueurs de la saison, mais aussi à se loger passablement; et n'eût été l'inquiétude que l'on éprouvait pour le capitaine d'Haberville et son fils, exposés aux hasards des combats, on aurait passé l'hiver assez agréablement dans cette solitude.

Le plus difficile était de se nourrir, car la disette des vivres était affreuse dans les campagnes; la plupart des habitants mangeaient bouilli le peu de blé qu'ils avaient récolté, faute de moulin pour le moudre[a]. Restait la ressource de la chasse et de la pêche, mais monsieur d'Egmont et son domestique étaient bien vieux pour se livrer à ces exercices pendant un hiver rigoureux. Mon oncle Raoul quoique boiteux, se chargea du département des vivres. Il tendait dans les bois des collets pour prendre des lièvres et des perdrix, et sa charmante nièce le secondait. Elle s'était fait un costume propre à ces exercices: elle était ravissante ainsi, avec ses habits moitié sauvages et moitié français, son jupon de drap bleu qui lui descendait jusqu'à mi-jambe, ses mitasses écarlates, ses souliers de caribou ornés de rassades et de poils de porc-épic aux couleurs éclatantes et pittoresques. Elle était ravissante, lorsque, montée sur ses petites raquettes, le teint animé par l'exercice, elle arrivait à la maison avec lièvres et perdrix. Comme les habitants, dans cette grande disette, fréquentaient beaucoup le lac des Trois-Saumons, ils avaient battu sur la neige un chemin durci, qui servait au chevalier pour s'y transporter dans une traîne sauvage à l'aide d'un gros chien et il revenait toujours avec ample provision d'excellentes truites, et de perdrix qui fréquentaient alors les montagnes du lac, et qu'il tuait au fusil. Ce gibier et ce poisson furent leur seule ressource pendant ce long hiver. La *manne* de tourtes qui parut le printemps sauva la colonie: elles étaient en si grand nombre qu'on les tuait à coups de bâton[1].

Lorsque le capitaine d'Haberville retourna dans sa seigneurie, il était complètement ruiné, n'ayant sauvé du naufrage que son argenterie. Il ne songea même pas à réclamer de ses censitaires appauvris, les arrérages de rentes considérables qu'il lui devaient, mais s'empressa plutôt de leur venir en aide en faisant reconstruire son moulin sur la rivière des Trois-Saumons, qu'il habita même plusieurs années avec sa famille, jusqu'à ce qu'il fût en moyen de construire un nouveau manoir.

C'était un bien pauvre logement que trois chambres exiguës, réservées dans un moulin, pour la famille jadis si opulente des d'Haberville! Cependant tous supportaient avec courage les privations auxquelles ils étaient exposés; le capitaine d'Haberville seul, tout en travaillant avec énergie, ne pouvait se résigner à la perte de sa fortune; les chagrins le minaient; et, pendant l'espace de six ans, jamais sourire n'effleura ses lèvres. Ce ne fut que lorsque son manoir fut reconstruit, et qu'une certaine aisance reparut dans le ménage, qu'il reprit sa gaieté naturelle[2].

On était au 22 février 1762; il pouvait être neuf heures du soir, lorsqu'un étranger, assez mal vêtu, entra dans le moulin, et demanda l'hospitalité pour la nuit. Le capitaine d'Haberville était assis, comme de coutume lorsqu'il n'avait rien à faire, dans un coin de la chambre, la tête basse, et absorbé dans de tristes pensées. Il faut une grande force d'âme à celui qui de l'opulence est tombé dans une misère comparative, pour surmonter toute cette ruine, loin d'être l'œuvre de son imprévoyance, de ses goûts dispendieux, de sa prodigalité, de sa mauvaise conduite, provient au contraire d'événements qu'il n'a pu contrôler. Dans le premier cas, les remord sont déchirants; mais l'homme sensé dit: J'ai mérité mon sort, et je dois me soumettre avec résignation aux désastres, conséquences de mes folies.

Monsieur d'Haberville n'avait pas même la consolation des remords, il dévorait son chagrin; il répétait sans cesse en lui-même:

— Il me semble pourtant, ô mon Dieu! que je n'ai pas mérité une si grande infortune: de la force, du courage, ô mon Dieu! puisque vous avez appesanti votre main sur moi!

La voix de l'étranger fit tressaillir le capitaine d'Haberville, sans qu'il pût s'en rendre raison; il fut quelque temps sans répondre, mais il lui dit enfin:

— Vous êtes le bienvenu, mon ami, vous aurez à souper et à déjeuner ici, et mon meunier vous donnera un lit dans ses appartements.

— Merci, dit l'étranger, mais je suis fatigué, donnez-moi un coup d'eau-de-vie.

Monsieur d'Haberville n'était guère disposé à donner à un inconnu, à une espèce de vagabond, un seul coup de la provision de vin et d'eau-de-vie qu'une bien petite canevette contenait, et qu'il réservait pour la maladie, ou pour les cas de nécessité absolue: aussi répondit-il par un refus, en disant qu'il n'en avait pas.

— Si tu me connaissais, d'Haberville, reprit l'étranger, tu ne me refuserais certes pas un coup d'eau-de-vie, quand ce serait le seul que tu aurais chez toi[3].

Le premier mouvement du capitaine, en s'entendant tutoyer par une espèce de vagabond, fut celui de la colère; mais il y avait dans la voix creuse de l'inconnu quelque chose qui le fit tressaillir de nouveau, et il se contint. Blanche parut au même instant avec une lumière, et toute la famille fut frappée de stupeur à la vue de cet homme, vrai spectre vivant, qui, les bras croisés, les regardait tous avec tristesse. En le contemplant dans son immobilité, on aurait pu croire qu'un vampire avait sucé tout le sang de ses veines, tant sa pâleur était cadavéreuse. La charpente osseuse de l'étranger semblait menacer de percer sa peau, d'une teinte jaune comme les momies des anciens temps; ses yeux ternes et renfoncés dans leur orbite paraissaient sans spéculation, comme ceux du spectre de Banquo au souper de Macbeth, le prince assassin. Tous furent surpris qu'il restât dans ce corps assez de vitalité pour la locomotion.

Après un moment, un seul moment d'hésitation, le capitaine d'Haberville se précipita dans les bras de l'étranger en lui disant:

— Toi, ici, mon cher de Saint-Luc! La vue de mon plus cruel ennemi ne pourrait me causer autant d'horreur. Parle; et dis-nous que tous nos parents et amis, passagers dans l'*Auguste*, sont ensevelis dans les flots, et qui toi seul, échappé au naufrage, tu nous en apportes la triste nouvelle!

Le silence que gardait monsieur de Saint-Luc de Lacorne, la douleur empreinte sur ses traits, confirmaient assez les prévisions de son ami[4].

— Maudit soit le tyran, s'écria le capitaine d'Haberville, qui, dans sa haine pour les Français, a exposé de gaieté de cœur, pendant la saison des ouragans, la vie de tant de personnes estimables, dans un vieux navire incapable de tenir la mer.

—Au lieu de maudire tes ennemis, dit monsieur de Saint-Luc d'une voix rauque, remercie Dieu de ce que toi et ta famille vous ayez obtenu un répit du gouverneur anglais pour ne passer en France que dans deux ans[5]. Maintenant, un verrre d'eau-de-vie et un peu de soupe; j'ai tant souffert de la faim, que mon estomac refuse toute nourriture solide. Laissez-moi aussi prendre un peu de repos, avant de faire le récit d'un sinistre qui vous fera verser bien des larmes.

Au bout d'une demi-heure à peu près, car il fallait peu de temps à cet homme aux muscles d'acier pour recouvrer ses forces, monsieur de Saint-Luc commença le récit.

—Malgré l'impatience du gouverneur britannique d'éloigner de la Nouvelle-France ceux qui l'avaient si vaillamment défendue, les autorités n'avaient mis à notre dispositon que deux vaisseaux qui se trouvèrent insuffisants pour transporter un si grand nombre de Français et de Canadiens qu'on forçait de s'embarquer pour l'Europe. J'en fis la remarque au général Murray, et lui proposai d'en acheter un à mon propre compte. Il s'y refusa, mais deux jours après, il mit à notre disposition le navire l'*Auguste*, équipé à la hâte pour cet objet. Moyennant une somme de cinq cents piastres d'Espagne, j'obtins aussi du capitaine anglais l'usage exclusif de sa chambre pour moi et ma famille.

Je fis ensuite observer au général Murray le danger où nous serions exposés dans la saison des tempêtes avec un capitaine qui ne connaissait pas le fleuve Saint-Laurent, m'offrant d'engager à mes frais et dépens un pilote de rivière. Sa réponse fut que nous ne serions pas plus exposés que les autres. Il finit cependant par expédier un petit bâtiment, avec ordre de nous escorter jusqu'au dernier mouillage.

Nous étions tous tristes et abattus; et ce fut en proie à de bien lugubres pressentiments que nous levâmes l'ancre, le 15 octobre dernier. Grand nombre d'entre nous, pressés de vendre à la hâte leurs biens meubles et immeubles, l'avaient fait à d'immenses sacrifices, et ne prévoyaient qu'un avenir bien sombre sur la terre même de la mère patrie. C'était donc le cœur bien gros que, voguant d'abord à l'aide d'un vent favorable, nous vîmes disparaître à nos yeux des sites qui nous étaient familiers, et qui nous rappelaient de bien chers souvenirs.

Je ne parlerai que succinctement des dangers que nous courûmes au commencement de notre voyage, pour arriver au grand sinistre auquel j'ai échappé avec six seulement de nos hommes. Nous fûmes, le 16, à deux doigts du naufrage, près de l'île aux Coudres, où un vent impétueux nous poussait après la perte de notre grande ancre.

Le 4 novembre, nous fûmes assaillis par une tempête affreuse, qui dura dix jours et nous causa de grandes avaries. Le 7, un incendie, que nous eûmes beaucoup de peine à éteindre, se déclara pour la troisième fois dans la cuisine, et nous pensâmes brûler en pleine mer. Il serait difficile de peindre les scènes de désespoir qui eurent lieu pendant nos efforts pour maîtriser l'incendie.

Nous faillîmes périr le long des côtes de l'île Royale, le 11, sur un énorme rocher près duquel nous passâmes à portée de fusil, et que nous ne découvrîmes qu'à l'instant, pour ainsi dire, que le navire allait s'y briser.

Depuis le 13 jusqu'au 15, nous voguâmes à la merci d'une furieuse tempête, sans savoir où nous étions. Nous fûmes obligés de remplacer, autant que faire se pouvait, les hommes de l'équipage qui, épuisés de fatigue, s'étaient réfugiés dans les hamacs et refusaient d'en sortir; menaces, promesses, coups de bâton même avaient été inutiles. Notre mât de misaine étant cassé, nos voiles en lambeaux ne pouvant être ni carguées ni amenées, le second proposa, comme dernière ressource dans cette extrémité, de faire côte: c'était un acte de désespoir; le moment fatal arrivait! Le capitaine et le second me regardaient avec tristesse en joignant les mains. Je ne compris que trop ce langage muet d'hommes accoutumées par état à braver la mort. Nous fîmes côte à tribord, où l'on apercevait l'entrée d'une rivière qui pouvait être navigable. Je fis part, sans en rien cacher, aux passagers des deux sexes, de cette manœuvre de vie et de mort. Que de prière alors à l'Être suprême! que de vœux! Mais hélas! vaines prières! vœux inutiles!

Qui pourrait peindre l'impétuosité des vagues! La tempête avait éclaté dans toute sa fureur: nos mâts semblaient atteindre les nues pour redescendre aussitôt dans l'abîme. Une secousse terrible nous annonça que le navire avait touché fond. Nous coupâmes alors mâts et cordages pour l'alléger; il arriva, mais la puissance des vagues le tourna sur le côté. Nous étions échoués à environ cent cinquante pieds du rivage, dans une petite anse sablonneuse qui barrait la petite rivière où nous espérions trouver un refuge. Comme le navire faisait déjà eau de toutes parts, les passagers se précipitèrent sur le pont; les uns même, se croyant sauvés, se jetèrent à la mer et périrent.

Ce fut à ce moment que madame de Mézière parut sur le tillac, tenant son jeune enfant dans ses bras; ses cheveux et ses vêtements étaient en désordre: c'était l'image du désespoir personnifié. Elle s'agenouilla; puis m'apercevant, elle s'écria: «Mon cher de Saint-Luc, il faut donc mourir!»

Je courais à son secours, quand une vague énorme, qui déferla sur le pont, la précipita dans les flots[(b)].

—Pauvre amie! compagne de mon enfance, s'écria madame d'Haberville au milieu de ses sanglots; pauvre sœur, que la même nourrice a allaitée! On a voulu me faire croire que j'étais en proie à une surexcitation nerveuse produite par l'inquiétude qui me dévorait, lorsque je t'ai vue tout éplorée pendant mon sommeil, le 17 novembre, sur le tillac de l'*Auguste*, avec ton enfant dans les bras, et lorsque je t'ai vue disparaître sous les flots! Je ne me suis point trompé; pauvre sœur! elle voulait me faire ses adieux avant de monter au ciel avec l'ange qu'elle tenait dans ses bras!

Après un certain temps donné aux émotions douloureuses que ce récit avait causées, monsieur de Lacorne continua sa narration:

—Équipage et passagers s'étaient accrochés aux haubans et *galabans* pour résister aux vagues qui, déferlant sur le navire, faisaient à chaque instant leur proie de quelques nouvelles victimes: qu'attendre, en effet, d'hommes exténués et de faibles femmes? Il nous restait, pour toute ressource, deux chaloupes, dont la plus grande fut enlevée par une vague, et mise en pièces. L'autre fut aussi jetée à la mer, et un domestique, nommé Étienne, s'y précipita, ainsi que le capitaine et quelques autres. Je ne m'en aperçus que lorsqu'un de mes enfants, que je tenais dans mes bras et l'autre attaché à ma ceinture, me crièrent: «Sauvez-nous donc, la chaloupe est à l'eau.» Je saisis un cordage avec précipitation, et au moyen d'une secousse violente, je tombai sur la chaloupe: le même coup de mer qui me sauva la vie, emporta mes deux enfants.

Le narrateur, après avoir payé la dette qu'il devait à la nature au souvenir d'une perte si cruelle, reprit, en faisant un grand effort pour maîtriser une douleur qui avait été partagée par ses amis:

— Quoique sous le vent du navire, un coup de mer remplit la chaloupe à peu de chose près; une seconde vague nous éloigna du vaisseau, une troisième nous jeta sur le sable. Il serait difficile de peindre l'horreur de cette scène désastreuse, les cris de ceux qui étaient encore sur le navire, le spectacle déchirant de ceux qui, s'étant précipités dans les flots, faisaient des efforts inutiles pour gagner le rivage.

Des sept hommes vivants que nous étions sur la côte de cette terre inconnue, j'étais pour ainsi dire le seul homme valide. Je venais de perdre mon frère et mes enfants, et il me fallait refouler ma douleur au fond de mon âme pour m'occuper du salut de mes compagnons d'infortune. Je réussis à rappeler à la vie le capitaine, qui avait perdu connaissance. Les autres étaient transis de froid, car une pluie glaciale tombait à torrents. Ne voulant pas perdre de vue le navire, je leur remis ma corne à poudre, mon tondre, mon *batte-feu* et une pierre à fusil, leur enjoignant d'allumer du feu à l'entrée d'un bois à un arpent du rivage: mais ils ne purent y réussir: à peine même eurent-ils la force de venir m'en informer, tant ils étaient saisis de froid et accablés de fatigue[6]. Je parvins à faire du feu après beaucoup de tentatives; il était temps, ces malheureux ne pouvaient ni parler, ni agir; je leur sauvai la vie.

Je retournai tout de suite au rivage, pour ne point perdre de vue le navire, livré à toutes la fureur de la tempête. J'espérais secourir quelques malheureux que la mer vomissait sur la côte; car chaque vague qui déferlait sur l'épave, emportait quelque nouvelle victime. Je restai donc sur la plage depuis trois heures de relevée que nous échouâmes, jusqu'à six heures du soir que le vaisseau se brisa. Ce fut un spectacle bien navrant que les cent quatorze cadavres étendus sur le sable, dont beaucoup avaient bras et jambes cassés, ou portaient d'autres marques de la rage des éléments!

Nous passâmes une nuit sans sommeil, et presque silencieux, tant était grande notre consternation. Le 16 au matin, nous retournâmes sur la rive, où gisaient les corps de nos malheureux compagnons de naufrage. Plusieurs s'étaient dépouillés de leurs vêtements pour se sauver à la nage; tous portaient plus ou moins des marques de la fureur des vagues. Nous passâmes la journée à leur rendre les devoirs funèbres, autant que notre triste situation et nos forces le permettaient.

Il fallut, le lendemain, quitter cette plage funeste et inhospitalière, et nous diriger vers l'intérieur de ces terres inconnues. L'hiver s'était déclaré dans toute sa rigueur: nous cheminions dans la neige jusqu'aux genoux. Nous étions obligés de faire souvent de longs détours pour traverser l'eau glacée des rivières qui interceptaient notre route. Mes compagnons étaient si épuisés par la faim et la fatigue, qu'il me fallait souvent faire ces trajets à plusieurs reprises pour rapporter leurs paquets, qu'ils n'avaient pas eu la force de porter. Ils avaient entièrement perdu courage; et j'étais souvent obligé de leur faire des chaussures pour couvrir leurs pieds ensanglantés.

Nous nous traînâmes ainsi, ou plutôt je les traînai pour ainsi dire à la remorque (car le courage, ni même les forces ne me faillirent jamais), jusqu'au 4 de décembre, que nous rencontrâmes deux sauvages. Peindre la joie, l'extase de mes compagnons, qui attendaient à chaque instant la mort pour mettre fin à leurs souffrances atroces, serait au-dessus de toute descritption. Ces aborigènes ne me reconnurent pas d'abord en me voyant avec ma longue barbe, et changé comme j'étais après tant de souffrances. J'avais rendu précédemment de grands services à leur nation; et vous savez que ces enfants de la nature ne manquent jamais à la reconnaissance. Ils m'accueillirent avec les démonstrations de la joie la plus vive: nous étions tous sauvés. J'appris alors que nous étions sur l'île du Cap-Breton, à trente lieues de Louisbourg.

Je pris aussitôt le parti de laisser mes compagnons aux premiers établissements acadiens, sûr qu'ils y seraient à portée de tout secours, et de m'en retourner à Québec donner au général Murray les premières nouvelles de notre nau- frage. Inutile, mes chers amis, de vous raconter les parti- cularités de mon voyage depuis lors, ma traversée de l'île à la terre ferme dans un canot d'écorce au milieu des glaces où je faillis périr, mes marches et contre-marches à travers les bois: qu'il suffise d'ajouter qu'à mon estime, j'ai fait cent cinquante lieues sur des raquettes. J'étais obligé de changer souvent de guides; car, après huit jours de marche, Acadiens ou sauvages étaient à bout de force.

Après ce touchant récit, la famille d'Haberville passa une partie de la nuit à déplorer la perte de tant de parents et d'amis expulsés, par un ordre barbare, de leur nouvelle patrie: de tant de Français et de Canadiens qui espéraient se consoler de cette perte sur la terre de leurs aïeux. C'était, en effet, un sort bien cruel que celui de tous ces infortunés, dont la mer en furie avait rejeté les cadavres sur les plages de cette Nouvelle-France qu'ils avaient colonisée et défendue avec un courage héroïque[7].

M. de Saint-Luc ne prit que quelques heures de repos, voulant être le premier à communiquer au général anglais la catastrophe de l'*Auguste*, et se présenter à lui comme protêt vivant contre la sentence de mort qu'il semblait avoir prononcée de sang-froid contre tant d'innocentes victimes, contre tant de braves soldats, dont il avait pu apprécier la valeur sur les champs de bataille, et qu'il aurait dû estimer si son âme eût été susceptible de sentiments élevés. Il pouvait se faire que sa défaite de l'année précédente tenait trop de place dans cette âme pour y loger d'autres sentiments que ceux de la haine et de la vengeance.

— Sais-tu, d'Haberville, dit M. de Saint-Luc en déjeunant, quel est le puissant protecteur qui a obtenu du général Murray un répit de deux ans pour te faciliter la vente de tes propriétés? Sais-tu à qui, toi et ta famille, vous devez aujourd'hui la vie, que vous auriez perdue en toute probabilité dans notre naufrage?

— Non, dit M. d'Haberville; j'ignore quel a été le protecteur assez puissant pour m'obtenir cette faveur; mais, foi de gentilhomme, je lui en conserverai une reconnaissance éternelle.

— Eh bien! mon ami, c'est au jeune Écossais Archibald de Locheill que tu dois cette reconnaissance éternelle.

— J'ai défendu, s'écria le capitaine, de prononcer en ma présence le nom de cette vipère que j'ai réchauffée dans mon sein!

Et les grands yeux noirs de M. d'Haberville lancèrent des flammes[8].

— J'ose me flatter, dit M. de Saint-Luc, que cette défense ne s'étend pas jusqu'à moi; je suis ton ami d'enfance, ton frère d'armes, je connais toute l'étendue des devoirs auxquels l'honneur nous oblige; et tu ne me répondras pas comme tu l'as fait à ta sœur la supérieure de l'Hôpital-Général, quand elle a voulu plaider la cause d'un jeune homme innocent: «Assez, ma sœur; vous êtes une sainte fille, obligée par état de pardonner à vos plus cruels ennemis, à ceux même qui se sont souillé de la plus noire ingratitude envers vous; mais moi, ma sœur, vous savez que je n'oublie jamais une injure: c'est plus fort que moi; c'est dans ma nautre. Si c'est un péché, Dieu m'a refusé les grâces nécessaires pour m'en corriger. Assez, ma sœur, et ne prononcez jamais son nom en ma présence, ou je cesserai tout rapport avec vous.» Non, mon cher ami, continua monsieur de Saint-Luc, tu ne me feras pas cette réponse, et tu vas me prêter attention.

Monsieur d'Haberville, connaissant trop les devoirs de l'hospitalité pour imposer silence à son ami sous son toit, prit le parti de se taire, fronça ses épais sourcils, abaissa ses paupières à s'en voiler les yeux, et se résigna à écouter monsieur de Saint-Luc avec l'air aimable d'un criminel à qui son juge s'efforce de prouver, dans un discours très éloquent, qu'il a mérité la sentence qu'il va prononcer contre lui.

Monsieur de Saint-Luc fit un récit succinct de la conduite de Locheill aux prises avec le major de Montgomery, son ennemi implacable. Il parla avec force du devoir du soldat, qui doit obéir quand même aux ordres souvent injustes de son supérieur; il fit une peinture touchante du désespoir du jeune homme, et ajouta:

— Aussitôt que de Locheill fut informé que tu avais reçu ordre de t'embarquer avec nous pour l'Europe, il demanda au général anglais une audience, qui lui fut tout de suite accordée.

— *Capitaine* de Locheill, lui dit alors Murray en lui présentant le brevet de ce nouveau grade, j'allais vous envoyer chercher. Témoin de vos exploits sur notre glorieux champ de bataille de 1759, je m'étais empressé de solliciter pour vous le commandement d'une compagnie; et je dois ajouter que votre conduite subséquente m'a aussi prouvé que vous étiez digne des faveurs du gouvernement britannique, et de tout ce que je puis faire individuellement pour vous les faire obtenir.

— Je suis heureux, monsieur le général, répondit de Locheill, que votre recommandation m'ait fait obtenir un avancement au-dessus de mes faibles services, et je vous prie d'agréer mes remerciements pour cette faveur qui m'enhardit à vous demander une grâce de plus, puisque vous m'assurez de votre bienveillance. Oh! oui, général, c'est une grâce bien précieuse pour moi que j'ai à solliciter.

—Parlez, capitaine, dit Murray, car je suis disposé à faire beaucoup pour vous.

— S'il s'agissait de moi, reprit Arché, je n'aurais rien à désirer de plus; mais j'ai à vous prier pour autrui et non pour moi personnellement. La famille d'Haberville, ruinée, comme tant d'autres, par notre conquête, a reçu ordre de Votre Excellence de partir prochainement pour la France; et il lui a été impossible de vendre, même au prix des plus grands sacrifices, le peu de propriétés qui lui restent des débris d'une fortune jadis florissante. Accordez-lui, général, je vous en conjure, deux ans pour mettre un peu d'ordre à ses affaires. Votre Excellence sait que je dois beaucoup de reconnaissnce à cette famille, qui m'a comblé de bienfaits pendant un séjour de dix ans dans cette colonie. C'est moi qui, pour obéir aux ordres de mon supérieur, ai complété sa ruine en incendiant ses immeubles de Saint-Jean-Port-Joli. De grâce, général, un répit de deux ans, et vous soulagerez mon âme d'un pesant fardeau!

— Capitaine de Locheill, fit le général Murray d'un ton sévère, je suis surpris de vous entendre intercéder pour les d'Haberville, qui se sont montrés nos ennemis les plus acharnés.

— C'est leur rendre justice, général, répond Arché, que de reconnaître qu'ils ont combattu courageusement pour la défense de leur pays, comme nous l'avons fait pour le conquérir; et c'est avec confiance que je m'adresse au cœur d'un brave et vaillant soldat, en faveur d'ennemis braves et vaillants.

De Locheill avait touché une mauvaise corde, car Murray avait toujours sur le cœur sa défaite de l'année précédente: il était d'ailleurs peu susceptible de sentiments chevaleresques. Aussi répondit-il avec aigreur:

— Impossible, monsieur; je ne puis révoquer l'ordre que j'ai donné: les d'Haberville partiront.

— Que Votre Excellence, dans ce cas, dit Arché, daigne accepter ma résignation.

— Comment, monsieur! s'écria le général pâlissant de colère.

— Que Votre Excellence, reprit de Locheill avec le plus grand sang-froid, daigne accepter ma résignation, et qu'elle me permette de servir comme simple soldat: ceux qui chercheront, pour le montrer du doigt, le monstre d'ingratitude qui, après avoir été comblé de bienfaits par toute une famille étrangère à son origine, a complété sa ruine sans pouvoir adoucir ses maux, auront plus de peine à le reconnaître dans les rangs, sous l'uniforme d'un simple soldat, qu'à la tête d'hommes irréprochables.

Et il offrit de nouveau le brevet au général. Celui-ci rougit et pâlit alternativement, tourna sur lui-même comme sur un pivot, se mordit la lèvre, se passa la main sur le front à plusieurs reprises, marmotta quelque chose comme un *g..am* entre ses dents, parut réfléchir une minute en parcourant la chambre de long en large; puis, se calmant tout à coup, tendit la main à Arché, et lui dit:

— J'apprécie, capitaine de Locheill, les sentiments qui vous font agir: notre souverain ne doit par être privé des services que peut rendre, dans un grade supérieur, celui qui est prêt à sacrifier son avenir à une dette de gratitude; vos amis resteront.

— Merci, mille fois merci monsieur le général, dit Arché: comptez sur mon dévouement à toute épreuve, quand il me serait même ordonné de marcher seul jusqu'à la bouche des canons. Un poids énorme pesait sur ma poitrine; je me sens maintenant léger comme le chevreuil de nos montagnes.

De toutes les passions qui torturent le cœur de l'homme, le désir de se venger et la jalousie sont les plus difficiles à vaincre: il est même bien rare qu'elles puissent être extirpées. Le capitaine d'Haberville, après avoir écouté, en fronçant les sourcils, le récit de monsieur de Lacorne, se contenta de dire:

— Je vois que les services de monsieur de Locheill ont été appréciés à leur juste valeur: quant à moi, j'ignorais lui devoir autant de reconnaisance.

258

Et il détourna la conversation.

Monsieur de Saint-Luc regarda alternativement les autres membres de la famille qui, la tête basse, n'avaient osé prendre part à la conversation, et, se levant de table, il ajouta:

—Ce répit, d'Haberville, est un événement des plus heureux pour toi: car sois persuadé que, d'ici à deux ans, il te sera libre de rester en Canada ou de passer en France. Le gouverneur anglais a encouru une trop grande reponsabilité envers son gourvernement, en vouant à une mort presque certaine tant des personnes recommandables, tant de gentilshommes alliés aux familles les plus illustres, non seulement du continent, mais aussi de l'Angleterre, pour ne pas chercher, en se conciliant les Canadiens, à étouffer les suites de cette déplorable catastrophe.

Maintenant, adieu, mes chers amis; il n'y a que les âmes pusillanimes qui se laissent abattre par le malheur. Il nous reste une grande consolation dans notre infortune: nous avons fait tout ce que l'on pouvait attendre d'hommes courageux; et, s'il eût été possible de conserver notre nouvelle patrie, nos cœurs, secondés de nos bras, l'auraient fait.

La nuit était bien avancée lorsque monsieur de Saint-Luc, en arrivant à Québec, se présenta à la porte du château Saint-Louis, dont on lui refusa d'abord l'entrée; mais il fit tant d'instances, en disant qu'il était porteur de nouvelles de la plus haute importance, qu'un aide de camp consentit enfin à reveiller le gouverneur, couché depuis longtemps[9]. Murray ne reconnut pas d'abord monsieur de Saint-Luc, et lui demanda avec colère comment il avait osé troubler son repos, et quelle affaire si pressante il avait à lui communiquer à cette heure indue.

—Une affaire bien importante, en effet, monsieur le gouverneur, car je suis le capitaine de Saint-Luc, et ma présence vous dit le reste.

Une grande pâleur se répandit sur tous les traits du général; il fit apporter des rafraîchissements, traita monsieur de Lacorne avec les plus grands égards, et se fit raconter dans les plus minutieux détails le naufrage de l'*Auguste*. Ce n'était plus le même homme qui avait voué pour ainsi dire à la mort, avec tant d'insouciance, tous ces braves officiers, dont les uniformes lui portaient ombrage[10].

Les prévisions de M. de Lacorne se trouvèrent parfaitement justes; le gouverneur Murray, considérablement radouci après la catastrophe de l'*Auguste*, traita les Canadiens avec plus de douceur, voire même avec plus d'égard, et tous ceux qui voulurent rester dans la colonie eurent la liberté de le faire. M. de Saint-Luc, surtout, dont il craignait peut-être les révélations, devint l'objet de ses prévenances, et n'eut qu'à se louer des bons procédés du gouverneur envers lui. Ce digne homme, qui comme tant d'autres, avait beaucoup souffert dans sa fortune, très considérable avant la cession du Canada, mit toute son énergie à réparer ses pertes en se livrant à des spéculations très avantageuses[(c)].

Notes

1. Tous les anciens habitants que j'ai connus s'accordaient à dire que, sans cette manne de tourtes, qu'ils tuaient très souvent à coups de bâton, ils seraient morts de faim.
2. En consignant les malheurs de ma famille, j'ai voulu donner une idée des désastres de la majorité de la noblesse canadienne, ruinée par la conquête, et dont les descendants déclassés végètent sur ce même sol que leurs ancêtres ont conquis et arrosé de leur sang. Que ceux qui les accusent de manquer de talent et d'énergie se rappellent qu'il leur était bien difficile, avec leur éducation toute militaire, de se livrer tout à coup à d'autres occupations que celles qui leur étaient familières.
3. Cette scène entre M. de Saint-Luc, échappé du naufrage de l'*Auguste*, et mon grand-père Ignace Aubert de Gaspé, capitaine d'un détachement de la marine, a été reproduite telle que ma tante paternelle, madame Bailly de Messein, qui était âgée de douze ans à la conquête, me la racontait, il y a cinquante ans.
4. Les anciennes familles canadiennes restées au Canada après la

conquête, racontaient que le général Murray, n'écoutant que sa haine des Français, avait insisté sur leur expulsion précipitée; qu'il les fit embarquer dans un vieux navire condamné depuis longtemps, et qu'avant leur départ il répétait sans cesse en jurant: «On ne reconnaît plus les vainqueurs des conquis, en voyant passer ces damnés de Français avec leurs uniformes et leurs épées.» Telle était la tradition pendant ma jeunesse.

5. L'auteur a toujours entendu dire que son grand-père fut le seul des officiers canadiens qui obtint un répit de deux ans pour vendre les débris de sa fortune; plus heureux que bien d'autres qui vendirent à d'énormes sacrifices.

6. Madame Élizabeth de Chapt de la Corne, fille de M. de Saint-Luc, décédée à Québec le 31 mars 1817, et épouse de l'honorable Charles Tarieu de Lanaudière, oncle de l'auteur, racontait que la précaution qu'avait prise son père de déposer sous son aisselle, dans un petit sac de cuir, un morceau de tondre, dès le commencement du sinistre, lui avait sauvé la vie ainsi qu'à ses compagnons d'infortune.

7. Après le récit de M. de Saint-Luc, disait ma tante Bailly de Messein, nous passâmes le reste de la nuit à pleurer et à nous lamenter sur la perte de nos parents et amis péris dans l'*Auguste*.

L'auteur avait d'abord écrit de mémoire le naufrage de l'*Auguste* d'après les récits que ses deux tantes lui en avaient faits dans sa jeunesse; il se rappelait aussi, mais confusément, avoir lu, il y a plus de soixante ans, la relation de ce sinistre écrite par M. de Saint-Luc, publiée à Montréal en 1778, et en possession de sa fille madame Charles de Lanaudière. Malgré ces souvenirs, cette version ne pouvait être que très imparfaite, quand, après maintes recherches, il apprit que cette brochure était entre les mains des Dames Hospitalières de l'Hôpital-Général, qui eurent l'obligeance de la lui prêter, et partant de lui donner occasion de corriger quelques erreurs commises dans la première version.

8. L'auteur croit que de toutes les passions le désir de la vengeance est le plus difficile à vaincre. Il a connu un homme excellent d'ailleurs, souvent aux prises avec cette terrible passion. Il aurait voulu pardonner, mais il lui fallait des efforts surhumains pour le faire. Il pardonnait et ne pardonnait pas; c'était une lutte continuelle, même après avoir prononcé pardon et aministie; car, si quelqu'un proférait le nom de celui

qui l'avait offensé, sa figure se bouleversait tout à coup, ses yeux lançaient des éclairs: il faisait peine à voir dans ces combats contre sa nature vindicative.

9. Historique. Ma tante, fille de M. le chevalier de Saint-Luc, m'a souvent raconté l'entrevue de son père avec le général Murray.

10. L'auteur, en rapportant les traditions de sa jeunesse, doit remarquer qu'il devait exister de grands préjugés contre le gouverneur Murray, et qu'il est probable que la colonie ne l'a pas épargné. M. de Saint-Luc, dans son journal, en parle plutôt avec éloge qu'autrement; mais, suivant la tradition, ces ménagements étaient dus à la conduite subséquente du gouverneur envers les Canadiens, et surtout à la haute faveur dont lui, M. de Saint-Luc, était l'objet de la part de Murray.

Chapitre seizième
De Locheill et Blanche

Après des privations bien cruelles pendant l'espace de sept longues années, la paix, le bonheur même commençaient à renaître dans l'âme de toute la famille d'Haberville. Il est vrai qu'une maison d'assez humble apparence avait remplacé le vaste et opulent manoir que cette famille occupait avant la conquête; mais c'était un palais, comparée au moulin à farine qu'elle venait de quitter depuis le printemps. Les d'Haberville avaient pourtant moins souffert que bien d'autres dans leur position; aimés et respectés de leurs censitaires, ils n'avaient jamais été exposés aux humiliations dont le vulgaire se plaît à abreuver ses supérieurs dans la détresse: comme c'est le privilège des personnes biens nées de traiter constamment leurs inférieurs avec égard, les d'Haberville avaient en conséquence bien moins souffert, dans leur pauvreté comparative, que beaucoup d'autres dans les mêmes circonstances. Chacun faisait à l'envi des offres de service; et, lorsqu'il s'agit de rebâtir le manoir et ses dépendances, la paroisse en masse s'empressa de donner des corvées volontaires pour accélérer l'ouvrage; on aurait cru, tant était grand le zèle de chacun, qu'il reconstruisait sa propre demeure. Tous ces braves gens tâchaient de faire oublier à leur seigneur des malheurs qu'eux-mêmes avaient pourtant éprouvés, mais qu'on aurait pu croire qu'eux seuls avaient mérités. Avec ce tact délicat dont les Français sont seuls susceptibles, ils n'entraient jamais dans les pauvres chambres que la famille s'était réservées dans le moulin, sans y être conviés: on aurait dit qu'il craignaient de les humilier. S'il avaient été affectueux, polis envers leur seigneur dans son opulence, c'était maintenent un culte, depuis que la main de fer du malheur l'avait étreint[1].

Il n'y a que ceux qui ont éprouvé de grands revers de fortune, qui ont été exposés à de longues et cruelles privations, qui puissent apprécier le contentemnt, la joie, le bonheur même de ceux qui ont en partie réparé leurs pertes; qui commencent à renaître à l'espérance d'un heureux avenir. Chacun auparavant avait respecté le chagrin qui dévorait le capitaine d'Haberville: on ne se parlait qu'à demi-voix dans la famille; la gaieté française avait semblé bannie pour toujours de cette triste demeure. Tout était maintenant changé comme par enchantement.

Le capitaine, naturellement gai, riait et badinait comme avant ses malheurs; les dames chantaient sans cesse en s'occupant activement des soins du ménage, et la voix sonore de mon oncle Raoul réveillait encore, dans le calme d'une belle soirée, l'écho du promontoire.

Le fidèle José se multipliait pour prouver son zèle à ses maîtres; et, pour se délasser, il racontait aux voisins, qui ne manquaient jamais de venir faire un bout de veillée, les traverses, comme il les appelait, de son défunt père avec les sorciers de l'île d'Orléans, ses tribulations avec la Corriveau, ainsi que d'autres légendes dont les auditeurs ne se lassaient jamais, sans égard pour les cauchemars auxquels ils s'exposaient dans leurs rêves noturnes.

On était à la fin d'août de la même année 1767. Le capitaine d'Haberville, revenant le matin de la petite rivière Port-Joli, le fusil sur l'épaule et la gibecière bien bourrée de pluviers, bécasses et sarcelles, remarqua qu'une chaloupe, détachée d'un navire qui avait jeté l'ancre entre la terre et le Pilier-de-Roche, semblait se diriger vers son domaine. Il s'assit sur le bord d'un rocher pour l'attendre, pensant que c'étaient des matelots en quête de légumes, de lait ou d'autres rafraîchissements[a]. Il s'empressa d'aller à leur rencontre lorsqu'ils abordèrent le rivage, il vit avec surprise qu'un d'entre eux, très bien mis, donnait un paquet à un des matelots en lui montrant de la main le manoir seigneurial; mais, à la vue de M. d'Haberville, ce gentilhomme sembla se raviser tout à coup, s'avança vers lui, lui présenta le paquet et lui dit:

— Je n'aurais jamais osé vous remettre moi-même ce paquet, capitaine d'Haberville, quoiqu'il contienne des nouvelles qui vont bien vous réjouir.

— Pourquoi, monsieur, répliqua le capitaine en cherchant dans ses souvenirs quelle pouvait être cette personne qu'il croyait avoir déjà vue; pourquoi, monsieur, n'auriez-vous jamais osé me remettre ce paquet en main propre, si le hasard ne m'eût fait vous rencontrer?

— Parce que, monsieur, dit l'interlocuteur en hésitant, parce que j'aurais craint qu'il vous fût désagréable de le recevoir de ma main: je sais que le capitaine d'Haberville n'oublie jamais ni un bienfait ni une offense.

M. d'Haberville regarda fixement l'étranger, fronça les sourcils, ferma fortement les yeux, garda pendant quelque temps le silence, en proie à un pénible combat intérieur; mais, reprenant son sang-froid il lui dit avec la plus grande politesse:

— Laissons à la conscience de chacun les torts du passé: vous êtes ici chez moi, capitaine de Locheill, et, en outre, étant porteur de lettres de mon fils, vous avez droit à un bon accueil de ma part. Toute ma famille vous reverra avec plaisir. Vous recevrez chez moi une hospitalité... (il allait dire avec amertume, princière mais sentant tout ce qu'il y aurait de reproche dans ces mots)... vous recevrez, dit-il, une hospitalité cordiale; allons, venez.

Le lion n'était apaisé qu'à demi.

Arché, par un mouvemnt assez naturel, avança la main pour serrer celle de son ancien ami, mais il lui fallut aller la chercher bien loin; et quand il l'eut saisie, elle resta ouverte dans la sienne.

265

Un long soupir s'échappa de la poitrine de l'Écossais. En proie à de pénibles réflexions, il parut indécis pendant quelques minutes, mais finit par dire d'une voix empreinte de sensibilité.

— Le capitaine d'Haberville peut bien conserver de la rancune au jeune homme qu'il a jadis aimé et comblé de bienfaits, mais il a l'âme trop noble et trop élevée pour lui infliger de cœur joie un châtiment au-dessus de ses forces: revoir les lieux qui lui rappellent de si poignants souvenirs sera déjà un supplice assez cruel, sans y rencontrer l'accueil froid que l'hospitalité exige envers un étranger.

Adieu, capitaine d'Haberville; adieu pour toujours à celui que j'appelais autrefois mon père, s'il ne me regarde plus, moi, comme son fils, et un fils qui lui a toujours porté le culte d'affectueuse reconnaissance qu'il doit à un tendre père. Je prends le ciel à témoin, M. d'Haberville, que ma vie a été empoisonnée par les remords, depuis le jour fatal où le devoir impérieux d'un officier subalterne m'imposait des actes de vandalisme qui répugnaient à mon cœur; qu'un poids énorme me pesait sans cesse sur la poitrine, même dans l'enivrement du triomphe militaitre, dans les joies délirantes des bals et des festins, comme dans le silence des longues nuits sans sommeil.

Adieu pour toujours; car je vois que vous avez refusé d'écouter le récit que la bonne Supérieure devait vous faire de mes remords, de mes angoisses, de mon désespoir, avant et après l'œuvre de destruction, que, comme soldat sujet à la discipline militaire, je devais accomplir. Adieu pour la dernière fois; et, puisque tout rapport doit cesser entre nous, oh! dites, dites-moi, je vous en conjure, que la paix est rentrée dans le sein de votre excellente famille; qu'un rayon de joie illumine encore quelquefois ces visages où tout annonçait autrefois la paix de l'âme et la gaieté du cœur! Oh! dites-moi, je vous en supplie, que vous n'êtes pas constamment malheureux! Il ne me reste maintenant qu'à prier Dieu, à deux genoux, qu'il répande ses bienfaits sur une famille que j'aime avec tant d'affection! Offrir de réparer les pertes que j'ai causées, avec ma fortune qui est considérable, serait une insulte au noble d'Haberville!

Si M. d'Haberville s'était refusé à toute explication de la part de sa sœur, il n'en avait pas moins été impressionné par le récit que lui avait fait M. de Saint-Luc, du dévouement sublime de Locheill offrant de sacrifier fortune et avenir à un sentiment exalté de gratitude. De là l'accueil à demi cordial qu'il lui avait d'abord fait; car il est à supposer que sans cette impression favorable, il lui aurait tourné de dos[2].

Les mots réparation pécuniaire firent d'abord frissonner M. d'Haberville, comme si un fer rouge eût effleuré sa peau; mais en proie à d'autres réflexions, à d'autres combats, ce mouvement d'impatience ne fut que transitoire. Il se serra la poitrine à deux mains, comme s'il eût voulu extirper le reste de venin qui adhérait, malgré lui, à son cœur, tourna deux ou trois fois sur lui-même en sens inverse, fit signe à de Locheill de rester où il était, marcha d'abord très vite sur le sable du rivage, puis à pas mesurés, et, revenant enfin vers de Locheill, il lui dit:

—J'ai fait tout ce que j'ai pu, Arché, pour dissiper tout reste de rancune; mais vous me connaissez: c'est l'œuvre du temps qui en effacera les dernières traces. Tout ce que je puis vous dire, c'est que mon cœur vous pardonne. Ma sœur, la Supérieure, m'a tout raconté: je me suis décidé à l'entendre après votre intercession pour moi auprès du gouverneur, dont m'a fait part mon ami de Saint-Luc. J'ai pensé que celui qui était prêt à sacrifier rang et fortune pour ses amis ne pouvait avoir agi que par contrainte, dans des circonstances auxquelles je fais allusion pour la dernière fois. Si vous remarquez de temps à autre quelque froideur dans mes rapports avec vous, ne paraissez pas y faire attention: laissons faire le temps.

Et il pressa cordialement la main de de Locheill. Le lion était dompté.

—Comme il est probable, dit M. d'Haberville, que le calme va durer, renvoyez vos matelots, après que je leur aurai fait porter des rafraîchissements, et si, par hasard, il s'élevait un vent faborable, je vous ferai transporter dans six heures à Québec, avec ma fameuse Lubine, si toutefois vos affaires vous empêchaient de nous donner autant de temps que nous serions heureux de vous posséder sous notre toit. C'est convenu, n'est-ce pas?

Et passant amicalement son bras sous celui d'Arché, il s'achemina avec lui vers l'habitation.

— Maintenant, Arché, dit le capitaine, comment se fait-il que vous soyez chargé de ces lettres de mon fils, qui contiennent de bonnes nouvelles, comme vous venez de me le dire?

— J'ai laissé Jules à Paris, répondit Arché, il y a sept semaines, après avoir passé un mois avec lui dans l'hôtel de son oncle, M. de Germain, qui n'a pas voulu me séparer de mon ami pendant mon séjour en France; mais, comme il vous sera plus agréable d'apprendre ces bonnes nouvelles de sa main même, permettez-moi de ne pas en dire davantage.

Si de Locheill fut attristé en voyant ce que l'on appelait avant la conquête, le hameau d'Haberville, remplacé par trois ou quatre bâtisses à peu près semblables à celles des cultivateurs aisés, il fut néanmoins agréablement surpris de l'aspect riant du domaine. Ces bâtisses neuves et récemment blanchies à la chaux, ce jardin émaillé de fleurs, ces deux vergers chargés des plus beaux fruits, les moissonneurs retournant de la prairie avec deux voitures chargées de foins odorants, tout tendait à dissiper les impressions de tristesse qu'il avait d'abord éprouvées.

À l'exception d'un canapé, de douze fauteuils en acajou et de quelques petits meubles sauvés du désastre, l'intérieur de la maison était de la plus grande simplicité: les tables, les chaises et les autres meubles étaient en bois commun, les cloisons étaient vierges de peinture et les planchers sans tapis. Les portraits de famille, qui faisaient l'orgueil des d'Haberville, n'occupaient plus leur place de rigueur dans la salle à manger, les seuls ornements des nouvelles chambres étaient quelques sapins dans les encoignures, et abondance de fleurs dans des corbeilles faites par les naturels du pays. Cette absence de meubles coûteux ne laissait pas cependant d'avoir ses charmes; les émanations de ces sapins, de ces fleurs, de ces bois neufs et résineux, que l'on respirait à pleine poitrine, semblaient vivifier le corps en réjouissant la vue. Il y avait partout une odeur de propreté qui ne faisait pas regretter des ameublements plus somptueux.

Toute la famille, qui avait vu venir de loin M. d'Haberville accompagné d'un étranger, s'était réunie dans le salon pour le recevoir. À l'exception de Blanche, personne ne reconnut Arché, qu'on n'avait pas vu depuis dix ans. La jeune fille pâlit et se troubla d'abord à l'aspect de l'ami de son enfance, qu'elle croyait ne jamais revoir; mais se remettant promptement avec cette force d'âme qu'ont les femmes pour cacher les impressions les plus vives, elle fit, comme les deux autres dames, la profonde révérence qu'elle aurait faite à un étranger. Quant à mon oncle Raoul, il salua avec une politesse froide: il n'aimait pas les Anglais, et jurait contre eux, depuis la conquête, avec sa verve peu édifiante pour des oreilles pieuses.

— Je veux qu'un Iroquois me grille, fit la capitaine en s'adressant à Arché, si un seul d'entre eux vous reconnaît. Voyons; regardez bien ce gentilhomme: dix ans ne doivent pas l'avoir effacé de votre mémoire; je l'ai, moi, reconnu tout de suite. Parle, Blanche: tu dois, étant beaucoup plus jeune, avoir de meilleurs yeux que les autres.

— Je crois, dit celle-ci bien bas, que c'est M. de Locheill.

— Eh oui! dit M. d'Haberville, c'est Arché, qui a vu Jules dernièrement à Paris; et il nous apporte de lui des lettres qui contiennent de bonnes nouvelles. Que faites-vous donc, Arché, que vous n'embrassez pas vos anciens amis!

Toute la famille, qui ignorait jusqu'alors le changement du capitaine en faveur d'Arché, dont elle n'avait jamais osé prononcer le nom en sa présence, toute la famile qui n'attendait que l'assentiment du chef pour faire à Arché l'accueil le plus amical, fit éclater sa joie avec un abandon qui toucha de Locheill jusqu'aux larmes.

La dernière lettre de Jules contenait le passage suivant: «J'ai pris les eaux de Barèges pour mes blessures, et quoique faible encore, je suis en pleine convalescence. Le rapport des médecins est qu'il me faut du repos, et que les travaux de la guerre sont pour longtemps au-dessus de mes forces. J'ai obtenu un congé illimité pour me rétablir. Mon parent D... le ministre, et tous mes amis, me conseillent de quitter l'armée, de retourner au Canada, la nouvelle patrie de toute ma famille, et de m'y établir définitivement après avoir prêté serment de fidélité à la couronne d'Angleterre; mais je ne veux rien faire sans vous consulter. Mon frère Arché, qui a de puissants amis en Angleterre, m'a remis une lettre de recommmandation d'un haut personnage à votre gouverneur Guy Carleton, que l'on dit plein d'égards pour la noblesse canadienne, dont il connaît les antécédents glorieux. Si je me décide, sur votre avis, à me fixer au Canada, j'aurai donc encore l'espoir d'être utile à mes pauvres compatriotes. J'aurai le bonheur, Dieu aidant, de vous embrasser tous vers la fin de septembre prochain. Oh! quelle jouissance, après une si longue séparation[3]!»

Jules ajoutait dans un *post-scriptum*: «J'oubliais de vous dire que j'ai été présenté au Roi, qui m'a accueilli avec bonté et m'a même fait je ne sais quels éloges sur ce qu'il appelait ma belle conduite, en me nommant chevalier grand-croix du très honorable ordre royal et militaire de Saint-Louis. J'ignore quel mauvais plaisant de grand personnage m'a valu cette faveur: comme si tout Français qui portait une épée, ne s'en était pas servi pour le moins aussi bien que moi. Je pourrais citer dix officiers de ma divison qui méritaient d'être décorés à ma place. Il est bien vrai que plus qu'eux j'ai eu le précieux avantage de me faire écharper comme un écervelé à chaque rencontre avec l'ennemi. C'est vraiment dommage qu'on n'ait pas institué l'ordre des fous; je n'aurais pas alors volé mon grade de chevalerie, comme celui dont Sa Majesté très chrétienne vient de me gratifier. J'espère pourtant que cet acte ne lui fermera pas les portes du paradis; et que saint Pierre aura à lui objecter d'autres peccadilles; car j'en serais au désespoir.

De Locheill ne put s'empêcher de sourire aux mots «Majesté très chrétienne»; il lui sembla voir la mine railleuse de son ami en écrivant cette phrase.

— Toujours le même, dit M. d'Haberville.

— Ne s'occupant que des autres! s'écria-t-on en chœur.

— Je gagerais ma tête contre un chelin, dit Arché, qu'il aurait été plus heureux de voir décorer un de ses amis.

— Quel fils! dit la mère.

— Quel frère! dit Blanche.

— Oh! oui! quel frère! dit de Locheill avec la plus vive émotion.

— Et quel neveu donc ai-je formé, moi! s'écria mon oncle Raoul en coupant l'air de haut en bas avec sa canne, comme s'il eût été armé d'un sabre de cavalerie. C'en est un prince, celui-là, qui sait distinguer le mérite et le récompenser! Elle n'est pas dégoûtée cette Majesté de France; elle sait qu'avec cent officiers comme Jules, elle pourrait reprendre l'offensive, parcourir l'Europe avec ses armées triomphantes, franchir le détroit comme un autre Guillaume, écraser la fière Albion, et reconquérir ses colonies!

Et mon oncle Raoul coupa de nouveau l'air en tout sens avec sa canne, au péril imminent de ceux qui tenaient à conserver intacts leurs yeux, leur nez et leurs mâchoires menacés par cette charge d'un nouveau genre. Le chevalier regarda ensuite tout le monde d'un air fier et capable; et à l'aide de sa canne, alla s'asseoir sur un fauteuil pour se reposer des lauriers qu'il venait de faire cueillir au roi de France avec cent officiers comme son neveu.

L'arrivée de de Locheill avec les lettres de Jules répandit la joie la plus vive dans tous les cœurs de cette excellente famille; on ne pouvait se lasser de l'interroger sur un être si cher, sur des parents et des amis qu'on avait peu d'espoir de revoir, sur le faubourg Saint-Germain, sur la cour de France, sur ses propres aventures depuis son départ du Canada.

Arché voulut voir ensuite les domestiques: il trouva la mulâtresse Lisette occupée dans la cuisine des apprêts du dîner: elle lui sauta au cou comme elle faisait jadis quand il venait au manoir pendant les vacances de collège avec Jules qu'elle avait élevé; et les sanglots lui coupèrent la voix.

Cette mulâtresse, que le capitaine avait achetée à l'âge de quatre ans, était, malgré ses défauts, très attachée à toute la famille. Elle ne craignait un peu que le maître; quant à la maîtresse, sur le principe qu'elle était plus ancienne qu'elle dans la maison, elle ne lui obéissait qu'en temps et lieux. Blanche et son frère étaient les seuls qui, par la douceur, lui faisaient faire ce qu'ils voulaient: et quoique Jules la fît endiabler très souvent, elle ne faisait que rire de ses espiègleries; toujours prête, en outre, à cacher ses fredaines et à prendre sa défense quand ses parents le grondaient[4].

M. d'Haberville, à bout de patience, l'avait depuis longtemps émancipée; mais «elle se moquait de son émancipation comme de ça», disait-elle, en se faisant claquer les doigts, «car elle avait autant droit de rester à la maison où elle avait été élevée, que lui et tous les siens». Si son maître exaspéré la mettait dehors par la porte du nord, elle rentrait aussitôt par la porte du sud, et *vice versa*.

Cette même femme, d'un caractère indomptable, avait néanmoins été aussi affectée des malheurs de ses maîtres, que si elle eût été leur propre fille; et, chose étrange, tout le temps qu'elle vit le capitaine en proie aux noires vapeurs qui le dévoraient, elle fut soumise et obéissante à tous les ordres qu'elle recevait, se multipliant pour faire seule la besogne de deux servantes. Quand elle était seule avec Blanche, elle se jetait souvent à son cou en sanglotant, et la noble demoiselle faisait trêve à ses chagrins pour consoler la pauvre esclave. Il faut dire à la louange de Lisette qu'aussitôt le bonheur revenu dans la famille, elle redevint aussi volontaire qu'auparavant.

De Locheill, en sortant de la cuisine, courut au-devant de José, qui revenait du jardin en chantant, chargé de légumes et de fruits.

— Faites excuse, lui dit José, si je ne vous présente que la gauche; j'ai oublié l'autre sur les plaines d'Abraham. Je n'ai pas, d'ailleurs, de reproche à faire à la petite jupe (sauf le respect que je vous dois) qui m'en a débarrassé[5]: il a fait les choses en consience; il me l'a coupée si proprement dans la jointure du poignet qu'il a exempté bien de la besogne au chirurgien qui a fait le pansement. Il est vrai de dire que nous sommes qui dirait à peu près quittes, la petite jupe et moi; car, faisant le plongeon pour reprendre mon fusil tombé à terre, je lui passai ma baïonnette au travers du corps. Après tout, c'est pour le mieux, car que ferais-je de ma main droite à présent qu'on ne se bat plus? Pas plus de guerre que sur la main, depuis que l'Anglais est maître du pays, ajouta José en soupirant.

— Il paraît, mon cher José, reprit de Locheill en riant, que vous savez très bien vous passer de la main droite, quand la gauche vous reste.

— C'est vrai, fit José: ça peut faire dans les cas pressés, comme dans mon escarmouche avec la petite jupe; mais, à vous dire vrai, j'ai bien regretté d'être manchot. Je n'aurais pas eu trop de mes deux mains pour servir mes bons maîtres. Les temps on été durs, allez; mais, dieu merci, le plus fort est fait.

Et une larme roula dans les yeux du fidèle José.

De Locheill se rendit ensuite auprès des moissonneurs, occupés à râteler et à charger les charrettes de foin; c'étaient tous des vieilles connaissances qui le reçurent avec amitié; car, le capitaine excepté, toute la famille, et Jules, avant son départ pour l'Europe, s'étaient fait un devoir de le disculper.

Le dîner, servi avec la plus grande simplicité, fut néanmoins très abondant, grâce au gibier dont grèves et forêts foisonnaient dans cette sainon. L'argenterie était réduite au plus strict nécessaire; outre les cuillères, fourchettes et gobelets obligés, un seul pot de forme antique, aux armes d'Haberville, attestait l'opulence de cette famille. Le dessert, tout composé des fruits de la saison, fut apporté sur des feuilles d'érable dans des *cassots* et des corbeilles qui témoignaient de l'industrie des anciens aborigènes. Un petit verre de cassis avant le repas pour aiguiser l'appétit, de la bière d'épinette faite avec les branches mêmes de l'arbre, du vin d'Espagne que l'on buvait presque toujours trempé, furent les seules liqueurs que l'hospitalité du seigneur d'Haberville pût offrir à son convive: ce qui n'empêcha pas la gaieté la plus aimable de régner pendant tout le repas; car cette famille, après de longues privations, de longues souffrances, semblait ressaisir une vie nouvelle. M. d'Haberville, s'il n'eût craint de blesser Arché, n'aurait pas manqué de faire un badinage sur l'absence du champagne, remplacé par la bière mousseuse d'épinette.

— Maintenant que nous sommes en famille, dit le capitaine à Arché en souriant, occupons-nous de l'avenir de mon fils. Quant à moi, vieux et usé, avant le temps, par les fatigues de la guerre, j'ai une bonne excuse pour ne pas servir le nouveau gouvernement: ce n'est pas à mon âge, d'ailleurs, que je tirerais l'épée contre la France, que j'ai servie pendant plus de trente ans. Plutôt mourir cent fois!

— Et, interrompit mon oncle Raoul, nous pouvons tous dire comme Hector le Troyen:

[...] si Pergama dextra
Defendi possent, etiam hac defensa fuissent.

— Passe pour Hector le Troyen, dit M. d'Haberville, qui, n'étant pas aussi lettré que son frère, goûtait peu ses citations, passe pour Hector le Troyen, que je croyais assez indifférent à nos affaires de famille; mais revenons à mon fils. Sa santé l'oblige, peut-être pour longtemps, voire même pour toujours, à se retirer du service. Ses plus chers intérêts sont ici où il est né. Le Canada est sa patrie naturelle; et il ne peut avoir le même attachement pour celle de ses ancêtres. Sa position, d'ailleurs, est bien différente de la mienne: ce qui serait lâcheté chez moi, sur le bord de la tombe, n'est qu'un acte de devoir pour lui qui commence à peine la vie. Il a payé glorieusemnt sa dette à l'ancienne patrie de ses ancêtres. Il se retire avec honneur d'un service que les médecins déclarent incompatible avec sa santé. Qu'il consacre donc maintenant ses talents, son énergie au service de ses compatriotes canadiens. Le nouveau gouverneur est déjà bien disposé en notre faveur: il accueille avec bonté ceux de mes comptatriotes qui ont des rapports avec lui; il a exprimé, en maintes occasions, combien il compatissait aux malheurs de braves officiers qu'il avait rencontrés face à face sur le champ de bataille, et que la fortune, et non le courage avait trahis[b]: il a les mêmes égards, dans les réunions au château Saint-Louis, pour les Canadiens que pour ses compatriotes, pour ceux d'entre nous qui ont perdu leur fortune, que pour ceux plus heureux qui peuvent encore s'y présenter avec un certain luxe, ayant soin de placer chacun suivant le rang qu'il occupait avant la conquête. Sous son administration, et muni en outre des puissantes recommandations que notre ami de Locheill lui a procurées, Jules a tout espoir d'occuper un poste avantageux dans la colonie. Qu'il prête serment de fidélité à la couronne d'Angleterre; et mes dernières paroles dans nos adieux suprêmes seront: «Sers ton souverain anglais avec autant de zèle, de dévouement, de loyauté, que j'ai servi le monarque français, et reçois ma bénédiction[6].»

Tout le monde fut frappé de ce revirement si soudain dans les sentimens du chef de famille: on ne songeait pas que le malheur est un grand maître, qui ploie le plus souvent sous son bras d'acier les caractères les plus intraitables. Le capitaine d'Haberville, trop fier, trop loyal d'ailleurs pour avouer ouvertement les torts de Louis XV envers des sujets qui avaient porté le dévouement jusqu'à l'héroïsme, n'en ressentait pas moins l'ingratitude de la cour de France. Quoique blessé au cœur lui-même de cet abandon, il n'en aurait pas moins été prêt à répandre jusqu'à la dernière goutte de son sang pour ce voluptueux monarque, livré aux caprices des ses maîtresses; mais là s'arrêtait son abnégation. Il aurait bien refusé pour lui-même toute faveur du nouveau gouvernement; mais il était trop juste pour tuer l'avenir de son fils par une susceptibilité déraisonnable.

—Que chacun, maintenant, donne librement son opinion, dit le capitaine en souriant; que la majorité décide. Les dames ne répondirent à cet appel qu'en se jetant dans ses bras en pleurant de joie. Mon oncle Raoul saisit avec transport la main de son frère, la secoua fortement, et sécria:

— Le Nestor des anciens temps n'aurait pas parlé avec plus de sagesse.

— Et ne nous aurait pas plus réjouis, dit Arché, si nous eussions eu l'avantage d'entendre les paroles de ce vénérable personnage.

Comme la marée était haute et magnifique, de Locheill proposa à Blanche une promenade sur la belle grève, aux anses sablonneuses, qui s'étend du manoir jusqu'à la petite rivière Port-Joli.

— Je retrouve partout, dit Arché lorsqu'ils furent le long du fleuve, que le soleil couchant frappait de ses rayons, je retrouve partout des objets, des sites qui me rappellent de bien doux souvenirs! C'est ici que je vous faisais jouer, lorsque vous étiez enfant, avec les coquilles que je ramassais tout le long de ce rivage; c'est dans cette anse que je donnais à mon frère Jules les premières leçons de natation; voici les mêmes fraisiers et framboisiers où nous cueillions ensemble les fruitages que vous aimiez tant; c'est ici, qu'assise sur ce petit rocher, un livre à la main, tandis que nous chassions, votre frère et moi, vous attendiez notre retour pour nous féliciter de nos prouesses, ou vous moquer de nous lorsque notre gibecière était vide; il n'y a pas un arbre, un buisson, un arbrisseau, un fragment de rocher qui ne soit pour moi une ancienne connaissance, que je revois avec plaisir. Quel heureux temps que celui de l'enfance et de l'adolescence! Toujours à la jouissance du moment, oublieuse du passé, insouciante de l'avenir, la vie s'écoule aussi paisible que l'onde de ce charmant ruisseau que nous franchissons maintenant. C'est alors que nous étions vraiment sages, Jules et moi, lorsque nos rêves ambitieux se bornaient à passer nos jours ensemble sur ce domaine, occupés de travaux et de plaisirs champêtres.

— Cette vie paisible et monotone, interrompit Blanche, est celle à laquelle notre faible sexe nous condamne: Dieu, en donnant à l'homme la force et le courage, lui réservait de plus nobles destinées. Quel doit être l'enthousiasme de l'homme au milieu des combats! quel spectacle plus sublime que le soldat affrontant cent fois la mort dans la mêlée, pour ce qu'il a de plus cher au monde! Quel doit être l'enivrement du guerrier, lorsque le clairon sonne la victoire!

La noble jeune fille ignorait tout autre gloire que celle du soldat: son père, presque toujours sous le drapeau, ne revenait au sein de sa famille que pour l'entretenir des exploits de ses compatriotes, et Blanche, encore enfant, s'enthousiasmait au récit de leurs exploits presque fabuleux.

— Ce sont, hélas! dit Arché, des triomphes biens amers, quand on songe aux désastres qu'ils causent, aux pleurs des veuves et des orphelins, privés de ce qu'ils ont de plus cher au monde; à leurs cruelles privations; à leur misère souvent absolue! Mais nous voici arrivés à la rivière Port-Joli: elle est bien nommée ainsi avec ses bords si riants couverts de rosiers sauvages, ses bosquets de sapins et d'épinettes, et ses talles d'aulnes et de buissons. Que de souvenirs cette charmante rivière me rappelle! Il me semble voir encore votre excellente mère et votre bonne tante assises toutes deux sur ce gazon pendant une belle soirée du mois d'août, tandis que nous la remontions dans notre petit canot peint en vert, jusqu'à l'îlot à Babin, en répétant en chœur, et en battant la mesure avec nos avirons, le refrain de votre jolie chanson:

Nous irons sur l'eau nous y prom'promener
Nous irons jouer dans l'île.

Il me semble entendre la voix de votre mère nous criant à plusieurs reprises: «Mais allez-vous me ramener Blanche, mes imparfaits; il est l'heure de souper, et vous savez que votre père exige la pontualité aux repas.» Et Jules criant, en nageant vers elle avec force: «Ne craignez rien de la mauvaise humeur de mon père; je prends tout sur moi; je le ferai rire en lui disant que, comme Sa Majesté Louis XIV, il a pensé attendre. Vous savez que je suis l'enfant gâté, pendant les vacances.»

— Cher Jules! dit Blanche, il était pourtant bien triste

lorsque vous et moi, Arché, nous le trouvâmes dans ce bosquet de sapins, où il s'était caché pour éviter le premier mouvement de colère de mon père, après son escapade.

— Il n'avait pourtant commis que des peccadilles, dit Arché en riant.

— Énumérons ses forfaits, reprit Blanche, en comptant sur ses doigts: premièrement, il avait enfreint les ordres de mon père en attelant à une voiture d'été une méchante bête de trois ans, ombrageuse même indomptable à la voiture d'hiver; secondement, après une lutte formidable avec l'imprudent cocher, elle avait pris le mors aux dents, et, pour la première preuve de son émancipation, avait écrasé la vache de la veuve Maurice, notre voisine.

— Accident des plus heureux pour la dite veuve, répliqua Arché, car à la place du vieil animal qu'elle avait perdu, votre excellent père lui donna les deux plus belles génisses de sa métairie. Je ne puis me rappeler sans attendrissement, continua de Locheill, le désespoir de la pauvre femme quand elle sut qu'un passant officieux avait informé votre père de l'accident causé par son fils. Comment se fait-il que ce sont les personnes que Jules tourmente le plus qui lui sont le plus attachées? Par quel charme se fait-il chérir de tout le monde? La veuve Maurice n'avait pourtant guère de trêve quand nous étions en vacances; et elle pleurait toujours à chaudes larmes, quand elle faisait ses adieux à votre frère.

— La raison en est toute simple, dit Blanche, c'est que tous connaissent son cœur. Vous savez, d'ailleurs, par expérience, Arché, que ce sont ceux qu'il aime le plus qu'il taquine sans relâche, de préférence. Mais continuons la liste de ses forfaits dans ce jour néfaste: troisièmement, après ce premier exploit, la vilaine bête se cabre sur une clôture, brise une des roues de la voiture, et lance le cocher à une distance d'un quinzaine de pieds dans la prairie voisine; mais Jules, comme le chat qui retombe toujours sur les pattes, ne fut par bonheur aucunement affecté de cette chute. Quatrièmement, enfin, la jument, après avoir mis la voiture en éclats sur les cailloux de la rivière des Trois-Saumons, finit par se casser une jambe sur les gallets de la paroisse de l'Îlet.

— Oui, reprit Arché, et je me rappelle votre éloquent plaidoyer en faveur du criminel qui, au désespoir d'avoir offensé un si bon père, allait peut-être se porter à quelques extrémités contre lui-même. Quoi! cher papa, disiez-vous, ne devez-vous pas plutôt être heureux, et remercier le ciel de ce qu'il a conservé les jours de votre fils exposé à un si grand danger! Que signifie la perte d'une vache, d'un cheval, d'une voiture? Vous devez frémir en pensant qu'on aurait pu vous rapporter le corps sanglant de votre fils unique!

— Allons, finissons-en, avait dit M. d'Haberville, et va chercher ton coquin de frère, car Arché et toi savez sans doute où il s'est réfugié après ses prouesses.

— Je vois encore, continua Arché, l'air repentant, semi-comique de Jules, quand il sut que l'orage était passé. Quoi! mon père, finit-il par dire, après avoir essuyé des remontrances un peu vives, auriez-vous préféré que, comme un autre Hippolyte, j'eusse été traîné par le cheval que votre main a nourri pour être le meurtrier de votre fils? et que les ronces dégouttantes eussent porté de mes cheveux les dépouilles sanglantes? Allons, viens souper, avait dit le capitaine, puisqu'il y a un Dieu pour les étourdis de ton espèce.

— C'est ce qui s'appelle parler, cela, avait répliqué Jules.

— Voyez donc ce farceur! dit à la fin votre père en riant.

— Je n'ai jamais pu comprendre, ajouta Arché, pourquoi votre père, si vindicatif d'ordinaire, pardonnait toujours si aisément les offenses de Jules, sans même paraître ensuite en conserver le souvenir.

— Mon père, dit Blanche, sais que son fils l'adore; qu'il agit toujours sous l'impulsion du moment, sans réféchir aux conséquences de ses étourderies, et qu'il s'imposerait les privations les plus cruelles pour lui épargner le plus léger chagrin. Il sait que, pendant une cruelle maladie, suite de blessures dangereuses qu'il avait reçues à Monongahéla, son fils, fou de douleur, nous fit tous craindre pour sa raison, comme vous savez: si je puis me servir d'une telle expression, Jules ne peut jamais offenser mon père sérieusement.

— Maintenant, reprit Arché, que nous avons évoqué tant d'agréables souvenirs asseyons-nous sur ce tertre où nous nous sommes jadis reposés tant de fois, et parlons de choses plus sérieuses. Je suis décidé à me fixer au Canada; j'ai vendu dernièrement un héritage que m'a légué un de mes cousins. Ma fortune, quoique médiocre en Europe, sera considérable, appliquée dans cette colonie, où j'ai passé mes plus beaux jours, où je me propose de vivre et de mourir auprès de mes amis. Qu'en dites-vous, Blanche?

— Rien au monde ne pourra nous faire plus de plaisir. Oh! que Jules, qui vous aime tant, sera heureux! combien nous serons tous heureux!

— Oui, très heureux, sans doute; mais mon bonheur ne peut être parfait, Blanche, que si vous daignez y mettre le comble en acceptant ma main. Je vous ai...

La noble fille bondit comme si une vipère l'eût mordue; et, pâle de colère, la lèvre frémissante, elle s'écria:

— Vous m'offensez, capitaine Archibald Cameron de Locheill! Vous n'avez donc pas réfléchi à ce qu'il y a de blessant, de cruel dans l'offre que vous me faites! Est-ce lorsque la torche incendiaire que vous et les vôtres avez promenée sur ma malheureuse patrie, est à peine éteinte, que vous me faites une telle proposition? Ce serait une ironie bien cruelle que d'allumer le flambeau de l'hyménée aux cendres fumantes de ma malheureuse patrie! On dirait, capitaine de Locheill, que, maintenant riche, vous avez acheté avec votre or la main de la pauvre fille canadienne; et jamais une d'Haberville ne consentira à une telle humiliation. Oh! Arché! je n'aurais jamais attendu cela de vous, de vous, l'ami de mon enfance! Vous n'avez pas réfléchi à l'offre que vous me faites.

Et Blanche, brisée par l'émotion, se rassit en sanglotant[7].

Jamais la noble fille canadienne n'avait paru si belle aux yeux d'Arché qu'au moment où elle rejetait, avec un superbe dédain, l'alliance d'un des conquérants de sa malheureuse patrie.

— Calmez-vous, Blanche, reprit de Locheill: j'admire votre patriotisme; j'apprécie vos sentiments exaltés de délicatesse, quoique bien injustes envers moi, envers moi votre ami d'enfance. Il vous est impossibe de croire qu'un Cameron of Locheill pût offenser une noble demoiselle quelconque, encore moins la sœur de Jules d'Haberville, la fille de son bienfaiteur. Vous savez, Blanche, que je n'agis jamais sans réflexion: toute votre famille m'appelait jadis le grave philosophe et m'accordait un jugement sain. Que vous eussiez rejeté avec indignation la main d'un Anglo-Saxon, aussi peu de temps après la conquête, aurait peut-être été naturel à une d'Haberville; mais moi, Blanche, vous savez que je vous aime depuis longtemps, vous ne pouvez l'ignorer malgré mon silence. Le jeune homme pauvre et proscrit aurait cru manquer à tous sentiments honorables en déclarant son amour à la fille de son riche bienfaiteur.

Est-ce parce que je suis riche maintenant, continua de Locheill, est-ce parce que le sort des armes nous a fait sortir victorieux de la lutte terrible que nous avons soutenue contre vos compatriotes; est-ce parce que la fatalité m'a fait un instrument involontaire de destruction, que je dois refouler à jamais dans mon cœur un des plus nobles sentiments de la nature, et m'avouer vaincu sans même faire un effort pour obtenir celle que j'ai aimée constammment? Oh! non, Blanche, vous ne le pensez pas: vous avez parlé sans réflexion; vous regrettez déjà les paroles cruelles qui vous sont échappées et qui ne pouvaient s'adresser à votre ancien ami. Parlez, Blanche, et dites que vous les désavouez; que vous n'êtes pas insensible à des sentiments que vous connaissez depuis longtemps.

— Je serai franche avec vous, Arché, répliqua Blanche, candide comme une paysanne qui n'a étudié ni ses sentiments, ni ses réponses dans les livres, comme une campagnarde qui ignore les convenances d'une société qu'elle ne fréquente plus depuis longtemps, et que ne peuvent lui imposer une réserve de convention, et je vous parlerai le cœur sur les lèvres. Vous aviez tout, de Locheill, tout ce qui peut captiver une jeune fille de quinze ans: naissance illustre, esprit, beauté, force athlétique, sentiments généreux et élevés: que fallait-il de plus pour fasciner une jeune personne enthousiaste et sensible? Aussi, Arché, si le jeune homme pauvre et proscrit eût demandé ma main à mes parents, qu'ils vous l'eussent accordée, j'aurais été fière et heureuse de leur obéir; mais, capitaine Archibald Cameron de Locheill, il y a maintenant entre nous un gouffre que je ne franchirai jamais.

Et les sanglots étouffèrent de nouveau la voix de la noble demoiselle.

— Mais, je vous conjure, mon frère Arché, continua-t-elle en lui prenant la main, de ne rien changer à votre projet de vous fixer au Canada. Achetez des propriétés voisines de cette seigneurie, afin que nous puissions nous voir souvent, très souvent. Et si, suivant le cours ordinaire de la nature (car vous avez huit ans de plus que moi), j'ai, hélas! le malheur de vous perdre, soyez certain, cher Arché, que votre tombeau sera arrosé de larmes aussi abondantes, aussi amères, par votre sœur Blanche, que si elle eût été votre épouse.

Et lui serrant la main avec affection dans les siennes, elle ajouta:

— Il se fait tard, Arché, retournons au logis.

— Vous ne serez jamais assez cruelle envers moi, envers vous-même, répondit Arché, pour persister dans votre refus! oui, envers vous-même, Blanche, car l'amour d'un cœur comme le vôtre ne s'éteint pas comme un amour vulgaire; il résiste au temps, aux vicissitudes de la vie. Jules plaidera ma cause à son retour d'Europe, et sa sœur ne lui refusera pas la première grâce qu'il lui demandera pour un ami commun. Ah! dites que je puis, que je dois espérer!

— Jamais, dit Blanche, jamais, mon cher Arché. Les femmes de ma famille, aussi bien que les homme, n'ont jamais manqué à ce que le devoir prescrit, n'ont jamais reculé devant aucun sacrifice, même les plus pénibles. Deux de mes tantes, encore jeunes alors, dirent un jour à mon père[8]: Tu n'as pas déjà trop de fortune, d'Haberville, pour soutenir dignement le rang et l'honneur de notre maison: notre dot, ajoutèrent-elles en riant, y ferait une brèche considérable; nous entrons demain au couvent, où tout est préparé pour nous recevoir. Prières, menaces, fureur épouvantable de mon père ne purent ébranler leur résolution: elles entrèrent au couvent, qu'elles n'ont cessé d'édifier par toutes les vertus qu'exige ce saint état.

Quant à moi, Arché, j'ai d'autres devoirs à remplir; des devoirs bien agréables pour mon cœur: rendre la vie aussi douce que possible à mes parents, leur faire oublier, s'il se peut, leurs malheurs, les soigner avec une tendre affection pendant leur vieillesse, et recevoir entre mes bras leur dernier soupir. Bénie par eux, je prierai Dieu sans cesse, avec ferveur, de leur accorder le repos qui leur a été refusé sur cette terre de tant de douleurs. Mon frère Jules se mariera, j'élèverai ses enfants avec la plus tendre sollicitude, et je partagerai sa bonne et sa mauvaise fortune, comme doit le faire une sœur qui l'aime tendrement.

De Lochelll et son amie s'acheminèrent en silence vers le logis; les derniers rayons du soleil couchant qui miroitaient sur l'onde paisible et sur les sables argentés du rivage avaient prêté un nouveau charme à ce paysage enchanteur; mais leur âme était devenue subitement morte aux beautés de la nature.

Un vent favorable s'éleva le lendemain, vers le soir; le vaisseau qui avait amené de Locheill, leva l'ancre aussitôt, et M. d'Haberville chargea José de conduire son jeune ami à Québec.

La conversation, pendant la route ne tarit point entre les deux voyageurs: le sujet était inépuisable. Arrivé cependant vers les cinq heures du matin sur les côtes de Beaumont, de Locheill dit à José:

—Je m'endors comme une marmotte: nous avons veillé bien tard hier, et j'étais si fiévreux que j'ai passé le reste de la nuit sans sommeil; faites-moi le plaisir de me chanter une chanson pour me tenir éveillé.

Il connaissait la voix rauque et assez fausse de son compagnon, ce qui lui inspirait une grande confiance dans ce remède antisoporifique.

— Ce n'est pas de refus, reprit José, qui, comme presque tous ceux qui ont la voix fausse, se piquait d'être un beau chanteur, ce n'est pas de refus; d'autant plus qu'en vous endormant, vous courez risque de vous casser la tête sur les cailoux, qui n'ont pu guère tenir en place depuis le passage de la Corriveau; mais, je ne sais trop par où commencer. Voulez-vous une chanson sur la prise de Berg-op-Zoom[9]?

— Passe pour Berg-op-Zoom, dit Arché, quoique les Anglais y aient été assez maltraités.

— Hem! hem! fit José, c'est toujours une petite revanche sur l'ennemi, qui nous a pas mal chicotés en 59.

Et il entonna les couplets suivants:

C'est st'ilà qu'a pincé Berg-op-Zoom (bis)
Qu'est un vrai moule à Te Deum (bis).
Dame! c'est st'ilà qu'a du mérite
Et qui trousse un siège bien vite.

— Mais c'est adorable de naïveté, s'écria de Locheill.

— N'est-ce pas, capitaine? dit José, tout fier de son succès.

— Oui, mon cher José, mais continuez; j'ai hâte d'entendre la fin: vous ne resterez pas en si bon chemin.

— C'est de votre grâce, capitaine, dit José en portant la main à son bonnet qu'il souleva à demi.

Comme Alexandre il est petit (bis),
Mais il a bien autant d'esprit (bis),
Il en a toute la vaillance,
De César toute la prudence.

— «Mais il a bien autant d'esprit», répéta Arché, est un trait des plus heureux! Où avez-vous pris cette chanson?

— C'est un grenadier qui était au siège de Berg-op-

Zoom qui la chantait à mon défunt père. Il disait que ça chauffait dur, allez, et il en portait des marques; il ne lui restait plus qu'un œil, et il avait tout le cuir emporté à partir du front jusqu'à la mâchoire; mais comme toutes ces avaries étaient du côté gauche, il ajustait encore son fusil proprement du côté droit. Mais laissons-le se tirer d'affaire; c'est un gaillard qui ne se mouchait pas d'un hareng, et je suis sans inquiétude pour lui. Voyons le troisième couplet qui est l'estèque (le dernier).

J'étrillons messieurs les Anglés (bis),
Qu'avions voulu faire les mauvés (bis).
Dame! c'est qu'ils ont trouvé des drilles
Qu'avec eux ont porté l'étrille!

— Délicieux! d'honneur, s'écria de Locheill: ces Anglais qui ont voulu faire les mauvais! ces drilles qui ont porté l'étrille! toujours adorable de naïveté! Oui, continua-t-il, ces doux et paisibles Anglais qui s'avisent un jour de faire les mauvais pour se faire étriller à la peine; moi qui croyais les Anglais toujours hargneux et méchants! Charmant! toujours charmant!

— Ah dame! écoutez, capitaine, fit José, c'est la chanson qui dit cela; moi je les ai toujours trouvés pas mal rustiques et bourrus vos Anglais; pas toujours, non plus, aisés à étriller, comme notre guevalle Lubine, qui est parfois fantasque et de méchante humeur, quand on la frotte trop fort: témoin, la première bataille des plaines d'Abraham.

— Ce sont donc les Anglais qui ont porté l'étrille? dit Arché.

José se contenta de montrer son moignon de bras, autour duquel il avait entortillé la lanière de son fouet, faute de mieux.

Les deux voyageurs continuèrent leur route pendant quelque temps en silence; mais José, s'apercevant que le sommeil gagnait son compagnon, lui cria:

— Eh! eh! capitaine, l'endormitoire vous prend; prenez garde, vous allez, sauf respect, vous casser le nez. Je crois que vous auriez besoin d'une autre chanson pour vous tenir éveillé. Voulez-vous que je vous chante la complainte de Biron[10]?

— Quel est ce Biron? dit de Locheill.

— Ah dame! mon oncle Raoul, qui est un savant, dit que c'était un prince, un grand guerrier, le parent et l'ami du défunt roi Henri IV, auquel il avait rendu de grands services: ce qui n'empêcha pas qu'il le fit mourir, comme s'il eût été un rien de rien. Et sur ce que je m'apitoyais sur son sort, lui et M. d'Haberville me dirent qu'il avait été traître à son roi, et de ne jamais chanter cette complainte devant eux. Ça m'a paru drôle, tout de même, mais j'ai obéi.

— Je n'ai jamais entendu parler de cette complainte, dit Arché, et comme je ne suis pas aussi sensible à l'endroit des rois de France que vos maîtres, faites-moi le plaisir de la chanter.

José entonna alors d'une voix de tonnerre la complainte suivante:

> *Le roi fut averti par un de ses gendarmes,*
> *D'un appelé LaFin, capitaine des gardes:*
> *Sire, donnez-vous de garde du cadet de Biron,*
> *Qui a fait entreprise de vous jouer trahison.*
>
> *LaFin n'eut point parlé, voilà Biron qui entre*
> *Le chapeau à la main faisant la révérence;*
> *C'est en lui disant: Sire, vous plaît-il de jouer*
> *Mille doublons d'Espagne, que je viens de gagner?*
>
> *— Si tu les as, Biron, va-t'en trouver la reine,*
> *Va-t'en trouver la reine, elle te les jouera,*
> *Car des biens de ce monde longtemps tu ne jouiras.*
>
> *Il n'eut pas joué deux coups, le grand prévost qui entre*
> *Le chapeau à la main faisant la révérence,*
> *C'est en lui disant: Prince, vous plaît-il de venir*
> *Ce soir à la Bastile, où vous faudra coucher?*
>
> *— Si j'avais mon épée, aussi mon arme blanche!*
> *Ah! si j'avais mon sabre et mon poignard doré,*

Jamais prévost de France ne m'aurait arrêté.

Il y fut bien un mois, peut-être six semaines,
Sans être visité de messieurs, ni de dames,
Hors trois gens de justice faisant les ignorants
Lui ont demandé: Beau prince, qui vous a mis céans?

— Céans qui m'y ont mis ont pouvoir de m'y mettre;
C'est le roi et la reine, que j'ai longtemps servis,
Et, pour ma récompense, la mort il faut souffrir.

Se souvient-il le roi des guerres savoyardes,
D'un coup d'arquebusade que je reçus sur mon corps?
Et pour ma récompense il faut souffrir la mort!

Que pense-t-il le roi, qu'il faut donc que je meure,
Que du sang des Biron encore il en demeure:
J'ai encore un frère, le cadet d'après moi,
Qui en aura souvenance, quand il verra le roi.

Pour le coup de Locheill était complètement éveillé: la voix de stentor de José aurait réveillé la Belle au bois dormant, plongée depuis un siècle dans le sommeil le plus profond: ce qui est pourtant un assez joli somme, même pour une princesse qu'on supposerait avoir ses franches coudées pour se passer cette fantaisie.

— Mais, dit José, vous monsieur, qui êtes presque aussi savant que le chevalier d'Haberville, vous pourriez peut-être me dire quelque chose de ce méchant roi qui avait fait mourir ce pauvre monsieur Biron, qui lui avait rendu tant de services.

— Les rois, mon cher José, n'oublient jamais une offense personnelle et, comme bien d'autres qui n'oublient jamais les fautes d'autrui, même après expiation, ils ont la mémoire courte pour les sevices qu'on leur a rendus.

— Tiens; c'est drôle tout de même, moi qui croyais que le bon Dieu ne leur avait rien refusé. La mémoire courte! c'est farceur.

Arché reprit en souriant de la naïveté de son compagnon:

—Le roi Henri IV avait pourtant une bonne mémoire, quoiqu'elle lui ai fait défaut dans cette occasion: c'était un excellent prince, qui aimait tous ses sujets comme ses propres enfants, qui faisait tout pour les rendre heureux, et il n'est pas surprenant que sa mémoire soit encore si chère à tout bon Français, même après cent cinquante ans.

—Dame! dit José, ce n'est pas surprenant si les sujets ont meilleure mémoire que les princes! C'était toujours cruel de sa part de faire pendre ce pauvre M. Biron!

—On ne pendait pas la noblesse en France, fit Arché; c'était un de leurs grands privilèges: on leur tranchait simplement la tête.

—C'était toujours un bon privilège. Ça faisait peut-être plus de mal, mais c'était plus glorieux de mourir par le sabre que par la corde.

—Pour revenir à Henri IV, dit Arché, il ne faut pas le condamner trop sévèrement: il vivait dans des temps difficiles, à une époque de guerres civiles; Biron, son parent, son ami jadis, l'avait trahi, et il méritait doublement la mort.

—Pauvre M. Biron, reprit José, il parle pourtant bien dans sa complainte.

—Ce ne sont pas toujours ceux qui parlent le mieux qui ont le plus souvent raison, dit Arché; rien ne ressemble plus à un honnête homme qu'un fripon éloquent.

—C'est pourtant vrai ce que vous dites là, M. Arché: nous n'avons qu'un pauvre voleur dans notre canton, et comme il est sans défense, tout le monde le mange à belles dents, tandis que son frère, qui est cent fois pire que lui trouve le tour, avec sa belle langue, de passer pour un petit saint. En attendant, voici la ville de Québec! mais pas plus de pavillon blanc que sur ma main, ajouta José en soupirant.

Et pour se donner une contenance, il chercha sa pipe dans toutes ses poches en grommelant et répétant son refrain ordinaire:

— «Nos bonnes gens reviendront.»

José passa deux jours à Québec, et s'en retourna chargé de tous les cadeaux que de Locheil crut lui être agréables. Il aurait bien désiré aussi envoyer quelques riches présents à la famille d'Haberville, il n'y aurait pas manqué dans d'autres circonstances; mais il craignait de les blesser dans leur amour-propre. Il se contenta de dire à José en lui faisant ses adieux:

—J'ai oublié au manoir mon livre d'heures; priez mademoiselle Blanche de vouloir bien le garder jusqu'à mon retour: c'était un «Pensez-y bien.»

Notes

1. Historique. L'auteur se plaît à rappeler, avec bonheur, les témoignages d'affection des censitaires de Saint-Jean-Port-Joli envers sa famille, depuis plus de cent ans.

   Lors de l'abolition de la tenure seigneuriale, il y a neuf ans, les marguilliers de l'œuvre et fabrique de la paroisse de Saint-Jean-Port-Joli décidèrent que, nonobstant l'acte du parlement à ce contraire, je jouirais du banc seigneurial ma vie durant.

   Cette preuve si touchante d'affection me fut communiquée par Pierre Dumas, écuyer, alors marguillier en charge.
2. L'auteur, qui, malgré la meilleure volonté du monde, n'a jamais pu conserver vingt-quatre heures de rancune à ses plus cruels ennemis, a étudié avec un intérêt pénible cette passion dans autrui. Cette rébellion continuelle de la nature vindicative, dans une âme noble et généreuse, lui a toujours paru une énigme.
3. Lord Dorchester a sans cesse traité la noblesse canadienne avec les plus grands égards: il montrait toujours une grande sensibilité en parlant de ses malheurs.
4. Lisette est ici le type d'une mulâtresse que mon grand-père avait achetée lorsqu'elle n'était âgée que de quatre ans.
5. Les anciens Canadiens appelaient les montagnards écossais «les petites jupes».
6. Telles furent les dernières paroles du grand-père de l'auteur à son fils unique.
7. Historique. Une demoiselle canadienne, dont je tairai le nom, refusa, dans de semblables circonstances, la main d'un riche officier écossais de l'armée du général Wolfe.

8. Historique dans la famille de l'auteur.
9. Berg-op-Zoom, La Pucelle, prise le 16 septembre 1747, par le comte de Lowendhall qui commandait l'armée française.
10. Un ancien seigneur canadien, très chatouilleux à l'endroit des rois de France, blâmait mon père de me laisser chanter, quand j'étais enfant, la complainte de Biron.

Chapitre dix-septième
Le Foyer domestique

Il s'était passé des événements bien funestes depuis le jour
où, réunis à la table hospitalière du capitaine d'Haberville,
les parents et amis de Jules lui faisaient les derniers adieux
avant son départ pour la France. Le temps avait fait son
œuvre ordinaire de destruction sur les vieillards; l'ennemi
avait porté le fer et le feu dans les demeures des paisibles
habitants de la colonie; la famine avait fait de nombreuses
victimes; la terre avait été abreuvée à grands flots de sang de
ses vaillants défenseurs; le vent de la mer avait englouti un
grand nombre d'officiers d'extraction noble, que le sort des
combats avait épargnés. Tous les élément destructeurs
s'étaient gorgés du sang des malhereux habitants de la
Nouvelle-France. L'avenir était bien sombre surtout pour
les gentilshommes déjà ruinés par les dégâts de l'ennemi;
pour ceux qui, en déposant l'épée, leur dernière ressource, le
dernier soutien de leurs familles, allaient être exposés aux
privations les plus cruelles; pour eux qui voyaient dans
l'avenir leurs descendants déclassés, végéter sur la terre
qu'avaient illustrée leurs vaillants aïeux.

La cité de Québec, qui semblait braver jadis, sur son
rocher, les foudres de l'artillerie et de l'escalade des plus
vaillantes cohortes, l'orgueilleuse cité de Québec, encore
couverte de décombres, se relevait à peine de ses ruines. Le
pavillon britannique flottait triomphant sur sa citadelle

altière; et le Canadien qui, par habitude, élevait la vue jusqu'à son sommet, croyant y trouver encore le pavillon fleurdelisé de la vieille France, les reportait aussitôt avec tristesse vers la terre, en répétant, le cœur gros de soupirs, ces paroles touchantes: «Nous reverrons pourtant nos bonnes gens[1]!»

Il s'était passé depuis quelques années des événements qui devaient certainement navrer le cœur des habitants de ce beau pays, appelé naguère la Nouvelle-France.

Le lecteur retrouvera, sans doute avec plaisir, après tant de désastres, ses anciennes connaissances assistant à une petite fête que donnait M. d'Haberville, brave officier ruiné par la conquête; sa famille et quelques autres amis faisaient aussi partie de la réunion. Une petite succession, que Jules avait recueillie en France d'un de ses parents péri dans le naufrage de l'*Auguste*, en apportant plus d'aisance dans le ménage, permettait à cette famille d'exercer une hospitalité qui lui était interdite depuis longtemps.

Tous les convives étaient à table, après avoir attendu inutilement Archibald de Locheill dont on ne pouvait expliquer l'absence, lui d'ordinaire si ponctuel en toute occasion.

—Eh bien! mes chers amis, dit M. d'Haberville au dessert, que pensez-vous des présages qui m'avaient tant attristé il y a dix ans? Votre opinion d'abord, M. le curé, sur ces avertissements mystérieux que le Ciel semblait m'envoyer?

— Je pense, répondit le curé, que tous les peuples ont eu ou ont cru avoir leurs présages, dans les temps même les plus reculés. Mais, sans chercher bien loin, dans des temps comparativement modernes, l'histoire romaine fourmille de prodiges et de présages. Les faits les plus insignifiants étaient classés comme bons ou mauvais présages: les augures consultaient le vol des oiseaux, les entrailles des victimes, que sais-je? Aussi, prétend-on que deux de ces véridiques et saints personnages ne pouvait se regarder sans rire.

—Et vous en concluez? dit M. d'Haberville.

— J'en conclus, répliqua le curé, qu'il ne faut pas s'y arrêter; qu'en supposant même qu'il plût au Ciel, dans certaines circonstances exceptionnelles, de donner quelques signes visibles de l'avenir, ce serait une misère de plus à ajouter à celles déjà innombrables auxquelles la pauvre humanité est exposée. L'homme, naturellement superstitieux, serait dans un état conditionnel d'excitation fébrile insupportable, cent fois pire que le malheur qu'il redouterait sans cesse.

— Eh bien! dit monsieur d'Haberville, qui, comme tant d'autres ne consultait autrui que pour la forme, je crois, moi, fort de mon expérience, qu'il faut y ajouter foi le plus souvent. Toujours est-il que les présages ne m'ont jamais trompé. Outre ceux dont vous avez été vous-mêmes témoins oculaires, je pourrais en citer encore un grand nombre d'autres.

Je commandais, il y a a environ quinze ans, une expédition contre les Iroquois, composée de Canadiens et de sauvages hurons. Nous étions en marche, lorsque je ressentis tout à coup une douleur à la cuisse, comme si un corps dur m'eût frappé; la douleur fut asssez vive pour m'arrêter un instant. J'en fis part à mes guerriers indiens; ils se regardèrent d'un air inquiet, consultèrent l'horizon, respirèrent l'air à pleine poitrine, en se retournant de tous côtés, comme des chiens de chasse en quête de gibier; puis, certains qu'il n'y avait pas d'ennemis près de nous, il se remirent en marche. Je demandai au Petit-Étienne, chef des Hurons, qui paraissait inquiet, s'il craignait quelque surprise: — «Pas que je sache, fit-il, mais à notre première rencontre avec l'ennemi, tu seras blessé à la même place où tu as ressenti la douleur.» Je ne fis qu'en rire; ce qui n'empêcha pas que deux heures après, une balle iroquoise me traversa la cuisse au même endroit, sans, heureusement, fracturer l'os[a]. Non, messieurs, les présages ne m'ont jamais trompé.

— Qu'en pensez-vous, monsieur le chevalier? dit le curé.

— Je suis d'opinion, fit mon oncle Raoul, que voici le

vin du dessert sur la table, et qu'il est urgent de l'attaquer².

— Excellente décision! s'écria-t-on de toutes parts.

— Le vin est le plus infaillible des présages, dit Jules, car il annonce la joie, la franche gaieté, le bonheur, enfin; et, pour preuve de son infaillibilité, voici notre ami de Locheill qui entre dans l'avenue; je vais aller au-devant de lui.

— Vous voyez, mon cher Arché, dit le capitane en l'embrassant, que nous vous avons traité sans cérémonie, comme l'enfant de la maison, en nous mettant à table après une demi-heure d'attente seulement. Connaissant votre exactitude militaire, nous avons craint que des affaires indispensables ne vous empêchassent de venir.

— J'aurais bien été peiné que vous m'eussiez traité autrement que comme l'enfant de la maison, reprit Arché. J'avais bien pris mes mesures pour être ici ce matin de bonne heure; mais j'avais compté sans l'agréable savane du Cap-Saint-Ignace⁽ᵇ⁾. Mon cheval est d'abord tombé dans un pot-à-brai, d'où je ne l'ai retiré, après beaucoup d'efforts, qu'aux dépens de mon harnais, qu'il m'a fallu raccommoder comme j'ai pu. Une des roues de ma voiture s'est ensuite brisée dans une fondrière; et j'ai été contraint d'aller chercher du secours à l'habitation la plus proche, distance d'environ une demi-lieue, enfonçant souvent dans la vase jusqu'aux genoux, et mort de fatigue.

— Ah! mon cher Arché, dit Jules, l'éternel railleur: *quantum mutatus ab illo!* comme dirait mon cher oncle Raoul, s'il eût pris la parole avant moi, ou comme tu dirais toi-même. Qu'as-tu donc fait de tes grandes jambes dont tu étais jadis si fier dans cette même savane? ont-elles perdu leur force et leur agilité depuis le 28 avril 1760? Tu t'en étais pourtant furieusement servi dans la retraite, comme je te l'avais prédit.

— Il est vrai, réplique de Locheill en riant aux éclats, qu'elles ne me firent pas défaut dans la retraite de 1760, comme tu l'appelles par égard pour ma modestie; mais, mon cher Jules, tu dois aussi avoir eu à te louer des tiennes, toutes courtes qu'elles sont, dans la retraite de 1759. Une politesse se rend par une autre, comme tu sais; toujours par égard pour la modestie du soldat.

— Vous n'y êtes pas, mon cher, il y a erreur dans les rôles. Une égratignure, que j'avais reçue d'une balle anglaise qui m'avait effleuré les côtes, ralentissait considérablement mon pas de retraite, lorsqu'un grenadier, qui m'avait pris en affection sigulière (je ne sais pourquoi), me jeta sur son épaule sans plus de repect pour son officier que s'il eût été un havresac, et toujours courant, me déposa dans l'enceinte même des murs de Québec. Il était temps: le brutal, dans son zèle m'avait transporté la tête pendante sur ses chiens de reins, comme un veau qu'on mène à la boucherie, en sorte que j'étais suffoqué lorsqu'il se déchargea de son fardeau. Crois-tu que le coquin eut l'audace, à quelque temps de là, de me demander un pourboire pour lui et ses amis, charmés de voir leur petit grenadier encore une fois sur ses jambes, et que je fus assez sot pour le régaler lui et ses compagnons! Je n'ai jamais pu conserver rancune à personne, ajouta Jules avec un grand sérieux. Mais voici ton dîner tout fumant, que ton amie Lisette avait gardé sur ses fourneaux; il est vrai que pour l'anxiété que tu nous as causée (car la fête n'aurait point été complète sans toi), tu mériterais de prendre ton repas sur le billot; mais amnistie pour le présent, et à table[c]. Voici José qui t'apporte le coup d'appétit en usage chez toutes les nations civilisées: il est si charmé de te voir, le vieux, qu'il montre ses dents d'une oreille à l'autre. Je t'assure qu'il n'est pas manchot quand il s'agit d'offrir un coup à ses amis, et encore moins, comme son défunt père, quand il faut l'avaler lui-même.

— Notre jeune maître, répondit José en mettant sous son bras l'assiette vide, pour serrer la main que lui présentait Arché, a toujours le petit mot pour rire; mais M. de Locheill sait bien que s'il ne me restait qu'un verre d'eau-de-vie, je le lui offrirais de grand cœur, plutôt que de le boire moi-même. Quant à mon pauvre défunt père, c'était un homme rangé: tant de coups par jour et rien de plus. Je ne parle pas des noces et des festins: il savait vivre avec le monde et faisait des petites échappées de temps en temps, le digne homme! Tout ce que je puis dire, c'est qu'il ne recevait pas ses amis la bouteille sous la table.

Goldsmith, dans son petit chef-d'œuvre. *The Vicar of Wakefield*, fait dire au bon curé: *I can't say whether we had more wit amongst us as than usual; but I am certain we had more laughing, which answered the end as well.* «Je ne sais si nous eûmes plus d'esprit que de coutume; mais nous rîmes davantage, ce qui revient au même.» On peut en dire autant des convives à cette réunion, où régna cette bonne gaieté française qui disparaît, hélas! graduellement «dans ces jours dénégérés», comme dirait Homère.

— Mon cher voisin, dit M. d'Habervile au capitaine des Écors, si ta petite déconvenue avec le général Murray ne t'a pas coupé le sifflet pour toujours, donne le bon exemple en nous chantant une chanson.

— Mais, en effet, répliqua Arché, j'ai entendu dire que vous aviez eu beaucoup de peine à vous retirer des griffes de notre bourreau de général, mais j'en ignore les détails.

— Quand j'y pense, mon ami, dit M. des Écors, j'éprouve dans la région des bronches une certaine sensation qui m'étrangle. Je n'ai pourtant pas lieu de trop me plaindre, car le général fit les choses en conscience à mon égard: au lieu de commencer par me faire pendre, il en vint à la juste conclusion, qu'il était plus régulier de faire d'abord le procès à l'accusé, et de le mettre à mort que sur conviction. Le sort du malheureux meunier Nadeau, dont je partageais la prison, accusé du même crime d'avoir fourni des vivres à l'armée française, et dont il ne fit le procès qu'après l'avoir fait exécuter; la triste fin de cet homme respectabe, dont il reconnut trop tard l'innocence, lui donna, je crois, à réfléchir qu'il serait plus régulier de commencer par me mettre en jugement que de me faire pendre au préalable: mesure dont je me suis très bien trouvé, et que je conseille à tous les gouverneurs présents et futurs d'adopter, comme règle de conduite dans les mêmes circonstances. J'ai passé de bien tristes moments pendant ma captivité: toute communication au dehors m'était interdite; je n'avais aucun moyen de me renseigner sur le sort qui m'était réservé. Je demandais chaque jour, à la sentinelle qui se promenait sous mes fenêtres, s'il y avait quelques nouvelles; et je n'en recevait ordinairement pour toute réponse qu'un *g... m* des plus francs. À la fin, un soldat plus accostable et d'humeur joviale, qui baragouinait un peu le français, me répondit un soir: «Vous *pendar* sept heures *matingue*.» Tout défectueux que fût ce langage, il m'était facile de comprendre que je devais être pendu à sept heures du matin, sans connaître, néanmoins, le jour fixé pour mon exécution. Mon avenir était bien sombre: j'avais vu pendant trois mortels jours le corps de l'infortuné Nadeau, suspendu aux vergues de son moulin à vent et le jouet de la tempête; je m'attendais chaque matin à le remplacer sur ce gibet d'une nouvelle invention.

— Mais c'est infâme, s'écria Arché; et cet homme était innocent!

— C'est ce qui fut démontré jusqu'à l'évidence, repartit M. des Écors, par l'enquête qui eut lieu après l'exécution. Je dois ajouter que le général Murray parut se repentir amèrement du meurtre qu'il avait commis dans un mouvement de colère: il combla la famillle Nadeau de bienfaits, adopta les deux jeunes orphelins dont il avait fait mourir le père, et les emmena avec lui en Angleterre. Pauvre Nadeau[d]!

Et toute la société répéta en soupirant:

— Pauvre Nadeau!

— Hélas! dit le capitaine des Écors philosophiquement, s'il fallait nous apitoyer sur le sort de tous ceux qui ont perdu la vie par... Mais laissons ce pénible sujet.

Et il entonna la chanson suivante:

Je suis ce Narcisse nouveau,
Que tout le monde admire;
Dedans le vin et non dans l'eau
Sans cesse je me mire:
Et, quand je vois le coloris
Qu'il donne à mon visage,
De l'amour de moi-même épris,

J'avale mon image.

Est-il rien dans l'univers
Qui ne te rende hommage?
Jusqu'à la glace de l'hiver
Tout sert à ton usage!
La terre fait de te nourrir
Sa principale affaire:
Le soleil luit pour te mûrir,
Moi, je vis pour te boire!

Les chansons, toujours accompagnées de chorus, se succédèrent rapidement. Celle de Madame Vincelot contribua beaucoup à rendre bruyante la gaieté déjà assez folle de la société.

CHANSON DE MADAME VINCELOT

Dans cette petite fête,
L'on voit fort bien (bis)
Que monsieur qui est le maître
Nous reçoit bien (bis),
Puisqu'il permet qu'on fasse ici
Charivari! charivari! charivari!

Versez-moi, mon très cher hôte,
De ce bon vin (bis),
Pour saluer la maîtresse
De ce festin (bis),
Car elle permet qu'on fasse ici
Charivari! charivari! charivari!

COUPLET DE MADAME D'HABERVILLE

Si cette petite fête
Vous fait plaisir (bis),
Vous êtes, messieurs, les maîtres
D'y revenir (bis);
Et je permets qu'on fasse ici
Charivari! charivari! charivari!

COUPLET DE JULES

Sans un peu de jalousie
L'amour s'endort (bis);
Un peu de cette folie
Le rend plus fort (bis);
Bacchus et l'amour font ici
Charivari! charivari! charivari!

À la fin de chaque couplet, chacun frappait sur la table, sur les assiettes, avec les mains, les couteaux, les fourchettes, de manière à faire le plus de vacarme possible

Blanche, priée de chanter «Blaise et Babet», sa chanson favorite, voulut d'abord s'excuser, et en proposer une autre, mais les demoiselles insistèrent en criant: «Blaise et Babet!» la mineure est si belle!

— J'avoue, dit Jules, que c'en est une mineure, celle-là, avec son «et que ma vie est mon amour, pour moi ma vie est mon amour», qui doit tenir une place bien touchante dans le cœur féminin, d'ailleurs si constant! Vite à la belle mineure, pour réjouir le cœur de ces charmantes demoiselles!

— Tu nous le paieras au colin maillard, dit l'une.

— À la gage-touchée, dit l'autre.

— Tiens-toi bien, mon fils, ajouta Jules, car tu n'as pas plus de chance contre ces bonnes demoiselles qu'un chat sans griffes dans l'enfer. N'importe; chante toujours, ma chère sœur; ta voix comme celle d'Orphée, calmera peut-être le courroux de mes ennemies: elle était en effet bien puissante, à ce que l'on prétend, la voix de ce virtuose, dans sa visite aux régions infernales.

— Quelle horreur! s'écrièrent les demoiselles, nous comparer... C'est bon; c'est bon; tu paieras le tout ensemble; mais chante toujours en attendant, ma chère Blanche.

Celle-ci hésita encore; mais, craignant d'attirer sur elle l'attention de la sociéte par un refus, elle chanta avec des larmes dans la voix les couplets suivants: c'était le cri déchirant de l'amour le plus pur s'échappant de son âme malgré ses efforts pour le refouler dans son cœur:

299

C'est pour toi que je les arrange:
Cher Blaise, reçois de Babet
Et la rose et la fleur d'orange,
Et le jasmin et le muguet.
N'imite pas la fleur nouvelle
Dont l'éclat ne brille qu'un jour:
Pour moi, ma flamme est éternelle;
Pour moi, ma vie est mon amour.

Comme le papillon volage
Qui voltige de fleurs en fleurs,
Entre les filles du village
Ne partage point tes ardeurs;
Car souvent la rose nouvelle
Ne vit et ne brille qu'un jour,
Et que ma flamme est éternelle,
Et que ma vie est mon amour.

Si je cessais d'être la même,
Si mon teint perdait sa fraîcheur,
Ne vois que ma tendresse extrême,
Ne me juge que sur mon cœur:
Souviens-toi que la fleur nouvelle
Ne vit et ne brille qu'un jour;
Pour moi ma flamme est éternelle;
Pour moi ma vie est mon amour.

Tout le monde fut péniblement frappé de ces accents plaintifs dont on ignorait la vrai cause, l'attribuant aux émotions qu'éprouvait Blanche de voir, après de si cruelles infortunes, son frère bientôt échappé comme par miracle au sort des combats, et se retrouvant encore au milieu de ce qu'il avait de plus cher au monde. Jules, pour y faire diversion s'empressa de dire:

— C'est moi qui en ai apporté une jolie chanson de France.

— Ta jolie chanson! s'écria-t-on de toutes parts.

— Non, dit Jules, je la réserve pour ma bonne amie mademoiselle Vincelot, à laquelle je veux l'apprendre.

Or, la dite demoiselle, déjà sur le retour, avait depuis quelques années montré des sentiments très hostiles au mariage, partant un goût prononcé pour le célibat; mais il était connu qu'un certain veuf, qui n'attendait que le temps nécessaire au décorum pour convoler en secondes noces, avait vaincu les répugnances de cette tigresse, et que le jour même des épousailles était déjà fixé. Cette ennemie déclarée du mariage ne se pressait pas de remercier Jules, dont elle connaissait l'espièglerie, et gardait le silence; mais l'on cria de toutes parts:

— La chanson! la chanson! et tu en feras ensuite hommage à Élise.

— Ça sera, après tout, comme vous le voudrez, dit Jules: elle est bien courte, mais elle ne manque pas de sel.

> *Une fille est un oiseau*
> *Qui semble aimer l'esclavage,*
> *Et ne chérir que la cage*
> *Qui lui servit de berceau;*
> *Mais ouvrez-lui la fenêtre;*
> *Zest! on la voit disparaître*
> Pour ne revenir jamais (bis).

On badina Élise, qui, comme toutes les prudes, prenait assez mal la plaisanterie; ce que voyant madame d'Haberville, elle donna le signal usité, et on quitta la table pour le salon.

Élise, en passant près de Jules, le pinça jusqu'au sang.

— Allons donc, la belle aux griffes de chatte, dit celui-ci, est-ce une caresse destinée à votre futur époux, que vous distribuez en avancement d'hoirie à vos meilleurs amis? Heureux époux! que le ciel le tienne en joie!

Après le café, et le pousse-café de rigueur, toute la société sortit dans la cour pour danser des rondes, courir le lièvre, danser le moulin tic tac, et jouer à *la toilette à madame*. Rien de plus gai, de plus pittoresque que ce dernier jeu, en plein air, dans une cour semée d'arbres. Les acteurs, dames et messieurs, prenaient chacun leur poste auprès d'un arbre: un seul se tenait à l'écart. Chaque personne fournissait son contingent à la toilette de madame: qui une robe, qui un colier, qui une bague, etc.

Dès que la personne chargée de diriger le jeu, appelait un de ces objets, celui qui avait choisi cet objet était obligé de quitter son poste dont un autre s'emparait immédiatement: alors, à mesure que se faisait l'appel des différents articles de toilette à Madame, commençait, d'un arbre à l'autre, une course des plus animées qui durait suivant le bon plaisir de la personne choisie pour diriger le divertissement. Enfin, au cri de «Madame demande toute sa toilette», c'était à qui s'emparerait d'un arbre pour ne pas l'abandonner; car celui qui n'avait pas cette protection payait un gage. Tout ce manège avait lieu au milieu des cris de joie, des éclats de rire de toute la société; surtout quand quelqu'un, perdant l'équilibre, embrassait la terre au lieu du poste dont il voulait s'emparer.

Lorsque la fatigue eut gagné les dames, tout le monde rentra dans la maison pour se livrer à des jeux moins fatigants, tels que «La compagnie vous plaît-elle», ou «Cache la bague, bergère», ou «la cachette», «l'anguille brûle», etc. On termina par un jeu, proposé par Jules, qui prêtait ordinairement beaucoup à rire[3].

Les anciens Canadiens, terribles sur les champs de bataille, étaient de grands enfants dans leurs réunions. Presque tous étant parents, alliés, ou amis depuis l'enfance, beaucoup de ces jeux, qui seraient inconvenants de nos jours et qui répugneraient à la délicatesse du sexe féminin des premières sociétés, étaient alors reçus sans inconvénients. Tout se passait avec la plus grande décence: on aurait dit des frères et des sœurs se livrant en famille aux ébats de la plus folle gaieté[4].

Ce n'était pas sans intention que Jules, qui avait sur le cœur la pincée de l'aimable Élise, proposa un jeu au moyen duquel il espérait tirer sa revanche. Voici ce jeu: une dame asise dans un fauteuil, commençait par choisir une personne pour sa fille; on lui mettait ensuite un bandeau sur les yeux, et il lui fallait alors, à l'inspection du visage et de la tête seulement, deviner laquelle était sa fille de tous ceux qui s'agenouillaient devant elle, la tête enveloppé d'un châle ou d'un tapis; chaque fois quelle se trompait, elle devait payer un gage. C'était souvent un jeune homme, un vieillard, une vieille femme qui s'agenouillait, la tête ainsi couverte: de là résultaient des quiproquos.

Quand ce fut le tour d'Élise de trôner, elle ne manqua de choisir Jules pour sa fille, ou son fils, comme il plaira au lecteur, afin de le martyriser un peu pendant l'inspection. Le jeu commence: tout le monde chante en chœur à chaque personne qui s'agenouille aux pieds de la dame aux yeux bandés:

Madame, est-ce là votre fille (bis),
En boutons d'or, en boucles d'argent.
Les mariniers sont sur leur banc.

La dame voilée doit répondre par le même refrain:

Oui, c'est là ma fille (bis),

Ou bien:

Ce n'est pas ma fille (bis),
En boutons d'or, en boucles d'argent,

Les mariniers sont sur leur banc.

Après l'inspection de plusieurs têtes, Élise, entendant sous le châle les rires étouffés de Jules, crut avoir saisi sa proie. Elle palpe la tête: c'est bien Jules ou peu s'en faut; le visage, à la vérité, est un peu long, mais ce diable de Jules a tant de ressources pour se déguiser! N'a-t-il pas déjà mystifié toute une compagnie, pendant une soirée entière, sous le déguisement d'habits du temps de Louis XIV, après avoir été présenté comme une vieille tante arrivée le jour même de France? Sous ce déguisement n'a-t-il pas eu même l'audace d'embrasser toutes les jolies dames de la réunion, y compris Élise elle-même? Quelle horreur! Oui, Jules est capable de tout! Sous cette impression, tremblante de joie, elle pince une oreille: un cri de douleur s'échappe, un sourd grognement de fait entendre, suivi d'un aboiement formidable. Élise arrache son bandeau et se trouve face à face d'une rangée de dents menaçantes: c'était Niger. Comme chez le fermier Detmont de Walter Scott, dont tous les chiens s'appelaient *Pepper*, chez les d'Haberville, toute la race canine s'appelait *Niger* ou *Nigra*, suivant le sexe, en souvenir de deux de leurs aïeux que Jules avait ainsi nommé, lors de ses premières études au collège, pour preuve de ses progrès.

Élise, sans se déconcerter, ôte son soulier à haut talon, et tombe sur Jules, qui tenait toujours Niger à bras-le-corps, s'en servant comme d'un bouclier, et le poursuit de chambre en chambre, suivie des assistants riant aux éclats.

Heureux temps, où la gaieté folle suppléait le plus souvent à l'esprit, qui ne faisait pourtant pas défaut à la race française! Heureux temps, où l'accueil gracieux des maîtres suppléait au luxe des meubles de ménage, aux ornements dispendieux des tables, chez les Canadiens ruinés par la conquête! Les maisons semblaient s'élargir pour les devoirs de l'hospitalité, comme le cœur de ceux qui les habitaient! On improvisait des dortoirs pour l'occasion; on cédait aux dames tout ce que l'on pouvait réunir de plus confortable, et le vilain sexe, relégué n'importe où, s'accommodait de tout ce qui lui tombait sous la main.

Ces hommes, qui avaient passé la moitié de leur vie à bivouaquer dans les forêts pendant les saisons les plus rigoureuses de l'année, qui avaient fait quatre ou cinq cents lieues sur des raquettes, couchant le plus souvent dans des trous qu'ils creusaient dans la neige, comme ils firent lorsqu'ils allèrent surprendre les Anglais dans l'Acadie, ces hommes de fer se passaient bien de l'édredon pour leur couche nocturne.

La folle gaieté ne cessait que pendant le sommeil, et renaissait le matin. Comme tout le monde portait alors de la poudre, les plus adroits s'érigeaient en perruquiers, voire même en barbiers. Le patient, entouré d'un ample peignoir, s'asseyait gravement sur une chaise; le coiffeur improvisé manquait rarement alors d'ajouter à son rôle, soit en traçant avec la houppe à poudrer une immense paire de favoris à ceux qui en manquaient; soit en allongeant démesurément un des favoris de ceux qui en étaient pourvus, au détriment de l'autre; soit en poudrant les sourcils à blanc. Le mystifié ne s'apercevait souvent de la mascarade que par les éclats de rire des dames, lorsqu'il faisait son entrée au salon[5].

La société se dispersa au bout de trois jours, malgré les instances de monsieur et de madame d'Haberville pour les retenir plus longtemps. Arché seul, qui avait promis de passer un mois avec ses anciens amis, tint parole et resta avec la famille.

Notes

1. L'auteur a entendu, pendant sa jeunesse, cinquante ans même après la conquête, répéter ces touchantes paroles par les vieillards, et surtout par les vieilles femmes.
2. Autrefois le vin ne s'apportait sur la table ordinairement qu'au dessort; les domestiques, employés pendant le service des viandes, faisaient alors l'office d'échansons.
3. Ces jeux qui faisaient les délices des réunions canadiennes, il y a soixante ans, ont cessé par degré dans les villes depuis que l'élément étranger s'est mêlé davantage à la première société française.
4. Les anciens Canadiens avaient pour habitude, même à leurs moindres réunions, de chanter à leurs dîners et soupers: les dames et les messieurs alternativement .
5. L'auteur peint la société canadienne sans exagération et telle qu'il l'a connue dans son enfance.

Chapitre dix-huitième
Conclusion

> *Ainsi passe sur la terre tout ce qui fut bon,*
> *vertueux, sensible! Homme, tu n'es qu'un songe*
> *rapide, un rêve douloureux; tu n'existes que par*
> *le malheur; tu n'es quelque chose que par la*
> *tristesse de ton âme et l'éternelle mélancolie de*
> *ta pensée!*
>
> CHATEAUBRIAND

Après le départ des convives, on vécut dans la douce inti-
mité de famille d'autrefois. Jules, que l'air vivifiant de la
patrie avait retrempé, passait une grande partie de la journée
à chasser avec de Locheill: l'abondance du gibier dans cette
saison faisait de la chasse un passe-temps très agréable. On
soupait à sept heures, on se couchait à dix; et les soirées
paraissaient toujours trop courtes, même sans le secours des
cartes[1].

Jules, ignorant ce qui s'était passé entre sa sœur et de
Locheill sur les rives du Port-Joli, ne laissait pas d'être
frappé des accès de tristesse de son ami, sans néanmoins en
pénétrer la cause. À toutes ses questions sur le sujet, il ne
recevait qu'une réponse évasive. Comme il pensa à la fin en
avoir deviné la cause, il crut, un soir qu'ils veillaient seuls
ensemble, devoir aborder franchement la question.

—J'ai remarqué, mon frère, dit-il, tes accès de mélancolie, malgré tes efforts pour nous en cacher la cause. Tu es
injuste envers nous, Arché, tu es injuste envers toi-même.
Fort de ta conscience dans l'accomplissement de devoirs
auxquels un soldat ne peut se soustraire, tu ne dois plus
songer au passé. Tu as rendu, d'ailleurs, d'assez grands
services à toute ma famille en leur sauvant une vie qu'elle
devait perdre dans le naufrage de l'*Auguste*, pour être quitte

envers elle; c'est nous, au contraire, qui te devons une dette de reconnaissance que nous ne pourrons jamais acquitter. Il est bien naturel que, prévenus d'abord par les rapports de personnes que les désastres de 1759 avaient réduites à l'indigence et qu'oubliant tes nobles qualités, des amis, même comme nous, aigris par le malheur, aient ajouté foi à ces rapports envenimés; mais tu sais qu'une simple explication a suffi pour dissiper ces impressions, et te rendre toute notre ancienne amitié. Si mon père t'a gardé rancune pendant longtemps, c'est qu'il est dans sa nature, une fois qu'il se croit offensé, de ne vouloir prêter l'oreille à aucune justification. Il t'a maintenant rendu toute sa tendresse; nos pertes sont en grande partie réparées, et nous vivons plus tranquilles sous le gouvernement britannique que sous la domination française. Nos habitants, autres Cincinnatus, comme dit mon oncle Raoul, ont échangé le mousquet pour la charrue. Ils ouvrent de nouvelles terres, et, dans peu d'années, cette seigneurie sera d'un excellent rapport. La petite succession que j'ai recueillie aidant, nous serons bien vite aussi riches qu'avant la conquête. Ainsi, mon cher Arché, chasse ces noires vapeurs qui nous affligent, et reprends ta gaieté d'autrefois.

De Locheill garda longtemps le silence, et répondit après un effort pénible:

— Impossible, mon frère : la blessure est plus récente que tu ne le crois, et saignera pendant tout le cours de ma vie, car tout mon avenir de bonheur est brisé. Mais laissons ce sujet; j'ai déjà été assez froissé dans mes sentiments les plus purs: un mot désobligeant de ta bouche ne pourrait qu'envenimer la plaie.

— Un mot désobligeant de ma bouche, dis-tu, Arché! Qu'entends-tu par cela? L'ami, le frère que j'ai quelquefois offensé par mes railleries, sait très bien que mon cœur n'y avait aucune part; que j'étais toujours prêt à lui en demander pardon. Tu secoues la tête avec tristesse! Qu'y a-t-il bon Dieu, que tu ne peux confier à ton ami d'enfance, à ton frère, mon cher Arché? Je n'ai jamais eu, moi, rien de caché pour toi: tu lisais dans mon âme comme dans la tienne, et tu paraissais me rendre la réciproque. Tu semblais aussi n'avoir aucun secret pour moi. Malédiction sur les événements qui ont pu refroidir ton amitié!

— Arrête, s'écria Arché; arrête, mon frère, il est temps! Quelque pénibles que soient mes confidences, je dois tout avouer plutôt que de m'exposer à des soupçons qui, venant de toi, me seraient trop cruels. Je vais te parler à cœur ouvert, mais à la condition expresse que, juge impartial, tu m'écouteras jusqu'à la fin sans m'interrompre. Demain, demain seulement, nous reviendrons sur ce pénible sujet; jusque-là, promets-moi de garder secret ce que je vais te confier.

— Je t'en donne ma parole, dit Jules en lui serrant la main.

De Locheill raconta alors, sans omettre les moindres circonstances, l'entretien qu'il avait eu récemment avec Blanche; et, allumant une bougie, il se retira, en soupirant, dans sa chambre à coucher.

Jules passa une nuit des plus orageuses. Lui qui n'avait étudié la femme que dans les salons, dans la société frivole du faubourg Saint-Germain, ne pouvait comprendre ce qu'il y avait de grand, de sublime, dans le sacrifice que s'imposait sa sœur: de pareils sentiments lui semblaient romanesques, ou dictés par une imagination que le malheur avait faussée. Trop heureux d'une alliance qui comblait ses vœux les plus chers, il se décida, avec l'assentiment d'Arché, à un entretien sérieux avec Blanche, bien convaincu qu'il triompherait de ses résistances: elle l'aime, pensa-t-il, ma cause est gagnée.

L'homme, avec toute son apparente supériorité, l'homme dans son vaniteux égoïsme, n'a pas encore sondé toute la profondeur du cœur féminin, de ce trésor inépuisable d'amour, d'abnégation, de dévouement à toute épreuve. Les poètes ont bien chanté sur tous les tons cette Ève, chef-d'œuvre de beauté, sortie toute resplendissante des mains du Créateur; mais qu'est-ce que cette beauté toute matérielle comparée à celle de l'âme de la femme vertueuse aux prises avec l'adversité? C'est là qu'elle se révèle dans tout son éclat; c'est sur cette femme morale que les poètes auraient dû épuiser leurs louanges. En effet, quel être pitoyable que l'homme en face de l'adversité! c'est alors que, pygmée méprisable, il s'appuie en chancelant sur sa compagne géante, qui, comme l'Atlas de la fable portant le monde matériel sur ses robustes épaules, porte, elle aussi, sans ployer sous le fardeau, toutes les douleurs de l'humanité souffrante! Il n'est point surprenant que Jules, qui ne connaissait que les qualités matérielles de la femme, crût triompher aisément des scrupules de sa sœur.

— Allons, Blanche, dit Jules à sa sœur après dîner, le lendemain de l'entretien qu'il avait eu avec son ami; allons, Blanche, voici notre Nemrod écossais qui part, son fusil sur l'épaule, pour nous faire manger des sarcelles à souper; voyons si nous gravirons l'étroit sentier qui conduit au sommet du cap, aussi promptement que dans notre enfance.

— De tout mon cœur, cher Jules; cours en avant, et tu verras que mes jambes canadiennes n'ont rien perdu de leur agilité.

Le frère et la sœur, tout en s'aidant des pierres saillantes, des arbrisseaux qui poussaient dans les fentes du rocher, eurent bien vite monté le sentier ardu qui conduit au haut du cap; et là, après un moment de silence, employé à contempler le magnifique panorama qui se déroulait devant leurs yeux, Jules dit à sa sœur:

— Ce n'est pas sans dessein que je t'ai conduite ici: je désire t'entretenir privément sur un sujet de la plus grande importance. Tu aimes notre ami Arché; tu l'aimes depuis longtemps; et cependant, pour des raisons que je ne puis comprendre, par suite de sentiments trop exaltés qui faussent ton jugement, tu t'imposes des sacrifices qui ne sont pas dans la nature, et tu te prépares un avenir malheureux, victime d'un amour que tu ne pourras jamais extirper de ton cœur. Quant à moi, si j'aimais une Anglaise, et qu'elle répondît à mes sentiments, je l'épouserais sans plus de répugnance qu'une de mes compatriotes.

Les yeux de Blanche se voilèrent de larmes; elle prit la main de son frère, qu'elle pressa dans les siennes avec tendresse, et répondit:

— Si tu épousais une Anglaise, mon cher Jules, je la recevrais dans mes bras avec toute l'affection d'une sœur chérie; mais ce que tu peux faire, toi, sans inconvenance, serait une lâcheté de la part de ta sœur. Tu as payé noblement ta dette à la patrie. Ton cri de guerre «à moi, grenadiers!» électrisait tes soldats dans les mêlées les plus terribles; on a retiré deux fois ton corps sanglant de nos plaines encore humides du sang de nos ennemis, et tu as reçu trois blessures sur l'autre continent. Oui, mon frère chéri, tu as payé noblement ta dette à la patrie, et tu peux te passer la fantaisie d'épouser une fille d'Albion. Mais, moi, faible femme, qu'ai-je fait pour cette terre asservie et maintenant silencieuse; pour cette terre qui a pourtant retenti tant de fois des cris de triomphe de mes compatriotes? Est-ce une d'Haberville qui sera la première à donner l'exemple d'un double joug aux nobles filles du Canada? Il est naturel, il est même à souhaiter que les races française et anglo-saxonne, ayant maintenant une même patrie, vivant sous les mêmes lois, après des haines, après des luttes séculaires, se rapprochent par des alliances intimes; mais il serait indigne de moi d'en donner l'exemple après tant de désastres; on croirait, comme je l'ai dit à Arché, que le fier Breton, après avoir vaincu et ruiné le père, a acheté avec son or la pauvre fille canadienne, trop heureuse de se donner à ce prix. Oh! jamais! jamais[a]!

Et la noble demoiselle pleura amèrement, la tête penchée sur l'épaule de son frère.

— Tout le monde ignorera, reprit-elle, tu ne comprendras jamais toi-même toute l'étendue de mon sacrifice! mais ne crains rien, mon cher Jules, ce sacrifice n'est pas au-dessus de mes forces. Fière des sentiments qui me l'ont inspiré, toute à mes devoirs envers mes parents, je coulerai des jours paisibles et sereins au milieu de ma famille. Et sois certain, continua-t-elle avec exaltation, que celle qui a aimé

311

constamment le noble Archibald Cameron de Locheill, ne souillera jamais son cœur d'un autre amour terrestre. Tu as fait, Jules, un mauvais choix de ce lieu pour l'entretien que tu désirais, de ce cap d'où j'ai tant de fois contemplé avec orgueil le manoir opulent de mes aïeux, remplacé par cette humble maison construite au prix de tant de sacrifices et de privations. Descendons maintenant; et, si tu m'aimes, ne reviens jamais sur ce pénible sujet.

— Âme sublime! s'écria Jules.

Et le frère et la sœur se tinrent longtemps embrassés en sanglotant.

Arché, après avoir perdu tout espoir d'épouser Blanche d'Haberville, s'occupa sérieusement d'acquitter la dette de gratitude qu'il devait à Dumais. Le refus de Blanche changeait ses premières dispositions à cet égard, et lui laissait plus de latitude; car lui aussi jura de garder le célibat. Arché, que le malheur avait mûri avant l'âge, avait étudié bien jeune et de sang-froid les hommes et les choses; et il en était venu à la sage conclusion qu'il est bien rare qu'un mariage soit heureux sans amour mutuel. Bien loin d'avoir la fatuité de presque tous les jeunes gens, qui croient de bonne foi que toutes les femmes les adorent, et qu'ils n'ont que le choix des plus beaux fruits dans la vaste récolte des cœurs, de Locheill avait une humble opinion de lui-même. Doué d'une beauté remarquable et de toutes les qualités propres à captiver les femmes, il se faisait remarquer de tout le monde par ses manières élégantes dans leur simplicité lorsqu'il paraissait dans une société; mais il n'en était pas moins aussi modeste que séduisant, et croyait, avec la Toinette de Molière, que les grimaces d'amour «ressemblent fort à la vérité». J'étais pauvre et proscrit, pensait-il, j'ai été aimé pour moi-même; qui sait, maintenant que je suis riche, si une autre femme aimerait en moi autre chose que mon rang et mes richesses, en supposant toujours que mon premier et mon seul amour, pût s'éteindre dans mon cœur? Arché se décida donc au célibat.

Le soleil disparaissait derrière les Laurentides, lorsque

de Locheill arriva à la ferme de Dumais. Il fut agréablement surpris de l'ordre et de la propreté qui régnaient partout. La fermière, occupée des soins de sa laiterie, et assistée d'une grosse servante, s'avança au-devant de lui sans le reconnaî-tre, et le pria de se donner la peine d'entrer dans la maison.

— Je suis ici, je crois, dit Arché, chez le sergent Dumais.

— Oui, monsieur, et je suis sa femme; mon mari ne doit pas retarder à revenir du champ avec une charretée de gerbes de blé; je vais envoyer un de mes enfants pour le hâter de revenir.

— Rien ne presse, madame; mon intention en venant ici est de vous donner des nouvelles d'un M. Arché de Locheill, que vous avez connu autrefois: peut-être l'avez-vous oublié.

Madame Dumais se rapprocha de l'étranger, l'examina pendant quelque temps en silence, et dit:

— Il y a assurément une certaine ressemblance; vous êtes sans doute, un de ses parents? Oublier M. Arché! oh! ne dites pas qu'il nous croit capables d'une telle ingratitude. Ne savez-vous donc pas qu'il s'est exposé à une mort presque certaine pour sauver la vie de mon mari, que nous prions tous les jours le bon Dieu de le conserver, d'étendre ses bénédictions sur notre bienfaiteur? Oublier M. Arché! vous m'affligez beaucoup, monsieur.

De Locheill était très attendri. Il prit sur ses genoux la petite Louise, âgée de sept ans, la plus jeune des enfants de Dumais, et lui dit en la caressant:

— Et toi, ma belle petite, connais-tu M. Arché?

— Je ne l'ai jamais vu, dit l'enfant, mais nous faisons tous les jours une prière pour lui.

— Quelle est cette prière? reprit Arché.

«Mon Dieu, répandez vos bénédictions sur M. Arché, qui a sauvé la vie à papa, s'il vit encore; et s'il est mort, donnez-lui votre saint paradis.»

De Locheill continua à s'entretenir avec madame Du-mais jusqu'à ce que celle-ci, entendant la voix de son mari près de la grange courut lui dire qu'un étranger l'attendait à la maison pour lui donner des nouvelles de M. Arché.

Dumais qui se préparait à décharger sa charrette, jeta sa fourche, et ne fit qu'un saut de la grange à la maison. Il faisait déjà brun, quand il entra, pour l'empêcher de distinguer les traits de l'étranger.

— Vous êtes le bienvenu, lui dit-il en le saluant, vous qui m'apportez des nouvelles d'un homme qui m'est si cher.

— Vous êtes sans doute le sergent Dumais? dit de Locheill.

— Et vous M. Arché! s'écria Dumais en se jetant dans ses bras: croyez-vous que je puisse oublier la voix qui me criait «courage», lorsque j'étais suspendu au-dessus de l'abîme, cette même voix que j'ai entendue tant de fois pendant ma maladie?

— Mon cher Dumais, reprit Arché vers la fin de la veillée, je suis venu vous demander un grand service.

— Un service! fit Dumais; serais-je assez heureux, moi pauvre cultivateur, pour être utile à un gentilhomme comme vous? Ce serait le plus beau jour de ma vie.

— Eh bien! Dumais, il ne dépendra que de vous de me rendre la santé: tel que vous me voyez, je suis malade, plus malade que vous ne pensez.

— En effet, dit Dumais, vous êtes pâle et plus triste qu'autrefois. Qu'avez-vous, mon Dieu?

— Avez-vous entendu parler, repartit de Lorcheill, d'une maladie, à laquelle les Anglais sont très sujets, et que l'on appelle le *spleen* ou diable bleu?

— Non, fit Dumais; j'ai connu plusieurs de vos Anglais, qui, soit dit sans vous offenser, paraissaient avoir le diable au corps, mais je les aurais crus, ces diables, d'une couleur plus foncée.

Arché se prit à rire.

— Ce que l'on appelle, mon cher Dumais, diable bleu, chez nous, est ce que vous autres Canadiens appelez peine d'esprit.

— Je comprends maintenant, dit Dumais; mais qu'un homme comme vous, qui a tout à souhait, qui possède tant d'esprit, et tant de ressources pour chasser les mauvaises pensées, puisse s'amuser à vos diables bleus, c'est ce qui me surpasse.

— Mon cher Dumais, reprit Arché, je pourrais vous répondre que chacun a ses peines dans le monde, même ceux qui paraissent les plus heureux; qu'il me suffise de vous dire que c'est maladie chez moi, et que je compte sur vous pour m'en guérir.

— Commandez-moi, M. Arché, je suis à vous le jour comme la nuit.

— J'ai essayé de tout, continua Arché: l'étude, les travaux littéraires; j'étais mieux le jour, mais mes nuits étaient sans sommeil; et, si j'avais même la chance de dormir, je me réveillais aussi malheureux qu'auparavant. J'ai pensé qu'un fort travail manuel pourrait seul me guérir, et qu'après une journée de fort labeur, je goûterais un sommeil réparateur qui m'est refusé depuis longtemps.

— C'est vrai cela, dit Dumais: quand un homme a bien travaillé le jour, je le défie d'avoir des insomnies; mais où voulez-vous en venir, et en quoi serais-je assez heureux pour vous aider?

— C'est de vous, mon cher Dumais, que j'attends ma guérison. Mais écoutez-moi sans m'interrompre, et je vais vous faire part de mes projets. Je suis maintenant riche, très riche, et voici mon principe: puisque la Providence m'a donné des richesses que je ne devais jamais espérer, je dois en employer une partie à faire le bien. Il y a, dans cette paroisse et dans les environs, une immense étendue de terre en friche, soit à vendre, soit à concéder. Mon dessein est d'en acquérir une quantité considérable, et non seulement d'en surveiller le défrichement, mais d'y travailler moi-même: vous savez que j'ai les bras bons; et j'en ferai bien autant que les autres.

— Connu, fit Dumais.

— Il y a beaucoup de pauvres gens, continua Arché, qui seront trop heureux de trouver de l'ouvrage, surtout en leur donnant le plus haut salaire. Vous comprenez, Dumais, que je ne pourrai seul suffire à tout, et qu'il me faut une aide: que ferais-je d'ailleurs le soir, sous la tente et pendant le mauvais temps, sans un ami pour me tenir compagnie? C'est alors que le chagrin me tuerait.

—Partons dès maintenant, s'écria Dumais, et allons visiter les plus beaux lots, que je connais au reste déjà assez bien.

—Merci, dit Arché en lui serrant la main. Mais qui prendra soin de votre ferme pendant vos fréquentes absences?

—Soyez sans inquiétude là-dessus, monsieur: ma femme seule pourrait y suffire, quand bien même elle n'aurait pas son frère, vieux garçon qui vit avec nous: jamais ma terre n'a souffert de mes absences. Que voulez-vous, c'est comme un mal, j'ai toujours, moi, préféré le mousquet à la charrue. Ma femme me tance de temps en temps à ce sujet; mais, à la fin, nous n'en sommes pas pires amis.

—Savez-vous, dit Arché, que voilà sur le bord de la rivière, près de ce bosquet d'érables, le plus charmant site que je connaisse pour y construire une maison. La vôtre est vieille: nous allons en bâtir une assez grande pour nous loger tous. Je me charge de ce soin, à condition que j'aurai le droit d'en occuper la moitié, ma vie durant; et, à ma mort, ma foi, le tout vous appartiendra. J'ai fait vœu de rester garçon.

—Les hommes comme vous, fit Dumais, sont trop rares: il serait cruel que la race vînt à s'en éteindre. Mais je commence à comprendre qu'au lieu de songer à vous, c'est à moi et à ma famille que vous pensez, et que c'est nous que vous voulez enrichir.

—Parlons maintenant à cœur ouvert, reprit Arché; je n'ai de vrais amis dans le monde que la famille d'Haberville et la vôtre.

—Merci, monsieur, dit Dumais, de nous mettre sur la même ligne, nous pauvres cultivateurs, que cette noble et illustre famille.

—Je ne considère dans les hommes, repartit de Locheill, que leurs vertus et leurs bonnes qualités. Certes, j'aime et respecte la noblesse; ce qui ne m'empêche pas

316

d'aimer et respecter tous les hommes estimables, et de leur rendre la justice qu'ils méritent. Mon intention est de vous donner le quart de ma fortune.

— Ah! monsieur, s'écria Dumais.

—Écoutez-moi bien mon ami. Un gentilhomme ne ment jamais. Lorsque je vous ai dit que j'avais ce que vous appelez des peines d'esprit, je vous ai dit la vérité. J'ai trouvé le remède contre cette affreuse maladie: beaucoup d'occupations et de travail manuel; et ensuite faire du bien à ceux que j'aime. Mon intention est donc de vous donner, de mon vivant, un quart de ma fortune; gare à vous, Dumais: je suis persévérant et entêté comme un Écossais que je suis; si vous me chicanez, au lieu du quart, je suis homme à vous en donner la moitié. Mais pour parler sérieusement, mon cher Dumais, vous me rendriez très malheureux si vous me refusiez.

—S'il en est ainsi, monsieur, dit Dumais avec des larmes dans la voix, j'accepte vos dons, que j'aurais d'ailleurs mauvaise grâce de refuser d'un homme comme vous.

Laissons de Locheill s'occuper activement d'enrichir Dumais, et retournons à nos autres amis.

Le bon gentilhomme, presque centenaire, ne vécut qu'un an après l'arrivée de Jules. Il mourut entouré de ses amis, après avoir été l'objet des soins les plus touchants de Blanche et de son frère, pendant un mois que dura sa maladie. Quelques moments avant son décès, il pria Jules d'ouvrir la fenêtre de sa chambre, et jetant un regard éteint du côté de la petite rivière qui coulait paisiblement devant sa porte, il lui dit:

—C'est là, mon ami; c'est à l'ombre de ce noyer que je t'ai donné le récit de mes malheurs; c'est là que je t'ai donné des conseils dictés par l'expérience que donne la vieillesse. Je meurs content, car je vois que tu en as profité. Emporte, après ma mort, ce petit bougeoir: en te rappelant les longues insomnies dont il a été témoin dans ma chambre solitaire, il te rappellera aussi les conseils que je t'ai donnés, s'ils pouvaient sortir de ta mémoire.

—Quant à toi, mon cher et fidèle André, continua M. d'Egmont, c'est avec bien du regret que je te laisse sur cette terre, où tu as partagé dans tous mes chagrins. Tu seras bien seul et isolé après ma mort! Tu m'as promis de passer le reste de tes jours avec la famille d'Haberville: elle aura le plus grand soin de ta vieillesse. Tu sais qu'après ton décès les pauvres seront nos héritiers.

—Mon cher maître, dit Francœur en sanglotant, les pauvres n'attendront pas longtemps leur héritage.

Le bon gentilhomme, après avoir fait les adieux les plus tendres à tous ses amis, s'adressant au curé, le pria de réciter les prières des agonisants. Et à ces paroles: «Partez, âme chrétienne, au nom du Dieu-tout puissant qui vous a créée», il rendit le dernier soupir. Sterne aurait dit: «L'ange régistrateur de la chancellerie des cieux versa une larme sur les erreurs de sa jeunesse, et les effaça pour toujours». Les anges sont plus compatissants que les hommes, qui n'oublient ni ne pardonnent les fautes d'autrui!

André Francœur fut frappé de paralysie lorsqu'on descendit le corps de son maître dans sa dernière demeure, et ne lui survécut que trois semaines.

Lorsque Jules avait dit à sa sœur: «Si j'aimais une Anglaise, et qu'elle voulût accepter ma main, je l'épouserais sans plus de répugnance qu'une de mes compatriotes», elle était loin alors de soupçonner les vraies intentions de son frère. Jules, en effet, pendant la traversée de l'Atlantique, avait fait la connaissance d'une jeune demoiselle anglaise d'une grande beauté. Jules, autre Saint-Preux, lui avait donné d'autres leçons que celles de langue et de grammaire française, pendant un trajet qui dura deux mois. Il avait d'ailleurs montré son bon goût: la jeune fille, outre sa beauté ravissante, possédait toutes les qualités qui peuvent inspirer une passion vive et sincère.

Enfin, tous les obstacles levés, toutes les difficultés surmontées par les deux familles, Jules épousa l'année suivante la blonde fille d'Albion, qui sut bien vite gagner le cœur de tous ceux qui l'entouraient.

Mon oncle Raoul, toujours rancunier au souvenir de la jambe que les Anglais lui avaient cassée dans l'Acadie, mais trop bien élévé pour manquer aux convenances, se renfermait d'abord, quand il voulait jurer à l'aise contre les compatriotes de sa belle nièce; mais, entièrement subjugué au bout d'un mois par les prévenances et l'amabilité de la charmante jeune femme, il supprima tout à coup ses jurons, au grand bénéfice de son âme et des oreilles pieuses qu'il scandalisait.

Ce coquin de Jules, disait mon oncle Raoul, n'est pas dégoûté d'avoir épousé cette Anglaise; et il avait bien raison ce saint homme de pape de dire que ces jeunes insulaires seraient des anges, s'ils étaient seulement un peu chrétiens: *non Angli, sed angeli forent si essent christiani*, ajoutait-il d'un air convaincu.

Ce fut bien autre chose quand le cher oncle, tenant un petit-neveu sur un genou et une petite-nièce sur l'autre, les faisait sauter en leur chantant les jolies chansons des voyageurs canadiens. Qu'il était fier quand leur maman lui criait: Mais venez donc, de grâce, à mon secours, mon cher oncle, ces petits démons ne veulent pas s'endormir sans vous.

Mon oncle Raoul avait déclaré qu'il se chargerait de l'éducation militaire de son neveu; aussi, dès l'âge de quatre ans, ce guerrier en herbe, armée d'un petit fusil de bois, faisait déjà des charges furieuses contre l'abdomen de son instructeur, obligé de défendre avec sa canne la partie assiégée.

—Le petit gaillard, disait le chevalier en se redressant, aura le bouillant courage des d'Haberville, avec la ténacité et l'indépendance des fiers insulaires dont il est issu par sa mère.

José s'était d'abord montré assez froid pour sa jeune maîtresse; mais il finit par lui être sincèrement attaché. Elle avait bien vite trouvé le point vulnérable de la cuirasse. José, comme son défunt père, aimait le vin et l'eau-de-vie, qui n'avaient d'ailleurs guère plus d'effet sur son cerveau breton que si l'on eût versé les liqueurs qu'il absorbait sur la tête du coq dont était couronné le mai de son seigneur, afin de fausser le jugement de ce vénérable volatile dans ses fonctions; aussi la jeune dame ne cessait de présenter à José, tantôt un verre d'eau-de-vie pour le réchauffer, tantôt un gobelet de vin pour le rafraîchir; et José finit par avouer que, si les Anglais étaient pas mal rustiques, les Anglaises ne leur ressemblaient nullement.

Monsieur et madame d'Haberville rassurés, après tant de malheurs, sur l'avenir de leurs enfants, coulèrent des jours paisibles et heureux jusqu'à la vieillesse la plus reculée. Les dernières paroles du capitaine à son fils furent:

— Sers ton nouveau souverain avec autant de fidélité que j'ai servi le roi de France; et que Dieu te bénisse, mon cher fils, pour la consolation que tu m'as donnée!

Mon oncle Raoul, décédé trois ans avant son frère, n'eut qu'un regret avant de mourir: celui de laisser la vie avant que son petit-neveu eût embrassé la carrière militaire.

— Il n'y a qu'une carrière digne d'un d'Haberville, répétait-il sans cesse, c'est celle des armes.

Il se consolait pourtant un peu dans l'espoir que son neveu, qui achevait de brillantes études, serait un savant comme lui, et que la science ne s'éteindrait pas dans la famille.

José, qui avait un tempérament de fer et des nerfs d'acier, José qui n'avait jamais eu un instant de maladie depuis qu'il était au monde, regardait la mort comme un événement assez hypothétique. Un de ses amis lui disant un jour, après le décès de ses anciens maîtres:

— Sais-tu, José, que tu as au moins quatre-vingts ans bien sonnés, et qu'à te voir on te donnerait à peine cinquante?

José s'appuyant sur une hanche, comme signe de stabilité, souffla dans le tuyau de sa pipe pour en expulser un reste de cendre, fouilla longtemps dans sa poche de culotte, de la main qui lui restait, pour en retirer son sac à tabac, son tondre et son briquet, et répliqua ensuite, sans se presser, comme preuve de ce qu'il allait dire:

— Je suis, comme tu sais, le frère de lait de notre défunt capitaine; j'ai été élevé dans sa maison; je l'ai suivi dans toutes les guerres qu'il a faites; j'ai élevé ses deux enfants; j'ai commencé, entends-tu, sur de nouveaux frais, à prendre soin de ses petits-enfants: eh bien! tant qu'un d'Haberville aura besoin de mes services, je ne compte pas désemparer!

— Tu penses donc vivre aussi longtemps que le défunt *Maqueue-salé* (Mathusalem)? fit le voisin.

— Plus longtemps encore, s'il le faut, répliqua José.

Ayant ensuite tiré de sa poche tout ce qu'il lui fallait, il bourra sa pipe, mit dessus un morceau de tondre ardent, et se mit à fumer en regardant son ami de l'air d'un homme convaincu de ce qu'il avait avancé.

José tint parole pendant une douzaine d'années; mais il avait beau se raidir contre la vieillesse, en vaquant à ses occupations ordinaires malgré les remontrances de ses maîtres, force lui fut enfin de garder la maison.

Toute la famille s'empressa autour de lui.

— Qu'as-tu, mon cher José? dit Jules.

— Bah! c'est la paresse, dit José, ou peut-être mon *rhumatique* (rhumatisme).

Or José n'avait jamais eu aucune attaque de cette maladie: c'était un prétexte.

Give the good old fellow man, his morning glass: it will revive him, fit Arché.

— Je vais vous apporter un petit coup d'excellente eau-de-vie, dit madame Jules.

— Pas pour le quart d'heure, repartit José; j'en ai toujours dans mon coffre, mais ça ne me le dit pas ce matin.

On commença à s'alarmer sérieusement, c'était un mauvais symptôme.

— Je vais alors vous faire une tasse de thé, dit madame Jules, et vous allez vous trouver mieux[b].

— Mon Anglaise, reprit d'Haberville, croit que son thé est un remède à tous maux.

José but le thé, déclara que c'était une fine médecine, et qu'il se trouvait mieux; ce qui n'empêcha pas le fidèle serviteur de prendre le lit le soir même pour ne plus le quitter vivant.

Lorsque le brave homme vit approcher sa fin, il dit à Jules qui le veillait pendant cette nuit:

— J'ai demandé au bon Dieu de prolonger ma vie jusqu'aux vacances prochaines de vos enfants, afin de les voir encore une fois avant de mourir; mais je n'aurai pas cette consolation.

— Tu les verras demain, mon cher José.

Une heure après, de Locheill était sur la route qui conduit à Québec et le lendemain au soir tout ce que le fidèle et affectionné serviteur avait de plus cher au monde entourait sa couche funèbre. Après s'être entretenu avec eux pendant longtemps, après leur avoir fait les plus tendres adieux, il recueillit toutes ses forces pour s'asseoir sur son lit, et une larme brûlante tomba sur la main de Jules qui s'était approché pour le soutenir. Après ce dernier effort de cette nature puissante, celui qui avait partagé la bonne et la mauvaise fortune des d'Haberville n'existait plus.

— Prions pour l'âme d'un des hommes les plus excellents que je connaisse, dit Arché en lui fermant les yeux.

Jules et Blanche, malgré les représentations qu'on leur fit, ne voulurent se reposer sur personne du soin de veiller auprès de leur vieil ami, pendant les trois jours que son corps resta au manoir.

— Si un de notre famille fût mort, dirent-ils, José ne l'aurait pas abandonné à autrui.

Un jour qu'Arché, pendant ses fréquentes visites chez les d'Haberville, se promenait avec Jules devant le manoir, il vit venir un vieillard à pied, passablement mis, portant un sac de loup-marin sur ses épaules.

— Quel est cet homme? dit-il.

— Ah! dit Jules, c'est notre ami M. D. portant son étude sur son dos.

— Comment! son étude? dit Arché.

— Certainement: il est notaire ambulant! Il parcourt tous les trois mois certaines localités, passant de nouveaux actes, et expédiant des copies de ses minutes qu'il porte toujours avec lui, pour n'être pas pris au dépourvu. C'est un excellent et très aimable homme, Français de naissance et plein d'esprit. Il commença par faire, à son arrivée au Canada, un petit commerce d'images peu profitable; et puis, se rappelant qu'il avait étudié jadis pendant deux ans chez un clerc d'avoué en France, il se présenta bravement devant les juges, passa un examen sinon brillant, du moins assez solide pour sa nouvelle patrie, et s'en retourna triomphant chez lui avec une commission de notaire dans sa poche. Je t'assure que tout le monde s'accommode très bien des actes, rédigés avec la plus scrupuleuse honnêteté: ce qui supplée à une diction plus pure, mais souvent entachée de mauvaise foi, de certains notaires plus érudis[c].

— Votre notaire nomade, reprit Arché en souriant, arrive fort à propos: j'ai de la besogne pour lui.

En effet, de Locheill, déjà très avancé dans l'œuvre de défrichement qu'il poursuivait avec activité au profit de son ami Dumais, lui fit un transport en bonne et due forme, de tous ses immeubles, se réservant seulement, sa vie durant, la moitié de la nouvelle et vaste maison qu'il avait construite.

Les visites d'Arché au manoir d'Haberville devinrent plus fréquentes à mesure qu'il avançait en âge; et il finit même par s'y fixer lorsque l'amitié la plus pure eut remplacé le sentiment plus vif qui avait obscurci les beaux jours de sa jeunesse. Blanche ne fut désormais, aux yeux d'Arché, qu'une sœur d'adoption: et le doux nom de frère, que Blanche lui donnait, purifiait ce qui restait d'amour dans ce noble cœur de femme.

Jules avait un fils tendre et respectueux: ses deux enfants furent pour lui ce qu'il avait été pour ses bons parents.

Tant que M. et Mme d'Haberville vécurent, Jules leur tint fidèle compagnie, ne s'absentant que pour affaires indispensables, ou pour remplir un devoir auquel son père, strict observateur de l'étiquette avant la conquête, tenait beaucoup: celui d'assister avec son épouse au bal de la reine, le 31 décembre, et le lendemain à onze heures, à un lever, où le représentant du roi recevait l'hommage respectueux de toutes les personnes ayant leurs entrées au château Saint-Louis, à Québec[d].

L'auteur a tant d'affection pour les principaux personnages de cette véridique histoire, qu'il lui en coûte de les faire disparaître de la scène: on s'attache naturellement aux fruits de ses œuvres. Il craindrait aussi d'affliger ceux des lecteurs qui partagent son attachement pour ses héros, en les tuant d'un coup de plume: le temps fera son œuvre de mort sans l'assistance de l'auteur.

Il est onze heures du soir, vers la fin d'octobre; toute la famille d'Haberville est réunie dans un petit salon suffisamment éclairé, sans même le secours des bougies, par la vive clarté que répand une brassée d'éclats de bois de cèdre qui *flambe* dans la vaste cheminée. De Locheill, qui approche la soixantaine, fait une partie d'échecs avec Blanche. Jules, assis près du feu entre sa femme et sa fille, les fait endêver toutes deux, sans négliger pourtant les joueurs d'échecs.

Le jeune Arché d'Haberville, fils unique de Jules et filleul de Locheill, paraît réfléchir sérieusement tout en suivant d'un œil attentif les figures fantastiques que crée son imagination dans le brasier qui s'éteint lentement dans l'âtre de la cheminée.

— À quoi pensez-vous, grave philosophe? lui dit son père.

— J'ai suivi avec un intérêt toujours croissant, répond le jeune homme, un petit groupe d'hommes, de femmes, d'enfants qui marchaient, dansaient, sautaient, montaient, descendaient; et puis tout a disparu.

En effet, le feu de cèdre venait de s'éteindre.

— Tu es bien le fils de ta mère, et le digne filleul de ton parrain, fit Jules d'Haberville en se levant pour souhaiter le bonsoir à la famille prête à se retirer pour la nuit.

Semblables à ces figures fantastiques que regardait le jeune d'Haberville, mes personnages, cher lecteur, se sont agités pendant quelque temps devant vos yeux, pour disparaître tout à coup peut-être pour toujours, avec celui qui les faisait mouvoir.

Adieu donc aussi, cher lecteur, avant que ma main, plus froide que nos hivers du Canada, refuse de tracer mes pensées.

Note

1. Les anciens Canadiens lorsqu'ils étaient en famille, déjeunaient à huit heures. Les dames prenaient du café ou du chocolat, les hommes quelques verres de vin blanc avec leurs viandes presque toujours froides. On dînait à midi; une assiettée de soupe, un bouilli et une entrée composée soit d'un ragoût, soit de viande rôtie sur le gril, formaient ce repas. La broche ne se mettait que pour le souper, qui avait lieu à sept heures du soir. Changez les noms et c'est la manière de vivre actuelle: le dîner des anciens est notre goûter, leur souper est notre dîner.

Notes et éclaircissements

Chapitre premier

(a) Tous les bateliers de la Pointe-Lévis étant aussi cultivateurs, il y a quelque soixante ans, ce n'était pas une petite affaire que de traverser le fleuve Saint-Laurent pour se rendre à Québec, pendant les travaux agricoles; hormis les jours de marché, où le trajet avait lieu à certaines heures fixes, le voyageur était obligé d'attendre quelquefois pendant des demi-journées, et même de coucher souvent à la Pointe-Lévis. Les bateliers, généralement assez bourrus de leur métier, ne se dérangeaient de leur besogne que pour leurs pratiques, qu'ils refusaient, d'ailleurs, souvent de traverser, pour peu qu'ils eussent d'autres affaires. Il faut pourtant avouer que les femmes suppléaient de temps à autre à leurs maris; qu'en les cajolant un peu, elles finissaient par prendre le voyageur en pitié, et laissaient leur ménage aux soins des dieux lares, pour prendre l'aviron. Il est juste de leur rendre ce témoignage, qu'une fois l'aviron en main, elles guidaient les petits canots d'alors avec autant d'habilité que leurs époux.

À défaut des Canadiens restait, pendant la belle saison de l'été, la ressource des sauvages, dont les cabanes couvraient près de deux milles des grèves, depuis l'église de la Pointe-Lévis, en courant au sud-ouest. Mais ces messieurs n'étaient guère tempérants: ils avaient pour principe bien arrêté de boire à la santé de leur bon père le roi George III, jusqu'à la dernière nippe des cadeaux qu'ils recevaient du gouvernement; ce sentiment était sans doute très louable, mais peu goûté des voyageurs, à la vue de leurs frêles canots d'écorce de bouleau, guidés par des hommes à moitié ivres.

Ceci me rappelle une petite anecdote qui peint assez bien les mœurs de cette époque. C'était un dimanche, jour de gaieté pour toute la population sans exception de cultes. Les auberges étaient ouvertes à tout venant, et les sauvages, malgré les lois prohibitives à leur égard, avaient bu dans le courant de la matinée plus de *lom* (rhum) que de *raille* (lait).

(Je n'ai jamais pu résoudre pourquoi ces sauvages substituaient la lettre *l* à la lettre *r* dans rhum et la lettre *r* à la lettre *l* dans lait; ainsi que la lettre *b* à la lettre *f* dans frère: ils disaient le plus souvent mon *brère*, au lieu de mon frère. Je laisse le soin de décider cette importante question à ceux qui sont versés dans la connaissance des idiomes indiens).

C'était donc un dimanche; plusieurs jeunes gens (et j'étais du nombre), libérés des entraves de leur bureau, devaient se réunir l'après-midi, à la basse ville, pour aller dîner à la Pointe-Lévis. Mais, lorsque j'arrivai au débarcadère avec un de mes amis, la bande joyeuse avait traversé le fleuve dans une chaloupe que le hasard leur avait procurée; c'était imprudent à eux par le vent épouvantable qu'il faisait.

Le premier objet qui attira nos regards fut quatre sauvages, à demi ivres, qui quittaient le rivage dans une de leurs frêles embarcations. Ils étaient à peine à un arpent de distance que voilà le canot renversé. Nous les vîmes aussitôt reparaître sur l'eau nageant comme des castors vers la grève où les attendaient une vingtaine de leurs amis, qui leur tendaient des avirons pour leur aider à remonter sur un petit quai à fleur d'eau, d'où ils étaient partis quelques minutes avant leur immersion. Nous fûmes ensuite témoins d'un plaisant spectacle: l'eau-de-vie avait sans doute attendri le cœur de ces philosophes naturels, toujours si froids, si sérieux; car les hommes et femmes se jetèrent en pleurant, sanglotant, hurlant dans les bras des naufragés, qui, de leur côté, pleuraient, sanglotaient, hurlaient, et ce furent des étreintes sans fin.

L'aventure de ces quatre sauvages aurait dû donner un avis salutaire du danger auquel nous serions exposés en traversant le fleuve par le temps qu'il faisait; mais nous étions déterminés à aller rejoindre nos amis, et rien ne nous arrêta. Le fleuve Saint-Laurent était aussi notre ami d'enfance; nous avions déjà failli nous y noyer deux ou trois fois dans nos exploits aquatiques: il ne pouvait nous être hostile dans cette circonstance.

Nous décidâmes néanmoins, malgré ce beau raisonnement, qu'il serait toujours plus prudent de n'employer qu'un sauvage sobre pour nous traverser: c'était, il faut l'avouer, *rara avis in terra*; mais, en cherchant bien, nous aperçûmes à une petite distance un jeune Montagnais d'une rare beauté, d'une haute stature, élancé comme une flèche, qui, les bras croisés, regardait la scène qui se passait devant lui, d'un air stoïque où perçait le mépris.

Nous avions enfin trouvé l'homme que nous cherchions.

—Veux-tu nous traverser, mon brère? lui dis-je.

—Le Français, fit l'Indien, toujours grouille, toujours grouille; pas bon, quand vente.

Mon ami l'assura que nous étions de jeunes Français très posés, très experts dans les canots d'écorce, et qu'il gagnerait un chelin. Comme preuve de ce qu'il disait, il s'empara aussitôt d'un aviron. Le Montagnais le regarda d'un air de mépris, lui ôta assez rudement l'aviron des mains, et nous dit: «Viens». Il fit ensuite un signe à une toute jeune femme qui nous parut d'abord peu disposée à risquer la traversée; elle nous regardait, en effet, d'un air assez malveillant pendant la discussion; mais, à un signe impératif de son mari, elle prit un aviron et s'agenouilla en avant du canot. L'Indien fit asseoir les deux Français au milieu de l'embarcation, et s'assit lui-même, malgré nos remontrances, sur la pince du canot.

Nous étions à peine au quart de la traversée que je m'aperçus qu'il était ivre. Ses beaux yeux noirs, de brillants qu'ils étaient à notre départ, étaient devenus ternes, et la pâleur habituelle aux sauvages pendant l'ivresse se répandit sur tous ses traits. Je fis part de cette découverte à mon ami, afin d'être préparés à tout événement. Nous convînmes que le plus prudent pour nous était de continuer notre route; que quand bien même le Montagnais consentirait à retourner, cette manœuvre nous exposerait à un danger imminent. Toutefois, nous eûmes la précaution d'ôter nos souliers.

Je puis affirmer que nous volions sur l'eau comme des goélands. La femme coupait les vagues avec une adresse admirable, tandis que son mari, nageant tantôt du côté droit, tantôt du côté gauche, en se balaçant pour conserver l'équilibre, poussait le léger canot d'écorce avec un bras d'Hercule. Nos amis, qui, assis sur le rivage de la Pointe-Lévis, nous voyaient venir, sans se douter que nous étions dans la barque, nous dirent ensuite qu'ils distinguaient souvent le dessous de notre canot dans toute sa longueur, comme si nous eussions volé au-dessus des vagues. Ô jeunesse imprudente! L'ami d'enfance, l'ami de cœur dont j'ai parlé plus haut, était le Dr Pierre de Sales Laterrière, alors étudiant en médecine et frère de l'honorable Pascal de Sales Laterrière, membre actuel du Conseil législatif. Il m'a abandonné, comme tant d'autres, sur le chemin de la vie, il y a déjà près de vingt-cinq ans.

Dix ans, à peu près, avant cette aventure, et c'était encore un dimanche, pendant l'été, la ville de Québec offrait un spectacle qui paraîtrait bien étrange de nos jours: il est vrai de dire qu'il s'est écoulé bien près de trois quarts de siècle depuis cette époque; car alors j'étais, tout au plus, âgé de neuf ans.

Vers une heure de relevée, un grand nombre de sauvages, traversés de la Pointe-Lévis, commencèrent à parcourir les rues par groupes assez imposants pour inspirer quelque inquiétude au commandant de la garnison, qui fit doubler les gardes aux portes de la ville et des casernes. Il n'y avait pourtant rien de bien hostile dans leur aspect: les hommes, à la vérité, n'avaient pour tout vêtement que leurs chemises et leurs brayets, pour toute arme que leur tomahawk, dont ils ne se séparaient jamais. Quelques chevelures humaines accrochées à la ceinture des vieux Indiens, attestaient même qu'ils avaient pris une part assez active à la dernière guerre de l'Angleterre contre les Américains.

C'étaient bien de vrais aborigènes que ceux que j'ai connus pendant ma jeunesse: leur air farouche, leur visage peint en noir et en rouge, leur corps tatoué, leur crâne rasé à l'exception d'une touffe de cheveux qu'ils laissaient croître au-dessus de la tête pour braver leurs ennemis, leurs oreilles découpées en branches, comme nos *croquecignoles* canadiens, et dont quelques-uns de ces sauvages ne possédaient plus que quelques lambeaux pendant sur leurs épaules, tandis que d'autres, plus heureux, les avaient conservées intactes et en secouaient d'un air fier les branches chargées d'anneaux d'argent de quatre pouces de diamètre, échappés à leurs rixes fréquentes pendant l'ivresse: c'étaient bien, dis-je, de vrais Indiens, et tout attestait en eux le guerrier barbare et féroce, prêt à boire le sang dans le crâne d'un ennemi, ou à lui faire subir les tortures les plus cruelles.

Je n'ai jamais su pourquoi ils se réunirent en si grand nombre, ce dimanche-là, dans la ville de Québec. Avaient-ils reçu leurs présents la veille ou était-ce jour de fête particulière à leurs nations? Toujours est-il que je n'en ai jamais vu, ni auparavant ni depuis, un si grand nombre dans l'enceinte des murs de la cité. Une particularité assez remarquable était l'absence de leurs femmes, ce jour-là.

Les Indiens, après avoir parcouru les principales rues de la ville par groupe de trente à quarante guerriers, après avoir dansé devant les maisons des principaux citoyens, qui leur jetaient des pièces de monnaie par les fenêtres, soit pour les récompenser de leur belle aubade, soit peut-être aussi pour

331

s'en débarrasser, finirent par se réunir sur le marché de la haute ville, à la sortie des vêpres de la cathédrale. C'est là que je les vis, au nombre de quatre à cinq cents guerriers, chanter et danser cette danse terrible qui a nom «la guerre» parmi tous les sauvages de l'Amérique du Nord.

Il était facile de comprendre leur pantomime. Ils nous parurent d'abord tenir un conseil de guerre; puis, après quelques courtes harangues de leurs guerriers, ils suivirent à la file leur grand chef, en imitant avec leurs tomahawks l'action de l'aviron qui bat l'eau en cadence. Ils tournèrent longtemps en cercle en chantant un air monotone et sinistre: c'était le départ en canot pour l'expédition projetée. Le refrain de cette chanson, dont j'ai encore souvenance pour l'avoir souvent chanté en dansant la guerre avec les gamins de Québec, était sauf correction quant à l'orthographe: «Sahontès! sahontès! sahontès! oniakérin ouatchi-chicono-ouatche.»

Enfin, à un signal de leur chef, tout rentra dans le silence, et ils parurent consulter l'horizon en flairant l'air à plusieurs reprises. Ils avaient, suivant leur expression, senti le voisinage de l'ennemi. Après avoir parcouru l'arène pendant quelques minutes en rampant à plat ventre comme des couleuvres et en avançant avec beaucoup de précautions, le principal chef poussa un hurlement épouvantable, auquel les autres firent chorus; et, se précipitant dans la foule des spectateurs en brandissant son casse-tête, il saisit un jeune homme à l'air hébété, le jeta sur son épaule, rentra dans le cercle que fermèrent aussitôt ses compagnons, l'étendit le visage contre terre, et lui posant le genou sur les reins, il fit mine de lui lever la chevelure. Le retournant ensuite brusquement, il parut lui ouvrir la poitrine avec son tomahawk, et en recueillir du sang avec sa main qu'il porta à sa bouche, comme s'il eût voulu s'en abreuver, en poussant des hurlements féroces.

Les spectateurs éloignés crurent pendant un instant que la scène avait tourné au tragique, quand l'Indien, sautant sur ses pieds, poussa un cri de triomphe en agitant au-dessus de sa tête une vraie chevelure humaine teinte de vermillon, qu'il avait tirée adroitement de sa ceinture; tandis que les assistant les plus rapprochés du théâtre où se jouait le drame, s'écrièrent, en riant aux éclats:

— «Sauve-toi, mon *Pitre* (Pierre)! les *canaouas* vont t'écorcher comme une anguille!»

Le petit Pitre ne se le fit pas dire deux fois; il s'élança parmi la foule, qui lui livrait passage, et prit sa course à toutes jambes le long de la rue de la Fabrique, aux acclamations joyeuses du peuple, qui criait: «Sauve-toi, mon petit *Pitre* !»

Les sauvages, après avoir dansé pendant longtemps, en poussant des cris de joie qui nous semblaient être les hurlements d'autant de démons que Satan, d'humeur accostable, avait déchaînés ce jour-là, finirent par se disperser, et, sur la brune, la ville retomba dans son calme habituel: ceux des aborigènes qui n'étaient pas trop ivres retournèrent à la Pointe-Lévis, tandis que ceux qui avaient sucombé dans le long combat qu'ils avaient livré au *lom* (rhum), dormirent paisiblememt sur le sein de leur seconde mère, la terre, dans tous les coins disponibles de la haute et de la basse ville de Québec.

* * *

Deux ans après la scène burlesque que je viens de peindre, je fus témoin d'un spectacle sanglant qui impressionna cruellement toute la cité de Québec. Le théâtre était le même; mais les acteurs, au lieu d'être les peaux-rouges, étaient les visages-pâles. Il s'agissait de David McLane, condamné à mort pour haute trahison.

Le gouvernement, peu confiant dans la loyauté dont les Canadiens français avaient fait preuve pendant la guerre de 1775, voulut frapper le peuple de stupeur par les apprêts du supplice. On entendit, dès le matin, le bruit des pièces d'artillerie, que l'on transportait sur la place de l'exécution en dehors de la porte Saint-Jean, et de forts détachements de soldats armés parcoururent les rues. C'était bien une parodie du supplice de l'infortuné Louis XVI, faite en pure perte.

J'ai vu conduire McLane sur la place de l'exécution: il était assis le dos tourné au cheval sur une *raîne* dont les lisses grinçaient sur la terre et les cailloux. Une hache et un billot étaient sur le devant de la voiture. Il regardait les spectateurs d'un air calme et assuré, mais sans forfanterie. C'était un homme d'une haute stature et d'une beauté remarquable. J'entendais les femmes du peuple s'écrier en déplorant son sort:

— «Ah! si c'était comme du temps passé, ce bel homme ne mourrait pas! il ne manquerait pas de filles qui consentiraient à l'épouser pour lui sauver la vie!»

Et, plusieurs jours même après le supplice, elles tenaient le même langage.

Cette croyance, répandue alors parmi le bas peuple, venait, je suppose, de ce que des prisonniers français, condamnés au bûcher par les sauvages, avaient dû la vie à des femmes indiennes qui les avaient épousés.

La sentence de McLane ne fut pourtant pas exécutée dans toute son horreur. J'ai tout vu, de mes yeux vus: un grand écolier, nommé Boudrault, me soulevait de temps à autre dans ses bras, afin que je ne perdisse rien de cette dégoûtante boucherie. Le vieux Dr Duvert était près de nous; il tira sa montre aussitôt que Ward, le bourreau, renversa l'échelle sur laquelle McLane, la corde au cou et attaché au haut de la potence, était étendu sur le dos; le corps, lancé de côté par cette brusque action frappa un des poteaux de la potence, et demeura ensuite stationnaire, après quelques faibles oscillations.

«Il est bien mort», dit le Dr Duvert, lorsque le bourreau coupa la corde à l'expiration de vingt-cinq minutes; «il est bien mort: il ne sentira pas toutes les cruautés qu'on va lui faire maintenant!» Chacun était sous l'impression que la sentence allait être exécutée dans toute sa rigueur; que la victime éventrée vivante verrait brûler ses entrailles! Mais, non: le malheureux était bien mort quand Ward lui ouvrit le ventre, en tira le cœur et les entrailles qu'il brûla sur un réchaud, et qu'il lui coupa la tête pour la montrer toute sanglante au peuple.

Les spectateurs les plus près de la potence rapportèrent que le bourreau refusa de passser outre après la pendaison, alléguant «qu'il était un bourreau, mais qu'il n'était pas boucher», et que ce ne fut qu'à grands renforts de guinées que le shérif réussit à lui faire exécuter toute la sentence; qu'à chaque nouvel acte de ce drame sanglant, il devenait de plus en plus exigeant. Toujours est-il que le sieur Ward devint après cela un personnage très important: il ne sortait dans la rue qu'en bas de soie, coiffé d'un chapeau tricorne et l'épée au côté. Deux montres, l'une dans le gousset de sa culotte, et l'autre pendue à son cou avec un chaîne d'argent, complétaient sa toilette.

Je ne puis m'empêcher, en me séparant de cet exécuteur des hautes œuvres, de rapporter un fait dont je n'ai jamais pu me rendre compte. À mon arrivée à Québec, vers l'âge de neuf ans, pour aller à l'école, on semblait regretter un *bon* bourreau nommé Bob; c'était un nègre dont tout le monde faisait des éloges. Cet Éthiopien aurait dû inspirer l'horreur qu'on éprouve pour les gens de son métier; mais, tout au contraire, Bob entrait dans les maisons comme les autres citoyens, jouissait d'un caractère d'honnêteté à toute épreuve, faisait les commissions, et tout le monde l'aimait. Il y avait, autant que je puis me souvenir, quelque chose de bien touchant dans l'histoire de Bob: il était victime de la fatalité, qui l'avait fait exécuter des hautes œuvres à son corps défendant. Il versait des larmes quand il s'acquittait de sa cruelle besogne. Je ne sais pourquoi ma mémoire, si tenace pour tout ce que j'ai vu et entendu pendant ma plus tendre enfance, me fait défaut, quand il s'agit d'expliquer la cause de cette sympathie dont Bob était l'objet.

Mais je reviens à McLane. Un spectacle semblable ne pouvait manquer d'impressionner vivement un enfant de mon âge; aussi ai-je beaucoup réfléchi sur le sort de cet homme qu'une partie de la population considérait comme ayant été sacrifié à la politique du jour. J'ai fait bien des recherches pour m'assurer de son plus ou moins de culpabilité. Je pourrais dire beaucoup de choses sur ce sujet; mais je me tairai. Qu'il me suffise d'ajouter que si, maintenant, un Yankee vantard proclamait à tout venant qu'avec cinq cents hommes de bonne volonté, armés de bâtons durcis au feu, il se ferait fort de prendre la ville de Québec, les jeunes gens s'empresseraient autour de lui *to humour him*, pour l'encourager à parler, lui feraient boire du champagne, et en riraient aux éclats sans que le gouvernement songeât à l'éventrer.

On a prétendu que McLane était un émissaire du gouvernement français; je n'en crois rien pour ma part. La république française, aux prises avec toutes les puissances de l'Europe, avait alors trop de besogne sur les bras pour s'occuper d'une petite colonie contenant quelques millions d'arpents de neige, suivant une expression peu flatteuse pour nous.

La politique de nos autorités, à cette époque, était soupçonneuse et partant cruelle. On croyait voir partout des émissaires du gouvernement français. Deux Canadiens furent alors expulsés du pays: leur crime était d'avoir été à la Martinique, je crois, dans un navire américain, pour terminer quelques affaires de commerce: on leur fit la grâce d'emmener avec eux leurs femmes et leurs enfants.

* * *

Je fis la recontre dans un hôtel d'Albany, en l'année 1818, d'un vieillard qui vint passer la soirée dans un salon où nous étions réunis. Il avait bien certainement la tournure d'un Yankee, mais, quoiqu'il parlât leur langue avec facilité, je m'aperçus qu'il avait l'accent français: et comme un Français s'empresse toujours de répondre à une demande polie (soit dit sans offenser d'autres nations moins civilisées), j'abordai franchement la question, et je lui demandai s'il était Français.

— Certainement, me dit-il; et je suppose que vous êtes un compatriote?

— Mais quelque chose en approchant, répliquai-je: je suis d'origine française et citoyen de la ville de Québec.

— Ah! la cité de Québec! fit-il, me rappelle de bien douloureux souvenirs. J'ai été incarcéré pendant l'espace de deux ans dans l'enceinte de ses murs, et je veux être pendu comme un chien si je sais, même aujourd'hui, quel crime j'avais commis. C'était, il est vrai, au début de la révolution française, la république était en guerre avec l'Angleterre; mais, étant sujet américain naturalisé depuis longtemps, je crus pouvoir sans crainte visiter le Canada avec mes marchandises. On m'empoigna néanmoins aussitôt que j'eus franchi la frontière, et je fus enfermé dans le couvent des Récollets à Québec, dont une partie servait alors de prison d'État.

— Vous étiez, lui dis-je, en bonne voie de faire pénitence dans ce saint asile.

— Oh oui! répliqua-t-il, j'en fis une rude pénitence. Je fus longtemps au secret, ne pouvant communiquer avec personne, et j'aurais encore beaucoup plus souffert sans la sympathie des âmes charitables qui m'envoyaient des douceurs et du linge pour me changer.

— Mais, lui dit mon ami feu monsieur Robert Christie, mon compagnon de voyage, vous deviez vous prévaloir de votre titre de citoyen américain?

— C'est ce que je fis, parbleu! répliqua le vieillard; je produisis mes lettres de naturalisation, qui étaient en règle, mais tout fut inutile. On me retint comme émissaire du gouvernement français. Je n'étais pourtant guère pressé de m'occuper de ses affaires. Tandis que mes compatriotes s'égorgeaient comme des sauvages, j'étais trop heureux de vivre tranquillement ici, sous un gouvernement de mon choix. N'importe; à l'expiration de deux ans de captivité, on me mit à la porte, et l'on poussa même la politesse jusqu'à me faire reconduire à la frontière sous bonne escorte. On aurait pu s'en épargner les frais: je ne demandais pas mieux que de fuir cette terre inhospitalière, en jurant de n'y jamais remettre les pieds.

Nous l'invitâmes à souper, et il nous raconta maintes anecdotes divertissantes sur les divers personnages et les autorités de Québec pendant sa réclusion; anecdotes que je me donnerai bien garde de répéter, car il n'épargnait guère son prochain. À notre grande surprise, il avait connu tout le monde, rapportait les faibles de celui-ci, les ridicules et les vices de celui-là, assaisonnait le tout de récits d'aventures assez scandaleuses, dont j'ignorais même une partie et qui se trouvèrent, après information, être véritables.

Je lui parlai de ma famille et il me nomma quatre des mes oncles. Il narrait avec beaucoup de bonheur; et, s'il déversait le sarcasme à pleines mains sur ceux qui l'avaient maltraité, il parlait avec la plus vive reconnaissance de ceux dont il avait eu à se louer.

J'oubliais de dire que les premières paroles qu'il proféra lorsqu'il sut que j'étais de Québec, furent celles-ci:

— «Madame La Badie est-elle encore vivante?»

Et il se répandit ensuite en éloges sur cette bonne et charitable femme à laquelle il avait tant d'obligation, et de grosses larmes roulèrent dans ses yeux.

(b) J'ai dit et fait même des bêtises pendant le cours de ma longue vie; mais Baron m'a corrigé depuis soixante ans d'en répéter une qui s'est propagée de génération en génération jusqu'à nos jours: c'est autant de gagné.

Le pont de la Pointe-Lévis avait pris à vive et fine glace pendant la nuit; mais les canotiers l'avaient néanmoins trarversé avec leurs canots en l'endommageant un peu. Baron, qui avait son franc parler, était au débarcadère de la basse ville, entouré d'un groupe d'hommes considérable.

— Eh bien! maître Baron, dit un citadin, voilà le pont pris malgré vos efforts pour l'en empêcher.

— Il n'y a que les gens de la ville assez simples,

répliqua Baron, pour de telles bêtises! Nous traversons le pont avec nos canots, bande d'innocents, quand la glace est faible, crainte d'accident pour nos pratiques qui ne peuvent attendre qu'elle soit plus ferme. Vos imbéciles de la citadelle tirent le canon pour nous disperser, quand ils nous voient de grand matin occupés à préparer des chemins pour descendre nos canots ou pour d'autres objets. Nous ne sommes ordinairement qu'une poignée d'hommes; mais vous autres qui êtes si fins, mettez-vous donc à l'œuvre, cinq, dix et même vingt mille hommes, et nous verrons si vous le ferez déraper!

Baron avait bien raison: j'ai vu des cinquantaines d'hommes travailler des journées entières pour faire avancer d'un demi-arpent des goélettes prises dans les glaces formées pendant une seule nuit sur de bien petites rivières.

Chapitre troisième

(a) J'avais vingt ans lorsque je rendis visite à la prétendue sorcière de Beaumont. Je retournais de Saint-Jean-Port-Joli à Québec, après un court voyage chez mes parents. Mon père m'avait donné, à cause de mes péchés, je crois, un de ses censitaires pour charretier: c'était un habitant très à l'aise, mais qui lui devait une quinzaine d'années d'arrérages de cens et rentes. Mon père ainsi que mon grand-père avaient pour principe de ne jamais poursuivre les censitaires: ils attendaient patiemment: c'est un mal de famille. Mon conducteur de voiture était très reconnaissant, à ce qu'il paraît, de cette indulgence! C'était un de ces hableurs insolents, bavard impitoyable, comme on en rencontre quelquefois dans nos paroissses de la côte du Sud, et qui descendent presque tous de la même souche. Obligé, en

rechignant, de s'acquitter envers le père d'une dette légitimement due, il s'en dédommageait amplement sur le fils par
une avalanche de sarcasmes grossiers, de bas quolibets, à
l'adresse des curés, des seigneurs, des messieurs qu'il grati-
fiait à n'en plus finir du nom de dos blancs[1], d'habits à
poches, etc.

J'étais résigné à endurer ce supplice avec patience, sous
l'impression qu'il ne cherchait qu'un prétexte pour me
planter là. Arrivé à la paroisse de Beaumont, il me parla de
la mère Nolette, la femme savante, la sorcière qui connaissait le passé, le présent et l'avenir; le tout appuyé d'histoires
merveilleuses de curés, de seigneurs, de dos blancs et
d'habits à poches qu'elle avait *rembarrés*. Je lui dis à la fin
que les gens d'éducation avaient l'avantage sur lui de ne pas
croire de telles bêtises, et qu'elle n'avait *rembarré*, suivant
son expression, que des imbéciles comme lui.

Ce fut de sa part un nouveau déluge de quolibets.

—Voulez-vous faire un marché avec moi? lui dis-je:
nous allons arrêter chez votre sorcière: si je vous prouve
qu'elle n'est pas plus sorcière que vous, ce qui n'est pas
beaucoup dire, voulez-vous me promettre de ne plus me
parler pendant le reste de la route?

—De tout mon cœur, me dit-il; mais prenez garde: je
dois vous dire, sans vous faire de peine, qu'elle en a
confondu de plus futés que vous.

—Soit, lui dis-je, nous verrons.

C'était bien un antre de sorcière que l'habitation de la
mère Nolette: petite maison noire, basse, construite au pied
d'une côte escarpée, et aussi vierge de chaux en dehors et en
dedans que si le bois avec lequel elle avait été construite eût
encore poussé dans la forêt. Tout annonçait la pauvreté, sans
être la misère absolue.

Nous conversâmes pendant un certain temps: c'eût été

---

1. Le mot injurieux «dos blancs» venait probablement de la
   poudre que les messieurs portaient journellement, et qui
   blanchissaient le colet de leurs habits.

de ma part un grand manque aux usages des habitants de la campagne que de l'entretenir immédiatement du sujet de ma visite. La sorcière me parut une femme douce, simple et même bonasse: elle montra pourtant ensuite quelque sagacité en tirant mon horoscope.

Est-ce bien là, pensai-je, cette femme extraordinaire dont j'ai tant entendu parler? Est-ce bien cette sibylle dont les prédictions merveilleuses ont étonné mon enfance? C'était pourtant bien elle: et aujourd'hui même, après un laps d'au moins quarante ans qu'elle a passé de vie à trépas, son nom est encore aussi vivace dans nos campagnes de la côte du Sud, qu'il l'était lorsque je lui rendis visite, il y a plus d'un demi-siècle.

Je finis par lui dire que je désirais la consulter, ayant entendu parler d'elle comme d'une femme savante.

— Souhaitez-vous, fit-elle, m'entretenir privément, ou en présence de votre compagnon de voyage?

— En présence de monsieur, répondis-je.

Et je vois encore la figure triomphalement insolente de mon habitant.

La vieille nous fit passer dans une espèce de bouge obscur où elle alluma une chandelle de suif aussi jaune que du safran, s'assit près d'une table dont elle tira un jeu de cartes qui devait avoir servi à charmer les loisirs du malheureux Charles VI, tant il était vieux et tout rapetassé avec du fil jadis blanc, mais, alors, aussi noir que les cartes mêmes. Les figures étaient différentes de toutes celles que j'avais vues auparavant; et je n'en ai point vues de semblables depuis. Un grand chat noir, maigre, efflanqué, orné d'une queue longue et traînante, sortant, je ne sais d'où, fit alors son apparition. Après avoir fait un long détour en nous regardant avec ses yeux fauves et sournois, il sauta sur les genoux de sa maîtresse. C'était bien la mise en scène d'un bon drame de sorcellerie: tout était prêt pour la conjuration. Mon compagnon me regardait en clignotant de l'œil; je compris... cela signifiait: Enfoncé l'habit à poches!

J'avais eu besoin de me placer en face de mon habitant,

afin de pouvoir intercepter au besoin tout signe télégraphique entre la sorcière et lui.

— Que souhaitez-vous savoir? me dit la sibylle.

— Je suis parti d'Halifax, répondis-je, il y a plus d'un mois, et je suis très inquiet de ma femme et de mes enfants.

La vieille remua les cartes, les étendit sur la table et me dit:

— Vous avez eu bien de la misère dans votre voyage!

— Ah! oui, la mère, lui dis-je: on en mange de la misère, quand on est réduit à faire souvent huit lieues sur des raquettes, et que pour se délasser le soir, on fait un trou dans la neige pour y passer la nuit; ça n'arrange pas un homme!

— Pauvre monsieur, dit la vieille, en me regardant d'un air de compassion.

Mon Jean-Baptiste[1], commençant à trouver la chambre chaude, défit deux boutons de son capot qui lui serraient la gorge, et s'agita sur son siège.

— Mais il ne s'agit pas de ma misère, lui dis-je: elle est passée; je n'y pense plus. Donnez-moi, s'il vous plaît, des nouvelles de ma femme et de mes enfants.

La sorcière rassembla les cartes, les mêla de nouveau, les étendit sur la table, et s'écria:

— Oh! la jolie créature.

— Mais pas trop laide, fis-je en me rengorgeant.

Mon charretier, qui savait à quoi s'en tenir sur mon prétendu mariage, me lança un regard courroucé, et déboutonna son capot jusqu'à la ceinture, qu'il desserra. Il tenait à la réputation de la sorcière, n'aimait pas à la voir mystifier, encore moins à passer pour un sot lui-même.

— Votre femme, continua la sibylle, se porte bien, bien, et a tout à souhait. Elle s'ennuie un peu, et attend avec hâte une lettre de vous qu'elle recevra bien vite.

— J'en suis bien aise, lui dis-je; car je lui ai écrit à la

---

1. Nom que l'on donne souvent aux Canadiens français, mais surtout aux habitants.

sortie du portage, et je craignais que ma lettre eût été perdue. Maintenant, mes enfants?

Elle fait un tour de cartes et commence à compter.

— Un, deux... en me regardant attentivement.

— Eh oui, la mère, lui dis-je, deux enfants; un petit garçon et une petite fille.

Évidemment soulagée, elle s'écria de nouveau:

— Oh! les beaux petits anges! comme ils sont gaillards! Le plus jeune paraît pourtant tourmenté, mais ça ne sera rien: ce sont ses dents qui le font souffrir.

— Justement, la mère, lui dis-je.

Après l'avoir remerciée de ces bonnes nouvelles, je lui donnai une pièce blanche; prodigalité à laquelle elle ne s'attendait guère, son tarif étant de trois sous pour les pauvres et de six pour les gens riches.

— Partons, dit mon charretier.

— Oui: il fait pas mal chaud ici, répondis-je d'un ton assez goguenard.

Une fois dehors, il lâcha un juron à s'ébranler toutes les dents, sauta dans sa carriole, et garda à ma grande satisfaction un silence obstiné jusqu'au passage de la Pointe-Lévis

(b) Il y a deux moyens bien simples, suivant la tradition, de se soustraire aux espiègleries des feux follets les plus mal intentionnés. Le premier consiste à demander à celui qui intercepte votre route, quel quantième est Noël. Le sorcier, toujours peu au fait de notre calendrier, ne sait que répondre, et s'empresse de faire la même question à son interlocuteur. Malheur alors au voyageur s'il hésite seulement à répondre catégoriquement. C'est un pauvre diable bien à plaindre entre les mains d'un sorcier aussi malfaisant.

Les enfants autrefois dans les campagnes ne manquaient pas de s'informer, aussitôt qu'ils commençaient à balbutier, du quantième de Noël, crainte de faire la rencontre d'un feu follet. Ceux qui avaient la mémoire ingrate faisaient la même question vingt fois par jour.

Le second moyen, encore plus infaillible que le premier, est de mettre en croix deux objets quelconques, que le feu follet, toujours mauvais chrétien, ne peut franchir.

Ceci me rappelle une anecdote connue dans ma jeunesse. Plusieurs jeunes gens, retournant chez eux, fort tard après une veillée, aperçurent tout à coup un feu follet qui, sortant d'un petit bois, venait à leur rencontre. Chacun s'empresse de mettre en croix au milieu du chemin tous les objets qu'il avait dans sa poche: couteaux, sac à tabac, pipes; nos jeunes gens rebroussent ensuite chemin en se sauvant d'abord à toutes jambes. Ils se retournent néanmoins à une distance respectueuse, et aperçoivent le feu follet qui, après avoir voltigé longtemps autour des objets qu'ils avaient déposés, s'enfonçait de nouveau dans le bois d'où il était sorti.

Il y eut alors une longue discussion entre les jeunes gens.

— Je ne demande pas mieux que de m'en retourner chez nous, disait Baptiste, si François veut passer le premier.

— Non! répondait François; passe, toi, José, qui es le plus vieux.

— Pas si fou! disait José: que Tintin (Augustin) nous donne l'exemple, et nous le suivrons.

Nos braves seraient encore probablement à la même place, si le Nestor de la bande n'eût proposé l'expédiant de se tenir tous par la main, et d'avancer comme font les *soldares* en ligne de bataille. Cette proposition fut adoptée; mais, hélas! il ne restait plus rien de leurs dépouilles! le feu follet avait tout emporté. Il est probable qu'un rusé farceur avait voulu hacher son tabac et fumer une pipe à leurs dépens.

(a) Anachronisme: la Corriveau ne fut exposée dans une cage de fer qu'après le 15 avril 1763, ainsi qu'il appert par un jugement d'une cour martiale en date de ce jour.

Trois ans après la conquête du pays, c'est-à-dire en 1763, un meurtre atroce eut lieu dans la paroisse de Saint-Valier, district de Québec; et quoiqu'il se soit bientôt écoulé un siècle depuis ce tragique événement, le souvenir s'en est néanmoins conservé jusqu'à nos jours, entouré d'une foule de contes fantastiques qui lui donnent tout le caractère d'une légende.

En novembre 1749, une femme du nom de Corriveau se maria à un cultivateur de Saint-Valier.

Après onze ans de mariage, cet homme mourut dans cette paroisse le 27 avril 1760. Une vague rumeur se répandit alors que *la Corriveau* s'était défaite de son mari, en lui versant, tandis qu'il était endormi, du plomb fondu dans l'oreille.

On ne voit pas toutefois que la justice de l'époque ait fait aucune démarche pour établir la vérité ou la fausseté de cette accusation; et trois mois après le décès de son premier mari, *la Corriveau* se remariait en secondes noces, le 20 juillet 1760, à Louis Dodier, aussi cultivateur de Saint-Valier.

Après avoir vécu ensemble pendant trois ans, la tradition s'accorde à dire que, sur la fin du mois de janvier 1763, *la Corriveau*, profitant du moment où son mari était plongé dans un profond sommeil, lui brisa le crâne, en le frappant à plusieurs reprises avec un *broc* (espèce de pioche à trois fourchons). Pour cacher son crime, elle traîna le cadavre dans l'écurie, et le plaça en arrière d'un cheval, afin de faire croire que les blessures infligées par le *broc* provenaient des ruades de l'animal. La Corriveau fut en conséquence accusée du meurtre conjointement avec son père.

Le pays étant encore à cette époque sous le régime militaire, ce fut devant une cour martiale que le procès eut lieu.

La malheureuse Corriveau exerçait une telle influence sur son père (Joseph Corriveau), que le vieillard se laissa conduire jusqu'à s'avouer coupable de ce meurtre: sur cet aveu, il fut condamné à être pendu, ainsi que le constate la pièce suivante extraite d'un document militaire, propriété de la famille Nearn, de la Malbaie.

«Quebec, 10th April, 1763

GENERAL ORDER.

The Court Martial, whereof lieutenant colonel Morris was president, having tried Joseph Corriveau and Marie Josephte Corriveau, Canadians, for the murder of Louis Dodier, as also Isabelle Sylvain, a Canadian, for perjury on the same trial. The Governor doth ratify and confirm the following sentence: That Joseph Corriveau having been found guilty of the charge brought against him, he is therefore adjudged to be hung for the same.

The Court is likewise of opinion that Marie Josephte Corriveau, his daughter and widow of the late Dodier, is guilty of knowing of the said murder, and doth therefore adjudge her to receive sixty lashes, with a cat o'nine tails on her bare back, at three different places, viz: under the gallows, upon the market place of Quebec and in the parish of St. Valier; twenty lashes at each place, and to be branded in the left hand with the letter M.

The Court doth also adjudge Isabelle Sylvain to receive sixty lashes with a cat o'nine tails on her bare back, in the same manner and at the same time and places as Marie Josephte Corriveau, and to be branded in the left hand with the letter P. »

(Traduction)

«Québec, 15 avril 1763

ORDRE GÉNÉRAL.

La Cour martiale, dont le lieutenant-colonel Morris était président, ayant entendu le procès de Joseph Corriveau et de Marie-Josephte Corriveau, Canadiens, accusés du meurtre de Louis Dodier, et le procès d'Isabelle Sylvain, Canadienne, accusée de parjure dans la même affaire; le gouverneur ratifie et confirme les sentences suivantes: Joseph Corriveau, ayant été trouvé coupable du crime imputé à sa charge, est en conséquence condamné à être pendu.

La Cour est aussi d'opinion que Marie-Josephte Corriveau, sa fille, veuve de feu Dodier, est coupable d'avoir connu avant le fait le même meurtre, et la condamne, en conséquence, à recevoir soixante coups de fouet à neuf branches sur le dos nu, à trois différents endroits, savoir: sous la potence, sur la place du marché de Québec et dans la paroisse de Saint-Valier, vingt coups à chaque endroit, et à être marquée d'un fer rouge à la main gauche avec la lettre M.

La Cour condamne aussi Isabelle Sylvain à recevoir soixante coups de fouet à neuf branches sur le dos nu, de la même manière, temps et places que la dite Josephte Corriveau, et à être marquée d'un fer rouge à la main gauche avec la lettre P.»

Heureusement ces sentences ne furent point exécutées, et voici comment le véritable état de la cause fut connu.

Le malheureux Corriveau, décidé à mourir pour sa fille, fit venir le Père Glapion, alors supérieur des Jésuites à Québec, pour se préparer à la mort.

À la suite de sa confession, le condamné demanda à communiquer avec le autorités. Il dit alors qu'il ne lui était pas permis consciencieusement d'accepter la mort dans de pareilles circonstances, parce qu'il n'était pas coupable du

347

meurtre qu'on lui imputait. Il donna ensuite aux autorités les moyens d'arriver à la vérité et d'exonérer Isabelle Sylvain du crime supposé de parjure, dont elle était innocente.

À la suite des procédés ordinaires, l'ordre suivant fut émané:

«Quebec, 15th April, 1763

GENERAL ORDER.

The Court Martial, whereof lieutenant colonel Morris was president dissolved.

The General Court Martial having tried Marie Josephte Corriveau, for the murder of her husband Dodier, the Court finding her guilty. The Governor (Murray) doth ratify and confirm the following sentence: — That Marie Josephte Corriveau do suffer death for the same, and her body to be hung in chains wherever the Governor shall think fit.

(Signé) THOMAS MILLS,
T. Major»

(Traduction)

«Québec, 15 avril 1763

ORDRE GÉNÉRAL.

La Cour Martiale, dont le lieutenant-colonel Morris était président, est dissoute.

La Cour Martiale Générale ayant fait le procès de Marie-Josephte Corriveau, accusée du meurtre de son mari Dodier, l'a trouvée coupable. Le Gouverneur (Murray) ratifie et confirme la sentence suivante: — Marie-Josephte Corriveau sera mise à mort pour ce crime, et son corps sera suspendu dans les chaînes, à l'endroit que le gouverneur croira devoir désigner.»

(Signé) THOMAS MILLS,
Major de ville»

Conformément à cette sentence, Marie-Josephte Corriveau fut pendue, près des plaines d'Abraham, à l'endroit appelé les buttes à Nepveu, lieu ordinaire des exécutions, autrefois.

Son cadavre fut mis dans une cage de fer, et cette cage fut accrochée à un poteau, à la fourche des quatre chemins qui se croisent dans la Pointe-Lévis, près de l'endroit où est aujourd'hui le monument de tempérance — à environ douze arpents à l'ouest de l'église, et à un arpent du chemin.

Les habitants de la Pointe-Lévis, peu réjouis de ce spectacle, demandèrent aux autorités de faire enlever cette cage, dont la vue, le bruit et les apparitions nocturnes tourmentaient les femmes et les enfants. Comme on n'en fit rien, quelques hardis jeunes gens allèrent décrocher, pendant la nuit, *la Corriveau* avec sa cage, et allèrent la déposer dans la terre à un bout du cimetière, en dehors de l'enclos.

Cette disparition mystérieuse, et les récits de ceux qui avaient entendu, la nuit, grincer les crochets de fer de la cage et cliqueter les ossements, ont fait passer *la Corriveau* dans le domaine de la légende.

Après l'incendie de l'église de la Pointe-Lévis, en 1830, on agrandit le cimetière; ce fut ainsi que la cage s'y trouva renfermée, et qu'elle y fut retrouvée en 1850, par le fossoyeur. La cage, qui ne contenait plus que l'os d'une jambe, était construite de gros fer feuillard. Elle imitait la forme humaine, ayant des bras et des jambes, et une boîte ronde pour la tête. Elle était bien conservée et fut déposée dans les caveaux de la sacristie. Cette cage fut enlevée secrètement, quelque temps après, et exposée comme curiosité à Québec, puis vendue au musée Barnum, à New-York, où on doit encore la voir.

Chapitre cinquième

(a) Un îlot dont il existe encore quelques restes, mais plus près du moulin à scie, couronnait le sommet de la chute de Saint-Thomas, pendant mon enfance. On l'abordait quand les eaux étaient basses, soit en passant sur la chaussée même du moulin, soit en traversant dans un petit canot les eaux profondes de l'écluse. Pendant les fréquentes visites que ma famille faisait au seigneur Jean-Baptiste Couillard de l'Épinay, son fils et moi faisions des excursions fréquentes sur l'îlot, où nous avions construit une petite cabane avec les branches de cèdre et de sapin dont il était encore couvert, malgré les ravages fréquents des débâcles du printemps.

Mon jeune ami demanda un jour à son père de lui céder ce petit domaine, dont il avait même déjà pris possession.

— Volontiers, lui dit son père, qui était un savant en *us*, mais quel nom lui donnerons-nous? Attends un peu, et choisis toi-même.

Et il commença alors à faire une nomenclature de toutes les îles connues, je crois, des anciens Grecs et des anciens Romains, et le fils de lui dire:

— Non! non! Il y a une heure que je m'égosille à crier que je veux l'appeler «l'îlot au petit Couillard».

On fut aux voix; et toute la société prit pour l'enfant, malgré les réclamations du père, désolé de ne pouvoir lui donner un nom scientifique.

Toute la société se transporta l'après-midi sur «l'îlot du petit Couillard», où une excellente collation l'attendait; et mon jeune ami prit possession de son domaine.

Ô le plus ancien et le plus constant de mes amis! tu m'as abandonné sur cette terre de douleurs, après une amitié sans nuage de plus d'un demi-siècle, pour habiter un lieu de repos. Car toi aussi, ô le plus vertueux des hommes que j'ai connus! tu as bu la coupe amère des tribulations! tu as vu passer le domaine de tes aïeux entre les mains de l'étranger! Et lorsque tu es descendu dans le tombeau, tu n'as emporté avec toi, de toutes tes vastes possessions, de l'îlot même que tu affectionnais pendant ton enfance, que la poignée de terre que le fossoyeur et tes amis ont jetée sur ton cercueil!

Chapitre sixième

(a) Quelques personnes m'ont demandé si mon vieux pasteur n'était pas le type d'un ancien curé de la paroisse de Saint-Thomas, qui, lui aussi, avait baptisé et marié tous ses paroissiens, dont il avait enterré trois générations. Oh, oui! c'est bien le modèle que j'avais sous les yeux en écrivant «La débâcle». J'ai beaucoup connu le respectable monsieur Verrault, depuis mon enfance jusqu'à sa mort. C'était un prêtre d'un zèle inextinguible, mais aussi indulgent pour les autres qu'il était sévère pour lui-même. Il aimait la société, et se dépouillait, dans ses rapports avec elle, de la rigidité nécessaire au ministre des autels quand il exerce ses fonctions. Ce n'était plus alors que le vieillard gai et aimable, se livrant avec entrain aux charmes de la causerie.

La mansuétude du saint homme fut mise un jour à une rude épreuve, à un souper chez le seigneur du lieu.

J'ai déjà dit, dans une note précédente, que le seigneur Couillard, père de mon ami le docteur Couillard, si avantageusement connu dans le district de Québec, était un savant en *us*; il parlait les langues latine, anglaise et allemande avec autant de facilité que la sienne propre. Sa mémoire était si prodigieuse, qu'il serait devenu sans doute un linguiste distingué en Europe, où il aurait eu la facilité d'étudier plusieurs idiomes des nations étrangères. Un régiment de troupes allemandes était stationné à Saint-Thomas; monsieur Couillard fit la connaissance des officiers, et au bout de trois mois, il parlait l'allemand aussi bien qu'eux.

Mais grand fut son désespoir, après le départ de ses nouveaux amis, de n'avoir personne pour converser dans une langue qu'il affectionnait.

Il apprend, le jour même du souper dont j'ai parlé plus haut, qu'un docteur allemand, arrivé de la veille, avait élu domicile dans le village de Saint-Thomas. Quelle bonne fortune pour lui! Il se rappelle les moments agréables qu'il avait passés peu d'années auparavant dans la société du docteur Oliva; marié à sa cousine germaine, médecin aussi distingué dans sa profession que par ses vastes connaissances littéraires; sans doute que tous les docteurs allemands doivent se ressembler, à peu de chose près. Il se rend aussitôt chez l'étranger, qui lui fait l'accueil le plus aimable. Il conversent tous deux en allemand pendant deux heures, à se disloquer la mâchoire; et monsieur Couillard finit par l'inviter à souper pour le soir même.

On allait se mettre à table, lorsque le nouveau docteur arriva *half seas over*, c'est-à-dire à moitié ivre. Le malheureux n'avait, je crois, appris de la langue française qu'un vocabulaire de tous les jurons en usage chez la canaille canadienne, qu'il débitait avec une verve impitoyable. Le pauvre prêtre, assis entre ma mère et la dame de la maison qui présidait à sa table, s'écriait à chaque instant:

— «Dites donc un peu (cette locution lui était habituelle) ! dites donc un peu, mesdames, que le bon Dieu est offensé par un homme comme celui-là!»

Tout le monde était consterné: madame Couillard lançait des œillades peu bienveillantes à son érudit époux: ces œillades voulaient dire sans doute: — Où as-tu pêché cet animal-là? Monsieur Couillard faisait l'impossible pour détourner la conversation entièrement au profit de la langue allemande, mais si les oreilles du saint curé se reposaient tant soit peu, le diable n'y perdrait rien, car le docteur devait jurer encore davantage, en se servant de sa langue vernaculaire; autant qu'on en pouvait juger par les grimaces que faisait son interlocuteur, qui était très pieux.

Le seigneur Couillard finit enfin par où il aurait dû

commencer: il dit quelques mots à l'oreille d'un des servants, et, quelques minutes après, on entendit une voiture s'arrêter devant la porte du manoir. Un garçon de ferme entra d'un air effaré, en disant qu'on était venu chercher le docteur pour une femme qui se mourait. Les adieux de l'Esculape furent des plus touchants; il était complètement ivre, et secoua, les larmes aux yeux, pendant au moins cinq minutes, la main de son généreux amphytrion, sans pouvoir s'en détacher.

Le saint homme de prêtre, très soulagé après le départ de ce malencontreux convive, s'écria:

— «Dites donc un peu, mes amis, que le bon Dieu est offensé par cet homme-là.» Il reprit ensuite sa bonne humeur ordinaire, abandonnant pour le quart d'heure le *schlinderlitche* à son malheureux sort.

Il est inutile de dire que tout rapport cessa dès ce jour entre le cher docteur et la bonne société, pendant le peu de temps qu'il résida dans la paroisse.

*   *   *

Je me permettrai de consigner une autre anecdote, tant j'aime à parler de mes anciens amis. Mon père, sachant que son ami, le même monsieur Couillard, était arrivé à Québec, se rend aussitôt à l'hôtel où il pensionnait, pour lui rendre visite; il demande à un domestique allemand de le conduire à la chambre qu'occupait le monsieur canadien.

— *Ché* n'ai pas *connaître* de *monchire* canadien, dit le domestique, il être *ichi* trois *Anglais* et une *monchire* allemand, ché lui être une cran pel homme plond, avec de cros chieux bleus et peaucoup crandement des couleurs au fisage.

C'était bien le signalement du cher seigneur: et mon père, sachant que son ami parlait l'allemand, pensa que le domestique l'avait pris pour un compatriote; il lui dit que c'était le monsieur qu'il désirait voir, mais qu'il était Candien.

— Chez lui il être Allemande, fit le domestique, il me l'a dit lui-même, ché lui barlé mieux que moi mon langue. Ché lui barlé moi de l'Allemagne et du crand Frieds (Grand Frédéric) qui me l'a fait donner peaucoup crandement de schlag, quand moi l'être soldat.

Mon père, entendant rire du haut de l'escalier, aperçut son ami qui lui criait de monter à sa chambre:

— Quel diable t'a possédé, dit mon père, de te faire passer ici pour un Allemand?

— Ce n'est pas moi, répliqua monsieur Couillard en montrant le domestique, c'est lui qui a voulu absolument que je fusse son compatriote; j'ai accepté bravement mon rôle, et je m'en suis, je t'assure, très bien trouvé; il est aux petits soins avec moi.

Cher monsieur Couillard! l'ami d'enfance de mon père, comme son fils était le mien, je lui ai fermé les yeux, il y a cinquante-six ans, dans la rue de la cité de Québec qui porte son nom.

Il tomba malade, à son retour de Montréal, dans une maison de pension, et ne put être transporté chez lui. Tel père, tel fils; ce sont les deux meilleurs hommes et les deux hommes les plus vertueux que j'aie connus.

Monseigneur Plessis, son ancien compagnon de classe, venait le voir fréquemment pendant sa maladie; et leurs longues conversations étaient toujours en latin, langue que tous deux affectionnaient.

Je ne puis passer sous silence le fait suivant que nous ne pûmes expliquer. J'avais constamment veillé monsieur Couillard, avec son fils, pendant sa maladie; et, la nuit qu'il mourut, j'étais encore auprès de lui avec son fils et feu M. Robert Christie, notre ami. Lorsque le moribond fut à l'agonie, je courus chez son confesseur, monsieur Doucet, alors curé de Québec; il vint lui-même m'ouvrir la porte du presbytère en me disant:

— Fâché de t'avoir fait attendre.

— Comment! répliquai-je, j'arrive à l'instant même.

— Mon domestique, fit-il, est pourtant venu m'éveiller,

il y a environ un quart d'heure, en me disant de me dépêcher, que monsieur Couillard se mourrait.

Était-ce une hallucination produite par l'inquiétude qu'éprouvait le prêtre sur l'état alarmant d'un malade qu'il chérissait? Était-ce l'ange de la mort, faisant sa ronde nocturne, qui s'arrêta au chevet du zélé serviteur du Très-Haut pour lui envoyer une dernière consolation qu'il implorait? Sa mission funèbre ne fut guère interrompue; car, à ces mots sublimes prononcés par le prêtre: «Partez, âme chrétienne, au nom du Dieu tout-puissant qui vous a créée!» cette belle âme s'envola au ciel sur les ailes du messager de Jéhovah!

(b) Cette note peut être utile à plusieurs personnes dans certaines circonstances critiques.

Je puis affirmer que la populaiton mâle de la cité de Québec, à quelques exceptions près, savait nager, il y a soixante ans. Quand la marée était haute le soir pendant la belle saison, les grèves étaient couvertes de baigneurs depuis le quai de la Reine, maintenant le quai Napoléon, jusqu'aux quais construits récemment sur la rivière Saint-Charles, à l'extrémité ouest du Palais. Quant à nous, enfants, nous passions une partie de la journée dans l'eau, comme de petits canards. L'art de la natation était d'ailleurs alors très simplifié: voici ma première et ma dernière leçon.

J'avais près de neuf ans, et je commençais à barboter très joliment au bord de l'eau, en imitant les grenouilles, sans résultat notable. La raison en était bien simple: le volume d'eau n'était pas suffisant pour me faire flotter.

Je sortais un jour de l'école, à quatre heures de relevée, lorsque j'entendis, dans la rue de la Fabrique, la voix d'un gamin en chef qui s'égosillait à crier: *cook! cook!* C'était un cri de ralliement, dont il m'est difficile de tracer l'origine; perte très sérieuse, je l'avoue, pour la génération actuelle. Si j'osais néanmoins émettre une opinion sur une question aussi importante, je crois que ce cri venait d'un jeu introduit par les enfants anglais, et que voici. Un de nous, élu roi par acclamation, pendant une belle soirée de l'été, s'asseyait majestueusement, disons, sur les marches de l'église des Récollets, remplacée par le palais de justice actuel; et de là envoyait ses sujets à tels postes qu'il lui plaisait d'assigner aux coins des rues adjacentes; mais à l'encontre des potentats de tous les pays du monde, il agissait généralement avec assez d'équité pour que les plus grands se trouvassent les plus éloignés de son trône. Il y avait quelquefois peut-être de la partialité; mais quel souverain, ou même quel gouvernement constitutionnel peut se flatter d'en être exempt?

Chacun était au poste à lui assigné; le roi criait à s'époumonner: *a tanta! a tanta! bétri cook!* et chacun d'accourir à qui mieux mieux: le dernier arrivé était passible d'une amende assez arbitraire.

Le lecteur, je suppose, n'est guère plus savant qu'il l'était avant cet exposé; je vais lui venir en aide. Bien peu de Canadiens français parlaient l'anglais à cette époque; et ceux qui s'en mêlaient, massacraient sans pitié la langue de Sa Majesté Britannique, tandis que les enfants anglais, étant peu nombreux, parlaient le français aussi bien, ou aussi mal que nous. Je dois supposer que ce que nous prononcions *bétri cook* devait être *Pastry cook*, pâtissier, artiste si apprécié de tout temps du jeune âge. Quant aux deux mots, *a tanta*, c'était peut-être notre manière de prononcer *attend all*, rendez-vous tous; nous en étions bien capables.

Mais revenons à nos moutons. J'avais à peine rejoint mon premier ami, qu'un autre petit polisson qui faisait rouler, à force de coups de bâton, un cercle de barrique aussi haut que lui et orné intérieurement de tous les morceaux de fer-blanc qu'il avait pu y clouer, répondit à l'appel en criant aussi *cook! cook!* Un troisième accourut ensuite en agitant entre ses doigts deux immenses os de bœuf, castagnettes peu coûteuses et très à la mode parmi ces messieurs. Celui-ci criait: «Roule billot, la moelle et les os». C'était un autre cri de ralliement. Comment me séparer d'une société si distinguée? j'étais bien, à la vérité, un peu confus, humilié même de ne pouvoir faire ma partie dans ce charmant concert! D'abord, les instruments me manquaient, et je n'avais pas même acquis ce cri aigre, aigu, particulier aux gamins des villes, si difficile à imiter pour un petit campagnard récemment arrivé parmi eux. Mais ces messieurs, pleins d'indulgence, en considération des sous qu'ils me suçaient, ne se faisaient aucun scrupule de m'admettre dans leur aimable société.

J'avais malheureusement alors mes coudées franches, étant en pension chez des étrangers; mon père et ma mère vivaient à la campagne, et j'évitais avec grand soin, dans mes escapades, ceux de mes parents qui demeuraient à Québec. Aussi étais-je, au bout de deux ans, maître passé dans l'art de jouer aux marbres, à la toupie, etc. La marraine, hélas! était le seul jeu dans lequel je montrais mon infériorité. Il fallait se déchausser pour bien faire circuler une pierre, en se balançant sur un seul pied, à travers un certain nombre de cercles tracés sur la terre; et ces messieurs, tant ceux qui marchaient assez souvent nu-pieds, que ceux qui ôtaient leurs souliers pour l'occasion, avaient un grand avantage sur moi en se servant, pour cette opération, des doigts de pieds avec autant de dextérité que des singes. Certaines habitudes aristocratiques, que j'avais contractées dans ma famille, m'empêchaient de me déchausser dans les rues! C'était être par trop orgueilleux!

J'avais donc fait beaucoup de progrès dans la gaminerie, mais peu dans mes études, quand mon père, qui appréciait fort peu mes talents variés et estimables, me flanqua (c'était son expression quand il était de mauvaise humeur), me flanqua, dis-je, pensionnaire au séminaire de Québec. Je ne puis nier que j'y gagnai baucoup; mais aussi notre bonne ville perdit un de ses polissons les plus accomplis.

Mais revenons encore une fois à mes précieux compagnons, car au train dont je vais, mon histoire sera éternelle, elle n'aura ni commencement ni fin.

— Qu'allons-nous faire? cria le *roule-billot* en agitant ses castagnettes.

—Nous baigner, répondit le gamin en chef.

Là-dessus, nous descendîmes la côte de Léry, à la course; et nous fûmes bien vite rendus sur la grève vis-à-vis de la rue Sault-au-Matelot; la marée était haute et baignait le sommet d'un rocher élevé d'environ sept à huit pieds. Quelques minutes étaient à peine écoulées que mes trois amis se jouaient comme des dauphins dans les eaux fraîches du fleuve Saint-Laurent, tandis que, moi, j'étais resté triste, pensif et désolé, comme la fille du soleil après le départ d'Ulysse.

—Est-ce que tu ne te baignes pas? me crièrent les bienheureux dauphins.

—Je ne sais pas nager, répondis-je d'une voix lamentable.

—C'est égal, fit le principal gamin, que j'admirais beaucoup, jette-toi toujours à l'eau, innocent! Imite la grenouille, et si tu te noies, nous te sauverons.

Comment résister à une offre aussi gracieuse? «Si tu te noies, nous te sauverons!» Je fus irrésolu pendant une couple de minutes; le cœur me battait bien fort: j'avais un abîme à mes pieds. La honte l'emporta, et je m'élançai dans l'eau.

À ma grande surprise, je nageai aussitôt avec autant de facilité que les autres. Je m'éloignai peu d'abord, comme le petit oiseau qui, sortant de son nid, fait l'essai de ses ailes; et je remontai sur mon rocher. Ah! que le cœur me battait! mais c'était de joie alors. Que j'étais fier! j'avais conquis un nouvel élément. Mes amis s'étaient éloignés; je jouis pendant un certain temps de ma victoire: et me jetant de nouveau à l'eau, j'allai vite les rejoindre au large. Il ne me manquait que la force musculaire pour traverser le Saint-Laurent.

Je ne conseille à personne de suivre mon exemple, à moins d'être assisté de puissants nageurs. Il est certain que je me serais infailliblement noyé, si ma bonne étoile me m'eût favorisé: qu'attendre, en effet, d'enfants de mon âge? Il est même probable que la ville de Québec aurait eu aussi à regretter la perte d'un ou deux autres de ses gamins les plus turbulents.

L'art de nager ne s'oublie jamais; pourquoi? parce que tout dépend de la confiance que l'on a en soi-même, c'est la chose la plus simple: chacun pourrait nager, s'il conservait son sang-froid et se persuadait qu'il peut le faire. Le premier mouvement d'une personne qui tombe à l'eau par accident, est, aussitôt qu'elle revient à la surface, de se renvoyer la tête en arrière pour respirer, ce qui la fait caler infailliblement. Qu'elle tienne, au contraire, son menton seulement à la surface de l'eau, qu'elle imite les mouvements de la grenouille, ou bien qu'elle batte l'eau alternativement des pieds et des mains à l'instar des quadrupèdes; et elle nagera aussitôt.

Si, lors du sinistre du vapeur le *Montréal*, brûlé il y a six ans, vis-à-vis du Cap-Rouge, et où tant de malheureux perdirent la vie, des personne conservant tout leur sang-froid, se fussent, après s'être dépouillées de leurs vêtements, précipitées sans crainte dans le fleuve, les pieds les premiers (car il est très dangereux de frapper l'eau de la poitrine sans tomber même de bien haut, le coup étant presque aussi violent qu'une chute sur un plancher); si, dis-je, ces personnes eussent suivi la méthode que je viens d'indiquer, il est probable que vingt-cinq naufragés sur trente auraient réussi à sauver leur vie.

Il est très dangereux, même pour un excellent nageur, de secourir une personne en danger de se noyer, sans les plus grandes précautions. J'en ai fait moi-même l'expérience.

Je me promenais un jour sur les bords de la rivière Saint-Charles, près de l'ancien pont Dorchester, avec mon jeune frère, âgé de quinze ans; j'en avais vingt. Il faisait une chaleur étouffante du mois de juillet, et l'envie de nous baigner nous prit. Il est vrai que la marée était basse; mais une fosse longue et profonde, près des arches du pont, pouvait suppléer à cet inconvénient quant à moi; et j'en profitai aussitôt. Mon frère, élevé à la campagne, ne savait pas encore nager, et aurait voulu jouir aussi de la fraîcheur de l'eau, où je me jouais comme un pourcil.

J'eus alors l'imprudence de lui dire, sans autres instructions:

— Ne crains pas, viens avec moi, appuie seulement ta main sur mon épaule droite, nage de l'autre et des pieds, comme tu me vois faire; et tout ira bien.

Tout alla bien, en effet, pendant quelques minutes; mais, enfonçant à la fin dans l'eau, il fut saisi d'une frayeur subite, et il m'enlaça au cou de ses deux bras, tenant sa poitrine appuyée contre la mienne. Je ne perdis pourtant pas mon sang-froid dans ce moment critique, où toutes mes ressources de nageur étaient paralysées; je fis des efforts désespérés pour prendre terre. Efforts inutiles! le poids de tout son corps suspendu à mon cou m'entraînait à chaque instant au fond de la fosse. Il me fallait, en outre, de toute nécessité, frapper le sable fortement de mes deux pieds pour venir respirer à la surface de l'eau, ce qui me faisait perdre bien du temps, en sorte que je n'avançais guère. Je me déterminai alors à rester au fond de l'eau, et en m'aidant des pieds et des mains, en saisissant les ajoncs et les pierres, d'essayer à sortir de la terrible fosse. Je faisais un peu plus de chemin; les secondes me paraissaient des siècles, lorsque j'entendis du bruit sur le rivage; je m'élançai hors de l'eau par un effort puissant, et je distinguai une voix qui criait: «Saisissez la perche!» Je l'empoignai au hasard, et notre sauveur nous tira tous deux sur le sable. C'était un jeune homme qui, travaillant de l'autre côté de la rivière, aurait pu nous secourir dès le commencement, s'il n'eût pensé que, sachant nager tous deux, nous nous amusions à jouer dans la rivière. Mon frère vomit beaucoup d'eau; pour moi je n'en avais pas avalé une seule goutte.

J'ai souvent failli me noyer par mes imprudences, mais je n'ai jamais couru un si grand danger.

Le proverbe populaire: beau nageur, beau *noyeur*, est vrai à certains égards: nous étions tous alors d'une témérité qui me fait frémir maintenant. Si l'un de nous disait: «Vous n'êtes pas capables de nager jusqu'à ce navire ancré dans la rade», rien n'empêchait les autres d'accepter le défi, ni la marée contraire, ni le vent, ni même la tempête. Il ne faut pas néanmoins en conclure que l'art de la natation doit être négligé. En voici encore un exemple entre mille.

Je me promenais, étant enfant, sur le fleuve Saint-Laurent dans un bien petit canot avec un de mes jeunes amis, lorsqu'en nous penchant tous deux par inadvertance sur un des bords de la légère embarcation, nous la fîmes chavirer. Renversés en arrière, nous fîmes une culbute qui nous procura l'agrément de faire la connaissance de quelques poissons, à deux ou trois brasses de profondeur, avant de reprendre l'équilibre pour remonter à la surface de l'eau; mais, loin d'être déconcertés, ce ne fut qu'un nouveau surcroît de jouissance pour nous. Aussi notre premier mouvement fut de rire aux éclats en nageant vers notre canot et vers nos chapeaux que le courant emportait. Après mûre délibération, nous convînmes de faire un paquet de nos hardes, savoir: gilets, chaussures, chapeaux; et, à l'aide de nos cordons de souliers, de les déposer sur la quille de la petite barque, transformée en dos d'âne, avec son bât pour l'occasion. La marée aidant, nous réussîmes à remorquer le canot jusqu'à terre. Nous n'avancions guère à la vérité, et ça nous prit beaucoup de temps; mais nous avions un endroit de refuge, en nous accrochant à la barque quand nous étions fatigués.

Voilà un exemple frappant de l'utilité de savoir nager: ce qui ne fut pour nous qu'une partie de plaisir aurait probablement été un accident fatal à d'autres qui, dans notre position, auraient ignoré cet art utile.

(c) Quoique ami du progrès, je ne puis m'empêcher d'avouer qu'il y avait beaucoup de charme, de poésie même pour la jeunesse, dans la manière primitive dont on passait les rivières, il y a soixante ans. Aucuns ponts n'existaient alors sur la rivière des Mères, sur les deux rivières vis-à-vis le village de Saint-Thomas et sur celle de la Rivière-Ouelle.

Quant à cette dernière, comme je l'ai toujours traversée dans un bac, avec cheval et voiture, je n'en parle que pour mémoire. Il est vrai qu'elle avait aussi ses agréments: le câble était sujet à se rompre pendant la tempête, ou par la force du courant; et si, par malheur, la marée baissait alors, le bac et sa charge couraient grand risque d'aller faire une petite promenade sur le fleuve Saint-Laurent. J'ai entendu parler d'un accident semblable, où plusieurs personnes faillirent perdre la vie.

On passait les trois premières rivières à gué, quand les eaux étaient basses, en sautillant dans la voiture comme un enfant qui marcherait pieds nus sur des écailles d'huîtres; mais c'était un plaisir pour la jeunesse, folle de la danse. Il arrivait bien parfois des accidents sérieux; mais la vie n'est-elle pas semée de ronces et d'épines?

J'ai vu, un jour, mon père et ma mère verser en traversant le bras de Saint-Thomas; mais ce n'était pas la faute de l'aimable rivière. Mon père conduisait deux chevaux un peu violents, attelés de front; une des guides s'accrocha je ne sais à quelle partie du harnais, une des roues de la voiture monta sur une roche énorme, et il fallut bien faire la culbute dans l'eau, d'ailleurs très limpide et peu profonde, mais très solidement pavée de gros cailloux. Comme c'était à cette époque la seule manière de traverser le bras, je n'ai jamais ouï-dire que mon père lui ait gardé rancune; il s'en est toujours pris aux rênes qu'il tenait en main.

Mais l'agrément! ce que j'appelle agrément! était de passer ces rivières quand les eaux étaient trop profondes pour les franchir à gué.

Un voyageur arrive au village de Saint-Thomas, dans une calèche, avec sa famille. Métivier, le seul et unique batelier, demeure de l'autre côté de la rivière, et il n'est pas toujours d'humeur accostable; je dois, cependant, lui rendre la justice de dire qu'après maints signaux, et lorsque le requérant a les poumons vides, ou peu s'en faut, le batelier se décide à donner signe de vie en quittant la rive opposée dans une espèce de coque de noix qu'il affirme être un canot.

Le plus difficile, d'abord, est de traverser la calèche, beaucoup trop large pour entrer dans la barque; cependant, Métivier, après avoir beaucoup pesté contre les voyageurs en général qui se servent de voitures en dehors de toutes proportions légitimes, et contre sa chienne de pratique en particulier, finit par poser la calèche sur le haut du canot, les roues traînantes dans l'eau de chaque côté d'icelui. Il a beau protester ensuite qu'il n'y a aucun danger à faire le trajet avec une compagne aussi aimable, pourvu que l'on sache bien garder l'équilibre, personne ne veut en courir les risques; et cela sous le vain prétexte que la rivière est très rapide et que l'on entend le bruit de la cataracte qui mugit comme un taureau en fureur à quelques arpents au-dessous du débarcadère. Comme personne n'a voulu servir de lest vivant, Métivier[1], après avoir voué les peureux à tous les diables, jette quelques grosse pierres au fond du canot; et, comme l'acrobate Blondin, il sait bien conserver l'équilibre, malgré les oscillations de la calèche, qui franchit, sans plus de danger que lui, sinon le Niagara, du moins la rivière du Sud.

Et le cheval maintenant! Ah! le cheval! c'est une autre affaire. Il regarde tout, d'un air inquiet, il renâcle fréquemment, tandis qu'on le tient poliment par la bride, seule partie qui lui reste de son harnais. Comme il ne se soucie guère de se mettre à l'eau, un combat toujours opiniâtre s'engage alors, entre la bête et les gens qui, à grands renforts de coups de fouet, veulent l'obliger à traverser seul la rivière; mais comme il se trouve le plus maltraité, il finit par succomber

---

1. Que la terre qui recouvre le brave et honnête Métivier, lui soit légère! que ses mânes me pardonnent d'avoir évoqué son souvenir! Si le voyageur ingrat l'a oublié, je me plais, moi, à le faire revivre dans cette note: il a fait rétrograder de soixante et quelques années l'ombre qui marque les heures sur le cadran de ma vie. Ce n'a été, il est vrai, que pendant un instant; mais quel instant précieux pour le vieillard que celui qui lui rappelle quelques bonnes jouissances de sa jeunesse!

dans la lutte, se jette à la nage, se promettant bien sans doute de prendre sa revanche à l'autre rive où on le guette. Aussi a-t-il bien soin de ne jamais prendre terre où ses ennemis l'attendent.

Oh! comme je riais de bon cœur, lorsque je voyais le noble animal, libre de toute entrave, franchir les clôtures, courir dans les champs et dans les prairies, pendant que ses ennemis suaient à grosses gouttes pour le rattraper.

J'ai dit plus haut que j'étais ami du progrès: je me rétracte. La civilisation a tué la poésie: il n'y en a plus pour le voyageur. Belle prouesse, en effet, exploit bien glorieux que de passer sur un pont solide comme un roc, et assis confortablement dans une bonne voiture! Aussi dois-je garder de la rancune à M. Riverin qui, le premier, vers l'année 1800, a privé le voyageur du plaisir de passer la rivière des Mères avec ses anciens agréments. J'ai de même beaucoup de peine à pardonner à M. Fréchette qui, en l'année 1813, a construit sur la rivière du Sud le superbe pont dont s'enorgueillit le village de Montmagny. Je crois encore en vouloir davantage au seigneur de la Rivière-Ouelle, d'avoir construit un pont magnifique sur la rivière du même nom. Il y avait tant d'agrément à hâler, en chantant, le câble de l'ancien bac, après avoir failli verser de voiture en y embarquant. On a proclamé bien haut que ces messieurs avaient été les bienfaiteurs de leur pays! bienfaiteurs, oui; mais, poètes, non.

(d) Je descendais, pendant une belle nuit du mois de juin de l'année 1811, à la cour de circuit de la paroisse de Kamouraska.

Le conducteur de ma voiture était un habitant de la paroisse de Saint-Jean-Port-Joli, nommé Desrosiers, homme non seulement de beaucoup d'esprit naturel et d'un jugement sain, mais aussi très facétieux. Je le fis asseoir à côté de moi, quoiqu'il s'en défendit d'abord: mon père et ma mère m'avaient accoutumé, dès l'enfance, à traiter avec beaucoup d'égards nos respectables cultivateurs. Je ne me suis jamais aperçu que cette conduite nous ait fait moins respecter de cette classe d'hommes estimables; bien au contraire.

Après avoir épuisé plusieurs sujets, nous parlâmes des revenants, auxquels Desrosiers croyait *mordicus*, avec une espèce de raison appuyée sur une aventure qu'il me raconta.

— Je rencontrai, un soir, me dit-il, un de mes amis arrivant d'un long voyage. C'était auprès d'un jardin où avait été enterré un Canadien rebelle, auquel le curé de la paroisse avait refusé de donner la sépulture ecclésiastique[2]. Il y avait longtemps que nous ne nous étions vus, et nous nous assîmes sur l'herbe pour jaser. Je lui dis, dans le cours de la conversation, que Bernuchon Bois était mort.

— Est-il trépassé, dit-il, avec sa grande pipe dans la bouche, qu'il ornait de toutes les plumes de coq vertes et rouges qu'il pouvait ramasser?

---

1. On remarquait autrefois plusieurs de ces tombes, le long de la côte du Sud. C'étaient celles d'un certain nombre de Canadiens rebelles, qui, pendant la guerre de 1775, avaient pris fait et cause pour les Américains, et auxquels leurs curés avaient été obligés, quoique bien à regret, de refuser la sépulture ecclésiastique, à cause de leur obstination à ne pas vouloir reconnaître leur erreur. Ces infortunés, ayant appris que les Français combattaient pour la cause de l'indépendance, s'imaginèrent, à l'époque de l'invasion de 1775, qu'en se rangeant du côté des Américains, ils verraient bientôt venir les Français derrière eux. Le souvenir de la conquête était, en effet, bien vivante alors, et les persécutions du gouvernement n'avaient pas peu contribué à attiser les haines invétérées des Canadiens contre les Anglais. Il était donc bien naturel de voir les malheureux vaincus tourner toujours leurs regards attristés vers l'ancienne patrie, d'où ils espéraient toujours voir revenir «leurs gens». On rapporte qu'un de ces rebelles étant à son lit de mort, le curé vint l'exhorter à avouer sa faute. Le mourant se soulève à demi, et le regarde d'un air de mépris en lui disant: «Vous sentez l'Anglais!» Puis il se retourne du côté de la muraille et expire.

— Oui, lui répondis-je en badinant: je crois qu'il ne l'a lâchée que pour rendre le dernier soupir.

Et là-dessus nous nous mîmes à faire des charades qui n'avaient plus de fin.

Vous savez, monsieur, ajouta Desrosiers, que les habitants se servent toujours de *brûlots* bien courts: c'est plus commode pour travailler; mais le défunt Bernuchon était un homme glorieux, qui portait haut; et il fumait constamment, même pendant les jours ouvriers, avec une longue pipe; il en avait en outre une, pour les dimanches, ornée comme l'avait dit mon ami. Les *jeunesses* s'en moquaient, mais il ne voulait pas en démordre. Tous ces badinages étaient bons de son vivant; mais c'était très mal à nous de le charader, quand il était à dix pieds de nous bien tranquille dans son cercueil. Les morts sont rancuneux, et ils trouvent toujours le moyen de prendre leur revanche: on ne perd rien pour attendre; quant à moi, je n'attendis pas longtemps, comme vous allez voir.

Il faisait une chaleur étouffante du mois de juillet; le temps se couvrit tout à coup, si bien qu'en peu d'instants il fit aussi noir que dans le fond d'une marmite. Un éclair dans le sud nous annonça l'orage, et mon ami et moi nous nous séparâmes après avoir bien ri du défunt Bernuchon et de sa grand'pipe.

J'avais près de trois bons quarts de lieue pour me rendre chez moi; et plus j'avançais, plus je me trouvais mal à l'aise de m'être moqué d'un chrétien qui était *défunté*... Boum! boum! un coup de tonnerre; le pas commence à me ralentir: j'avais une pesanteur sur les épaules. Je faisais mon possible pour hâter le pas, je pensais toujours au défunt et je lui faisais bien des excuses d'en avoir fait des risées. Cri! cra! cra! un épouvantable coup de tonnerre, et je sens aussitôt un poids énorme sur mon dos, et une joue froide collée contre la mienne; je ne marchais plus qu'en tricolant.

Ce n'était pourtant pas, ajouta Desrosiers, la pesanteur de son corps qui me fatiguait le plus: c'était un petit homme chétif de son vivant; j'en aurais porté quatre comme lui, sans me vanter; et il devait encore avoir pas mal racorni depuis trois ans qu'il était en terre. Ce n'était donc pas sa pesanteur qui me fatiguait le plus, mais... Tenez, monsieur, faites excuse si je suis obligé de jurer; je sais que ce n'est pas poli devant vous.

— À votre aise, mon cher Desrosiers, lui dis-je; vous contez si bien, que je consentirais à vous voir souffrir quelques mois de purgatoire, plutôt que de supprimer les moindres circonstances de votre intéressante aventure.

— C'est de votre grâce, monseigneur, répliqua-t-il tout fier de mon éloge.

Desrosiers se faisait courtisan: je n'étais alors seigneur qu'en perspective. Si je lui eusse demandé l'heure, il m'aurait probablement répondu: l'heure qu'il plaira à votre seigneurie, comme fit à Sa Majesté Louis XIV, je ne sais quel courtisan, d'une flatterie sans pareille.

Desrosiers, alors, libre de toute entrave, grâce à ma libéralité de vingt-cinq ans, continua son récit dans les mêmes termes:

— Ce n'était donc pas sa pesanteur qui me fatiguait le plus, mais c'était sa b...ée pipe, qui me battait continuellement le long de la gueule.

— Certes, lui dis-je, un évêque même vous pardonnerait, je crois, ce juron.

Et me voilà pris d'une telle fougue de rire, que je ne pouvais plus m'arrêter. C'était ce bon, ce franc rire de la jeunesse, alors que le cœur est aussi léger que l'air qu'il respire. Mon compagnon ne partageait guère mon hilarité, et paraissait au contraire très mécontent.

Je voulus ensuite badiner en lui disant que c'était, sans doute, un mendiant qui, n'ayant pas les moyens de payer la poste, lui avait monté sur les épaules pour voyager plus à l'aise. Et je recommençai à rire de plus belle.

Enfin, voyant qu'il me boudait, je tâchai de lui faire comprendre que tout ce qui lui était arrivé était très naturel; que les impressions de son enfance, que la ferme croyance où il était que les morts se vengent de ceux qui s'en moquent, que l'état pesant de l'atmosphère, que le coup de tonnerre qui l'avait probablement électrisé, avaient causé ce cauchemar; qu'aussitôt que la peur maîtrisait un homme, il ne raisonnait guère plus qu'un cheval saisi d'épouvante, qui va follement se briser la tête contre une muraille.

— Ce que vous me dites là, monsieur, fit Desrosiers, a bien du bon sens, et je me rappelle, en effet, qu'étant enfant, je me réveillai, la nuit, en peur; j'étais dans les bras de ma mère qui tâchait de me consoler, ce qui ne m'empêchait pas de voir toujours notre gros bœuf rouge qui voulait m'encorner, et je continuai à crier longtemps, car il était toujours là qui me menaçait.

Je sais que les gens instruits ne croient pas aux revenants, ajouta-t-il; ils doivent en savoir plus long que les pauvres ignorants comme nous, et je pense vraiment que le tout était l'effet de mon imagination effrayée. N'importe, un fois dans ma maison, je fus un peu soulagé; mais je ne fus débarrassé de Bernuchon et de sa... j'allais encore jurer.

— Ne vous gênez pas, lui dis-je; je trouve que vous jurez avec beaucoup de grâce, et que votre récit perdrait infiniment de son sel sans cela.

— Non, non, fit Desrosiers; vous en parlez à votre aise, vous, avec vos quelques mois de purgatoire qui ne vous feront pas grand mal. Je vois maintenant que chacun pour soi est la meilleure des maximes. Je conclurai donc en disant que je ne fus débarrassé de Bernuchon et de son insécrable pipe que dans mon lit, à côté de ma femme.

Pourriez-vous me dire, vous qui êtes un avocat d'esprit, continua mon compagnon, qui me conservait un peu de rancune, si chaque religion a son enfer?

— Comment! chaque religion son enfer? dis-je.

— Oui, monsieur; un enfer pour les catholiques, un enfer pour les protestants, un enfer pour les juifs, et chacun à son à part?

— Je ne suis guère versé dans la théologie, repris-je pour le faire parler; pourquoi me faites-vous cette question?

— Ah dame! voyez-vous, quand le bétail est bien

nombreux, il faut bien faire des séparations dans les écuries et dans les étables. Mais ce n'est pas cela qui m'inquiète le plus: ce sont ces pauvres protestants qui doivent avoir un enfer bien rude à endurer, eux qui ont aboli le purgatoire, et qui sont si tendres à leur peau, qu'ils ne veulent ni jeûner ni faire carême: ça doit chauffer dur, allez. Vous comprenez, n'est-ce pas, que les plus grands pécheurs de notre religion font toujours un petit bout de pénitence de temps à autre; autant de pris, autant de payé, et notre enfer doit moins chauffer.

—Savez-vous, Desrosiers, lui dis-je, que vous m'inquiétez...

—Ne soyez pas en peine, monsieur; les avocats ne seront pas logés dans le grand enfer avec les autres, ils auraient bien vite tout bouleversé avec leurs chicanes, si bien que Satan n'aurait pas assez de diables pour faire la police.

—Que ferez-vous donc? m'écriai-je en éclatant de rire.

—Ils auront leur petit enfer, bien clos, bien chauffé, bien éclairé même pour se voir mieux, où, après avoir mangé les pauvres plaideurs sur la terre, ils se dévoreront à belles dents, sans que le diable s'en mêle.

Desrosiers s'était vengé de moi. Ce fut à son tour de rire, et je fis chorus de grand cœur.

—Maintenant, lui dis-je, que vous avez disposé si charitablement des avocats, que ferez-vous des docteurs?

—Il ne faut pas dire du mal de son prochain, reprit-il. (Desrosiers ne comptait pas, à ce qu'il paraît, les avocats comme son prochain.) Je n'en connais qu'un âgé de quatre-vingts ans, et j'espère que le diable lui fera avaler toutes les pilules de terre glaise qu'il a fait prendre à ses malades; ma pauvre femme en a pris six pour sa part d'une haleinée, et a pensé en crever à la peine[1]. Il lui avait expressément recom-

---

1. Un docteur pesait, avec précaution, une dose d'émétique pour un habitant, en présence de l'auteur: — Allons donc, M. le docteur, dit Jean-Baptiste, on vous paie bien: donnez bonne mesure!

mandé de n'en prendre qu'une à la fois, soir et matin, mais comme il la soignait à l'entreprise, elle croyait, avec raison, que c'était pour ménager ses remèdes, et elle se dit en englobant les six boulettes d'une gueulée: je vais l'attraper, et il faudra bien qu'il m'en donne d'autres.

Le soleil, qui s'était levé radieux sur les côtes de Pincourt, éclairait alors un des plus beaux sites du Canada, et mit fin à notre conversation. Nous étions à Kamouraska, où quatre avocats récemment admis au barreau, MM. Vallières, LeBlond, Plamondon et moi, et nous fîmes honneur à toute cette besogne, aux dépens, je crains bien, de nos pauvres clients. Comme j'étais seul d'entre nous qui fût connu dans les paroisses d'en bas, et que j'eusse le choix de presque toutes les causes, j'ai souvent pensé depuis à la place que le charitable Desrosiers avait assignée à messieurs les membres du barreau, partis de Québec pour assister à la seule cour de tournée qui se tenait alors une fois par année, seulement, dans la paroisse de Kamouraska, et comprenait un immense arrondissement.

Chapitre neuvième

(a) Cette aventure n'est arrivée que cinquante ans après; et voici dans quelles circonstances elle me fut racontée par trois chasseurs qui faillirent être les victimes de leur imprévoyance. C'était vers l'année 1817, que, passant un mois à Saint-Jean-Port-Joli, M. Charron, négociant, et deux notables de l'endroit du nom de Fournier, oncles du représentant actuel du comté de l'Islet, m'invitèrent, ainsi que notre respectable et aimable curé, Messire Boissonnault, à une partie de chasse sur la batture aux Loups-Marins.

Nous étions à la grande mer d'août, époque de l'ouverture de la chasse au petit gibier sur cette batture. Lorsque nous l'abordâmes, elle était littéralement couverte de pluviers, de corbijeaux et d'alouettes. Quelle aubaine pour un chasseur citadin! L'enthousiasme me domine, je saisis mon fusil, je saute à terre et laisse mes compagnons s'éreinter à monter la chaloupe sur le sable.

J'avais déjà tiré sept ou huit coups de fusil au grand amusement de mes compagnons de chasse, qui n'étaient qu'à moitié de leur besogne, lorsque M. Charron, qui était très farceur, me cria en riant: Bravo, mon seigneur! encore un coup! tâchez de laisser le père et la mère pour empêcher la race de s'éteindre! On vous le passe pour cette fois-ci; mais gare à votre prochaine visite à la batture.

Je ne compris que la première partie de l'apostrophe ironique, et je continuai mon massacre de petit gibier.

Chacun se dispersa ensuite sur la grève, et la nuit seule nous réunit à la cabane où nous préparâmes aussitôt l'*apola*, ou étuvée d'alouettes avec pommes de terre, mie de pain et *michigouen:* plat obligé des chasseurs qui fréquentent la batture à cette saison, nonobstant les amples provisions dont ils sont munis. Le *michigouen*, qui a conservé son nom indigène, est une espèce de persil d'un arome bien supérieur à celui de nos jardins: il donne surtout un fumet exquis au saumon frais.

En attendant la cuisson de notre apola, je demandai à M. Charron ce que signigiaient les dernières paroles qu'il m'avait adressées et que je n'avais pas comprises. Il commença alors, en présence des deux messieurs Fournier, ses compagnons d'infortune, à me faire le récit que j'ai mis dans le bouche de mon oncle Raoul. Quoique M. Charron fût le plus jeune et d'une force athlétique, il aurait certainement succombé le premier sans le secours qu'ils reçurent des gens de l'île aux Coudres. Mais laissons-le parler lui-même:

— J'étais si épuisé que j'étais presque toujours assoupi; et, pendant cette espèce de sommeil, je ne faisais qu'un seul et unique rêve: j'étais à une table couverte des mets les plus appétissants, et je mangeais avec une voracité de loup, sans pouvoir me rassasier! Eh bien! n'allez pas croire qu'une fois réveillé, j'eusse seulement l'idée de désirer ces mets: oh non! Au milieu de mes souffrances atroces, je m'écriais: Ma fortune entière pour la nourriture que mes domestiques donnent chez moi à mes plus vils animaux.

Vous voyez, continua M. Charron, ce caillou qui est là à une demi-portée de fusil: je sors un jour en chancelant de la cabane avec mon fusil, et j'aperçois une corneille sur ce même caillou. Je la couche en joue, et alors au lieu d'une corneille, j'en vois trois; je tire et la corneille s'envole: il n'y en avait pourtant qu'une seule; et moi qui suis, sans me vanter, un excellent chasseur, je l'avais manquée presque à bout portant. Je la convoitais avec tant d'avidité que je l'aurais croquée crue avec ses plumes. Je compris alors toute l'horreur de ma situation, et quelques larmes coulèrent de mes yeux.

— Je ne puis concevoir, lui dis-je, comment cinq hommes ont pu vivre pendant dix-sept jours sur un seul pain et une bouteille de rhum.

— C'est pourtant la vérité, répliqua-t-il; car, excepté quelques têtes d'anguilles et quelques pelures de patates gelées, que nous trouvâmes dans le sable, nous n'eûmes pas d'autre nourriture.

— Maintenant, repris-je, les paroles que vous m'avez adressées lorsque je chassais?

— Ce n'était qu'un badinage, répliqua-t-il, sur la peine que vous vous donniez pour tuer une quinzaine d'alouettes par un coup de fusil, quand elles sont dispersées à basse marée sur toute la batture, tandis qu'en attendant comme nous une couple d'heures, vous en auriez tué cinquante, soixante et souvent cent d'un seul coup de fusil. Et ensuite, ajouta-t-il, c'était un petit reproche de ne pas nous aider à monter sur le sable notre chaloupe qui est très pesante: car depuis notre triste aventure, nous sommes convenus entre chasseurs de ne jamais titer un seul coup de fusil avant de l'avoir mise hors de toute atteinte de la marée; mais vous êtes étranger, et ça ne vous regardait pas: ce n'était qu'un badinage.

J'ai fait ensuite la chasse avec les mêmes personnes pendant une dizaine d'années; mais je n'avais garde de me soustraire à un règlement aussi prudent.

(b) J'ai bien connu, pendant mon enfance, et même à un âge plus avancé, la pauvre Marie, que les habitants appelaient la Sorcière du Domaine, qui avait fait partie d'un ancien domaine de mon grand-père. C'était une belle femme, d'une haute stature, marchant toujours les épaules effacées, et d'un air fier et imposant. Malgré sa vie errante et sa réputation de sorcière, elle n'en jouissait pas moins d'un haut caractère de moralité. Elle se plaisait à confirmer les habitants dans leur croyance et simulant souvent un entretien avec un être invisible, qu'elle faisait mine de chasser, tantôt d'une main, tantôt de l'autre.

Il serait difficile de résoudre pourquoi, femme d'un riche cultivateur, elle abandonnait sa famille pour mener une vie si excentrique. Elle allait bien quelquefois chercher des vivres chez son mari, mais elle mangeait le plus souvent dans les maisons des cultivateurs, qui la craignaient plus qu'ils ne l'aimaient, n'osaient lui refuser ce qu'elle leur demandait même à emporter, crainte des ressorts (maléfices) qu'elle pouvait jeter sur eux.

On s'entretenait souvent, dans ma famille, de cette femme excentrique. On supposait qu'il y avait autant de malice que de folie dans son caractère aigri par des chagrins domestiques, causés peut-être par un mariage mal assorti.

Mon père et ma mère lui disaient souvent, quand elle faisait ses momeries à leur manoir, où elle venait fréquemment:

— Tu dois bien savoir, Marie, que nous n'ajoutons pas foi à tes prétendus entretiens avec le diable! Tu peux en imposer aux superstitieux habitants, mais non pas à nous.

Ce qui ne l'empêchait pas de soutenir qu'elle conversait souvent avec le mauvais esprit, qui la tourmentait quelquefois plus qu'à son tour, disait-elle.

Il y avait longtemps que mon père voulait s'assurer si elle était vraiment de mauvaise foi, ou si, dans sa folie, elle croyait voir et entendre l'esprit de ténèbres. Un jour donc, pendant mes vacances de collège, il la soumit à l'épreuve qu'il préméditait. Nous la vîmes venir de loin, et, pensant bien qu'elle ne passerait pas sans nous rendre visite, nous nous préparâmes en conséquence.

— Bienheureuse de te voir, ma pauvre Marie lui dit ma mère: je vais te faire préparer un déjeuner.

— Merci, madame, dit Marie, j'ai pris ma suffisance.

— N'importe, reprit ma mère, tu vas toujours prendre une tasse de thé.

Il était difficile de refuser une offre aussi gracieuse: le thé était, à cette époque, un objet de luxe très rare même chez les riches habitants.

— Pas de refus pour un coup de thé, dit Marie.

Elle avait à peine avalé deux gorgées du délicieux breuvage, qu'elle commença son monologue ordinaire: «Va-t'en, laisse-moi tranquille; je ne veux pas t'écouter.»

— As-tu jamais vu le diable, auquel tu parles si souvent? fit ma mère.

— Je l'ai vu plus de cent fois, répliqua la sorcière: il n'est pas si méchant que le monde pense, mais pas mal tourmentant par *escousse*.

— Si tu le voyais, dit ma mère, tu n'en aurais donc pas peur?

— En voilà une demande! fit Marie.

Et elle avala une autre gorgée de thé, après avoir entamé sa galette.

La porte s'ouvrit au même instant, à un signe que fit mon père par la fenêtre, et donna passage à une espèce de démon d'environ quatre pieds de haut, revêtu d'une chemise d'homme de grosse toile qui lui tombait jusqu'aux genoux, et laissait voir à nu des bras, des jambes et des pieds d'un noir de mulâtre. Ce farfadet portait sur sa figure un masque horrible, orné de cornes, et tenait une fourche de fer dans sa main droite. Ce diablotin était tout simplement Lisette, fille mulâtre que mon grand-père avait achetée à l'âge de quatre ans, et qui en avait alors seize à dix-sept. Quant au masque, je l'avais apporté de Québec.

L'épreuve était trop forte; la pauvre femme devint pâle comme une morte, poussa un cri lamentable, et se sauva dans une chambre, où elle se barricada avec tous les meubles, qu'avec une force surhumaine elle empila contre la porte.

Nous étions tous au désespoir d'une imprudence qui pouvait avoir des suites funestes pour cette malheureuse femme. Ma mère, tout en se désolant, tâchait de calmer Marie en lui criant que c'était un tour qu'on lui avait fait; que le prétendu diable n'était que la mulâtresse. Elle finit par lui faire entendre raison et lui montrant toutes les pièces de la mascarade, par la fenêtre de la chambre où elle s'était enfermée. Elle lui fit avaler ensuite des gouttes de je ne sais quoi, lui fit boire du vin chaud, et la renvoya chargée de présents, mais avec la ferme résolution de ne plus se prêter, à l'avenir, à de tels badinages. J'ai toujours entendu dire que la folle du domaine avait cessé d'habiter sa cabane après cette aventure.

Chapitre dixième

(a) Monsieur James Caldwell, réfugié à Québec après la prise du Détroit, et cousin germain de ma femme (son père ayant épousé une demoiselle Baby, du Haut-Canada), me racontait, vers l'année 1814, une anecdote à peu près semblable. Son frère, le capitaine John Caldwell, ayant rendu à un sauvage ivrogne un service à peu près analogue à celui qui j'ai consigné, l'indigène réformé voulut d'abord lui témoigner sa reconnaissance en lui offrant de riches présents d'une manière assez singulière, quoique dans les mœurs de ces barbares.

Il apprend que son bienfaiteur est en danger de mort des suites d'une blessure qu'il avait reçue, dans un combat, pendant la dernière guerre américaine avec l'Angleterre. Il se rend au chevet du lit du malade avec deux prisonniers américains qu'il avait faits, et lui dit:

— Tiens, mon frère, je vais casser la tête à ces deux chiens de grands couteaux (noms que les sauvages donnaient aux Américains), et la manitou satisfait te laissera vivre.

Le capitaine Caldwell eut beaucoup de peine à empêcher le sacrifice au manitou, mais, à force de supplications, la reconnaissance l'emporta, et l'Indien lui fit présent des deux prisonniers.

Les circonstances qui accompagnèrent la blessure de Caldwell méritent d'être rapportées. Dans un combat qu'il livrait aux Américains avec nos alliées sauvages, il aperçut un soldat ennemi blessé, qui faisait des efforts inutiles pour se relever; mû par la compassion, il courut à lui, afin d'empêcher les Indiens de le massacrer; mais, comme il se baissait en disant à l'Américain de ne rien craindre, et qu'il allait le protéger, celui-ci tira un couteau et le lui passa au travers de la gorge. Caldwell tomba à terre, et l'Américain, penché à son tour sur lui, allait redoubler le coup, quand un sauvage, embusqué à une cinquantaine de verges, voyant le danger que courait son ami, lâche un coup de fusil avec tant de précision que la cervelle du Yankee jaillit sur le visage de la victime qu'il allait immoler.

Chose extraordinaire! le capitaine Caldwell guérit assez promptement de sa blessure; et assista même peu de temps après comme témoin à une cour martiale siégeant à Montréal, autant que je m'en souviens, pour le procès du général Proctor.

Quand il commença à rendre son témoignage d'une voix faible, le président de la cour lui cria:

—*Speak louder*, parlez plus haut.

—Impossible, répliqua Caldwell en montrant son cou encore entouré d'emplâtres: un Américain m'a passé un couteau au travers de la gorge.

J'avoue qu'on aurait pu être enroué à moins.

Caldwell était simplement capitaine dans la milice du Haut-Canada tandis que les officiers qui composaient la cour martiale, appartenaient à l'armée régulière, ce qui fut cause, probablement, que sa réponse fut accueillie avec beaucoup d'hilarité par ces messieurs.

Le capitaine Caldwell indigné leur dit:

—Je parlais aussi haut qu'aucun de vous, en présence de l'ennemi, avant ma blessure!

Plusieurs officiers, qui avaient servi dans la milice du Haut-Canada, pendant la guerre de 1812, m'ont raconté que les officiers de l'armée régulière les traitaient avec une hauteur impardonnable. Il m'est impossible d'en expliquer la raison: car les miliciens du Bas-Canada n'ont eu qu'à se louer, à cette époque, des regards que leur montraient les officiers de l'armée régulière dans leurs rapports mutuels.

Chapitre onzième

(a) C'était, je crois, en 1806: toute la famille était à table chez mon père à Saint-Jean-Port-Joli, vers une heure de relevée, lorsque nous fûmes témoins d'un semblable phénomène. Comme le soleil brillait de son plus bel éclat, la détonation, qui ébranla le manoir jusque dans ses fondements, ne pouvait être, comme nous le pensâmes d'abord, l'effet de la foudre. On aurait pu croire que l'immense farinier, mesurant dix pieds de longueur, qui était dans le grenier, avait été soulevé jusqu'au toit par le fluide électrique, pour retomber de tout son énorme poids sur le plancher. Je laisse aux physiciens le soin d'expliquer la cause de ce phénomène.

(b) Les grands poètes observent avec soin la nature humaine; rien ne leur échappe. En lisant Notre-Dame de Paris, cette belle conception de Victor Hugo, je fus particulièrement frappé de la scène si touchante de la recluse, couvrant de larmes et de baisers le petit soulier de l'Esmeralda, car elle m'en rappela une semblable.

Ma mère avait perdu une petite fille de six ans, mon unique sœur: elle en eut tant de chagrin que nous n'avons jamais osé prononcer le nom de l'enfant en sa présence. Près de dix ans après cette perte cruelle, j'entrai, par distraction dans sa chambre à coucher, sans frapper à la porte: je la trouvai tout en larmes, assise sur le tapis près d'une commode, dont le tiroir inférieur, toujours soigneusemnt fermé à la clef, était alors ouvert.

— Qu'avez-vous, ma chère mère? lui dis-je en l'embrassant.

— Je n'ai plus, dit-elle, que ce petit soulier, qui me la rappelle, que je baise et que j'arrose souvent de mes larmes!

En effet, ma famille, aussitôt après la mort de l'enfant, avait cru devoir faire disparaître tous les objets dont la vue pouvait nourrir la douleur de la mère, mais sa tendresse ingénieuse en avait soustrait ce petit soullier à l'insu de tout le monde.

Chapitre douzième

(a) Madame Couillard, seigneuresse de Saint-Thomas, rivière du Sud, morte depuis soixante ans, me racontait une scène à peu près semblable. Mon père, disait-elle, était bien malade, lorsque je vis venir un détachement de soldats anglais; je sortis comme une insensée, et, me jetant aux pieds de l'officier qui les commandait, je lui dis en sanglotant: «Monsieur l'Anglais, ne tuez pas mon vieux père, je vous en conjure! il est sur son lit de mort! n'abrégez pas le peu de jours qui lui restent à vivre!»

Cet officier était le quartier-maître Guy Carleton, depuis lord Dorchester.

— Il me releva avec bonté, ajoutait-elle, me traita avec les plus grands égards et, pour dissiper mes craintes, posa une sentinelle devant ma maison.

Lord Dorchester, devenu ensuite gouverneur du Bas-Canada, ne manquait pas de demander à madame Couillard, chaque fois qu'elle visitait le château Saint-Louis, «si elle avait encore bien peur des Anglais»!

— «Non, répondait cette dame; mais vous avouerez, Mylord, que ce n'était pas sans sujet que les Canadiennes craignaient vos compatriotes, qui n'étaient pas à beaucoup près aussi humains que vous.»

Les préjugés des anciens Canadiens étaient tels, qu'ils n'auraient pas cru pouvoir bénir un protestant. Un brave et vaillant officier canadien, M. de Beaujeu, racontait qu'il avait blessé à mort un soldat anglais à la prise de l'Acadie, et que ce malheureux lui dit en tombant:

— *Me Roman Catholic!*

— Que ne l'avez-vous pas dit plus tôt, mon cher frère, répondit cet officier, je vous aurais pressé dans mes bras.

Mais, ajouta-t-il, il était trop tard: ses entrailles traînaient sur la neige.

Et le vieux octogénaire s'attendrissait encore à ce souvenir.

Ces préjugés des catholiques canadiens-français, contre leurs frères d'une autre croyances, sont entièrement effacés: je désirerais de tout mon cœur faire le même compliment à un grand nombre de nos frères séparés.

Le respectable vieillard canadien de naissance, qui me racontait cette anecdote, était Louis Liénard Villemomble de Beaujeu, chevalier de l'ordre royal et militaire de Saint-Louis, grand-père de mon gendre, l'honorable Saveuse de Beaujeu, membre actuel du Conseil législatif.

Ce vaillant officier avait commandé avec honneur, sous le gouvernement français, à Michillimakinak et à la Louisiane. Il s'était distingué à la prise de l'Acadie, et ce fut lui qui réunit, en 1775, près de mille miliciens de sa seigneurie et des environs, avec lesquels le général Carleton partit de Montréal pour rencontrer Montgomery.

Son frère, Daniel Liénard de Beaujeu, paya de sa vie la victoire éclatante qu'il remporta en 1755, contre Braddock, à Monongahéla, où le général anglais fut tué en même temps que lui. Les deux généraux préludaient à la scène sanglante qui eut lieu quatre ans plus tard sur les plaines d'Abraham, où les deux combattants, Wolfe et Montcalm, périrent aussi sur le champ de bataille.

M. J.-G. Shea, dans ses relations de la bataille de Monongahéla, et notre historien, M. Garneau, rapportent que Washington, qui, à la tête de ses miliciens, assura la retraite des Anglais échappés au massacre, écrivait: «Nous avons été battus, battus honteusement par une poignée de Français!»

Le nom de Beaujeu me rappelle un autre Canadien de la même famille, qui a fait honneur à son pays sur l'autre hémisphère.

L'abbé Louis Liénard de Beaujeu était frère des précédents. La famille de Beaujeu doit à l'obligeance du vénérable abbé Faillon, qui s'occupe avec tant de succès de nos annales canadiennes, la copie d'une lettre d'un supérieur de Saint-Sulpice, à Paris, au supérieur de la maison succursale à Montréal, qui contient le passage suivant: «J'ai le plaisir de vous annoncer qu'un jeune Canadien, l'abbé de Beaujeu, a remporté le prix d'une thèse de théologie sur tous ses concurrents français.» L'abbé de Beaujeu fut ensuite le confesseur ordinaire de l'infortuné Louis XVI.

Chapitre treizième

(*a*) Les sauvages avaient horreur de la corde; ils préféraient le poteau, où leurs ennemis les torturaient pendant des journées entières. Un jeune sauvage ayant assassiné deux Anglais, quelques années après la conquête, sa tribu ne le livra au gouvernement qu'à la condition expresse qu'il ne serait pas pendu. Convaincu de ce meurtre, il fut fusillé. Le pays devait être alors sous la loi militaire: une cour criminelle ordinaire n'aurait pu légalement substituer le plomb à la corde dans un cas de meurtre.

Il est do tradition dans ma famille que mon bisaïeul maternel, le second baron de Longueuil, étant gouverneur de Montréal, fit pendre un prisonnier iroquois, et que cet acte de rigueur eut le bon effet d'empêcher des barbares de torturer les prisonniers français qu'ils firent ensuite, le baron de Longueuil leur ayant déclaré qu'il ferait pendre deux prisonniers sauvages pour un Français qu'ils feraient brûler.

(*b*) Lorsque les sauvages retournaient d'une expédition guerrière, ils poussaient, avant d'entrer dans leurs villages, autant de cris de mort qu'ils avaient perdu d'hommes. J'ai eu l'occasion d'entendre ces cris lamentables qu'ils tirent du fond de leurs poitrines. C'était pendant la guerre de 1812, contre les Américains. Dix-huit grands chefs députés des diverses tribus du Haut-Canada vers le gouverneur Provost, vinrent à Québec, pendant l'hiver; ils étaient assis dans le fond des carrioles; et commencèrent à pousser leurs cris de mort vis-à-vis de l'Hôpital-Général, et ne cessèrent que quand ils laissèrent leurs voitures pour entrer dans la maison du «Chien d'or» où ils furent d'abord reçus.

Il paraît que cette réception, dans une maison presque vierge de meubles, fut loin de leur plaire, et qu'il s'attendaient à être reçus moins cavalièrement. En effet, un aide de camp étant venu les complimenter de la part du gouverneur, un des chefs lui dit que s'ils eussent rendu visite au président des États-Unis, on les aurait traités avec plus d'égards à Washington. Dès le lendemain, ils furent logés dans le meilleur hôtel de Québec aux frais du gouvernement. Il paraît néanmoins qu'ils n'attachaient aucun prix aux meubles des chambres, car ils ne se servirent ni des lits, ni des chaises, pendant tout le temps qu'ils restèrent dans l'hôtel.

Ils ne furent frappés que de deux choses pendant leur séjour dans notre cité: d'abord du flux et du reflux de la marée qui attira toute leur admiration, ne sachant comment expliquer ce phénomène; et ensuite de la hauteur de la citadelle. Ils s'écrièrent qu'ils étaient heureux de voir que les grands couteaux ne culbuteraient pas leur Père (le gouvernement) dans le grand lac.

Ils étaient accompagnés de leurs truchements. Quelqu'un observa en présence d'un chef sioux qu'il ressemblait au prince de Galles:

— Je n'en suis pas surpris, répliqua-t-il, car moi aussi je suis le fils d'un Roi.

Une autre personne lui ayant demandé s'il était un grand guerrier:

— Je suis un si grand guerrier, dit-il en se redressant d'un air superbe, que quand je marche au combat, la terre tremble sous mes pieds.

J'ai rarement vu un plus bel homme que cet Indien.

Chapitre quatorzième

(a) Ma grand'tante, la mère Saint-Alexis, qui a été supérieure de l'Hôpital-Général pendant de longues années, et dont le nom est encore vénéré dans cet hospice, me disait souvent à ce sujet:

—Tout le linge de notre maison fut déchiré pour les pansements des blessés des deux nations, y compris notre linge de corps; il ne nous restait que les habits que nous portions le jour de la bataille. Nous n'étions pas riches et nous fûmes réduites à la plus grande pauvreté; car non seulement notre linge, qui était un objet considérable dans un hospice, mais aussi nos provisions et les animaux de nos fermes furent mis à la disposition des malades. Le gouvernement anglais refusa de nous indemniser après la conquête.

Il ne nous restait, ajoutait-elle, d'autre ressource, dans cette extrémité, que de fermer notre maison et de nous disperser dans les autres couvents de la colonie, mais la Providence vint à notre secours. Notre chapelain trouva un matin dans sa chambre une bourse de cent portugaises; et comme nous n'avons jamais pu découvrir la main charitable qui nous l'a envoyée, nous avons cru que c'était un miracle de Dieu.

L'Hôpital-Général était encore bien pauvre, il y a cinquante ans, mais les concessions de terrains que la communauté a faites depuis, ont répandu l'aisance dans cette maison consacrée au soutien des infirmes.

(b) Montgomery est, dans cet ouvrage, un personnage imaginaire, quoique son homonyme ait aussi commis des actes d'une cruauté froide et barbare envers les Canadiens, lors de la conquête. Les mémoires du colonel Malcolm Fraser, alors lieutenant du 78e des Frasers' Highlanders, en font foi:

«There were several of the enemy killed and wounded, and a few taken prisoners, all of whom the barbarous Captain Montgomery, who commanded us, ordered to be butchered in a most inhuman and cruel manner.»

Le même colonel Malcom Fraser, lors de l'invasion du Canada par le général Wolfe, faisait partie d'un détachement qui incendia les habitations des Canadiens depuis la Rivière-Ouelle jusqu'à la rivière des Trois-Saumons. Devenu, après la conquête, l'intime de ma famille, il répondait à mon grand-père, lorsque celui-ci se plaignait de cet acte de vandalisme:

— Que voulez-vous, mon cher ami, à la guerre comme à la guerre: vos Français, embusqué dans les bois, tuèrent deux des nôtres, lorsque nous débarquâmes à la Rivière-Ouelle.

— Vous auriez dû, au moins, répliquait mon grand-père, épargner mon moulin à farine; mes malheureux censitaires n'auraient pas été réduits à faire bouillir leur blé, pour le manger en *sagamité* comme font les sauvages.

— À la guerre comme à la guerre, ajoutait ma grand-mère; je veux bien vous accorder cette maxime, mais était-ce de bonne guerre d'avoir assassiné mon jeune frère Villiers de Jumonville, comme le fit au fort Nécessité M. Washington, votre compatriote?

— Ah! madame, répondit le colonel Fraser, de grâce pour l'honneur des Anglais, ne parlez jamais de ce meurtre atroce.

Et tous les Anglais tenaient alors le même langage.

J'ai reproché bien doucement à notre célèbre historien, M. Garneau, d'avoir passé légèrement sur cet horrible assassinat. Il me répondit que c'était un sujet bien délicat, que la grande ombre de Washington planait sur l'écrivain, ou quelque chose de semblable.

D'accord; mais il m'incombe à moi de laver la mémoire de mon grand-oncle, dont Washington, dans ses écrits, a cherché à ternir le caractère pour se disculper de son assassinat.

La tradition dans ma famille est que Jumonville se présenta comme porteur d'une sommation enjoignant au major Washington, commandant du fort Nécessité, d'évacuer ce poste construit sur les possessions françaises, qu'il éleva son pavillon de parlementaire, montra ses dépêches, et que néanmoins le commandant anglais ordonna de faire feu sur lui et sur sa petite escorte, et que Jumonville tomba frappé à mort, ainsi qu'une partie de ceux qui l'accompagnaient.

Il y a une variante, très facile d'ailleurs à concilier, entre la tradition de ma famille et la vérité historique. En outre, cette variante est insignifiante quant à l'assassinat du parlementaire, dont la mission était de sommer les Anglais d'évacuer les possessions françaises et non le fort Nécessité, qui ne fut achevé qu'après le guet-apens.

Voyons maintenant si l'histoire est d'accord avec la tradition: ce qui suit est un extrait du tome 1ᵉʳ, page 200, du *Choix d'anecdotes et faits mémorables*, par M. de La Place:

«Les Anglais ayant franchi, en 1753, les monts Apalaches, limites de leurs possessions et des nôtres dans l'Amérique Septentrionale, bâtirent, sur nos terres, un fort qu'il nommèrent le fort Nécessité; sur quoi le commandant français leur députa M. de Jumonville, jeune officier qui s'était plus d'une fois signalé contre eux, pour les sommer de se retirer.

«Il part avec une escorte; et, lorsqu'il s'approche du fort, les Anglais font contre lui un feu terrible. Il leur fait signe de la main, montre de loin des dépêches, et demande à être entendu. Le feu cesse, on l'entoure, il annonce sa qualité d'envoyé, il lit la sommation dont il est porteur. Les Anglais l'assassinent: sa troupe est enveloppée; huit hommes sont tués, le reste est chargé de fers. Un seul Canadien se sauve et porte au commandant français cette affreuse nouvelle.

«M. de Villiers, frère de l'infortuné Jumonville, est chargé d'aller venger son propre sang et l'honneur de la France.

«En moins de deux heures, le fort est investi, attaqué et

forcé de capituler... de Villiers[1] voit à ses pieds ses ennemis lui demander la vie... Il sacrifie son ressentiment à la tranquillité des nations, à sa propre gloire, à l'honneur de la patrie, aux devoirs de l'humanité... Quel contraste!

«Un bon Français, au moment où il apprit, en frémissant, cette affreuse nouvelle, s'écria quoique d'une voix étouffée de ses sanglots:

> Perfides dans la guerre et traîtres dans la paix,
> À la foi des traités par système indociles,
> Anglais! dans ce tombeau repose Jumonville:
> Rougissez, s'il se peut, à l'aspect d'un Français!
> Si par l'assassinat, dans vos fureurs brutales,
> De ce jeune héros vous crûtes vous venger,
> Après un tel forfait, atroces cannibales,
> Il ne restait qu'à le manger.»

À la nouvelle de ce meurtre, il s'éleva un cri de rage et d'indignation dans toute la nouvelle et l'ancienne France, et un membre de l'Académie française, Thomas, écrivit le poème *Jumonville*.

Avant de citer la capitulation que M. de Villiers fit signer à Washington, je crois devoir donner un extrait, tiré des archives de la marine française, où l'on trouve les instructions qu'il avait reçues de son officier supérieur:

«M. de Contrecœur, le 28 juin, envoya M. de Villiers, frère de Jumonville, avec six cents Canadiens et cent sauvages, venger la mort de son frère, etc.

«Lui ordonnons (au sieur de Villiers) de les attaquer

---

1. Mon grand-père, Coulon de Villiers, mourut de la picote à l'âge de soixante et quelques années, en répétant sans cesse ces paroles: «Moi, mourir dans un lit comme une femme! Quelle triste destinée pour un homme qui a affronté tant de fois la mort sur les champs de bataille! J'espérais pourtant verser la dernière goutte de mon sang pour ma patrie!»

et de les détruire même en entier, s'il se peut, *pour les châtier de l'assassin (sic)* qu'ils nous ont fait en violant les lois les plus sacrées des nations policées.

«*Malgré leur action inouïe,* recommandons au sieur de Villiers d'éviter toute cruauté, autant qu'il sera en son pouvoir.

«Il ne leur laissera pas ignorer (aux Anglais) que *nos sauvages, indignés de leur action*, ont déclaré ne vouloir rendre les prisonniers qui sont entre leurs mains, etc.

«Fait au camp du fort Duquesne, le 28 juin, 1754.
(Signé) CONTRECŒUR»

Il faut avouer que mon grand-oncle de Villiers avait à peu près carte blanche; et que sans son âme magnanime, Washington n'aurait jamais doté ses concitoyens d'un grand et indépendant empire, et qu'il n'occupait aujourd'hui qu'une bien petite place dans l'histoire.

Ci-suit un extrait de la capitulation:

«Ce 3 juillet 1754, à huit heures du soir.
«Capitulation accordée par M. de Villiers, capitaine d'infanterie, commandant les troupes de S. M. T. C., à celui des troupes anglaises actuellement dans le fort de la Nécessité qui avait été construit sur les terres du domaine du roy:

«Savoir: comme notre intention n'a jamais été de troubler la paix et la bonne armonie (sic) qui régnaient entre les deux princes amis *mais seulement de venger l'assassin* qui a été fait sur un de nos officiers porteur d'une sommation et sur son escorte, etc.»

Nous lisons ensuite à l'article VII de cette capitulation:

«Que comme les Anglais ont en leur pouvoir un officier, deux cadets, et généralement les prisonniers *qu'ils ont faits dans l'assassinat* du Sieur de Jumonville, etc.

«Fait double sur un des postes de notre blocus, etc.

(Signé) JAMES MACKAY,

G. WASHINGTON

(Signé) «COULON VILLIERS[2]»

Certes, personne n'est plus disposé que moi à rendre justice aux grandes qualités du héros américain; lorsque l'on s'entretenait dans ma famille de la mort cruelle et prématurée de notre parent assassiné au début d'une carrière qui promettait d'être brillante, je cherchais à excuser Washington sur sa grande jeunesse; il n'était alors, en effet, âgé que de vingt ans. Je faisais valoir ses vertus; son humanité, lorsque, vingt-deux ans après cette catastrophe, il prenait en main la cause de ses compatriotes et créait une grande et indépendante nation.

Aussi n'aurais-je jamais songé à tirer de l'oubli cette déplorable aventure, si Washington lui-même ne m'en eût donné l'occasion en cherchant, pour se disculper, à ternir la réputation de mon grand-oncle Jumonville, dans les mémoires qu'il a publiés plusieurs années après la catastrophe.

«Nous étions informés, dit-il, que Jumonville, déguisé en sauvage, rôdait (*was prowling*) depuis plusieurs jours aux environs de nos postes, et je dus le considérer comme un espion.»

Cette excuse n'a rien de vraisemblable, parce que Washington ne pouvait pas ignorer que non seulement les soldats, mais les officiers même de l'armée française, portaient le costume des aborigènes: capot court, mitasses, brayets et souliers de chevreuil. Cet accoutrement souple et léger leur donnait un grand avantage sur des ennemis toujours vêtus à l'européenne. De Jumonville ne pouvait non plus, sans une témérité blâmable, se rendre directement aux postes des Anglais, qu'en prenant de grandes précautions, les bois étant infestés de sauvages, ennemis des Français,

---

2. Le double de ce document existe au greffe de Montréal. L'autre est aux archives de la marine, à Paris.

qui, dans un premier mouvement, auraient peu respecté son titre de parlementaire.

Après avoir fait justice de cette accusation d'espionnage à laquelle Washington n'a songé que bien des années après le meurtre, en écrivant ses mémoires, voyons ce qu'il dit, pour sa justification, dans ses dépêches à son gouvernement immédiatement après le guet-apens. Il est nécessaire de faire observer ici que les couronnes de France et d'Angleterre vivaient alors en paix; que la guerre ne fut déclarée par Louis XV qu'après cet événement; que les seules hostilités commises, l'étaient par les Anglais, qui avaient envahi les possessions françaises, et que c'était contre cet acte que Jumonville voulait protester.

Mais revenons à la justification de Washington dans ses dépêches. Il dit «qu'il regardait la frontière de la Nouvelle-Angleterre comme envahie par les Français, *que la guerre lui semblait exister, etc.* Que les Français, à sa vue, avaient couru aux armes; qu'alors il avait ordonné le feu; qu'un combat d'un quart d'heure s'était engagé, à la suite duquel les Français avaient eu dix hommes tués, un blessé et vingt et un prisonniers; les Anglais, un homme tué et trois blessés; qu'il était faux que Jumonville eût lu la sommation, etc. Qu'il n'y avait point eu de guet-apens, mais surprise et escarmouche, ce qui est de bonne guerre.»

Excellente guerre, sans doute, pour un fort détachement qui attaque à l'improviste une poignée d'hommes en pleine paix! Ce n'était pas trop mal s'en tirer pour un simple major âgé de vingt ans; certains généraux de l'armée américaine du Nord ne feraient pas mieux aujourd'hui, eux qui s'en piquent. Les deux phrases suivantes sont d'une admirable naïveté: «que la guerre lui semblait exister; que les Français, à sa vue, avaient couru aux armes.» Ces chiens de Français avaient, sans doute, oublié qu'il était plus chrétien de se laisser égorger comme des moutons!

Si l'on accepte la version de Washington, comment expliquer alors le cri d'indignation et d'horreur qui retentit dans toute la Nouvelle-France et jusqu'en Europe? On n'a pourtant jamais reproché aux Français de se lamenter comme des femmes pour la perte de leurs meilleurs généraux, ou pour une défaite même signalée: pourquoi alors leur indignation, leur fureur à la nouvelle de la mort d'un jeune homme qui faisait, pour ainsi dire, ses premières armes, s'il avait péri dans un combat livré suivant les règles des nations civilisées? Ceci doit tout d'abord frapper le lecteur qui n'aura pas même lu la version française que je vais citer.

Tous les prisonniers français, et Manceau, qui seul se déroba par la fuite au massacre, les sauvages même alliés des Anglais déclarèrent que Jumonville éleva un mouchoir au-dessus de sa tête, qu'il invita les Anglais, par un interprète, à s'arrêter, ayant quelque chose à leur lire; que le feu cessa; que ce fut pendant qu'il faisait lire la sommation par un truchement qu'il fut tué d'une balle qu'il reçut à la tête; que, sans les sauvages qui s'y opposèrent, toute la petite troupe aurait été massacrée.

M. Guizot, dans ses mémoires sur Washington, après avoir cité le poème *Jumonville*, des extraits de Hassan, de Lacretelle, de Montgaillard, qui corroborent tous la version de M. de La Place, fait fi de toutes ces autoriés consignées dans les archives de la marine française, et s'en tient à la version seule de Washington.

La grande ombre du héros républicain aurait-elle influencé le jugement du célèbre écrivain français? Il n'appartient pas à moi, faible pygmée, d'oser soulever ce voile. Je dois baisser pavillon en présence d'une si haute autorité, me contentant de dire: Washington alors n'aurait jamais dû signer un écrit où les mots *assassin* et *assassinat* lui sont jetés à la figure, comme on le voit dans le cours de la capitulation que j'ai citée.

N'importe; c'est maintenant au lecteur à juger si j'ai lavé victorieusement la mémoire de mon grand-oncle, accusé d'espionnage. Si Jumonville eût accepté le rôle odieux que son ennemi lui prête pour se justifier d'un honteux assassinat, les Français n'auraient pas versé tant de larmes sur la tombe de la victime.

(a) Historique. Plusieurs anciens habitants m'ont souvent raconté qu'alors, faute de moulins, ils mangeaient leur blé bouilli.

Les moulins à farine étaient peu nombreux même pendant mon enfance. Je me rappelle que celui de mon père, sur la rivière des Trois-Saumons, ne pouvant suffire, pendant un rude hiver, aux besoins des censitaires, ils étaient contraints de transporter leur grain soit à Saint-Thomas, distant de dix-huit à vingt milles, soit à Kamouraska, éloigné de quarante milles; et il leur fallait souvent attendre de trois à quatre jours avant d'obtenir leur farine.

(b) L'auteur n'a jamais été crédule, c'est une faiblesse que personne ne lui a reprochée; néanmoins, au risque de le paraître sur ses vieux jours, il va rapporter l'anecdote suivante, telle que la racontaient sa grand-mère maternelle et sa sœur, madame Jarret de Verchères, toutes deux filles du baron Lemoine de Longueuil, et sœurs de madame de Mézière, qui périt avec son enfant dans l'*Auguste*.

Le 17 novembre, 1762, une vieille servante, qui avait élevé les demoiselles de Longueuil, parut le matin tout en pleurs.

— Qu'as-tu, ma mie — c'était le nom d'amitié que lui donnait toute la famille — qu'as-tu à pleurer?

Elle fut longtemps sans répondre, et finit par raconter qu'elle avait vu en songe, pendant la nuit, madame de Mézière sur le tillac de l'*Auguste*, avec son enfant dans ses bras; qu'une vague énorme les avait emportés.

On ne manqua pas d'attribuer ce rêve à l'inquiétude qu'elle éprouvait sans cesse pour la demoiselle qu'elle avait élevée. L'auteur, malgré ses doutes quant à la date précise de la vision, n'a pu s'empêcher d'ajouter foi à une anecdote que non seulement sa famille, mais aussi plusieurs personnes de Montréal, attestaient comme véritable. Qui sait après tout? Encore un chapitre à faire sur les qui sait!

(c) M. le chevalier de Saint-Luc, d'un commerce très agréable, devint dans la suite un favori du général Haldimand, qui s'amusait beaucoup des reparties spirituelles, mais quelquefois assez peu respectueuses du vieillard, que l'auteur ne croit pas devoir consigner. Un jour qu'il dînait au château Saint-Louis, en nombreuse compagnie, il dit au général:

— Comme je sais que Votre Excellence est un bon casuiste, j'oserai lui soumettre un cas de conscience qui ne laisse pas de me tourmenter un peu.

— Si c'est un cas de conscience, dit le gouverneur, vous ferez mieux de vous adresser à mon voisin, le révérend Père de Bérey, supérieur des Récollets.

— Soit! fit M. de Saint-Luc; mais j'ose me flatter que Votre Excellence sanctionnera le jugement du révérend Père.

— J'y consens, dit en riant le général Haldimand, qui aimait beaucoup à mettre le Père de Béery, homme bouillant d'esprit, aux prises avec les laïques: beaucoup de ces laïques, très spirituels d'ailleurs, mais imbus des mêmes principes philosophiques du XVIIIe siècle que le Gouverneur lui-même, ne laissaient échapper aucune occasion de railler sans pitié le fils de Saint-François. Il faut dire, du reste, qu'aucun ne s'en retirait sans quelques bons coups de griffe du révérend Père, lequel ayant été aumônier d'un régiment, était habitué à cette sorte d'escrime, et emportait presque toujours le morceau, quel que fut le nombre des assaillants.

— Voici donc mon cas de conscience, dit M. de Saint-Luc. Je passai en France après la cession finale du Canada, en 1763, où j'achetai une quantité considérable de dentelles de fil, d'or et d'argent et d'autres marchandises précieuses.

392

Les droits sur ces effets étaient très onéreux; mais il fallait bien s'y soumettre. Je me présente aux douanes anglaises, avec quatre grands coffres, en sus de mes effets particuliers, exempts de tous droits. Les officiers retirèrent du premier coffre qu'ils ouvrirent, un immense manteau de la plus belle soie écarlate, qui aurait pu servir au couronnement d'un empereur, tant il était surchargé de dentelles de fil, d'or et d'argent, etc.

— Oh! oh! dirent messieurs les douaniers: tout ceci est de bonne prise.

— Vous n'y êtes pas, messieurs, leur-dis-je. Et je retirai l'un après l'autre tous les articles qui composent l'habillement d'un grand chef sauvage; rien n'y manquait: chemise de soie, capot, mitasses du plus beau drap écarlate, le tout orné de précieux effets, sans oublier le chapeau de vrai castor surchargé aussi de plumes d'autruche les plus coûteuses. J'ôtai mon habit, et, dans un tour de main, je fus affublé, aux yeux ébahis des douaniers, du riche costume d'un opulent chef indien. Je suis, messieurs, leur dis-je, surintendant des tribus sauvages de l'Amérique du Nord; si vous en doutez, voici ma commission. Ce superbe costume est celui que je porte lorsque je préside un grand conseil de la tribu des Hurons, et voici le discours d'ouverture obligé. Je prononçais alors, avec un sang-froid imperturbable, un magnifique discours dans l'idiome le plus pur de ces aborigènes: harangue qui fut très goûtée, si je puis en juger par les éclats de rire avec lesquels elle fut accueillie.

— Passe pour l'accoutrement obligé, à l'occasion du discours d'ouverture des chambres de messieurs les Hurons, dit le chef du bureau en se pâmant d'aise.

Nous passâmes ensuite au second coffre: il contenait un costume aussi riche, mais différent quant à la couleur de la soie et du drap seulement.

Mêmes objections, même mascarade. On me fit observer que le roi d'Angleterre, tout puissant qu'il était, portait uniformément le même costume quand il ouvrait son parlement, corps autrement auguste que celui de mes Hurons. Je répliquai qu'il ne s'agissait plus de Hurons, mais bien d'Iroquois, tribu très pointilleuse à l'endroit de sa couleur nationale qui était le bleu; et que je ne doutais aucunement que si le roi d'Angleterre présidait quelques grandes solennités écossaises, il adopterait leur costume, y inclus la petite jupe, aux risques de s'enrhumer: et là-dessus j'entonnai un superbe discours en idiome iroquois. Le flegme britannique ne put y tenir, et, à la fin de mon discours, on s'écria: «Passe donc pour l'ouverture du parlement iroquois.»

Bref, je réussis à passer le contenu de mes quatre coffres, comme président des grands conseils des Hurons, des Iroquois, des Abénaquis et des Maléchites. Ce qui me fut d'un grand secours, je crois, c'est qu'étant très brun et parlant avec facilité la langue de ces quatre tribus, les douaniers me prenaient pour un sauvage pur sang, et étaient assez disposés à l'indulgence envers celui qui leur avait donné une telle comédie[1].

—Maintenant, mon révérend Père, continua M. de Saint-Luc, je vous avouerai que j'ai eu quelquefois de petits picotements de conscience, quoique messieurs les Anglais aient fait les choses galamment en laissant passer mes marchandises exemptes de droits; et, comme Son Excellence vous a laissé la décision de cette question théologique, avec promesse d'y souscrire, j'attends votre sentence.

Le Père de Bérey avait pour habitude, dans la chaleur de la discussion, ou quand il était pris à l'improviste, de tutoyer, par distraction; il marmotta entre ses dents:

—Je ne te croyais pas si fin.

—Que dites-vous, mon révérend Père? fit M. de Saint-Luc.

—Que le diable en rit, répliqua le moine.

Cette saillie excita l'hilarité des convives canadiens et anglais, et du général Haldimand lui-même.

En terminant cette note, je me permettrai de citer

---

1. M. de Saint-Luc parlait avec facilité quatre ou cinq idiomes indiens.

quelques fragments d'une lettre du même M. de Saint-Luc, que j'ai extraite des «Mémoires de Famille» de ma bonne amie et parente, madame Éliza-Anne Baby, veuve de feu l'honorable Charles-E. Casgrain. Cette lettre semble écrite d'hier tant elle renferme d'actualité; elle fait voir en même temps avec quelle rectitude de jugement et quel coup d'œil cet homme remarquable envisageait les affaires du pays.

«À monsieur Baby, à Québec, en Canada.

Paris, rue des fossés Montmartre, ce 20 mars 1775. J'ay reçu, mon cher pays, celle que vous m'avez fait l'amitié de m'écrire... Recevez mes remercîments des bonnes nouvelles que vous me donnez et du détail consolant que vous m'y faites sur la réponse du gouvernement aux demandes qui lui avaient été faites de la part des Canadiens. Il paroit que cette cour est remplie de bonne volonté à leur égard; je suis intimement persuadé qu'il dépendra d'eux d'obtenir également une décision favorable. Sur les appréhensions qui vous restent, et dont vous me parlez, si vous estes tous bien unis, que vous ne vous divisiez pas et que vous soyez surtout d'accord avec votre preslat, qui est éclairé et (aussi) par les grâces de son état, vous verrez que tout ira bien. Vous ne devez, mon cher pays, ne faire qu'un corps et une âme, et suivre aveuglement l'advis de votre premier pasteur... L'histoire des Bostonnais et des colonies anglaises révoltées fait icy beaucoup de bruit; il paroit... qu'ils ont pris le dessus. Quoi qu'il en soit, je crois fermement que vous avez très-bien fait et agi sagement en ne prenant point partie pour eux; soyez toujours neutres, comme les Hollandais, et reconnaissants des bontés du gouvernement: mon principe est de ne pas manquer le premier, et l'ingratitude est mon monstre; soyez assuré d'ailleurs qu'en vous attachant à la cour de Londres, vous jouirez au moins des mêmes prérogatives des habitants de la Nouvelle-Angleterre. Tel est mon avis.»

(a) Ma mère entrait un jour dans sa laiterie (il y a quelque soixante ans de cela). Elle trouve, aux prises avec notre mulâtresse, deux matelots, dont l'un portait une chaudière, et l'autre un pot de faïence.

— Qu'y a-t-il, Lisette? dit ma mère.

— Je leur ai donné du lait, répliqua celle-ci, et maintenant ils me font signe qu'ils veulent de la crème: ils n'ont pas le bec assez fin pour cela.

— Donne-leur ce qu'ils demandent, fit ma mère: ces pauvres matelots ont bien de la misère pendant leurs longues traversées, et me font beaucoup de peine.

Trois mois après cette scène, ma mère, dînant au château Saint-Louis, s'aperçut qu'un officier la regardait en souriant en dessous. Un peu choquée, elle dit assez haut à sa voisine de table:

— Je ne sais pourquoi cet original me regarde ainsi: c'est sans doute de la politesse britannique.

— Je vous prie de bien vouloir m'excuser, madame, répondit l'officier en bon français; je ne puis m'empêcher de sourire en pensant à l'excellente crème que vous faites donner aux pauvres matelots pour leur adoucir la poitrine.

Cet officier et un de ses amis s'étaient déguisés en matelots pour jouer ce tour.

(b) Lord Dorchester a toujours rendu justice à la bravoure de ses anciens ennemis. Bien loin de leur faire, comme tant d'autres, le reproche de pusillanimité, il ne craignait pas de proclamer son admiration pour leur héroïque résistance malgré leur peu de ressources, et l'étonnement qu'il avait éprouvé, lors de la capitulation, en entrant dans la ville de Québec, qui n'était alors qu'un amas de ruines. En effet, mon oncle maternel, l'honorable François Baby, qui était un

des défenseurs de Québec en 1759, me disait souvent qu'à l'époque de la capitulation, la ville n'était plus qu'un monceau de décombres, qu'on ne se reconnaissait même plus dans certaines rues, et que l'on ne tirait quelques coups de canon de temps en temps, qu'afin de faire croire à l'ennemi qu'il y avait encore des munitions; mais qu'elles étaient presque entièrement épuisées. Lord Dorchester ne perdit jamais le souvenir de cette bravoure. J'ai entre mes mains une de ses lettres, en date du 13 septembre 1775, à mon grand-oncle, le colonel Dominique-Emmanuel Lemoine de Longueuil, dans laquelle il y a ce passage remarquable: «Je vous prie de recommander à ceux qui sortiront d'être bien circonspects et de ne point écouter leur valeur: cela a été la perte du pauvre Perthuis.»

Chapitre dix-septième

(a) Un officier distingué de la cité du Détroit, ci-devant comprise dans les limites du Haut-Canada, le colonel Caldwell, qui avait fait les guerres de 1775 et 1812 contre les Américains, avec les alliés sauvages de l'Angleterre, racontait cette aventure assez extraordinaire. L'auteur ayant demandé à plusieurs des parents et des amis du colonel quelle foi on devait s'ajouter à cette anecdote, tous s'accordaient à rendre témoignage à la véracité du colonel, mais ajoutaient qu'ayant fait longtemps la guerre avec les sauvages, il était imbu de leurs superstitions.

Le colonel Caldwell, qui a laissé une nombreuse postérité dans le Haut-Canada, avait épousé une des filles de l'honorable Jacques Dupéron Baby, tante de la femme de l'auteur.

(b) Cette malheureuse savane autrefois le désespoir des voyageurs, non seulement l'automne et le printemps, mais aussi pendant les années de sécheresse, car la tourbe s'enflammait alors souvent par l'imprévoyance des fumeurs et flambait pendant des mois entiers. Chacun se plaignait, jurait, tempêtait contre la maudite savane. Toutefois il faut dire que si elle avait beaucoup d'ennemis, elle avait aussi de chauds partisans. José (sobriquet donné aux cultivateurs) tenait à sa savane par des liens bien chers: son défunt père y avait brisé un harnais, son défunt grand-père y avait laissé les deux roues de son cabrouet, et s'était éreinté à la peine; enfin son oncle Baptiste avait pensé y brûler vif avec sa guevalle. Aussi le grand-voyer, M. Destimauville, rencontra-t-il beaucoup d'opposition lorsqu'il s'occupa sérieusement de faire disparaître cette nuisance publique. Il ne s'agissait pourtant que de tracer un nouveau chemin à quelques arpents, pour avoir une des meilleures voies de la côte du Sud. Tous les avocats du barreau de Québec, heureusement peu nombreux alors (car il est probable que le procès ne serait pas encore terminé), furent employés pour plaider pour ou contre l'aimable savane; mais comme un des juges avaient un jour pensé s'y rompre le cou, le bon sens l'emporta sur les arguties des hommes de loi et le procès-verbal du grand-voyer fut maintenu. Les voyageurs s'en réjouissent; la savane défrichée produit d'excellentes récoltes, mais il ne reste plus rien, hélas! pour défrayer les veillées, si ce n'est les anciennes avaries arrivées, dans cet endroit, il y a quelque cinquante ans.

(c) Les enfants des cultivateurs ne mangeaient autrefois à la table de leurs père et mère qu'après leur première communion. Il y avait, dans les familles aisées, une petite table très basse pour leur usage; mais généralement les enfants prenaient leur repas sur le billot; il y en avait toujours plusieurs dans la cuisine, qui était quelquefois la chambre

unique des habitants. Ces billots suppléaient dans l'occasion
à la rareté des chaises, et servaient aussi à débiter et hacher
la viande pour les tourtières (tourtes) et les pâtés des jours de
fêtes. Il ne s'agissait que de retourner le billot suivant le
besoin. Dans leurs petites querelles, les enfants plus âgés
disaient aux plus jeunes: Tu manges encore sur le billot! ce
qui était un cruel reproche pour les petits.

(d) Le récit de ce meurtre, raconté par le capitaine des Écors,
est, entièrement historique. Un des petits-neveux de l'infortuné Nadeau disait dernièrement à l'auteur que toute sa
famille croyait que le général Murray avait fait jeter à l'eau
les deux orphelines dans le passage de l'Atlantique, pour
effacer toute trace de sa barberie, car on n'avait jamais entendu parler d'elles depuis. Il est plutôt probable que Murray
les aura comblées de biens, et qu'elles sont aujourd'hui les
souches de quelques familles honorables. L'auteur a toujours entendu dire, pendant sa jeunesse, à ceux qui avaient
connu le général Murray, et qui ne l'aimaient pourtant
guère, que son repentir avait été réel.

Chapitre dix-huitième

(a) Historique. Une demoiselle canadienne de famille noble
dont je tairai le nom, refusa, dans de semblables circonstances, la main d'un riche officier écossais de l'armée du
général Wolfe.

(b) Les anciens Canadiens détestaient le thé. Les dames en prenaient quelquefois, comme sudorifique, pendant leurs maladies, donnant la préférence, néanmoins, à une infusion de camomille.

Lorsque la mère de l'auteur, élevée dans les villes, où elle fréquentait la société anglaise, introduisit le thé dans la famille de son beau-père, après son mariage, il y a soixante-dix-huit ans, les vieillards se moquaient d'elle en disant qu'elle prenait cette drogue pour faire l'Anglaise et qu'elle ne devait y trouver aucun goût.

(c) L'auteur a connu à la campagne, pendant son enfance, deux notaires qui passaient régulièrement tous les trois mois, chargés de leur étude dans un sac de loup-marin pour la préserver de la pluie. Ces braves gens se passaient bien de voûtes à l'épreuve du feu: dans un cas d'incendie, ils jetaient sac et étude par la fenêtre.

Il y avait certainement alors des notaires très instruits au Canada: leurs actes en font foi; mais il y en avait aussi d'une ignorance à faire rayer du tableau un huissier de nos jours.

Un certain notaire de la seconde catégorie rédigeait un acte pour une demoiselle, fille majeure. Il commence le préambule. Fut présente demoiselle L..., écuyer.

— Oh! fit le père de l'auteur, une demoiselle écuyer!

— Alors, écuyère, dit le notaire pensant s'être trompé de genre.

— Bah! M. le notaire! biffez-moi cela.

— Eh bien! écuyéresse! s'écria le notaire triomphant.

(d) Ni la distance des lieux ni la rigueur de la saison, n'empêchaient les anciens Canadiens qui avaient leurs entrées au château Saint-Louis, à Québec, de s'acquitter de ce devoir: les plus pauvres gentilshommes s'imposaient même des

privations pour paraître décemment à cette solennité. Il est vrai de dire que plusieurs de ces hommes, ruinés par la conquête, et vivant à la campagne sur des terres qu'ils cultivaient souvent de leurs mains, avaient une mine assez hétéroclite en se présentant au château, ceints de leur épée qu'exigeait l'étiquette d'alors. Les mauvais plaisants leur donnaient le sobriquet «d'épétiers»; ce qui n'empêchait pas lord Dorchester, pendant tout le temps qu'il fut gouverneur de cette colonie, d'avoir les mêmes égards pour ces pauvres «épétiers», dont il avait éprouvé la valeur sur les champs de bataille, que pour d'autres plus favorisés de la fortune. Cet excellent homme était souvent attendri jusqu'aux larmes à la vue de tant d'infortune.

Chronologie

1786	Le 30 octobre, naissance à Québec de Philippe-Joseph Aubert de Gaspé, fils aînée de Pierre-Ignace Aubert de Gaspé, colonel de la milice et conseiller législatif, et de Catherine Tarieu de Lanaudière.
1786-1794	Enfance heureuse à Saint-Jean-Port-Joli dans le manoir familial qui a remplacé l'opulente demeure incendiée durant la guerre de 1759.
1795-1798	En pension à Québec, chez les sœurs Cholette.
1798-1806	Fait ses Humanités au Petit Séminaire de Québec.
1804	Reçoit une commission de lieutenant de milice de Québec.
1804-1806	Poursuit ses études en philosophie au Petit Séminaire de Québec et fréquente l'école anglaise du révérend J. Jackson. Découvre la langue et la littérature anglaises.
1806-1811	Fait ses études de droit, d'abord chez Jonathan Sewll, futur juge en chef, puis chez Jean-Baptiste-Olivier Perrault.
1809	Vice-président de la première société littéraire de Québec.
1811	Le 15 août, il est admis au barreau. Il pratique le droit dans la ville de Québec et fait la tournée dans Kamouraska.

	Le 25 septembre, il épouse à Québec Suzanne Allison, fille de Thomas Allison, capitaine du 5e régiment de l'infanteire britannique, et de Thérèse Du Perron Baby.
1812	En avril, il devient capitaine du 1er bataillon de Québec, puis est promu assesseur adjoint, à l'état major du Bas-Canada.
	Son père est appelé au Conseil législatif.
1814	Le 8 avril, naissance de Philippe-Ignace-François, le futur auteur du premier roman canadien-français, *l'Influence d'un livre*.
1815	Membre fondateur du Jockey Club.
1816	Le 9 mai, il reçoit une commission de shérif du district de Québec.
1818	Membre fondateur de la Banque de Québec
1822	Le 14 novembre, il est destitué de ses fonctions de shérif quand il est trouvé coupable d'une importante défalcation.
1823	Mort de son père, le 13 février. Il se réfugie avec sa famille au manoir de sa mère, à Saint-Jean-Port-Joli.
1834	Le 20 juin, un jugement est rendu contre lui, en faveur de la Couronne, pour la somme de 1169 louis et 14 chelins.
1837	Son fils Philippe-Ignace-François, qui s'était réfugié au manoir, à la suite d'une esclandre à la Chambre d'Assemblée, publie un roman, *l'Influence d'un livre*. Ce premier roman canadien-français contient à plus d'un endroit la marque du père.
1838	Le 29 mai, incapable d'honorer ses obligations, il est emprisonné pour dettes, après avoir endossé maints billets sans caution. Ruiné, il ne conserve que son manoir, qui lui avait été légué à titre de bien inaliénable.
1841	À Halifax, le 7 mars, mort de son fils, le romancier Philippe-Ignace-François.

Il recouvre sa liberté au début d'octobre, après une captivité de trois ans, quatre mois et cinq jours.

1842   Le 13 avril, mort de sa mère à Québec. Il hérite de «l'usufruit et [de] la jouissance des fiefs et seigneuries de Port Joly et de la Pocatière». Il s'installe rue des Remparts, à Québec.

1842-1863   Retiré au manoir de Saint-Jean-Port-Joli, il mène une vie de patriarche solitaire «dans la compagnie des livres, de la nature et de ses souvenirs». Il traduit des romans de Walter Scott et se donne entièrement à l'éducation de ses enfants.

1847   Son fils Thomas est ordonné prêtre.
Le 3 août, mort de son épouse.

1850   Il fréquente le Club des Anciens, à Québec, et se lie d'amitié entre autres avec François-Xavier Garneau et Goerges-Barthélemi Faribault, qu'il rencontre au magasin de Charles Hamel, rue Saint-Jean.

1861   Il participe à la fondation des *Soirées canadiennes* et du *Foyer canadien* en 1863.

1862   En janvier et février, deux chapitres des *Anciens Canadiens*, «Une nuit chez les sorciers» et «La Débâcle», sont publiés dans *les Soirées canadiennes*.

1863   Publication des *Anciens Canadiens*. Le succès est immédiat: les deux mille exemplaires sont enlevés en quelques mois.

1864   Deuxième édition, revue et corrigé par l'auteur, des *Anciens Canadiens*. Publication d'une édition anglaise.

1865   Le 19 janvier, au Collège de L'Assomption, *les Anciens Canadiens* montent sur la scène. Le romancier septuagénaire assiste à la représentation, le 11 juillet. Il reçoit un accueil triomphal. On frappe une médaille commé-

405

morative que Maximilien Bibaud remet au Collège le 25 octobre.

1866   Parution des *Mémoires*.

1871   Le 29 janvier, il meurt à Québec chez son gendre, le juge Stuart, et est inhumé dans l'église de Saint-Jean-Port-Joli, le 1ᵉʳ février.

1893   Parution d'un recueil posthume, *Divers*.

(Chronologie établie par Aurélien Boivin)

Du même auteur

Les Anciens Canadiens. Québec, Desbarats et Derbishire,
    1863, 411 p.
Mémoires. Ottawa, G. E. Desbarats, 1866, 563 p.
Divers. Montréal, C. O. Beauchemin & fils, 1893, 145 p.

Table

Dans la même collection

AUBERT DE GASPÉ, Philippe
Les Anciens Canadiens

AUDET, Noël
Quand la voile faseille

BEAUGRAND, Honoré
La Chasse-Galerie

BERNIER, Jovette
La Chair décevante

BOIVIN, Aurélien
Le Conte fantastique québécois au XIXe siècle

CARPENTIER, André
Rue Saint-Denis

CLAPIN, Sylva
Alma Rose

CLOUTIER, Eugène
Les Inutiles